U0153853

太魯閣語指示詞的語法化研究

Grammaticalization of Demonstratives in Truku

Lowking Nowbucyang 許韋晟　著

國立東華大學原住民民族學院

中華民國 111 年 12 月

國家圖書館出版品預行編目 (CIP) 資料

太魯閣語指示詞的語法化研究= Grammaticalization of demonstratives in Truku / Lowking Nowbucyang 許韋晟著 . -- 初版 . -- 花蓮縣壽豐鄉 : 國立東華大學原住民民族學院 , 民 111.12
面 ; 公分
ISBN 978-626-96574-4-5 (平裝)

1.CST: 太魯閣語 2.CST: 語法

803.99136　　111020645

太魯閣語指示詞的語法化研究
Grammaticalization of Demonstratives in Truku

著　　者／Lowking Nowbucyang 許韋晟
總 編 輯／石忠山
執行編輯／簡月真
助理編輯／朱宥叡
發 行 人／石忠山
出 版 者／國立東華大學原住民民族學院
地址：974301 花蓮縣壽豐鄉志學村大學路二段 1 號
電話：03-890-5753　傳真：03-890-0199
網址：https://b015.ndhu.edu.tw
展售書局／國家書店
地址：104472 台北市松江路 209 號 1 樓
電話：02-2518-0207
網址：http://www.govbooks.com.tw
五南文化廣場
地址：403018 台中市西區臺灣大道二段 85 號
電話：04-2226-0330　傳真：04-2225-8234
網址：https://www.wunanbooks.com.tw
定　　價／新台幣 550 元
出版日期／中華民國 111 年 12 月 初版

ISBN：9786269657445
GPN：1011102192

感謝

原住民族委員會

鼓勵及補助

推薦序

黃宣範

財團法人原住民族語言研究發展基金會執行長許韋晟的博士論文《太魯閣語指示詞的語法化研究》將由東華大學出版，韋晟博士來函徵詢我替該書寫個序文的意願。我當下未加思索馬上答應。我個人其實並沒有認識 Lowking 韋晟很久，只是在一個偶然也很難得的機會，透過葉美利教授的安排，在清華大學臺灣語言研究教學研究所第一次聽他的論文初稿報告，馬上感覺這是一篇很有內容的論文。之後幾次相處之後，很快感受到韋晟為人謙虛，而研究能力又強，無疑是語言學界年輕一代的佼佼者。韋晟的博士論文果然獲得 2020 年台灣語言學會年度最佳博士論文獎。我個人覺得這是意料中的事，可謂實至名歸。

許韋晟博士論文研究的是指示詞（demonstratives）。指示詞是個很有趣、複雜度高，也是相當熱門的研究議題。我個人覺得有趣有兩個原因，其一是就單純語言現象的思考顯示的意義；其二是語言與文化之間的關係的理解。指示詞是廣義的指示現象的一環，指示現象在此是指英文 deixis/ index 一詞所指的語意現象。指示詞的使用一定在一個特定共享的時空情境下，講者、聽者雙方彼此有共通的理解下才會使用。指示詞可以是代詞性，或是定語性用法，也可以是狀語性用法等等。指示現象是人文領域研究中很多學者對符號現象常常必須面對的議題。在語言學界普遍用前者一詞 deixis，泛指語意學中有指示作用的詞，而人類學家或符號學者則對後者 index / indexical 的現象著墨較深。 動物在發叫聲時，牠是企圖藉著叫聲「指向」某一個外在世界的東西或現象（例如「有老虎！」）以便引起牠的同伴即時反應，這是很典型的 index。但人類使用語言時，語言本身之所以有意義是因為語言是一種符號系統。語言有意義，但不是來自把語言視為一種 index 現象，意即不是靠指示作用而達到溝通。但是假定我在路上忽然迷路，問路人，路人回答時操著一口「濃濃的鄉音」，這時你會作很多聯想，想像對方一定是來自某個地方，甚至揣測他的生長背景，這時這些聯想就是他的回答帶給你的 indexical 的效果。其他透過語言而達到（就是「指向」）某種效應的還可以包括地位、權力、性別認同等等。

人類在演化過程中，一舉跨越了動物以 index 手段為溝通主要工具的那個鴻溝，而創發了語言。但能指向某種效應的並不侷限於語言。人類的各種行為都充滿了意義，這種意義就是 indexical。常見的肢體動作在專家眼裡也可以帶有很豐富的意涵。行文至此，幾千里外的印尼剛好舉辦一年一度的二十大工業國（G20）會議。根據媒體的報導，美國總統拜登跟習近平見面時握手的鏡頭被肢體語言專家做了如下的分析：

肢體語言專家詹姆斯（Judi James）對於昨日美國總統拜登、中國國家主席習近平會面時的肢體互動，提出一系列的專業分析。詹姆斯表示，拜登在幾英尺外見到習近平時，就率先露微笑、並伸出雙臂，流露出心中的喜悅和表達親切之意，以及暗示想要「擁抱對方」。而在中國的文化中，通常是由上司或長輩先伸出手，且握手的力道也較輕，而拜登是使用美國慣用的強力握法，甚至將自己的雙手包住習近平的手，對此詹姆斯指出，「拜登刻意誇大並投射出溫暖甚至友情的信號，但也是把權力轉移至對自己有利的態勢」。

跟其他我們所熟知的語言一樣，太魯閣語的每一個指示詞幾乎都具有多重意義或多重功能，除了有空間時間指涉用法外，尚有其他言談篇章指涉的用法，可以用來當作銜接和連貫言談篇章的重要功能。韋晟博士討論的重點是五組指示詞的分佈及功能，這些指示詞都呈現豐富而有趣的多功能用法， 包括代名詞性指示詞、定語性指示詞、方位謂語、時間用法、動貌標記、關係子句標記、語尾助詞、主題標記、關聯詞等等。kiya/ki 尤其豐富多樣，本書是一共花了 25 頁的篇幅討論。另外一個也相當多義的指示詞是 gaga/ga，作者也花了約 14 頁的篇幅（這還不包括本書第四章長達 70 頁對這些指示詞所做的精彩而細膩的分析。第四章應該算是本書的主要貢獻所在）。這兩者都是遠指指示詞，這並不意外。遠指的指示詞，由於在語料中出現的頻率高，而頻率高的詞或詞串最容易衍生多義。反過來講，多義詞也往往就是該語言的高頻率詞。語料庫學者喜歡強調一個現象，即一個語言語料庫出現頻率最高的前 80% 的文本詞彙（token）只佔該語言的詞彙類型（type）中的 20% 而已。我們姑且稱之為 80/20 定律。下面我把所有指示詞的本義與引申義一併陳列，以便瞭解這些詞的多義性。這五組指示詞是 nii（這，這個，在（近指），時貌標記「正在」）；gaga/ga（那，在（通常是遠指），時貌標記），ga（語尾疑問助詞；主題標記）；kiya/ki（那，那個，時間用法（等一下）。kiya 又經常和其他成分組合，形成一種連貫語篇的關聯詞用法，現象極為豐富，可用來表示篇章中上下文的語意關係，包括轉折關係、因果關係、時間關係以及附加關係，如 kiya ni（kiya+ 連接詞）、kiya do（kiya+ 連接詞）等。此外，有些關聯詞在篇章中也演變成某種言談標記用法，如 kiya do「表結論」、kiya ni「話題接續」等。這五組指示詞豐富的篇章指示或關聯詞用法直接印證了一般語言學者的了解，就是語言結構或語意的走向通常是藉著豐富有限的一些詞彙，使之變得多義、多功能，而不是盡量擴大詞彙的數量。這當然也算是 80/20 定律的體現。

指示詞或指示現象對我個人而言有趣的第二個原因是則來自美國一位學者 Perkins（1992）的研究。指示詞或跟指示現象有關的詞彙所指涉的對象通常一定是定指，而在一個人口有限的小型社群或部落其經濟型態比較單純的狩獵採集或最初級的農耕，由於彼此互動緊密，有著許多共享的經驗，也熟悉對方所知的人事物，因此一個合理的推測是在這樣的社群，使用指示詞的頻率一定相當高，高頻率的詞彙容易產生多義現象，也容易語法化，使得詞彙變成不自由的詞素，甚至成為附加詞。Perkins 研究了 49 個不同的語言及其社會文化形態（在 Perkins 1992 對社會文化複雜度有詳細的解說）的關係，結果發現兩者統計上高度相關，也就是說基本上 Perkins 的假說成立。

在我看到的文獻或自己做過研究的台灣南島語之中，格位系統（這是廣義的指示現象）最豐富的是鄒語，而指示詞最豐富的是布農語。布農語丹社指示詞系統有指示後綴，區分遠中近（近距離 -i，中距離 -un，遠距離 -a）；也有前綴區分可見 / 不可見（Ø- 可見 ; n- 不可見）。最引人注意的是這個語言有類似定冠詞標記，列表如下（Rik De Busser, 2009）：

表一：布農語定冠詞標記

	單數	複數
近距離	-ti	-ki
中距離	-tun	-kun
遠距離	-ta	-ka

太魯閣語的指示詞系統跟多數的南島語一樣區分近指與遠指，但未見進一步區分出有「中距離」三分法的指示詞，但指示詞系統在太魯閣語是否也已經發展出詞綴或附加詞呢？答案是肯定的。本書第三章第七節討論指示詞的構詞現象時，作者是這樣描述的（頁 204）：

「部分的指示詞可以加上詞綴，如加上前綴 d- 表示
「複數」，前綴 n- 表示
「（曾）屬於⋯ 」，前綴 s- 表示「過去時間」等，

但是出現的頻率很低。…
其他較豐富的現象是部分指示詞彙和其他成分組成，
並產生融合的形式
（如 kiya+ do > kido，kiya +da> kida; hini+ do > hido，
hini+ da> hida）…。」

出現的頻率很低不是問題，應該是抽樣的樣本不夠龐大使然。而且一旦學者或研究者田調有了紀錄，就表示語言系統中已經發展出詞綴或附加詞，這時頻率的高低就沒有太大的意義。在李佩容、許韋晟合著的《太魯閣語語法概論》（2018：136）一書中也明白表示前綴 s- 表示已實現貌，加在時間詞之後表（最近的）過去：

s-keeman ‘昨天晚上’ （已實現貌 - 晚上）
s-hkawas ‘去年’ （已實現貌 - 年）

作者在第 210 頁也提到 n-「（曾）屬於」的例子，剛好也含有 s- ，可謂彌足珍貴：

n-hini ka
(曾) 屬於 - 這裡 KA
t<n>ukuy-an=mu masu s-hkawas
< 完成貌 > 播種 - 處所焦點 = 我 . 屬格 小米 過去 - 年
去年我曾在這裡播種小米。

參考文獻

De Busser, Rik. 2009. "Towards a Grammar of Takivatan Bunun: Selected Topics," PhD dissertation, La Trobe University, Melbourne, Australia.

Perkins, Revere D. 1992. *Deixis, grammar and cognition.* John Benjamins.

李佩容、許韋晟。2018。《太魯閣語語法概論 》。新北市：原住民族委員會。

自 序

非常感謝我的母院「東華大學原住民民族學院」給予本書出版的機會。本書係自本人的博士論文（2019 年）修改而成，曾於 2018 年獲得科技部「107 年獎勵人文與社會領域博士候選人撰寫博士論文獎」及 2020 年獲得臺灣語言學學會「2020 最佳博士論文獎」。

回到二十年前，進入了東華大學原住民民族學院，成為語傳系第一屆的學生，短短的四年大學求學生活，影響了我的一生，讓我走上族語復振及推動之路。真的非常感謝民族學院所有的老師們，感謝您們的蘊育栽培，民族學院是我永遠的家。

本書得以順利完成，需要感謝的人太多了。首先，我最感謝的人是兩位指導教授，張永利教授及葉美利教授，他們博學多才、授業解惑、和藹可親且善解人意。在求學過程中，葉老師亦是我碩士班的指導教授，平時常常教導我很多專業的知識及提供許多學術上的重要資訊，讓我培養出紮實的語言學訓練與語言分析能力。兩位老師在指導的過程中，總是很有耐心、很細心又很有包容心，在我稍有走偏的時候，會適時的引導我走回正確的路上，在我稍有怠惰的時候，也會適時的給予提醒與關懷，此外，兩位老師們也很關心我的生活作息與身體健康，時常叮嚀與關心問候，亦師亦友的關係，讓我在研究之路充滿著目標與動力。所謂一日為師，終生為父母，除了感謝亦是感恩。

論文口試期間，特別感謝三位口試委員提出的每一個問題與建議，對於論文內容有莫大的幫助，亦十分的受用。蘇以文教授從整個語用和言談分析大方向的角度切入，提出許多關鍵與重要的問題，亦包括理論上的觀察與分析；李佩容教授是太魯閣語的專家，在語料的分析上提供了很多重要的觀點與看法，很仔細的將論文的問題一一點出來；張妙霞教授從論文計畫書口試時就提出許多寶貴的建議，無論是整體架構或理論的應用，都提供了具體的看法與未來研究的方向。此外，更感謝臺大語言所黃宣範名譽教授，在兩次的語言學工作坊中，針對本書給予非常多具體的見解與看法，無論是內容架構、理論應用及語料分析等，黃老師都很仔細提出問題與建議，甚至在收到我的博士論文後，遠在美國的他仍主動提供許多實質的建議和分析，此外，老師總是既謙虛又客氣，不斷的給予正面的肯定與勉勵，真的是無限感激。

本人還要衷心地感謝黃美金教授，從我碩士班開始就不斷地勉勵與提攜，學術研究兼顧理論與實務，並總是站在族人的立場，提供各類有助於復振原住民族語言的各種建議，直到現在。我也要再次謝謝 Ciwang（李佩容）教授，多年前有幸與她一起參加科技部的研究計畫，讓我的學術知識與族語能力都增進非常多，最後一起合著出版《太魯閣語語法概論》一書，研究內容對本書完稿更是影響甚鉅。還要特別謝謝法國的 Claire 教授，幾年前的暑假來到銅門部落調查，因為那次的田調經驗，讓我對指示詞現象感到好奇，後來甚至進一步變成論文的主題。

耆老們、族人們教導我豐富的祖先智慧，給予我十二萬分的鼓勵與支持，沒有您們，本書絕對無法順利完成。我最感謝的是我的爸爸 Nowbucyang，從我就讀碩士班開始，我爸爸一直是我最好的發音人，這段歷程，他深深改變了我，教導我過去的傳統生活與族語文化知識，他是一個非常優秀的知識持有者。我也要感謝我的大姑姑 Sidung，他總會告訴我很多老人家的故事，讓我受益良多、備感窩心。也很謝謝我的叔公 skEmmax，他是個聰明、智慧、親切又風趣的人，每次拜訪時，他都提供很多過去的生活經驗和故事，很遺憾現在已經在彩虹橋上守護著我們家族。還要感謝萬榮的 Aki payi，他非常的親切、樂觀、認真，田調過程中，他常常教我們很多做人做事的道理，分享很多人生哲學經驗。此外，我也要特別感謝 Iyuq（金清山）牧師以及 Pusi（楊盛涂）校長，兩位長輩對我來說真的是這幾年重要的族語導師，常常向他們請教與諮詢問題，總是非常熱情、親切又客氣，非常樂意傳承經驗，更是不時的勉勵我們下一代，對於族語工作不遺餘力的精神，真的是我們晚輩要好好效法與學習的地方。還有很多的族人和耆老，在這段過程中都提供很多的幫助，囿於篇幅而無法一一列舉，向您們致上十二萬分的敬意。最後也感謝作為本書研究語料內容貢獻者的所有單位，包括原住民族委員會、原住民族電視台、族語 E 樂園平台、族語線上辭典平台、秀林鄉公所等，以及我目前所服務的財團法人原住民族語言研究發展基金會。

本書《太魯閣語指示詞的語法化研究》是以理論分析為主

的書籍，其語料內容呈現多元化，同時兼顧書面語及口語的呈現，亦釐清了許多太魯閣語的語言現象。不管如何，本書的完成是一個開始，無論是在學術研究、族語推動或族語復振等，未來我也將持續貢獻所學，為族語傳承工作全力以赴。

Kari Gnhuway
謝誌

Uxay hmut msleexan ka kari Truku, ana quri saw knpryuxan kkari, mnslala bi kngklgan ka elug kari dnii o asi ta ka mnda bbaraw bi jiyax snhayan ni gnqringan do kika hana klaun. Qrasun mu bi balay pusu rdrudan ta hnmici saw nii knsyangan kari tnan. Kska kari o htngayan knkla rdrudan, suyang qpuruh kndsan rudan ni kndsan seejiq Truku. Naa ta bi sknbiyax smluhay ni smklun, duri ni pllutut htaanay ta knxalan lqlaqi mmaah. Saw mha mmeeniq ana bitaq knuwan ka kari ta.

太魯閣語真的是非常深奧，無論是詞彙的變化、語法的複雜度等，都需要長時間的學習和研究才能了解。我很感謝祖先們留下這麼美好的語言給我們，語言中充滿著祖先的智慧、文化的結晶，以及太魯閣族的生活。我們應該努力學習與保存，並繼續傳承給未來的下一代，讓族語永遠存在。

Txtaxa hiyi namu, mhuway namu balay. Nasi ungat yamu saw nii plkuh dmudul pksa elug nii o yaa ku bi ana bitaq knuwan aji ku empkla rmngaw kari ta nanak, skrwahun mu bi ka saw nii niqan kana da. Snhyiun mu balay babaw na hici uri o saw snlhayan mu nii o bbgay mu alang ta ni seejiq ta.

謝謝每一個人，如果沒有您們支持我繼續走向這條路，我可能永遠也不會說自己的語言，我很珍惜現在擁有的一切。也相信未來一定會將自己所學貢獻給部落與族人。

Lowking Nowbucyang 許韋晟　謹誌

2022 年 11 月 01 日

摘　要

本書主要研究太魯閣語指示詞，包括 nii「這」、gaga/ga「那」、kiya/ki「那」、hini「這裡」、hiya/hi「那裡」等五組指示詞，從句法、言談分析、語法化等角度進行討論，並聚焦於指示詞的言談功能。

本書的研究發現，這五組指示詞都呈現多功能用法，在句法上，主要可分成兩大類：第一類是指示詞的基本功能，包括代名詞性指示詞、定語性指示詞、狀語性指示詞等，第二類是指示詞的延伸功能，包括方位動詞、動貌助動詞、時間用法等。在語意特徵上，主要跟指示的特性相關，包括距離以及可見性兩類，距離對比上，nii「這」表示近指、gaga/ga「那」表示遠指，kiya/ki「那」則是不區分遠近；可見性對比上，nii 和 gaga/ga 都是可見性的，而 kiya/ki 亦不區分。

在言談中，本書分成口語敘事、遊戲設計對話、以及節目訪談對話三個言談模式進行討論，將指示詞的言談功能分成六大類，包括文外照應（情境用法）、篇章指示、文內照應（回指和後指）、識別用法、關聯詞用法以及言談標記用法，其中言談標記用法又包括主題標記、確認用法、應答用法、話題接續、填補詞等。結果發現，指示詞的言談功能中，指示詞單用和指示詞詞串在用法上有明顯差異，甚至有分工的情況，也發現到指示詞 gaga 幾乎不具有言談功能，kiya/ki 可搭配的成分較多，呈現的言談功能也較多樣化，此外，這三類言談模式各自呈現了一些用法上的特殊性及偏好。

從語法化的角度分析指示詞的言談功能後發現，太魯閣語的五組指示詞，各有不同程度的語法化現象，其中近指處所用法 hini「這裡」是語法化程度最淺的，而 kiya/ki「那」是語法化程度最深的指示詞。在語法化演變的路徑，指示詞主要經歷了以下的目標項：方位動詞、動貌標記、第三人稱單數代名詞、肯定用法 / 應答用法、時間用法、言談標記，甚至可能發展成定冠詞用法。

最後，本書提出三個主要的貢獻，第一，實證經驗的材料提供，在過去台灣南島語的研究中，關於指示詞的相關研究仍不足，在太魯閣語亦是如此，而本書針對太魯閣語指示詞現象進行系統性的研究；第二，類型學上的貢獻，在台灣南島語的指示詞演變情況，太魯閣語、噶瑪蘭語等語言可延伸出方位動詞和動貌用法，但這些重要的資料尚未被呈現在跨語言類型學的研究中；第三，自然口語語料的重要性，本書同時使用書面語料及口語語料進行分析，結果發現如果僅針對書面語資料進行研究，將會遺漏掉部分的用法，也可能因此無法呈現指示詞的全貌。

關鍵詞：指示詞、言談分析、語法化、太魯閣語

Abstract

This book mainly studies demonstratives in the Truku language, including nii "this", *gaga/ga* "that", *kiya/ki* "that", *hini* "here"and *hiya/hi* "there". We discuss from the perspective of syntax, semantics, discourse analysis, and grammaticalization, and we mainly focus on the phenomenon of grammaticalization of demonstratives.

We discover that these five groups of demonstratives all present multifunctional use. In syntax, we can have two categories. First, the basic function of demonstratives, including pronominal demonstratives, adnominal demonstratives, and adverbial demonstratives. Second, the extended function of demonstratives, including locative verb, aspectual auxiliary, and temporal use. In the semantic feature, the use is mainly related to demonstrative characteristics, such as distance and visibility. As for the contrast of distance, *nii* "this" indicates proximal, and *gaga/ga* "that", distal, whereas *kiya/ki* "that" also indicates distal, and it can refer to a referent which does not occur in the discourse context as well; as for the contrast of visibility, there is restriction of visibility on *nii* "this" and *gaga/ga* "that", but not on *kiya/ki* "that".

In discourse analysis, the functions of demonstratives fall into six categories, such as exphoric use, discourse deictic use, endophoric use, recognitional use, connectives, and discourse marker.

We find that, in the discourse functions of demonstratives, there are significant differences in the use of a single demonstrative and the collocating phrase, they even work with a division of labor. We also find that gaga hardly has any discourse function, while kiya/ki has more collocations and presents a variety of discourse functions.

Based on the principles of grammaticalization, proposed by Diessel (1999) and Hopper (1991), we view these five groups of demonstratives and find that each of them has different degrees of grammaticalization. Among these, the proximal locative demonstrative *hini* "here" is the one with the least degree of grammaticalization, while *kiya/ki* "this/that", with the deepest. In the mechanism of grammaticalization, some demonstratives undergo reanalysis and thus begin to have new uses or to get into the process of de-categorialization, in which metaphor and metonymy play a great role. Meanwhile, we also observe that the demonstratives evolve from the propositional level to the textual level to express the semantic relationship from one proposition to the other. Eventually, with the increase of subjectivity of speaker, expressing one's stand and attitude, the uses of demonstratives go further to the level of expression of emotional function, which matches the path of semantic evolution, proposed by Traugott (1989, 1995): propositional> textual > expressive.

In conclusion, this book provides three main contributions. First, the providing of empirical material. In the previous studies of the Formosan languages, few are related to demonstrative, not to mention the studies on the Truku languages. This study performs a systematic analysis of this topic. Second, the contribution to linguistic typology. In the case of grammaticalization of demonstratives in the Formosan languages, Truku and Kavalan can have extended uses, such as locative verb and aspectual auxiliary; however, these important data have not been presented in cross-linguistic typological studies. Third, the importance of natural spoken language. We use both written and spoken material to carry out the analysis in this study. We find that they have their characteristics and preferences respectively, and it is easier, especially in the spoken language, to observe a complete picture of demonstratives.

Keywords: demonstrative, discourse analysis, grammaticalization, the Truku language

目　次

表目錄

圖目錄

第一章 緒論

1.1 研究動機與目的

「指示」是人類語言中很普遍的語言現象，當我們在進行溝通或交際時，常常會使用一些特定的方式來指示人、事物、時間、處所、事件等，例如中文的「這」和「那」，可以用來指涉這個人、這本書、那時、那裡等詞語。Lyons（1977: 636-659）即談到，deixis 是語言中語法成分或詞彙成分體現出來的一種功能，會連結發話行為參與者的時間與空間。這些具有指示作用的詞語包括人稱代名詞（personal pronoun）、指示代名詞（demonstrative pronoun）、指示形容詞（demonstrative adjective）、指示副詞（demonstrative adverb）、關係代名詞（relative pronoun）、定冠詞（definite article）等。他也進一步指出，指示詞在篇章中具有回指（anaphora）和後指（cataphora）的功能。之後，有很多學者從語用或言談分析角度研究指示詞的各種現象（如 Himmelmann, 1996; Huang, 1999; Levinson, 1983; Tao, 1999 等），也有從跨語言類型學角度進行的分析（如 Diessel, 1999; Dixon, 2003 等），尤其是 Diessel（1999）從構詞、語意、句法、語用、語法化等介面做了系統性的討論。由此可知，指示詞的研究越來越備受重視，而且研究切入的觀點也更加多元化。

回顧台灣南島語言的指示詞相關研究，到目前為止，筆者尚未找到以台灣南島語言指示詞為主題的博碩士論文研究。[1]不過，在一些以參考語法為主題的博士論文中，其中一部分會特別談到指示詞的現象，包括北排灣語（Chang, 2006）、拉阿魯哇語（Pan, 2012）以及卑南語（Teng, 2007）等，在這些論文中，除了談到指示詞的基本用法外，也發現到某些指示詞還有其他延伸的用法，如 Pan（2012: 108-112）就發現，拉阿魯哇語有 2 個指示詞彙，表示近指的 kani'i 和表示遠指的 kana'a，它們可透過距離性和可見性來區分，除了可當作代名詞性指示詞和定語性指示詞用法外，還可以用來表示時間指涉（temporal reference）、空間指涉（spatial reference）以及停頓填補詞（pause fillers），也就是說，拉阿魯哇

[1] 其他台灣語言的指示詞研究，已經有多本碩士論文的產出，尤其是採用語用或言談分析觀點的研究，例如，Yang（1992）研究《中文「那」在言談上的功能》，她主要採用 Schiffrin（1987）提出言談中存在的五個層面，包括訊息狀態（the information state）、交談者關係（the participation frawork）、語意結構（the ideational structure）、行為結構（the action structure）以及交談順序結構（the exchange structure）。文中發現，中文「那」主要的功能就在整合這五個層面，用來建立起上下文的連接關係，使得言談更為連貫和流暢。

胡萃萃（2011）研究《現在漢語指示詞「這」與「那」之探析及教學應用》，文中從句法、語義以及語用的角度探討指示詞這和那，主要指出指示詞包括情境指稱（situational reference）和語篇指稱（textual reference）的語用功能，同時也具有話語標記詞（discourse connectives）的話語功能，包括開啟話題、轉換話題以及思索填詞三類。她也進一步發現，「這個」和「那個」還具有特殊的語用功能，可用來表示委婉避諱、語用經濟「這個」、情感色彩以及褒貶含意。

Hsu（2014）研究《臺語中遠指詞 He 的言談功能》，全文架構即採用言談分析的觀點，主要根據 Himmelmann（1996）及 Diessel（1999）兩位學者提出的指示詞分類方法，分析臺語自然言談語料，並將臺語遠指詞在篇章中的功能分成四類：，情境功能（the situational use）、語篇功能（the discourse deictic use）、示蹤功能（the anaphoric use）、以及認同功能（the recognitional use），最後也從語法化的角度探討遠指詞 HE 功能上的各種關係，包括語法化的機制、動因以及路徑等。該文的重要發現為，遠指詞的使用，大部分是基於言談篇章上、或是情態方面的考量。「彼 He」在篇章中扮演強調的功能，吸引聽者對於指涉對象的注意，或者表達說話者的態度，或客觀轉述態度的情意功能。

語的指示詞也衍生出其他的言談功能；而 Teng（2007: 106-108）則是提到卑南語的指示詞 kanDu 'that' 在篇章中具有回指的功能，而 k<em>aDu 'be there' 可用來連結兩個命題，表示 'this being so' 的意思。在碩士論文中，有些以空間概念為主題的研究，也都談到指示詞與空間的關係，包括鄒語和賽夏語（Wu, 2004）以及噶瑪蘭語（Jiang, 2006），其中 Wu（2004: 16-17）提到鄒語和賽夏語的指示詞，除了具有指示代名詞的功能外，這兩個語言都可以用特定的指示詞當作言談回指（discourse anaphora）的功能，用來指涉前面發生或提及過的所指物（如鄒語的 inan'a 和賽夏語的 isaa），且研究發現，這兩個語言的空間指示詞都已被延伸出非空間領域的用法，甚至產生較為抽象的功能。[2]

大約近十年開始，除了碩博士論文之外，以台灣南島語指示詞為主題的研究逐漸增加，大致可分成三大類，第一類，從句法角度分析指示詞的類型，如 Jiang（2009）發現噶瑪蘭語的空間指示詞 yau 'that' 還能當作移動謂語（motion predicate）以及動貌助

---

[2] Huang（2002a）討論汶水泰雅語的指示現象（deixis）研究，雖然不是聚焦在指示詞，但內文也提到幾個和本書相關的重要訊息，首先，在處所指示中，汶水泰雅語有五個主要表示空間指示的詞彙，hani「這」、yani「那（接近聽話者）」、haca「那（同時遠離說話者和聽話者）」以及表示處所副詞的 runi「這裡」、kia'「那裡」，它們都可呈現距離上的對比。而汶水泰雅語有兩個表存在 / 方位 / 領屬的動詞，如 hani'an「有；存在（這裡和現在）」和 kia'「有；存在（那裡或然後）」，並認為它們是從指示詞 hani 和 kia' 衍生而來，而它們還能進一步當作非實現貌（imperfective aspect）的助動詞標記，也就是說，和其他幾個台灣南島語言類似，指示詞可能衍生出動詞謂語用法以及動貌用法（如噶瑪蘭語、賽德克語、太魯閣語等）。第二，Huang（2002a: 5）指出烏來泰雅語的第三人稱單數代名詞，在某些情況下已經不再是代名詞或指示用法，而是做為某種語法功能，已經語法化成「強調的」功能，有額外的強調聲調，如以下例子：

(i) m-usa' su' inu' **hiya'**
[AF-go 2S.NOM where Emp]
'Where ON EARTH are you going?'

動詞（aspectual auxiliaries），而移動謂語又包括方位動詞用法，動貌用法則為進行貌，後面跟著一個動詞；而張智傑（2016）認為布農語中的指示詞跟名物化標記或詞綴相關，如主格的名詞指示詞綴 -in, -an, -a；葉美利（2014）則從句法、構詞和語意等介面全面性的討論了賽夏語的指示詞，她認為賽夏語的指示詞可以分成四大類，包括代名詞、限定詞、副詞以及指示辨識詞，其中 'isa:a' 是唯一包含四種詞類範圍的指示詞；就語意層面來看，指示詞主要包括遠近的對比、可見性（visibility）等因素。第二類研究從語法化角度探討指示詞的演變機制及演變路徑，如 Yeh（2010）探討賽夏語的指示詞 'isa:a' 有幾個特點，第一，在指示距離上，它是中性化的（distance-neutral），此外還具有空間和時間的指示用法，第二，在敘事中，常常當作關聯詞（sentence connective），第三，在文本中，發現到繫詞（copula）的功能，第四，在交際功能上，會使要求聽起來更為間接或禮貌；羅沛文（2015）則討論了賽德克語近指指示詞 nii，範圍包括句法的分布、篇章言談的功能以及語法化現象，他發現賽德克語 nii 的發展符合 Traugott（1989: 31）提出來的從命題（propositional）發展到篇章（textual），再到言談（expressive）的方向；許韋晟（2016）也從語法化的觀點來討論太魯閣語的指示詞現象，發現太魯閣語的 niyi「這」、gaga「那」、kiya「那」、hini「這裡」、hiya「那裡」等五個指示詞都有發生語法化的現象，但是程度深淺不一，其中指示詞 kiya 的語法化程度最深，也發展出多個關聯詞標記用法。第三類研究則是從言談分析的角度切入，如吳新生（2013）探討泰雅語的指示詞 yasa「那」，發現 yasa 具有語用的話語指示功能（the discourse deictic use），用來指涉句子或話語的「命題、故事旨趣」以及具有「主題延續」的特徵，並進一步指出 nanu' yasa 是一個詞彙化言談標記，用法包括主題連貫話語標記、因果關係言談標記、條件關係言談標記和結果關係言談標記；Yeh（2015）從言談分析的角度進一步深入討論賽夏語的 ma' 'isa:a'「字面意義：也＋那」，針對 ma' 'isa:a' 的使用分布及功能進行描述，並發現除了命題層次的比較（COMPARISON）之外、它還有篇章層次的連接（CONJUNCTION）和言談互動層次的關聯（CONNECTION）功能。

綜觀上述前人的研究中可以發現，台灣南島語指示詞的相關研究已經逐漸朝向多面向的發展，越來越多人注意到指示詞在篇章和言談中的特殊性，及其延伸出的多種篇章功能或言談功能，如助詞、填補詞、繫詞、關聯詞、主題連貫言談標記等。

接下來，回到太魯閣語本身的指示現象（deixis）或指示詞（demonstrative）相關研究，事實上，就筆者找到的相關文獻中，除了許韋晟（2016）的文章從語法化角度來探討指示詞，以及許韋晟（2018）進一步討論指示詞 kiya 在篇章中的關聯詞用法之外，其他的論文或文章基本上都只有簡要地提到指示詞的基本用法而已，包括代名詞性指示詞、定語性指示詞以及狀語性指示詞（如 Juang, 2012; Tsou, 2011; 許韋晟，2008 等）；胡震偉（2003）則是提到指示詞還有表示持續動貌的用法；Pecoraro（1977）出版的太魯閣語 - 法語辭典，書中列出太魯閣語的指示詞種類共有 8 種，並提供初步的用法介紹及分析，包括 nii「這；這裡」、ga「那（可見的）；那裡；在那裡」、xeni「這裡」（本書書寫形式為 hini）、kia「那（能看見的，正在討論的）；然後；之後；是的」（本書書寫形式為 kiya）、xea「那裡；在那裡；他 / 她」（本書書寫形式為 hiya）、xaya「那（能看見的，正在討論的）」（本書書寫形式為 haya）、giso「有；指狀態」、nia（niya）「人稱代名詞」等，其中前面五個指示詞即為本書討論的主要對象；[3] 李佩容、許韋晟（2018：76）一書中的註腳有另外指出，kiya 跟距離遠近及可看見不可看見沒有直接的關係，多出現於會話或文本中，而且常常和其他詞彙組成連接成分（即本書指的關聯詞），例如 kiya ni「但是；然後；因此」、kiya do「然後；因此」、manu saw kiya ni「所以」等，但是書中並沒有進一步說明與討論。除了上述文獻外，談到較多指示現象或指示詞用法的是日本學者 Tsukida（2005, 2009），尤其是她在 2009 年完成的博士論文《賽德克太魯閣方言參考語法》，[4] 文中將指示詞分成四個類別，有指稱人、動物、東西的，指稱場所的，還有表達數量的（「這個數量」），表達情

---

[3] 李壬癸（2007）指出，Pecoraro 的這本詞典共有 337 頁，約 2000 詞根，內包含多個例句，是很可貴的參考資料，同時他也提到，培式記音不夠正確，且有些混亂，例如舌根塞音 [k] 和小舌塞音 [q]、舌根擦音 [x] 和咽頭擦音 [h] 等。筆者也發現一樣的情況，因此引用時會特別註記本書所採用的書寫形式。
此外，筆者要特別感謝法國語言學家 Claire Saillard 教授，因筆者不識法文，無法順利讀懂 Pecoraro 的詞典，當 Claire 教授得知後，很慷慨地協助將詞典中和指示詞相關的內容翻譯成英文，並提供給我閱讀，再次感謝她提供的協助。

[4] Tsukida 的博士論文是用日文撰寫的，所以不確定論文中的「指示詞」是對應於 deictic 還是 demonstrative。但由於她有提到指示詞可分成四類：「有指稱人、動物、東西的，指稱場所的，還有表達數量的，表達情況的等類別（Tsukida, 2009: 132）」，所以在此推測應該是對應定義較廣的 deixis。

況的（「如此」）。筆者將之整理如下表：

表 1-1：賽德克太魯閣方言的指示用語
（引自 Tsukida, 2009: 132-134，經筆者整理後以表格呈現）[5]

類別	族語形式	用法與說明	例句
第一類	niyi [6]	1. 指稱距離說話者較近的。 2. 可見性。	huling niyi dog this This dog.
	ga/gaga	1. 指稱距離說話者較遠的。 2. 可見性。	huling gaga 狗 那 That dog.
	ki/kiya	1. 指稱前面所提到的，且說話者和聽話者都可辨識的東西。 2. 可見 / 不可見性。	me-huqil ka huling (kiya) da. AV-die NOM dog (the) NS The dog died. （kiya 常常省略，且聽者仍可辨識出來）

[5] 本表中的例句及詞彙註解為 Tsukida（2009）原文之呈現，相關縮寫形式如下：AV=Agent Voice form; NOM=Nominative; NS=new situation; OBL=Oblique; GV=Goal Voice form; GEN=Genitive; NFIN=non-finite。

[6] 根據李佩容、許韋晟（2018：28），提到為了要反映方言間的一致性及演變，建議將「這個」書寫成 niyi，並提出幾點原因。首先，在不同部落中，存在著幾種不同的發音，例如在花蓮縣萬榮鄉萬榮村 Maribasi 部落收集到的「這個」可發音為 [ni.ɣi] 或 [ni.ji]，雖然現在大部份的族人現在都發後者的音。而北部的秀林鄉則進一步演變成 [ni.ʔi]。筆者甚至在自己的銅門聽過多位長者發音為 [ni:]，也就是只有一個音節，其元音 i 為延長。關於一致性的部分，他們也進一步提到，如 hiyi「身體」的底層形式，可從加綴構詞形式 h<n>egig-an「身材」得知其底層形式為 /hegig/，否則無法解釋這些 /g/[ɣ] 音段的來源。由此可知，寫成 hiyi 的書寫形式，僅反應了一部份的底層音段。其底層形式的尾音 /g/ 也應是受到母音同化的影響而變成滑音 [j]，但並沒有呈現在書寫形式上。因此，若在書寫形式上保留母音之間的 y，雖然是語音記音，仍可以間接反映底層的 /g/。筆者同意上述的看法和分析。然而，根據教育部及原住民族委員會在 2005 年公布的太魯閣族語書寫系統中、各類正式教材（如九階教材、字母篇、生活會話篇等），以及族語認證考試等，對太魯閣族人來說，常用且習慣的書寫方式皆為 nii，本書為了讓語言材料更貼近於族人的使用習慣，因此將採用 nii「這」的書寫方式。

<table>
<tr><td rowspan="2">第二類</td><td>hini</td><td>1. 指稱距離說話者較近的地方。
2. 當狀語性或修飾名詞的用法使用。</td><td>1. 狀語性用法：
me-taqi=ku **hini.**
AV-sleep=1s.NOM hini.OBL
I sleep here. (I stay here; I live here.)
2. 修飾名詞用法：
kiyukay **hini** ka sa'an=nami.
church here NOM go-GV2=1pe.GEN
The church here is the one we go to.</td></tr>
<tr><td>hi/hiya</td><td>1. 指稱距離說話者較遠的地方。
2. 當狀語性或修飾名詞的用法使用。</td><td>（原文此處無提供例句）</td></tr>
<tr><td rowspan="2">第三類</td><td>kehaya</td><td>指數量:這個數量。</td><td>kehaya ka k-en-pera-'an=na.
this:much NOM bigness=3s.GEN
His bigness is as much as this.</td></tr>
<tr><td>kehenu</td><td>指數量：多少數量（疑問句）。</td><td>kehenu ka k-en-pera-'an=na?
how:much NOM bigness=3s.GEN
How much is his bigness/tallness? How big/tall is he?</td></tr>
<tr><td rowspan="2">第四類</td><td>kehaw</td><td>表達動作或狀態：像這樣地、如斯、如此。</td><td>kehaw ki me-taqi ka lawking
like:this so AV-sleep NOM Lawking
Lawking sleeps like this.</td></tr>
<tr><td>kesaw</td><td>kehaw 相應的命令形：請這樣做。</td><td>kesaw=ta
AV.NFIN.do:this:way=1pe.NOM
pawsa tele'ngan.
AV.put chair.OBL
Let's put chairs in this way.</td></tr>
</table>

綜合上述太魯閣語的文獻，目前有以下幾點的觀察：

（1）多數研究仍著重在句法的討論，以指示詞的基本功能為研究主軸。

（2）尚未有人從語用或言談分析的觀點研究指示詞的現象。

（3）從形式上來看，有些指示詞可能擁有相同的詞根來源，如 nii「這」和 hini「這裡」，gaga/ga「那」、hiya/hi「那裡」和 kiya/ki「那」，但是這部分也未曾被討論過。

（4）指示詞除了基本的用法外，尚有其他延伸的用法，彼此關聯為何？這些都未深入被討論過。此外，過去文獻也尚未完整呈現整個指示詞的使用情況及樣貌。

（5）指示詞 kiya 鮮少被提及，其在篇章及言談中延伸出的多種關聯詞用法及言談功能，也尚未被深入討論過。

（6）雖然已有文章從語法化觀點分析，但文內並未提及語法化的演變動因、演變機制以及確切的演變路徑為何等問題。

關於上述幾點觀察，顯現出太魯閣語指示詞相關研究還不夠完整，仍有許多不足之處。是以，本書將這些觀察視為重要的研究議題，並嘗試把每個議題做完整且深入的討論，期盼研究結果除了能盡量地呈現太魯閣語指示詞的全貌外，也將從語法化、言談分析等角度切入分析，盼能助於各種問題的釐清，對於理論上有所貢獻。更重要的是，希望這樣的研究結果將有助於太魯閣族族語的復振以及族語教學上的應用。

1.2 本書的研究範圍以及指示用語的界定

指示的用法、特點等相關現象，在過去文獻中已有相當多的研究與討論，從不同的角度或領域切入，定義範圍的大小差異，亦會產生不同的術語稱呼，一般來說，deixic / deictic 是廣義的，而 demonstrative 是狹義的。以下將個別呈現及討論它們的定義，並明確界定本書中所要談論的指示詞用語，將採用屬於較狹義的 demonstrative，並稱之「指示詞」。

1.2.1 deixis / deictic 的定義

David Crystal（1941 [2000]，沈家煊譯）針對 deixis / deictic 下的定義是：「直指詞是語言學理論用來指語言中這樣一些特徵，它們直接指示一個話段說出時的情景，在人稱、時間或處所方面的特點，其意義又因而相對那個情景而言，例如現在 / 那時、這兒 / 那兒、我 / 你、這 / 那。」Fromkin et al.（1998 [2002]，黃宣範譯）將 deixis 翻成「指示現象」，書中提到：「所有語言都有很多詞與話語指涉有賴於那句話的語境或情境，且必須在這些情況的襯托下才能被理解，這種語用現象稱為指示現象。」其他學者們也對 deixis 提出了定義，如 Lyons（1977: 636）在該章節中的第一句話即指出，deixis 一詞是來自於希臘語，意思是指（pointing）或標示（indicating）。deixis 在語言學上被用來指稱人稱代名詞或指示代名詞的功能，具有語法或詞彙特徵的表現，和話語行為中的空間與時間相關聯。Levinson（1983: 54）進一步指出，語言和語境之間的關係反映在語言本身的結構中，最明顯的方式就是經由指示的現象（the phenomenon of deixis）。根據上述的定義，可以發現一個共通之處，deixis 的現象、用法及特徵等，最容易在語言使用時或話語行為上呈現，並且強調需要有特定的語境。

關於 deixis / deictic 一詞的中文翻譯，目前看到好幾種譯法，根據他們提到的定義，其實都是指相同的概念。除了 Crystal（1941 [2000]，沈家煊譯）及 Fromkin et al.（1998 [2002]，黃宣範譯）提到的「直指 / 直指的」、「指示現象」外。在《朗文語言學教學及應用語言學辭典》中則將 deixis 翻成「指示詞」（同時也把 demonstrative 翻成指示詞），將 deictic 翻成「指示的」（Richards et al., 1992 [2002]，沈家煊譯）。姜望琪（2003：17）將 deixis 翻成「指別」，並認為將之翻成「指示語」是錯誤的。上述這些學者使用的中文名稱，各有各自的說法及論點，由於本書將聚焦在 demonstrative 的討論，所以決定採用 Fromkin et al.（1998 [2002]，黃宣範譯）的翻譯，把指示範圍較大的 deixis 統稱為「指示現象」。

在傳統指示研究的分類上，通常是分成三類，第一是表示話語參與者身分的人稱指示（person deixis），第二是表示事件發生時間的時間指示（time deixis），第三是表示事件發生地點的處所指示（place deixis）。Levinson（1983: 62）認為除了這三個基本分類外，還應該增加兩類：一個是包含上下文的語篇指示（discourse deixis），另一個是跟社會地位相關的社交指示（social deixis）。但是要注意的是，指示詞的分類並不是完全一致的，如 Verschueren（1999: 18-21）就將 deixis 分成四大類，分別是時間指示（temporal deixis）、空間指示（spatial deixis）、社交指示（social deixis）以及語篇指示（discourse deixis），其中社交指示包含兩個部分，一個是前面提到的人稱指示，是屬於最基本的層級，另一個是跟社會地位有關的態度指示（attitudinal deixis）。以下將根據 Levinson（1983）的分類進行簡要說明：

一、人稱指示

人稱指示是指在言語事件中參與者角色的編碼及指稱（Levinson, 1983: 62）。人稱指示是直接地反映了人稱的語法範疇，第一人稱就是說話者對於自己的參照，如我、我們；第二人稱就是說話者對於聽話者參照的編碼，如你、你們；第三人稱則是對於說話者和聽話者之外的人，所使用的參照編碼，如他、他們。

另外，在許多語言中，第一人稱複數還會區分兩類，一種是包含聽話者（we-inclusive-of-address），一種是不包含聽話者（we-exclusive-of-address），例如中文的「咱們」和「我們」，太魯閣語的 ita「咱們 . 主格」和 nami「我們 . 主格」、tnan「咱們 . 斜格」和 mnan「我們 . 斜格」等，都有這樣的區別性。

二、時間指示

時間指示是指一個被講出來的話語或是一個被寫出來的訊息所發生的那個時間點或時間間距（Levinson, 1983: 62）。簡單地說就是用來表達時間範疇的指示用語，主要是以發出聲音當下的時間做為參照點。這些詞彙可以是時間副詞，如中文的「今天」、「明天」、「當時」、「最近」等，太魯閣語的 shiga「昨天」、siida「當時」等；也可以是時態，如指過去、現在、未來的⋯。

另外，Levinson 也進一步提到兩個重要的概念需要區分，一個是編碼時間（coding time，簡稱 CT），一個是接收時間（receiving time，簡稱 RT）。編碼時間就是指說話人欲將傳遞之訊息進行編碼的時間，也就是說話當下的時間；接收時間就是指聽話人收到說話人發出訊息的時間。多數情況下，這兩個發生的時間是一致的，稱作同時發生的指示（deixis simultaneity）（Lyons, 1977: 685）。但是有些特殊情況會不一致，例如書寫的信件、預錄的節目等（Levinson, 1983: 73）。

三、處所指示

處所指示是指在言語事件中參與者位置與空間位置編碼的參照關係（Levinson, 1983: 62）。這類的指示用語包括遠近關係（proximal/distal dimension），例如中文的「這裡 / 那裡」，英文的 here/there，太魯閣語的 hini/hiya，這種遠近關係是以說話者作為方位的參照點來區分。如下面的例句 (1)，英語的 here 和 there 同時出現時有明顯的遠近對比關係。例句 (2)，太魯閣語的 hini 和 hiya 也有一樣的距離對比關係：

(1) Bring that **here** and take this **there**.

(Levinson, 1983: 80)

(2) Iyah tluung hini, iya hiyug hiya.

iyah	tluung	**hini**,	iya	hiyug	**hiya**!
來	坐	這裡	否定詞	站	那裡

來這裡坐，不要站在那裡！

四、篇章指示

Levinson（1983: 85）對 discourse deixis 下的定義是：「某一些詞語的用法可指涉語篇中的某一部分，同時該話語也存在該語篇之中。」由於交際時常常涉及到特定的時間和處所，所以篇章指示也常常指涉上下文提到的信息，如例 (3a) 的 this 可以用來指涉接下來言談的一部分，而 (3b) 的 that 則是指涉前面提到的一部分：

(3) a. I bet you haven't heard **this** story.
  b. **That** was the funniest story I've ever heard.
(Levinson 1983: 85)

Levinson 進一步提到，篇章指示跟照應關係（anaphora）是不一樣的概念，必須要區分開來，照應關係是有互相指涉（co-referential）的用法，但是篇章指示是指前或指後，也就是用來表示和篇章中其他成分之間的相對位置或語意的關係。基本的區分原則就是：當一個代名詞指的是語言表達本身或篇章的一部分時，這是篇章指示，當一個代名詞和先前出現過的語言表達指一樣的實體時，這是照應關係（Levinson, 1983: 86）。如例 (4) 的句子中，Harry 和 he 是相互共指的關係，而不是篇章指示的現象。

(4) Harry's a sweetheart; he's so considerate.
(Levinson 1983: 86)

接著，還需提到一個很重要的概念，篇章指示之所以被Levinson分成新的指示類別，就是因為它跟前面三個類別不同（即人稱指示、時間指示和處所指示），它的參照點是在整個篇章之中，而不是篇章之外，也就是說，指涉對象可以在篇章中找到。

五、社交指示

社交指示是指在交際過程中，某些詞語可以反映出說話者的社會角色、社會地位，尤其是說話者與聽話者或說話者與其他參與者之間的相對社會關係（Levinson, 1983: 63）。因此，社交指示的參照點主要是說話者的社會地位。

Levinson進一步指出，世界上有一些語言存在著敬語（honorifics）的形式，這種社會地位的關係就非常明顯，例如法語的第二人稱形式tu/Vous，如果是對比自己社會地位還高的的人，為了表示尊敬會使用Vous，反之，對自己社會地位還低的會使用tu。類似的情況也出現在中文的「你 / 您」的對比，「您」用在尊稱時使用。另外，日語及韓語也具有豐富的敬語變化。在世界語言中，關於這樣的社交指示關係，大致可以分成兩大類：關係型（relational）和絕對型（absolute）。其中存在著四種關係：（一）指稱敬語（referent honorifics）：說話者會因指稱對象不同選擇敬語。（二）聽話者敬語（addressee honorifics）：說話者會因聽話者語自身的關係選擇敬語。（三）旁觀者敬語（bystander honorific）：說話者會因旁觀者（第三者）的關係選擇敬語。（四）正式度階層（formality level）：說話者會因說話環境正式與否來選擇敬語（Levinson, 1983: 90）。因此，從上述的分類可得知，像語言中這種敬語的使用，其實也與親疏遠近有密切的關係

所以，根據 Levinson（1983）討論的這五種分類可以知道，deixis / deictic 所涵蓋的指示現象確實非常的廣泛，而本書所要討論的 demonstrative 用法只是其中的一部分。

1.2.2 demonstrative 的定義

根據 The Concise Oxford Dictionary of Linguistics（2007）的定義：「demonstrative 是一個指示的典型例子，它是指一個詞語的基本作用是相對於說話者、聽話者或其他人等等的指涉關係，如表示近距離的 'this' 和遠距離的 'that'。」根據 Crystal（1941 [2000]，沈家煊譯）的定義：「demonstrative 是指稱離說話者很近或很遠的事物的詞，如英文的 'this, that, these, those'。」Dixon（2003: 61）則定義指示詞是一個可以指或指示指稱的語法項目（如詞、詞綴或依附詞），例如 '**This** is my favourite chair.'「這是我最喜歡的椅子」這句話，就是用來指一個物件；或是 'Put it **there!**'「放在那！」，是指涉一個處所。

Diessel（1999: 2）對指示詞進行了系統性的類型學調查，從句法的角度針對 demonstrative 的定義提出了三個判斷的準則。第一，指示詞表達指示概念，並具有特殊的句法功能，可以用作獨立的代名詞、和名詞一起出現的修飾語（如英文的 this, that），還可以是處所副詞（如英文的 here, there）。第二，指示詞一般具有特殊的語用功能，在言談情況下（常常會伴隨著手勢），常常

把聽話者的注意力聚焦在對向或處所上，也可以組織下文要出現的信息，也常常使先前會話中的參與者追蹤前面所談到的特殊共享訊息。第三，指示詞具有特殊的語意特徵，所有的語言至少都會有兩種以上指示概念相對立的指示詞，一個是近指指示詞，離指示中心較近的距離，另一個是遠指指示詞，離指示中心較遠的距離。

根據上述的這些定義，我們可以歸納出一個重點，demonstrative 最基本的功能就是用來指示，以距離遠近的意義作為主要的核心概念。此外，根據 Diessel（1999）所提，除了核心的指示用法外，指示詞還具有語用上的功能，包括回指（anaphoric）、篇章指示（discourse deictic）和識別用法（recognitional use）等。

關於 demonstrative 的中文翻譯，相較於 deixic 則沒有太大的歧異，多數的學者都將之翻成「指示詞」，如 Crystal（1941 [2000]，沈家煊譯）、Richards et al.（1992 [2002]，沈家煊譯）等，其他研究台灣語言的學者也使用該中文翻譯，如陳麗雪（2009）、葉美利（2014）、黃漢君和連金發（2007）等。因此，本書將延續這些學者們的用法，採用「指示詞」這個中文翻譯。

1.2.3 deixis 與 demonstrative 的區分

關於 deixis 和 demonstrative 的區分，多數學者都認同它們兩類都具有指示的用法，前者的指示範圍和類別較寬廣，後者的範圍則較為縮小，也有人把 demonstrative 歸為 deixis 的一類。例如，

Lyons（1977: 636-637）提到 deixis 在語言學上被用來指稱人稱代名詞或指示代名詞（demonstrative pronouns）的功能，具有語法或詞彙特徵的表現，和話語行為中的空間與時間相關聯。Diessel（1999: 2）也提到 demonstrative 是 deixis 的一種，具有表達指示概念的用語。Levinson（1999: 30）則指出：「傳統上，deictic 涵蓋的領域包括空間 / 感知、時間、人稱、篇章等，而 demonstrative 典型的功能都有橫跨這些領域（如 this cup/this Saturday/this man/he said this），甚至還有其他的功能，如從照應關係到空間的用法等，這些都很難去做完整的詮釋。」

根據上述的文獻討論，我們可以做出一個簡單地歸納，deixis 與 demonstrative 有部分特性、語意、用法等是重疊的，但是某部分則是有差別。就指示範圍及對象來看，兩者都具有指示用法的詞語，deixis 包含的範圍更廣泛，可用來指示人物、事物、時間、處所、事件、樣貌等，可以說是相當廣義的指示用語；demonstrative 的範圍相較之下較狹隘，主要從表示距離概念的意義為中心，再延伸出其他的相關用法，因此，我們可以說 demonstrative 是 deixis 的一部分，屬於比較狹義的指示用語，而且要特別注意的是，demonstrative 常常還延伸出了一些非指示性的用法（non-deictic），例如篇章連貫的用法，還有指示詞發生語法化現象的情況，這也是屬於非指示性的（Diessel, 1999: 50）。

總而言之，本書也認同把 demonstrative 歸在 deixis 之下的看法，且為了將主題更為聚焦，本書主要集中在指示詞的相關討論。就目前的觀察，太魯閣語的指示詞包括 nii「這」、gaga/ga「那」、

kiya/ki「那」、hini「這裡」、hiya/hi「那裡」等五組指示詞，下面的章節將有更詳細及系統性的討論。

1.3 研究方法及語料說明

在研究方法上，本書以語料分析為主，並著重在共時語料的研究。分析架構主要參考 Diessel（1999）針對跨語言類型學上提出的指示詞分類，在第三章著重於書面語語料分析，並從句法、語意、構詞等角度進行討論；第四章著重在口語語料的分析，參考 Diessel（1999）、Himmelmann（1996）以及 Huang（1999）的分類，從言談分析角度討論指示詞在口語中的言談功能；第五章根據語法化理論檢視並解釋指示詞語意演變及語法化的情況，主要參考 Diessel（1999）和 Heine and Kuteva（2002）的研究架構，著重在來源意義和目標意義間的關係。

關於本書使用的語料來源，可分成兩大類，主要是從多種不同類別文本中蒐集語料，第一類是書面語資料，包括族語辭典、族語繪本等；第二類是口語資料，可分成口語敘事和口語對話兩大部分。此外，本書中若有其他非上述提及的語料，主要是為了適時的輔助與確認使用，則是由筆者田野調查所蒐集。

本書同時選擇書面語料和口語語料是有重要的目的。過去文獻中，針對英語、中文等語言進行過書面語和口語的分析，皆發現兩種不同語體間存在明顯的差異性，如 Chafe（1982）主要對英語研究發現，從結構上來看，書面語的結構較緊密（integrated），口語的結構較零散（fragmented），因為書寫語言可以多次修正，產出是緩慢的，而口語則是立即性、迅速性的產生，此外，在社會互動的情境下，書面語呈現超然性（detached），而口語呈現涉入參與（involved）的特徵；Halliday（1985: 93）提到書寫語言沒辦法呈現所有言語（speech）的特徵，如韻律（prosadic）或副語言（paralinguistics），如聲調、語調、語氣等特質；李世文、陳秋梅（1993）從中文的口語、書寫語（如記敘文）和正式書寫語（如新聞）進行比較，共歸納出六點差異，其中兩點跟本書相關，第一點是他們發現有部分的差異是來自於文章正式性與文體的不同，第二點是提到中文口語的連接詞比率顯著地高於書面語，口語中使用連接詞可能是說話者在彌補受短期記憶與言談時間壓力下所採取的一種言談策略。[7] 由此可知，書面語和口語因為有各式各樣的文本類型，各有各的特色存在，因此能夠呈現兩者的差異，而這樣的部分差異性也呈現在本書調查的結果，如某些指示詞現象僅出現於口語中，且幾乎不使用於書面語，或是某些用法在口語中的出現頻率高於書面語等情況，在下文中都會呈現更多的討論。

[7] 關於第一點的發現，跟本書最後的研究結果相類似，由於不同言談模式和語體本身的差異性，也呈在指示詞所表現出的用法和使用頻率上；關於第二點的發現，似乎跟本書的現象相反，就目前蒐集的語料中，太魯閣語的關聯詞用法出現在書面語料中的頻率是較高於口語中，這也符合 Chafe（1982）的研究結果相呼應，在結構上，書寫語言較口語來得緊密與複雜。

1.3.1 書面語資料[8]

本書所使用的書面語資料，主要包括以下幾項，其中 1-3 項是第三章中最主要使用的書面語材料，包括「太魯閣族語線上辭典」、「族語 E 樂園的族語電子繪本及動畫」、「原住民語言之語料與詞彙彙編—太魯閣語」和「花蓮縣秀林鄉公所出版之教材」，其中第 4 項因數量偏少，因此主要是提供例句時才會使用到：

（1）「太魯閣族語線上辭典」：由原住民族委員會出版，頁數共有 979 頁，約有 15,824 個詞項，但並非每個詞項皆有例句，

[8] 書面語和口語其實很難將它們一分為二，根據上述提到的這些文獻，在研究方法上可能有些侷限，例如針對少數或特定的文章、語體等進行分析，因此研究結果可能會有明顯差異存在。針對過去比較傳統的研究方式，Biber（1988, 1995）則提出一種多面向分析模式（Multi-dimensional model），是從語料庫為本的方式進行分析英語的口語和書面語，其最大優點在於，這個方法是基於大量、多樣化、有系統性的收集語料並透過電腦工具進行分析，並能更深入的了解語體間的差異以及和篇章產生的關係。例如，Biber（1988）透過電腦分析從 481 篇文本中分出 16 大類（67 小類）各種不同的特徵（這些特徵會因語言的不同以及選擇的文本而有所差異），如時貌標記（tense and aspect marker）、從屬句特徵（subordination features）等。並進一步提出六個主要的面相：（1）Involved versus Informational Production（涉入的和信息的）；（2）Narrative versus Non-Narrative Concerns（敘事和非敘事的）；（3）Explicit versus Situation-Dependent Reference（明確的和依賴情境的）；（4）Overt Expression of Persuasion（明顯的勸說表達）；（5）Abstract versus Non-Abstract Information（抽象和非抽象的）；（6）On-Line Informational Elaboration（即時信息的詳述）。

最後，他的研究給出了這樣的結論與發現（Biber, 1985: 199）：「英語的口語和書寫並沒有單一或絕對的差異，而是存在好幾個不同面向的變異性，在這些面向中或多或少存在的相似性。」也就是說，不同文本類型會在不同面向中呈現不一樣的表現，且彼此會相互影響，舉例來說，在面向一中，這裡呈現高度的涉入（involved）、互動（interative）、以及情感（affective），整體而言，側重的是人際關係和情感內容（Biber, 1985: 131），因此，「電話對話」和「面對面對話」在這面向分數是最高的，「學術文章」或「官方文件」的分數則是最低的。

由於本書使用的文本類型並不夠多樣，因此並未使用 Biber（1988）提出的多面向分析方法進行語料的分類。但是，本書最後的結果發現，不同的書面語或口語言談模式的確有其特殊性，取材的不同可能會呈現出不一樣的結果。因此，在未來的研究中，如果所研究的材料是大量且不同的文本類型，且研究方向是偏向語體研究的話，則建議可以使用多面向分析法，應能更清楚呈現出書面語和口語的關聯性與變異性。

而該線上辭典系統自 2020 年起由財團法人原住民族語言研究發展基金會負責更新及維運。該辭典最後更新時間為 2021 年 7 月，有電子檔案 PDF 檔可供查詢。[9]

（2）「族語 E 樂園的族語電子繪本及動畫」：從 2013 年至 2016 年，共計 10 本繪本及 48 部動畫，這些繪本及動畫的內容多為短篇文章，較少數為長篇文章（如小王子翻譯繪本）。這些資料由原住民族委員會出版，有電子檔案 PDF 檔可供查詢。[10]

（3）「原住民語言之語料與詞彙彙編—太魯閣語」：這份語料的內容皆為口語訪談語料，並經太魯閣族語書寫符號轉寫成文字呈現，共計 10 篇，很可惜這份資料的最大問題在於，音檔並不齊全，僅 3 篇仍存有語音檔，此外，轉寫後的文字並非完全相對應訪談內容，部分內容是由當時的轉譯者打成訪談大意或摘要呈現，且未標記任何的韻律符號，如重音、語調、停頓等，因此無法完整呈現當時口語訪談的完整音檔，所以，本書將該筆資料視為書面語材料。

（4）「花蓮縣秀林鄉公所出版之教材」：包括一本太魯閣族語中階讀本、一本太魯閣族語高階讀本以及三本太魯閣族兒童繪本，內容為短篇故事或長篇語料。

上述所列之語料皆會附上出處，並於每個例句中附上語料來

[9] 電子檔下載網址如下：https://e-dictionary.ilrdf.org.tw/trv/download.htm。在此需特別補充說明，本書撰寫的過程中，線上版本為 2019 年 4 月 9 日，目前已有最新版本，更新時間為 2021 年 7 月，因此，在頁數的對照上，版本上可能會有些許差異。

[10] 族語繪本電子檔下載網址如下：https://web.klokah.tw/pbc/。

源及其頁數或是篇名，在辭典的語料同時註明引用的詞項。為了顧及篇幅限制，「太魯閣族語線上辭典」將簡寫為「辭典」，「族語 E 樂園的族語電子繪本及動畫」簡寫為「繪本」，「原住民語言之語料與詞彙彙集—太魯閣語」簡寫成「訪談語料彙集」，「花蓮縣秀林鄉公所出版之教材」簡寫成「紙本教材」。

1.3.2 口語語料 [11]

在口語語料的取材中，主要分成口語敘事（narration）和口語對話（conversation）兩部分，語料來源共分成三種不同的言談模式，下面將針對本章使用的口語語料進行簡要說明：

（1）第一個是「口語敘事」：共計有十篇，包括四則青蛙的故事（The Frog Story）和六則梨子的故事（The Pear Story），敘事者有男性也有女性。青蛙的故事主要是先請敘事者先看過該本無字的圖片故事，次數不限制，待熟悉內容之後，再以全族語的方式邊看邊敘事，一頁一頁地進行。梨子的故事則有兩種不同方式，第一種方式，是先請敘事者先看過影片，次數不限制，待熟悉內容之後，再以全族語的方式進行敘事（不看影片）；第二種方式是請敘事者看過影片，待熟悉之後，允許邊看邊講，並以全族語進行敘事，十篇語料總計時

[11] 在博士論文計畫書初稿時，原本使用的語料僅包括書面語語料，後來經口試委員張妙霞教授建議，以及台大榮譽教授黃宣範教授，在清華大學葉美利教授主辦的一次族語工作坊中也提到一樣的建議，他們都認為指示詞的研究應當要包含口語語料，才能更容易看出整個面貌，而且跨語言中指示詞現象常常跟言談中人際互動相關，因此，筆者後來也納入口語語料，並在本書第四章中以言談分析的角度進行討論與分析。

間約 60 分鐘。[12]

（2）第二個是「遊戲設計對話」：該類對話的語料是採遊戲設計的模式進行，總共蒐集二十六筆對話遊戲，總計時間約 90 分鐘。遊戲實施具體過程簡述如下：[13]

a. 首先，每一段影片都是由兩個人進行，該兩人對坐於一張桌子，且中間有放一個大隔板，所以兩個人無法看到彼此，只能聽到彼此的聲音，進行詢問與回答。

b. 兩人桌面上會有一模一樣的多種道具，約有 15 種左右，有分大小、顏色等，包括魚、貓頭鷹、梳子、碗等，其中一人為發號指令者，另一人為執行指令者，發號者可以隨意告知需擺放的物品及位置，如上下左右、前後等方位空間，當發號者講完後，執行指令者需跟依照指示進行物品擺放，中間如有任何不明確的訊息，兩方皆可詢問或回答。

c. 過程可用族語亦可用中文，直到發號者及執行指令者將所有物品皆擺放完畢後，則表示遊戲順利結束。

（3）第三個是「節目訪談對話」：該節目是原住民族電視台的全族語談話性節目「開會了」，該集中參與對話的人數共四人，

[12] 筆者有收集 3 則「一般日常對話」，分別為 3 組不同的族人，第 1 組為一對兄妹（約 70 歲和 58 歲），對話時間約 25 分鐘，該則對話鮮少使用指示詞 kiya 及其相關用法；第 2 組為兩位族語老師（約 49 歲和 55 歲），對話時間約 15 分鐘；第 3 組為兩位耆老（約 74 歲和 75 歲），對話時間約 50 分鐘，3 則對話總計時間約 90 分鐘，但目前尚未全部轉寫成族語文字，因此尚未納入本書之研究範圍。

[13] 本語料的調查時間為 2014 年 7-8 月期間，主要調查部落為花蓮縣秀林鄉銅門部落、榕樹部落以及文蘭部落。此調查計畫的主持人是法國語言學家 Claire Saillard 教授，當時筆者協助她進行調查，包括發音人的協尋、語料的轉寫等工作，非常感謝 Claire Saillard 教授，願意將當時調查的所有資料供本研究使用。同時也非常感謝當時參與田調活動的所有族人們，這些資料都非常的寶貴。

其中一人為主持人、三人為來賓，皆為男性。整集節目的談話主題已事先設定好，跟太魯閣族人的土地、遷徙與傳統生活相關，來賓背景包括擁有數十年打獵經驗的族人、部落會議主席以及教會牧師。總計時間約為 50 分鐘。[14]

1.3.3 發音人資料

本書田野調查的對象以秀林鄉 Dowmung（銅門部落）為主，其他受訪的發音人亦包括 Rubas（萬榮部落）、Qowgan（加灣部落）、Ciyakang（西林部落）、Miyawan（米亞丸部落）等地的族人，主要的發音人表列如下，他們都屬於中年、老年以上，且熟諳太魯閣語及華語者，對於太魯閣族語言文化知識也都非常了解。以下為本書主要發音人的基本資料：

表 1- 2：本書主要的發音人資訊 [15]

太魯閣族名	漢名	職業	出生年	性別	部落
skEmmax Yudaw [16]	恩○○道	鐵匠師	27 年次	男	秀林鄉 銅門部落
Sidung Sima	許○碧	退休國小老師	34 年次	女	

[14] 特別感謝原住民族電視台提供本集節目影像及文字之授權使用，以利本書進行語料分析及研究。

[15] 除了表列中的發音人外，本書寫作過程中其實還受惠於很多的長輩、族語老師和耆老等，他們都非常樂於教導與分享，從他們身上學到無數寶貴的知識與生活經驗，在此向他們致上最深的感謝與敬意。

[16] Emmax Yudaw 是筆者個親叔公，他是太魯閣族最優秀的鐵匠師之一，年輕時也是很厲害的獵人，亦曾擔任過銅門部落的頭目。從筆者就讀博士班以來，多次訪問他關於太魯閣族語言及文化的調查，包括動物詞、植物詞、方位詞、指示詞等類別，更寶貴的是他對於祖先智慧及知識的了解，也不時的鼓勵我要好好加油。非常遺憾地，叔公因為生病的關係，不幸於 2019 年提前離開我們先去種地瓜了（意思是往生、過世的委婉語用法）。skEmmax 的 sk- 為前綴，表示已往生的意思。

Nowbucyang Sima	許〇賀	吊卡車司機	38 年次	男	秀林鄉 銅門部落
Iyuq Ciyang	金〇山	退休牧師	32 年次	男	秀林鄉 Tbula 部落
Iyang Yudaw	彭〇珠	族語老師	50 年次	女	秀林鄉 米亞丸部落
Aki Pitay	楊〇梅	無	26 年次	女	萬榮鄉 萬榮部落
Mihing Lowking	戴〇蓮	無	37 年次	女	
Pusi Nowmaw	楊〇涂	退休校長	33 年次	男	萬榮鄉 西林部落

1.4 太魯閣族概況

太魯閣族（Truku）主要分布於花蓮縣和南投縣，前者包括秀林鄉、吉安鄉、萬榮鄉、卓溪鄉，後者則集中於仁愛鄉，分布區域如圖 1- 1：太魯閣族分布區域圖（引自李佩容、許韋晟，2018：2）所示。根據原住民族委員會 111 年 9 月的統計數據，目前總人口約 33,470 人，[17] 於民國 93 年 1 月 14 日正式被中華民國政府核定為臺灣原住民族第十二族。根據語言的親屬關係，太魯閣語屬於泰雅語群的賽德克雅群中三大方言之一（Li, 1981），賽德克語又可分為巴蘭（Paran）、都達（Toda）和太魯閣（Truku）三個分支（李壬癸，1999：47-48）。

[17] 人口資料統計至 111 年 9 月。請參見原住民族委員會網頁：https://www.cip.gov.tw/zh-tw/news/data-list/940F9579765AC6A0/CF2F59FBB57055595215A8F293419C45-info.html，2022 年 10 月 30 日下載。

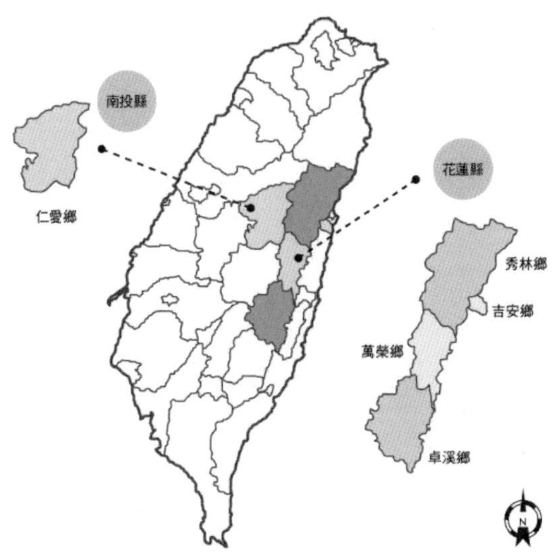

圖 1-1：太魯閣族分布區域圖（引自李佩容、許韋晟，2018：2）

圖 1-2：本書兩個主要的田野調查區域[18]

[18] 圖片引自秀林鄉公所網站（http://www.shlin.gov.tw/tw/district.aspx）以及萬榮鄉公所網站（http://www.wanrung.gov.tw/administrative）。

太魯閣族人口集中最多的地方是秀林鄉，約有 12,700 餘人，其次是萬榮鄉，約有 3,900 餘人。本書研究的文本資料以及田野調查語料，主要取自這兩個地區，其中秀林鄉以銅門部落為主，萬榮鄉以萬榮部落為主，位置圖如圖 1- 2：本書兩個主要的田野調查區域所示。

1.5 太魯閣語語法簡介

描述太魯閣語語法概論已有博士論文（Tsukida, 2009）和專書（如楊盛涂、田信德，2007；李佩容、許韋晟，2018），在不同語言學介面中也有多篇文章及論文進行過討論與研究，如語音音韻（李佩容，2009，2010，2013）、構詞與詞彙（Lee, 2011b, 2015; 許韋晟，2008，2014，2015；連皓琦，2012）、句法及語意（Juang, 2012; Lee, 2011a; Tang, 2015; Tsou, 2011; Tsukida, 2005, 2006, 2009）等。

有了前人們豐碩的研究成果，筆者將不再一一介紹細節。本小節僅針對與本研究相關的語法概念進行簡述與討論，依序為詞序、格位標記系統、代名詞系統、焦點系統、時制與動貌系統等。

1.5.1 詞序

太魯閣語的詞序和多數台灣南島語一樣，是屬於謂語居首（Predicate-initial）的語言，基本詞序為謂語（Pred）--- 賓語（O）---

主語（S）（許韋晟，2008：8）。以下就直述句、主題句以及名詞組詞序進行說明討論。

1.5.1.1 直述句詞序

直述句的句型是以謂語居首，該謂語可以是動詞、助動詞、否定詞以及名詞等。一般而言，在太魯閣語中，所有的句子都是謂語在前，主語在後（李佩容、許韋晟，2018：51）。動詞居首的句型稱為動詞謂語句，在主事焦點句中，是動詞先出現在句子開頭，如 (5a) 和 (5b)，在非主事焦點句中，也是動詞先出現，如 (5c) 和 (5d)。

(5) a. Mimah qsiya ka tama.[19]

m-imah qsiya ka tama [20]

主事焦點 - 喝 水 主格 爸爸

[19] 本書例句中所使用的格式及符號說明採用 Leipzig Glossing Rules，請參見網頁：http://www.eva.mpg.de/lingua/resources/glossing-rules.php。以下簡要說明符號所代表意義：「星號 *」表示該詞彙在句中出現時會導致句子不合語法；「問號 ?」表示該詞彙在句中出現時並非完全符合語法；「等號 =」表示後面的成分是一個依附詞（clitic）；「連字號 -」表示前面或後面的成分分別是前綴（prefix）和後綴（suffix）；「< >」表示中間的成分是一個中綴（infix）；「~」表示前面的成分是一個重疊形式；出現在例句第三行的「句點 .」表示所對應的詞彙有兩個或更多的意義或語法屬性，例如，「= 咱們 . 主格」是「=ta」的中文註解，表示這個詞彙的意義是「咱們」，且在句中代表「主格人稱代名詞」的語法屬性。另外，當一個詞彙無法明確切割詞根與詞綴的界線時，也會使用句點標示，例如，「書寫 . 主事焦點」是「matas」的中文註解。

[20] 本書的例句呈現採用四行，主要原因有二：第一，為了讓族人容易閱讀且避免產生困惑及誤會，所以第一行採用族人熟悉的書寫方式，包括大小寫方式、標點符號等格式；第二，在泰雅語系的語言中，包括泰雅語、賽德克語以及太魯閣語，在重音節之前的元音常常都有弱化（reduction）或刪除（deletion）的情況，再加上詞尾輔音常常會發生詞音位轉換規律（morphophonemic alternation），所以在第二行的詞素分析中，必須要把原本的詞根或詞幹全部都完整寫出來，再與第一行做比較，讀者才能清楚找到音韻及構詞上的變化與差異。關於詳細的太魯閣語音韻現象可參考 Lee（2010）一文。

【謂語　　　　　賓語　　　　　主語】

爸爸（在）喝水。

b. Mimah ku qsiya (ka yaku).

m-imah=ku	qsiya
主事焦點 - 喝 = 我 . 主格	水
【謂語　主語	賓語】

我（在）喝水。

c. Mahun mu ka qsiya nii.

imah-un=mu	ka	qsiya	nii
喝 - 受事焦點 = 我 . 屬格	主格	水	這
【謂語		主語】	

這水是我要喝的。

d. Seimah mu qsiya ka pratu gaga.

se-imah=mu	qsiya	ka	pratu	gaga
工具焦點 - 喝 = 我 . 屬格	水	主格	碗	那
【謂語	賓語		主語】	

那個碗是我喝水用的。

當謂語是名詞時，稱之為名詞謂語句，名詞會出現在句子開頭，如例 (6a) 的 knsat「警察」和 (6b) 的 Dowmung「銅門（地名）」。

(6) a. Knsat ka seejiq gaga.

knsat	ka	seejiq	gaga
警察	主格	人	那

【謂語　　　　　主語】

那個人是警察。

b. Dowmung ka alang mu.

dowmung	ka	alang=mu
地名	主格	部落＝我．屬格
【謂語		主語】

我的部落是銅門。

1.5.1.2 主題句詞序

主題結構是將言談篇章中已知訊息提前的結構。提前到句首當主題的有定名詞成分，必須與後接的主要子句中其中一個名詞組相對應。太魯閣語主題標記的書寫形式為 ’u（即 o），主要置於主題之後。主題的結構可以為名詞組或含動詞的子句（李佩容、許韋晟，2018：54）。相關例句如下，粗體的部分為句子的主題內容，皆出現於主題標記 o 之前。(7a) 的主題結構是名詞組，由名詞加上指示詞組成，即 kana bbnaay gaga「那些全部的野橘子」；(7b) 是包含動詞的子句，即 embbraw paru ka gsilung「海浪很大」；另外，指示詞也可以直接提前當主題，如 (7c) 中的 gaga「那」。

(7) a. 辭典：bbanay (p.28)

Kana bbnaay gaga o hmut hmnru.

kana	**b~bnaay**	**gaga**	o	hmut
全部	重疊～野橘子	那	主題	隨便

h<m><n>ru

< 主事焦點 >< 完成貌 > 生長

那些野橘子都是自然生長的。

b. 辭典：embbraw (p.196)

Embbraw paru ka gsilung o iya bi usa tmqsurux han!

em-b~braw	**paru**	**ka**	**gsilung**	o	iya
主事焦點 - 重疊 ~ 海浪	大	主格	海	主題	否定詞

bi	usa	t-m-qsurux	han!
很	去	動詞化 - 主事焦點 - 魚	助詞

海浪很大時，不要去網魚。

c. 辭典：pdahik (p.540)

Gaga o pdahik mu.

gaga	o	pdahik=mu
那	主題	刨刀 = 我 . 屬格

那刨刀是我的。

1.5.1.3 名詞組詞序

名詞組內部的詞序，可分成兩類，一種是不含形容詞之名詞組詞序，一種是包含形容詞之名詞組詞序（李佩容、許韋晟，2018：55-56）。這兩類的名詞組內部詞序如下：[21]

[21] 分類及例句主要引自李佩容、許韋晟（2018：55），經筆者加入部分補充與說明後，重新整理成例 (8) 呈現之。此外，這裡的形容詞指的是語意上類似形容詞的東西，但語法上的表現又很像動詞，因此一般會稱為靜態動詞。

(8) 不含形容詞之名詞組詞序：

a. 名詞 + **指示詞**：lukus **gaga**「那件衣服」

b. 名詞 + 領屬代名詞：lukus =mu「我的衣服」

c. 名詞 + 修飾中心語的名詞：lukus rudan「老人的衣服」

d. 名詞 + 領屬代名詞 + **指示詞**：lukus =mu **gaga**「我的那件衣服」

e. 數字 + 名詞：kingal lukus「一件衣服」

f. 數字+名詞+屬格代名詞:kingal lukus =mu「我的一件衣服」

g. 數字 + 名詞 + 領屬代名詞 + **指示詞**：kingal lukus =mu **gaga**「我的那一件衣服」

含形容詞之名詞組詞序：

h. 名詞 + 形容詞：lukus bhgay「白色的衣服」

i. 形容詞 + 名詞：bhgay lukus「白色的衣服」

j. 形容詞 + 名詞 + 領屬代名詞：bhgay lukus =mu「我的白色衣服」

k. 數字 + 形容詞 + 名詞 + 領屬代名詞 + **指示詞**：kingal bhgay lukus =mu **gaga**「我的那件白色衣服」

在例 (8a)-(8g) 為不含形容詞之名詞組詞序，可以清楚看到，名詞組內部加入了其他成分後，指示詞依舊出現在最後的位置，不僅是遠指的 gaga「那」，其他如 nii「這」和 kiya「那」也有一樣的分佈情況；(8h)-(8k) 為包含形容詞之名詞組詞序，若修飾語的成分為顏色詞或程度詞，則其詞序可以在中心語前，如 (8h)，也可以在中心語後，如 (8i)，兩者語意沒有差別（李佩容、許韋晟，2018：55）。同樣地，在 (8k) 中，指示詞仍出現在名詞組詞序的最後。

然而，「含形容詞子句」之名詞組詞序通常只有一類，即中心語在前、形容詞子句在後，其形容詞子句常常是表限定的用法，如例 (9)，中心語為 uwa「女生」，修飾語為方括號內的 mdrumut bi「很勤勞」，指示詞 gaga 則出現於整個名詞組的最後。

(9) Uwa mdrumut bi gaga o kuxul mu bi balay.

uwa	[me-drumut	bi]	**gaga**	o	kuxul=mu
女生	主事焦點 - 勤勞	很	那	主題	喜歡 = 我 . 屬格
bi	balay				
很	非常				

那個勤勞的女生，我非常喜歡。

（引自李佩容、許韋晟，2018：56）

1.5.2 格位標記系統

根據李佩容、許韋晟（2018：65-70）指出，太魯閣語的格位標記系統較為簡單，僅有一個格位標記 ka。大多數時候 ka 的功能是主格標記，但視不同的結構亦可有不同的功能（如伴同格標記、補語連詞等）。前綴 ne-，基本上幾乎只能附著在親屬名詞人名或代名詞之前，表示所有格用法。而斜格格位標記則不明顯，有時當受詞為表處所的名詞組時，會將之加後綴 -an。相關例句如下：

(10) a. 辭典：gmakat (p.279)

ka：主格用法

Gaga smalu gmakat alang ka dhiya.

gaga	s<m>alu	g<m>akat
進行貌 . 助動	＜主事焦點＞製造	＜主事焦點＞搭建

alang	**ka**	**dhiya**
部落	主格	他們 . 主格

他們在幫部落建高架。

b. ka：主格用法

Snluan na kana ka lukus nii.

s<n>alu-an=na	kana	**ka**	**lukus**	**nii**
＜完成貌＞製造 - 處所焦點＝她 . 屬格	全部	主格	衣服	這

這些衣服全部都是她做的。

c. ka：伴同格用法

Ini nami skuxul mimah sinaw kjiyax ka Ubus.

ini=nami	s-kuxul	m-imah	sinaw
否定詞＝我們 . 主格	動詞化 - 喜歡	主事焦點 - 喝	酒

kjiyax	**ka**	**ubus**
常常	伴同格	人名

我／我們不喜歡常常跟 Ubus（一起）喝酒。

（引自 Lee 2011: 60）

d. ne-：所有格用法

Nbubu mu ka ribul gaga.

ne-bubu=mu ka ribul gaga

屬於 - 媽媽 = 我 . 屬格 主格 褲子 那

那件褲子是我媽媽的。

e. -an：斜格用法

Smikul Busan ka Watan.

s<em>ikul ubus**-an** ka watan

< 主事焦點 > 推 人名 - 斜格 主格 人名

Watan 推了 Ubus 一下。

（引自李佩容、許韋晟，2018：68）

例 (10a) 和 (10b) 是主格標記用法，ka 後面的 dhiya「他們 . 主格」和 lukus nii「這些衣服」分別擔任句中的主語。(10c) 是伴同格用法，該句主事者是否定詞 ini 後面的 nami「我們 . 主格」，在語意上涵蓋所有參與者，而 ka 後面的 Ubus 標記的是非主語的伴同者名詞，所以此時的 ka 功能當作伴同格標記。(10d) 是所有格用法，主要附加在親屬名詞、人名、代名詞上，表示從屬或領屬關係，所以 nbubu 表示「屬於媽媽的」。(10e) 是斜格用法，-an 附加在人名 Ubus 上，形成 Busan「人名 - 斜格」表示為句中的賓語，不過此種用法已經越來越少人使用了，常常都直接使用人名 Ubus。

關於 ka 標記，在過去文獻中的討論，至少呈現主格標記、伴同格標記、補語連詞標記、關係詞標記、連繫詞（特定情況）以及引介時間詞。[22] 對此，筆者想要針對另一種現象進行分析說明，

[22] KA 標記在太魯閣語呈現多重功能，最主要的功能是作為「主格格位標記」使用，常常出

就是ka引介時間詞以及ka引介處所詞的情況，請先看以下的例子：

(11) a. Mnsa ku Dowmung ka shiga.

m-n-usa=ku dowmung ?(ka) shiga

主事焦點 - 完成貌 - 去 = 我 . 主格 銅門 KA 昨天

我昨天去過銅門（部落）。

b. Mnsa ku shiga ka Dowmung.

m-n-usa=ku shiga ?(ka) dowmung

主事焦點 - 完成貌 - 去 = 我 . 主格 昨天 KA 銅門

我昨天去過銅門（部落）。

c. Mnsa ku Dowmung shiga ka yaku.

m-n-usa=ku_i[23] (*ka) dowmung

主事焦點 - 完成貌 - 去 = 我 . 主格 KA 銅門

(*ka) shiga

KA 昨天

?(ka) $yaku_i$

主格標記 我 . 主格

現在句尾並帶著一個名詞（組），此名詞（組）通常都為該句主語。KA 還扮演其他不同的功能，如 Tsukida（2009）認為 KA 在賽德克語太魯閣方言中可以是一個補語連詞；Tsou（2011）提到 KA 在特定情況下可以當作連繫詞（數詞 KA V（O）的結構），而且也可以引介一個時間詞；Lee（2011）則指出 KA 還可以當作伴同格標記；除了上述的功能外，李佩容、許韋晟（2018）也提到 KA 在太魯閣語還可以當作關係詞標記。由於 KA 的用法並非本書的重點，在此不多詳述，僅針對句尾 KA 引介時間詞和句尾 KA 引介處所詞的情況進行進一步的討論。關於其他的用法，本書遵循以上學者們的研究分類，若仍出現不確定的句法功能，則暫時用 KA 做註解。

[23] 下標 i 表示該詞彙與另一個同樣標記的詞彙是共指涉的情況，即標示同一個對象，如該句的 ku 和 yaku 是共指涉的對象。

我昨天去過銅門（部落）。

d. Shiga, mnsa ku Dowmung.

(*ka)	shiga,	m-n-usa=ku	dowmung
KA	昨天	主事焦點 - 完成貌 - 去 = 我 . 主格	銅門

昨天，我去過銅門。

e. Shiga o mnsa ku Dowmung.

shiga	o	m-n-sa=ku	dowmung
昨天	主題	主事焦點 - 完成貌 - 去 = 我 . 主格	銅門

昨天阿，我去過銅門。

f. *Dowmung o mnsa ku shiga.

在例 (11) 中，當句子動詞為來去動詞，且主格為附著式人稱代名詞時，時間詞可加上 ka，出現在句尾，如 (11a)；處所詞也可加 ka，出現在句尾，而且 ka 不出現的話句子會不太好，如 (11b)；當句尾出現依附詞倍增（clitic doubling）的情況時，句尾會出現和附著式人稱代名詞共指涉的 yaku，由 ka 所引介，且這裡的 ka 省略的話也會不太好，這裡的時間詞和處所詞都不能加上 ka，如 (11c)。類似的句型結構，在李佩容、許韋晟（2018：144）和宋麗梅（2016：148）中都把出現在句尾的「ka+ 時間詞」標記成主格標記。然而，本書認為這種結構中的 ka 不是主格標記，可能是某種具補充說明或解釋功用的附加語（adjunct），[24] 而且出現的環境

[24] 根據 Crystal（1941 [2000]，沈家煊譯）的定義：「adjunct 是語法理論用來指一個構式中可有可無或次要的成分。附加語可以去掉而不影響構式其餘部分結構的完整性。」也就是說，附加語不是句中必要的成分，最明顯的例子就是英語的狀語性成分，如 John

限制很大，就目前觀察有兩個限制，第一是僅發生在句中主事者為附著式人稱代名詞的時候，如=ku「我.主格」、=su「你.主格」、=ta「咱們.主格」等，第二是僅發生在動後且句尾的位置。此分析有幾點好處，如下說明：[25]

（1）如果此結構中的 ka 為主格標記，我們將很難解釋 (11a) 為什麼可以引介時間詞、(11b) 為什麼可以引介處所詞，而且跟動詞之間也沒有語意上的呼應關係，因此分析為主格標記不是很妥當。

（2）如果筆者直接將這裡的 ka 分析為附加語，理論上出現位置是很自由的，但似乎也不容易解釋為什麼 (11d) 移到句首後，ka 標記卻完全不能出現。因此它跟典型的附加語有不同的地方，位置有受限，而且移位後標記並沒有跟著出現，所以直接分析為附加語也不是很好。

（3）如果是典型的附加語，句法位置相對自由，當 ka 引介的時間詞提前變成主題化後，句子是沒問題的，如 (11e) 中的 shiga「昨天」，但是，當 ka 引介的處所詞提前成主題化後，句子卻變得不合語法。

根據以上三點，筆者認為該結構的 ka 不是主格標記，但也不是典型的附加語，因為位置受限且 ka 標記無法跟著引介的詞彙一起移動，所以，它可能是某種具補充說明或解釋功用的附加語，

kicked the ball yesterday.「約翰昨天踢了那顆球」，可以說 John kicked the ball.「約翰踢了那顆球」，但不能說 * John kicked yesterday.「約翰踢了昨天」。

[25] 此種分析的概念主要為指導教授張永利教授所提供，讓筆者更加了解 ka 標記在太魯閣語中的功能，在此特別感謝。

且使用情境很特定。再者，筆者觀察到，該結構中 ka 引介的成分，是可以進行對比的，如 (12) 呈現。

(12) a. Mnsa ku Dowmung ka shiga, aji snkaxa.

m-n-usa=ku　　dowmung (ka)
主事焦點 - 完成貌 - 去 = 我 . 主格　　銅門　　KA
shiga,　aji　snkaxa
昨天　不是　前天
我昨天去過銅門（部落），不是前天。

b. Mnsa ku Dowmung ka shiga, aji Bsuring.

m-n-usa=ku　　dowmung (ka)
主事焦點 - 完成貌 - 去 = 我 . 主格　　銅門　　KA
shiga,　aji　bsuring
昨天　不是　秀林
我昨天去過銅門（部落），不是秀林（部落）。

c. Mnsa ku shiga ka Dowmung, aji snkaxa.

m-n-usa=ku　　shiga ?(ka)
主事焦點 - 完成貌 - 去 = 我 . 主格　　昨天 KA
dowmung,　aji　snkaxa
銅門　不是　前天
我昨天去過銅門（部落），不是前天。

在 (12) 中，當 ka 引介的是時間詞時，後面的對比說明可以是時間詞，如 (12a) 的 shiga「昨天」對比 aji snkaxa「不是前天」，也可以是處所詞，如 (12b) 的 shiga「昨天」對比 Bsuring「秀林部落」；當 ka 引介的是處所詞時，後面的對比說明可以是時間詞，如 (12c) 的 Dowmung「銅門部落」對比 snkaxa「前天」。也就是說，該結構中 ka 引介的對象，還可以進行對比，似乎也類似某種焦點的功能。

簡言之，本書初步討論出現在句尾 ka 引介時間詞以及 ka 引介處所詞的情況，且當句中主事者為附著式人稱代名詞時，該類結構中的 ka 不是主格標記，而是某種具有補充說明和解釋的附加語，且該附加語也具有焦點對比的特性，因此，本書中出現該句型時，出現在句尾的 ka 會以「附加語」標示之。

1.5.3 代名詞系統

所謂的代名詞，是在句子中用來代替名詞的成分。廣義的代名詞系統，可包括人稱代名詞、指示代名詞和疑問代名詞三種；狹義的代名詞則指人稱代名詞（張永利，2000；李佩容、許韋晟，2018：70）。本小節主要針對人稱代名詞和指示代名詞做進一步討論與說明。

1.5.3.1 人稱代名詞系統

太魯閣語有兩套人稱代名詞，分為一般人稱代名詞，以及融合人稱代名詞（李佩容、許韋晟，2018：70）。一般人稱代名詞依形式可分為附著式及自由式。附著式人稱代名詞有主格及屬格形式，而自由式則有主格、斜格，以及所有格三種形式（許韋晟，

2008；李佩容、許韋晟，2018：70）。其人稱代名詞系統呈現如下表：

表 1- 3：太魯閣語人稱代名詞系統
（整理自許韋晟，2008：10；李佩容、許韋晟，2018：71）

人稱代名詞	附著式		自由式		
	主格	屬格	主格	所有格	斜格
第一人稱單數	=ku	=mu	yaku	(n)naku	knan
第二人稱單數	=su	=su	isu	(n)nisu	sunan
第三人稱單數	——	=na/=niya	hiya	nhiya	hyaan
第一人稱複數（排他式）	=nami	=nami	yami	(n)nami	mnan
第一人稱複數（包含式）	=ta	=ta	ita	(n)nita	tnan
第二人稱複數	=namu	=namu	yamu	(n)namu	munan
第三人稱複數	——	=dha	dhiya	(n)dhiya	dhyaan

1.5.3.2 指示代名詞

太魯閣語有五組常見的指示代名詞，分別是 nii「這」、gaga/ga「那」、kiya/ki「那」、hini「這裡」、hiya/hi「那裡」，這也是本書主要聚焦討論的五組指示詞。就指示詞的類別來看，太魯閣語可分成兩類，一類是標示人事物的代名詞，如 nii「這」、gaga「那」和 kiya「那」，可當作代名詞性指示詞和定語性指示詞的用法；二類是標示處所的代名詞，如 hini「這裡」和 hiya「那裡」，主要用法類似狀語性指示詞，也可以用於修飾名詞，當作代名詞性指示詞和定語性指示詞的用法。

指示詞有很多相關的語意特徵，依照 Diessel（1999）的研究，可分成指示的特性（deictic features）和性質的特性（qualitative features），其中跟太魯閣語相關的主要是距離（distance）和可見性（visibility）。就距離的特性來看，跨語言類型中可分成五大類，包括沒有距離對比、兩面對比、三面對比、四面對比、五面或更多面的對比，其中兩面對比和三面對比是最見的，在 234 種語言中就佔了 215 筆，約佔 91.8%（Diessel, 2013）。在三面對比的語言中，可以再進一步分成兩類，一類是距離導向系統（distance-orinted systems），在這系統中，主要以說話者為指示中心，跟指示對象之間存在相對的距離，如 Hunzib 語中，[26] 就存在 b§d「近指」、b§l「中指」和 §g「遠指」三種不同距離的區分（Diessel, 2013）；另一類是人稱導向系統（person-oriented systems），Anderson and Keenan（1985: 282–285）的研究就提到，這類系統中，會有一個指示詞所指涉的對象是靠近聽話者，如日語的 kono「靠近說話者」、sono「靠近聽話者」、ano「遠離聽話者和說話者」就存在這樣的對比。就可見性（visibility）的特徵來看，一般區分指示對象為可見或不可見。

本書認為，太魯閣語的指示詞應該把這兩項語意特徵一起納入考慮，如果僅考慮距離對比的話，可能會將指示詞系統分析成距離導向系統，視 nii「這」為接近說話者，而 gaga「那」為遠離說話者（如 Tsukida, 2009）。然而，本書發現，指示詞 kiya/ki 也有距離上的指示用法，在使用的情境上，基本上等同於 gaga「那」，

[26] Hunzib 語是屬於東高加索的語言（eastern Caucasian），位於俄羅斯境內。

它也無法指涉距離說話者接近的地方，但是，只要是 gaga 可指涉的距離，基本上都能用 kiya 去替代，如「那間房子是誰的」，情境可能發生在家裡旁邊、在馬路對面、在河的對岸、甚至在距離一公里外的山上等，這些情況下，都可以使用定語性指示詞 gaga（只要是視線看得到的範圍內），同時，這些情境也都能用 kiya 表示。如此一來，我們可能會遇到一個問題，如果是距離導向系統的話，常見的三面對比包括近指、中指和遠指，但顯然地，gaga 和 kiya 應該不是中指和遠指的區別。就目前的發現，gaga 和 kiya 在可見性特徵上是有差別的，gaga 是可見性的，這個特徵在文獻中皆已談到（如 Asai, 1953: 48; Pecoraro, 1977: 69; Tsukida, 2009），而 kiya 除了可用於看得到的指涉對象外，也能用於不在現場的指涉對象，如指涉對象看不到（可能在屋子外面）或先前談論到的對象。因為這些上述特性的差異，筆者認為分析成人稱導向系統可能會更合適，也就是說，nii 是接近說話者，而 gaga 和 kiya 都是接近聽話者，兩者差異在於可見性的特徵。需特別注意的是，這樣的分析跟典型的人稱導向系統也不完全一致，如果按照日語指示詞的分類，除了接近說話者和接近聽話者的區分外，第三類是遠離說話者和聽話者，而本書的區分，則會呈現如下面的分類：

nii：接近說話者

gaga/kiya：接近聽話者

gaga/kiya：遠離說話者和聽話者

因此，本書認為，太魯閣語的指示詞的分類應同時考量距離和可見性這兩種語意特徵，nii 表示接近說話者（可見）、gaga 表示接近聽話者／遠離說話者和聽話者（可見）、kiya 表示接近聽話者／遠離說話者和聽話者（不需可見）。

本小節僅做指示詞的基本介紹，詳細的用法與分析都會在後文有更深入的討論。例 (13a)- (13c) 為指稱人事物的代名詞性指示詞用法，例 (13d) 和 (13e) 是用來限定名詞作用的定語性代名詞用法。

(13) a. Lukus ima ka nii?

lukus	ima	ka	**nii**
衣服	誰	主格	這

這是誰的衣服？（衣服可看見，接近說話者）

b. Lukus ima ka gaga?

lukus	ima	ka	**gaga/kiya**
衣服	誰	主格	那 / 那

那是誰的衣服？（衣服可看見，接近聽話者或同時遠離說話者和聽話者）

c. Lukus ima ka kiya?

lukus	ima	ka	***gaga/kiya**
衣服	誰	主格	那 / 那

那是誰的衣服？（衣服無法看見，可能是在非視線內之處或是指前次對話中所談論之事物）

d. Nnaku ka lukus nii.

nnaku	ka	lukus	**nii**

我 . 所有格　主格　衣服　這

這是我的衣服。（需可見的，且發話者與指涉物接近）

e. Nhiya ka lukus gaga.

nhiya　ka　lukus　**gaga**

他 . 所有格　主格　衣服　那

那是他的衣服。（需可見的，且發話者與指涉物有相對較遠之距離）

hini「這裡」和 hiya「那裡」的基本用法是用來指示處所及方位，如例 (14a) 和 (14b)，常常出現於動詞之後，類似狀語性的功能；當它們出現在名詞之後時，起限定作用，具有定語性指示詞的功能，如例 (14c) 和 (14d)。

(14) a. Ga msangay hini ka huling mu.

gaga　m-sangay　**hini**　ka

進行貌 . 助動　主事焦點 - 休息　這裡　主格

huling=mu

狗 = 我 . 屬格

我的狗在這裡休息。

b. Ga hmrapas hiya ka huling mu.

gaga　h<m>rapas　**hiya**　ka

進行貌 . 助動　< 主事焦點 > 玩耍　那裡　主格

ngiyaw=na

貓 = 他 . 屬格

他的貓在那裡玩耍。

c. Alang hini o hbaraw bi seejiq.

alang	**hini**	o	hbaraw	bi	seejiq
部落	這裡	主題	多	很	人

這裡的部落有很多人。

d. Malu bi lnglungan dha ka seejiq hiya.

malu	bi	lnglung-an	ka	seejiq	**hiya**
好	很	想 - 名物化	主格	人	那裡

那裡的人心地都很好。

值得一提的是，李佩容、許韋晟（2018：76）討論太魯閣語的指示代名詞系統，其中有一類為「距離遠且不可看見」，用 gaga hiya/gai 來標示地點，但在本書中並沒有使用這個類別，最主要的原因有兩點，第一點是針對 gaga hiya，就本書蒐集的語料，經分析後呈現，gaga hiya 出現的情境，的確是遠離說話者，但不一定是不可見，再者，筆者認為這裡的 gaga 可分析成方位動詞用法，而 hiya 可分析成處所名詞，因此可能不適合歸類在指示詞系統中。第二點是針對 gai，在本書的發音人中，幾乎都不使用 gai 這個詞彙，所以筆者無法進行對比與討論。然而，本書的發音人會使用 gaing「遠；遠方」這個詞彙來表示處所的用法，某些功能類似於 gai，但也不盡相同，如下例比較：

(15) a. Gaing bi ka qmpahan na.

gaing bi ka q<n>epah-an=an

遠 很 主格 <名物化>工作-處所焦點=他.屬格

他的田地很遠。

b. Kska kana lupung mu o pnaah gaing ka duma.

kska kana lupung=mu o p<n>aah

之中 全部 朋友=我.屬格 主題 <完成貌>來自

gaing ka duma

遠 主格 有些

在我所有的朋友之中，有些人是來自遠方（遠處）。

c. Wada simpu gai ka laqi mu.

wada simpu **gai** ka laqi=mu

完成.去 神父 那裡 主格 孩子=我.屬格

我的孩子已經到神父那裡去了。

（例 (15c) 引自李佩容、許韋晟，2018：77）

在 (15a) 中，這裡的 gaing 出現在句首謂語位置，當作靜態動詞用法，表示「遠（的）」；而 (15b) 的 gaing 出現在動詞 pnaah「來自」之後賓語的位置，表示某個遙遠的地方；(15c) 的 gai 出現在名詞 simpu「神父」之後，起修飾作用，表示遠處的那裡。筆者認為，gai 和 gaing 的句法表現很不一樣，相似處是語意上皆表示距離遠且不可見，它們雖然表示某個遠方的處所名詞，但是跟典型的指示詞又有不同的句法分布（如 hini「這裡」和 hiya「那裡」），例如 gai 和 gaing 皆無法出現在主格標記之後，當作代名詞性指示詞用法。

1.5.4 焦點系統

關於「焦點系統（focus system）」的名稱，French（1988: 1）提到這樣的環境：「一個動詞上的詞綴（the focus affix）在句子中的動詞和名詞組之間建立了一種特殊的關係。」Huang（2001）也提到焦點系統就是指句子中的文法主詞（亦即焦點名詞片語）和動詞間所呈現的呼應系統，且這系統不會因人稱、性別或數目而有形式上的差異。

根據語意關係及焦點標記，太魯閣語的焦點系統通常可以粗略分為四種：主事焦點（主焦）、受事焦點（受焦）、處所焦點（處焦）以及受惠／工具焦點（受惠／工具焦）與參考焦點（參考焦）（李佩容、許韋晟，2018：79）。如下表呈現：

表 1-4：太魯閣語的焦點系統（整理自李佩容、許韋晟，2018：79）

<table>
<tr><th>焦點類別</th><th>焦點形式</th><th>舉例</th><th>動詞類別</th></tr>
<tr><td>主事焦點</td><td>m-, me-, em-, <em>,</td><td>1. me-dawi「懶惰」
2. l<em>ingis「哭」
3. me-hiyug「站」
4. t<em>alang「跑步」</td><td>1. 屬性靜態動詞
2. 帶單一名詞的動詞
3. 姿態／位置動詞
4. 凸顯主事者的動詞</td></tr>
<tr><td>受事焦點</td><td>-un</td><td>1. pqya-un「要掛的」
2. mah-un「要喝的」</td><td>1. 直接賓語受到影響且解讀為有定名詞
2. 動詞呈現有界事件</td></tr>
<tr><td>處所焦點</td><td>-an</td><td>1. hrpas-an「玩耍的地方」
2. sa-an「去的地方」
3. biqan「給過」</td><td>1. 凸顯處所
2. 聚焦來源
3. 聚焦目標</td></tr>
<tr><td>工具焦點</td><td rowspan="3">se-</td><td>se-saax「用（工具）劈」</td><td>凸顯動作所使用的工具</td></tr>
<tr><td>受惠焦點</td><td>se-tabug「為（人）飼養」</td><td>凸顯事件的受惠者</td></tr>
<tr><td>參考焦點</td><td>se-buwiq「給」</td><td>凸顯移動的物體</td></tr>
</table>

針對上表的四個主要焦點類別，以下將各舉一例說明之。(16a) 的 me-dawi「主事焦點 - 懶惰」是描述屬性的靜態動詞；(16b) 的主語 lukus=mu「我的衣服」是有定的，位置及狀態有所改變，受到動詞 pqyaun「掛 . 受事焦點」的影響；(16c) 的 sapah gaga「那個房子」是指一個被凸顯的處所，所以動詞上標記詞綴 -an；(16d) 的主語 pupu「斧頭」是一個被凸顯劈材這個動作所使用的工具，動詞上標記詞綴 s-；(16e) 的主語 tama=mu「我的爸爸」在事件中是受惠的對象，即受惠者，所以動詞上標記了詞綴 s-；(16f) 的主語 patas nii「這本書」不是工具亦不是受惠者，而是被凸顯移動的物體。

(16) a. 主事焦點：靜態動詞

Mdawi bi qempah ka seejiq niyi.

<u>me-dawi</u>	bi	q<em>epah	ka
主事焦點 - 懶惰	很	< 主事焦點 > 工作	主格

seejiq	niyi
人	這

這個人工作很懶惰。

（引自李佩容、許韋晟，2018：80）

b. 受事焦點：直接賓語受到影響且解讀為有定名詞

Pqyaun mu babaw qhuni ka lukus mu.

<u>pqaya-un</u>=mu	babaw	qhuni	ka
掛 - 受事焦點 = 我 . 屬格	上	樹	主格

lukus=mu

衣服＝我 . 屬格

我要把衣服掛在樹上。

（引自李佩容、許韋晟，2018：81）

c. 處所焦點：凸顯處所

Hrpasan nami ka sapah gaga.

<u>hrapas-an</u>=nami　ka　sapah　gaga

玩耍 - 處所焦點＝我們 . 屬格　主格　房子　那

那房子是我們玩耍的地方。

d. 工具焦點：凸顯動作所使用的工具

Ssaax mu qhuni ka pupu nii.

<u>s-saax</u>=mu　qhuni　ka　pupu　nii

工具焦點 - 劈＝我 . 屬格　樹　主格　斧頭　這

這個斧頭是我劈材用的。

e. 受惠焦點：凸顯事件的受惠者

Stabug mu rudux ka tama mu.

<u>s-tabug</u>=mu　rudux　ka　tama=mu

受惠焦點 - 飼養＝我 . 屬格　雞　主格　爸爸＝我 . 屬格

我為我爸爸養雞。（我幫忙爸爸養雞）

f. 參考焦點：凸顯移動的物體

Sbuwiq mu Sayun ka patas nii.

<u>s-buwiq</u>=mu　sayun　ka　patas　nii

參考焦點 - 給＝我 . 屬格　人名　主格　書　這

我給 Sayun 這本書。

1.5.5 時制與動貌系統

時制與動貌是兩個不同的概念與系統。時制主要是表示動作發生的時間，區別的方式通常是過去 / 現在 / 未來、過去 / 非過去，或者是未來 / 非未來（張永利，2000）；動貌則著用來標示一事件發生的狀態或樣子之語法表徵，通常可分為完成貌、非完成貌等（李佩容、許韋晟，2018：85）。

太魯閣語的時制與動貌基本上是藉由動詞詞綴、動詞部分重疊、助動詞、助詞以及副詞性詞彙來標示，此外，太魯閣語的動詞焦點標記也可以標示某些時貌語氣，如主事焦點標記 m-/me-/<em>/<me>、處所焦點 -an、工具受惠焦點 se- 都可表示習慣貌、進行貌、完成貌等實現貌，主事焦點 em- 和受事焦點 -un 則可表示非實現貌（許韋晟，2008：24-29；李佩容、許韋晟，2018：85-93）。相關用法列表 1-5。

從表 1-5 中看到，太魯閣語可運用多種語法機制來表達時制與動貌，以下針對進行貌 / 持續貌、完成貌、非實現貌進行舉例說明及討論。

1.5.5.1 進行貌 / 持續貌

太魯閣語可以表示進行貌 / 持續貌或是正發生事件的詞彙包括 gisu、gaga/ga、nii 三種（Tsou, 2011; Tsukida, 2005, 2009; 胡震偉，2003；許韋晟，2008 等），其中 gaga/ga 和 nii 還具有指示詞功能的用法（下文會討論彼此的關係）。有一點非常重要，雖然 gisu、gaga/ga 和 nii 都有進行貌 / 持續貌的用法，但是它們的來源卻很不

表 1- 5：太魯閣語時制與動貌系統
（整理自許韋晟，2008：24；李佩容、許韋晟，2018：85）[27]

時制動貌語法機制	實現貌			非實現貌
	習慣性	進行貌 / 持續貌	完成貌	未來式
詞綴	—	—	n-; <n(e)>	p- / emp-
重疊	—	—	—	重疊第一個音節
助動詞	—	gisu; ga(ga); nii [28]	wada; hana	mha; mowsa
助詞	—	—	da	—
副詞性詞彙	—	—	tna; jima	—

相同，助動詞 gisu 是從移動動詞（motion verb）語法化而來，而 gaga/ga 和 nii 則是源自於指示詞用法（Lin, 2005; Tsou, 2011），相關例句呈現如下：

(17) A: Gaga/Ga su hmuya?

B: Gisu/Gaga/Ga/Nii ku mita patas.

A: gaga/ga=su　　h<m>uya
進行貌 . 助動 = 你 . 主格　　< 主事焦點 > 為何

B: gisu/gaga/ga/nii=ku　　qmita　　patas
進行貌 . 助動 = 我 . 主格　　看 . 主事焦點　書

[27] 李佩容、許韋晟（2018）書中使用的是時貌語氣系統，即包括時制、動貌及語氣三大系統，不過書中主要仍是談論時制與動貌，並沒有特別談到語氣系統的用法。

[28] 關於 gisu、gaga 和 nii 的差異，Tsukida（2009: 426-436）進行了較完整的比較，大致有以下幾點異同處，第一，這三個詞彙都能表示現在進行、過去進行以及結果的狀態，第二，只有 gaga 和 nii 可以表示狀態動詞（當下的），例如動詞 meudus「活著」、mhurah「壞掉」可以用 nii 和 gaga，但是沒辦法用 gisu。第三，只有 gisu 可以表示狀態動詞（進行中的），例如動詞 mesehedil（mshjil）「重的」，可以和 gisu 一起出現，表示越來越重的狀態，且持續進行中。其他詳細的討論請參見 Tsukida（2009）的博士論文，為日文撰寫。

A: 你在做什麼？

B: 我在看書。

(18) 情境：有兩個人相約在某處碰面，A 已到達目的地，然後撥電話給 B。

a.（B 正在路上）

A: Dhuq ku da. Gaga/Ga su inu da?

B: Gisu ku da.

A: dhuq=ku	da.	gaga/ga=su	inu	da
到達 = 我 . 主格	助詞	在 / 在 = 你 . 主格	哪裡	助詞

B: **gisu/nii/*gaga/*ga**=ku	da
進行貌 . 助動 = 我 . 主格	助詞

A: 你在哪裡了？

B: 我在路上了。（指正在前往目的地的途中）

b.（B 正要或剛到達目的地）

A: Dhuq ku da. Gaga/Ga su inu da?

B: Nii ku da.

A: dhuq=ku	da.	gaga/ga=su	inu	da
到達 = 我 . 主格	助詞	在 / 在 = 你 . 主格	哪裡	助詞

B: **nii=ku**	da
在 = 我 . 主格	助詞

A: 你在哪裡了？

B: 我到了。（指正要或剛剛到達目的地）

c.（B 已經到達目的地）

A: Dhuq ku da. Gaga/Ga su inu da?

B: Gaga/ga ku (suni) da.

A: dhuq=ku	da.	gaga/ga=su	inu	da
到達 = 我 . 主格	助詞	在 / 在 = 你 . 主格	哪裡	助詞

B: **gaga/ga=ku**	(suni)	da
在 / 在 = 我 . 主格	剛剛	助詞

A: 你在哪裡了？

B: 我剛剛就到了。（指早就到達目的地了）

例 (17) 中，A 詢問對方在做什麼事情，即詢問對方的狀態，當 B 回應時，無論是在可見或不可見（如面對面或電話中）的情況下，gisu/gaga/ga/nii 都可以使用，且不影響語意。例 (18) 中，情況就非常的有趣了，當 A 詢問對方在哪裡了，即詢問對方現在所處的方位，這樣的情境之下，gisu/gaga/ga/nii 仍舊都可以使用，但是表達的語意卻有些微差異，就我們的發音人表示，如果使用 gisu 回應時，意思是還在路上 (18a)，如果使用 nii 回應時，意思是剛到達目的地，準備前往碰面 (18b)，如果使用 gaga/ga 回應則表示早就到了目的地，但是可能尚未看到對方 (18c)。

針對上述提到的現象，[29] 筆者試著提出兩點可能性，第一，

[29] 許韋晟（2008：28）的碩士論文就提到了這樣的現象。不過，我們發現不同部落似乎對於這種差異有不同的呈現，舉例來說，筆者有私下詢問居住在不同部落的兩位族人，一位是萬榮鄉見晴部落約 50 歲的族人，族語能力流利，但是根據他的語感，「我還在路上」這句話，她的直覺是使用 nii，經再次詢問後表示，gisu 也能接受使用；另一位是秀林鄉米亞丸部落約 55 歲的族人，族語能力流利，她的語感則是跟本書很像，使用 gisu 表示正

gisu 之所以在時間和距離上表示即將到來、即將抵達的意思，很可能跟它原本就是一個移動動詞的特性有關，前往某個方向的動作，而 Tsukida（2009: 436）也提到，gisu、gaga/ga 和 nii 中，只有 gisu 能表達往說話者的方向移動或接近的用法，因此當 B 還在路上時，即自然的使用了 gisu；第二，nii 表示正要或接近到達目的地，而 gaga/ga 表示已經到達目的地的意思，很可能跟它原本是指示詞的基本用法相關，前一節提到，太魯閣語的指示詞是偏向人稱導向系統，所以 nii 是接近說話者、gaga/ga 是接近聽話者，因此當說話者 A 已經到達目的地，表示 A 或目的地即為指示中心，因此聽話者 B 使用了 nii 是用來表示接近說話者 A；當聽話者 B 使用了 gaga/ga，表示指示中心是轉變成聽話者 B 自己，也就是說，聽話者B認為自己經最接近或目的地，因此偏向使用gaga/ga表示。

1.5.5.2 完成貌

完成貌一般指事件的完成或是過去已發生的事件。在太魯閣語表示完成貌的方式主要有中綴 -n-/-en-、助動詞 wada 和副詞性詞彙 tna/jima，其中 wada 原本是當作移動動詞使用，經語法化後變成助動詞，表示動貌用法（Lin, 2005; Tsou, 2011）。舉例如下：

(19) a. Tnrima ka tama mu da.

t<n>rima ka tama=mu da

在路上，而使用 nii 表示剛到達目的地。針對這樣的現象，筆者還沒有深入地去做跨方言的調查，也許年輕的族人都不再明顯區分，逐漸的將這些用法混用，也或許是個人差異。不管如何，這個現象還需要後續進一步的調查。

< 完成貌 > 洗澡　　主格　　爸爸 = 我 . 屬格　　助詞

我爸爸洗過澡了。

b. Wada inu ka tama su (da).

wada　　inu　　ka　　tama=su　　da

完成貌 . 去　　哪裡　　主格　　爸爸 = 你 . 屬格　　助詞

你爸爸去哪裡了？

c. 辭典：mncicis (p.130)

Mncicis ku huriq o wada ku mdngu da.

m-n-cicis=ku　　huriq　　o

主事焦點 - 完成貌 - 被淋濕 = 我 . 主格　　濕　　主題

wada=ku　　m-dngu　　da

完成貌 . 助動 = 我 . 主格　　主事焦點 - 乾　　助詞

我（身體）原來是淋濕的現在乾了。

d. Tna/Jima mnkan ku nhapuy ka sayang/shiga/*kiya/*saman da.

tna/jima　　m-n-kan=ku　　nhapuy

已經 / 已經　　主事焦點 - 完成貌 - 吃 = 我 . 主格　　餐點

ka　　sayang/shiga

附加語　　現在 / 昨天

我剛剛 / 昨天已經吃過飯了。

（例 (19d) 引自許韋晟，2008：27）

例 (19a) 是中綴 -n-/-en- 表示完成貌的用法，由於是已經發生的事情，常常會跟完成貌標記 da「了」一起出現。例 (19b) 是 wada 出現在句首謂語的位置，當作移動動詞的用法，而且在時貌上表示已實現的完成貌（即詢問已經發生的事情）。例 (19c) 和前面兩個例子不同，這裡的 wada 幾乎已經沒有移動動詞的意思，語意虛化後表示完成貌的用法，所以 wada ku mdngu da 意思就是「我的身體已經乾了」。例 (19d)，主要有兩點要注意，第一點是時間詞的搭配限制，該句的 tna/jima 無法和尚未發生的時間詞一起出現，如 kiya「待會」和 saman「明天」，第二點是人稱代名詞 =ku，按照依附詞的特性，=ku 會出現在句中第二的位置（second position）（Anderson, 1993），但我們發現 =ku 是出現在動詞 mnkan 之後，而不是 tna/jima 之後，也就是說，tna/jima 應該不處於謂語的位置，比較像是附加上的，所以 =ku 沒有出現在它們之後，因為這樣的緣故，本書認為這兩個詞彙應該是副詞性的。

1.5.5.3 非實現貌

在太魯閣語中，可以表示非實現貌的方式包括前綴 emp-/p-、助動詞 mha、重疊等方式，用來表示未來才會發生的事情。其中助動詞 mha 跟 wada 一樣，原本的用法都是移動動詞用法，表示「去 . 非實現貌」的意思。相關例句如下：

(20) a. Emplingis ka laqi na.

emp-linglis	ka	laqi=na
未來 . 主事焦點 - 哭	主格	小孩 = 他 . 屬格

他的小孩快要哭了。

（引自李佩容、許韋晟，2018：90）

b. Pdayaw ku sunan.

pe-dayaw=ku sunan
未來.主事焦點-幫忙=我.主格 你.斜格
我會幫你。

（引自李佩容、許韋晟，2018：90）

c. Mha inu saman ka bubu da?

mha inu saman ka bubu
去.未實現 哪裡 明天 主格 媽媽
媽媽明天要去哪裡？

d. Mha lmingis ka laqi na da.

meha l<em>ingis ka
未來.助動 <主事焦點>哭 主格
laqi=na da
小孩=她.屬格 助詞
她的小孩快要哭了。

（引自李佩容、許韋晟，2018：92）

e. Bbiqun na patas ka Ubus.

be~buwiq-un=na patas ka ubus
重疊~給-受事焦點=他.屬格 書 主格 人名
他即將給 Ubus 書。

（引自李佩容、許韋晟，2018：90）

例 (20a) 和 (20b) 分別是動詞詞綴 emp- 和 p- 表示未實現貌的用法。(20c) 是 mha 當作移動動詞的用法，表示未實現語意，句中可出現表未來的時間詞 saman「明天」。不同於 (20c)，例 (20d) 的

mha 幾乎失去了移動動詞的語意，僅表示未實現的動貌用法，這個用法的演變跟上文提到的 wada 是一樣的。(20e) 的 bbiqun「將要給」則是使用動詞的重疊表示未實現貌的用法。

1.6 本書架構

本書主要是以太魯閣語指示詞的語法化現象做為研究主題。第一章是緒論，包括研究動機與目的、台灣南島語指示詞相關研究回顧、研究方法及語料說明、研究範圍與界定、太魯閣族概述以及太魯閣語法簡介等做了概略性的介紹。第二章是理論文獻回顧，根據指示詞的基本現象描述，本書發現太魯閣語的指示詞都呈現多義現象，意項間又有其相關性，除了指示詞的基本用法外，還有指示詞的延伸用法，以及在口語中亦呈現多項言談功能，因此筆者主要回顧前人針對指示詞相關的研究，包括類型學（typology）、言談分析（discourse analysis）和語法化（grammaticalization）等相關理論文獻，並將之作為本研究的理論架構。第三章是太魯閣語指示詞現象的基本分佈與現象描述，主要從書面語的材料進行句法和語意的分析，盡可能呈現每組指示詞的基本用法以及相關的延伸用法，同時也討論指示詞的構詞現象。在第四章，從言談分析的角度檢視太魯閣指示詞的言談功能，主要採用口語語料進行分析，包括口語敘事、遊戲設計對話以及節目訪談對話三種言談模式，並將指示詞的言談功能分成六大類，包括文外照應（情境用法）、篇章指示、文內照應（回指和後指）、識別用法、關聯詞用法以及言談標記用法，其中言談標記用法又包括主題標記、確認用法、應答用法、話題接續、填補詞等。第五章從語法化的觀點切入討論，並解釋每一組指示詞發生語法化的動因和機制，同時也針對語意演變路徑之間的各種關係進行深入的討論。第六章為結論，分為研究成果、研究貢獻、研究限制以及未來研究發展和建議等四個部分。下圖為本書之架構：

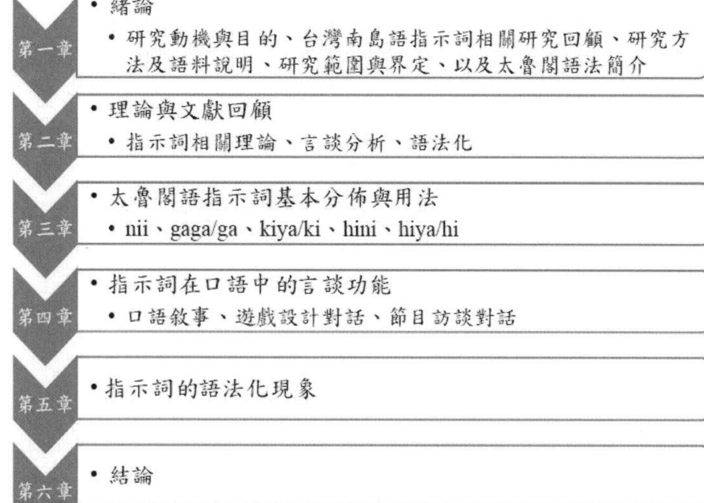

圖 1-3：本書的研究架構

第二章　理論與文獻回顧

在這個章節中，本書將探討的文獻回顧主要分成三個部分：第一個部分是針對指示詞在類型學角度中的相關理論文獻討論；第二部分將針對指示詞和言談分析之間的關係，筆者觀察到，當指示詞出現在篇章及言談中時，有時已經失去明確的指涉作用，可能會當作銜接和連貫篇章的功能使用，或成為篇章或言談中的某種言談標記，所以對言談分析相關文獻的回顧與了解是很重要的；第三部分將探討指示詞和語法化的關係與互動，由於太魯閣語指示詞幾乎都具有多重意義或多功能用法，除了指示詞的基本用法外，尚有其他相關的延伸功能，因此，從語法化的角度切入和解釋這些語意演變的情況是非常重要的。以下將逐一進行討論。

2.1 指示詞在類型學角度中的討論

從類型學的角度討論指示詞的文獻中，以 Diessel（1999）和 Dixon（2003）最具代表性，以下將綜合兩位學者的觀點進行討論。首先，Diessel（1999）使用了 85 種語言材料，進行大規模跨語言的指示詞研究，書中共分成兩大部分，第一部分是針對指示詞進行共時的研究，分別從構詞、語意、句法和語用的角度切入討論。

第二部分則是歷時研究，從語法化的觀點分析指示詞，他認為跨語言的材料發現，指示詞可以語法化為各種不同的語法標記，並為很多語法項的來源。Dixon（2003）也從類型學角度討論了指示詞的特性、形式、功能、以及指稱作用，討論範圍涵蓋了構詞、語意、句法和語用等介面。

在語意的分類上，Diessel（1999: 51-52）針對指示詞提出系統性的分類，他認為指示詞從語意特徵上可分兩大類：指示的特性（deictic features）以及性質的特性（qualitative features），前者包括距離（distance）、可見性（visibility）、高度（elevation）、地形（geography）、移動 / 方向（movement/direction）等五類；後者包括本體（ontology）、生命（animacy）、人（humanness）、性別（sex）、數（number）、以及界線（boundedness）等六類。Dixon（2003: 85-86）的分類則略有不同，他在文章中使用 reference 一詞表示，主要包括空間指稱（spatial reference）、高度和姿勢（height and stance）、可見性、其他意義（如情緒態度、個人喜好、熟識度）、人稱、性別（gender）/ 名詞類別（noun class）、類別詞和數（classfier and number）。

就目前的發現，在這些語意特徵中，太魯閣語指示詞只跟距離和可見性的特徵有相關，如第一章所討論，兩種特徵必須同時考慮到，才能清楚區分指示詞的用法。在距離對比上，三面對比的語言中，可以再進一步分成距離導向系統和人稱導向系統，本書認為太魯閣語的指示詞是偏向人稱導向系統，nii「這」是接近說話者、gaga/ga「那」是接近聽話者或同時遠離說話者和聽話者、以及 kiya/ki「那」是接近聽話者或同時遠離說話者和聽話者，這樣的區分也符合 Dixon（2003: 86）對於空間指稱中提到的鄰近聽話者（near addressee）。請見以下例句：

(21) 情境說明：說話場景在同一個空間內，說話人 A 向聽話人 B 詢問。

a. A: Nima ka patas gaga/kiya?

n-ima	ka	patas	gaga / kiya
屬於 - 誰	主格	書	那 ; 那

B: Naku.

naku

我 . 所有格

A: 那是誰的書？（使用 gaga 和 kiya 時，書本都是較遠離於說話人 A，但更接近於聽話者，或是同時遠離說話者和聽話者，且說話者和聽話者兩人皆能看見該書）

B: 是我的。

b. 情境：說話人 A 和聽話人 B 聊天，突然提到一位在萬榮部落的奶奶，雖然說話人 A 並沒有見過這位奶奶，但是常聽到他的事情。

A: Ga meudus na? Payi kiya/*gaga ga?

B: Kiya o. Embiyax bi ka hiyi na.

A: ga　me-udus　na?　payi　kiya　ga?

進行貌.助動 主事焦點-活 還 奶奶 那 助詞

B: kiya o. em-biyax bi ka hiyi=na.

是 助詞 主事焦點-力氣 很 主格 身體=他.屬格

A: 還活著嗎？那位奶奶？

B: 是阿，她身體很好。

例 (21a)，指涉對象「patas 書本」離說話人有較遠的距離，但是更接近於聽話人，此時表示遠指的 gaga 也可以替換成 kiya，在參照對象是可見的情況下，使用 gaga 或 kiya 沒有明確的差別，可能是接近聽話者或是同時遠離說話者和聽話者。在例 (21b) 中，說話人和聽話人談到一位不在現場的奶奶，此時說話人使用了 payi kiya「那位奶奶」，這個句子無法替換成 gaga，也就是說，gaga 是存在可見性的限制，而 kiya 則無此限制。若從語用和言談的角度來看，這裡的 kiya 無法從上下文得知具體的指涉對象，而是說話人和聽話人共同擁有的知識背景，所以聽話人能夠理解對方所說的對象，這是一種指示詞在言談中常見的識別用法（recognitional use）（如 Diessel, 1999; Himmelman, 1996; Huang, 1999 等），而這類用法並不見於指示詞 gaga「那」。

在可見性對比上，nii 和 gaga 都是可見性的，而 kiya/ki 則不區分。因此，根據距離和可見性的語意特徵，可以整理成下表：

表 2- 1：太魯閣語指示詞的語意特徵

可見性 / 距離	可見	可見 / 不可見
接近說話者	nii	---
接近聽話者	gaga/ga	kiya/ki
同時遠離說話者和聽話者	gaga/ga	kiya/ki

在句法的分類上，兩位學者也有些許不同的看法，Diessel（1999）從句法的分布情況將指示詞分成四個主要類別，包括指示代名詞（demonstrative pronoun）、指示限定詞（demonstrative determiner）、指示副詞（demonstrative adverb）以及指示辨識詞（demonstrative identifier）。而 Dixon（2003）則是分成三個主要類別，包括名詞性指示詞（nominal demonstratives）、方位副詞性指示詞（local adverbial demonstratives）以及動詞性指示詞（verbal demonstratives）。[30] 從他們的分類可以得知，最大的差別在於 Diessel 認為指示辨識詞應自成一類，主要用來指稱用於繫詞以及非動詞性子句的指示詞；而 Dixon 則認為動詞性指示詞可自成一類別，這類指示詞語意類似於 ‘do this/like this’，但這類用法 Diessel 是歸類在指示副詞的類別中，他稱之為方式類指示詞（manner demonstratives）。以下整理兩位學者的分類如下表：

[30] 關於指示動詞的類別，在太魯閣語有另一個單獨的詞彙，如（k）shaya「這樣做；那樣做」（太魯閣語線上辭典，p.370），不過這並非本書主要聚焦的以空間指涉為主的五組指示詞，因此並無過多的討論，望未來後續再深入研究。

表 2- 2：Diessel（1999）和 Dixon（2003）對指示詞的分類

	指示代名詞	指示限定詞	指示副詞	指示辨識詞	指示動詞
Diessel	√	√	√	√	
Dixon	√	√	√		√

太魯閣語指示詞的句法分類上，許韋晟（2016）根據指示詞的句法分佈整理分析後，將之分成四類，本書經重新檢視，將它們的主要分佈情況及功能進一步修改後，如下表呈現：

表 2- 3：太魯閣語指示詞的詞彙類別（整理自許韋晟，2016：11）

	指示代名詞	指示限定詞	指示地方/時間副詞	指示辨識詞	指示動詞
nii「這」	√	√			(√)[31]
gaga「那」	√	√			
kiya「那」	√	√			(√)
hini「這裡」	√	√	(√)		
hiya「那裡」	√	√	(√)		

在上表中，可以觀察到這五組指示詞都有指示代名詞和指示限定詞的用法，不過，就使用頻率上來看，nii 和 gaga 這兩組還

[31] 表格中的圓括號表示該指示詞在特定情境下才具有該類用法，例如，nii「這」在指示動詞上使用了 (√) 符號，意思就是 nii 只有在和 saw「像」一起出現，形成 saw nii 結構，其用法才接近於指示動詞，表示「像這樣（做）」；再如 hini「這裡」在指示副詞上也使用 (√) 符號，這是因為本書發現 hini 和 hiya 的特性跟典型的副詞不同，反而更接近於名詞性用法，作為指示詞使用時，主要用法為狀語性，用來修飾動詞性成分。

是主要的，hini 和 hiya 主要用法是指示處所和地方，作為狀語性功能，其指示代名詞和指示限定詞的用法相較之下就比較少，而 kiya 則有更高的頻率使用於篇章或言談中，如延伸出的關聯詞用法（可參考第三章的討論）；指示辨識詞目前還沒有觀察到明確的材料現象；指示動詞很少用於這五組指示詞，但如果是指方式類指示詞，當 saw「像」跟指示詞 nii「這」和 kiya「那」連用，形成 saw nii「像這樣」、saw kiya「像那樣」時，具有類似的用法，在言談篇章中具有篇章指示（discourse deictic）的功能。

在語用的功能上，Diessel（1999）將指示詞分為外指（exphoric）和內指（endophoric），其中內指又可分為回指（anaphoric）、篇章指示用法（discourse deictic）和識別用法（recognitional use）。Dixon（2003）則分成指示功能（deictic function）、句法功能（syntactic function）、回指和後指（anaphora and cataphora）、識別作用（identification）、提供新訊息（new information）以及言談組織功能（discourse organization）。根據上述討論可以發現到，兩位學者都已經注意到指示詞和語用的關係，並進一步觀察到指示詞在言談中時常轉變成具有言談功能的用法，雖然他們都沒有特別談到言談標記（discourse marker）這個詞彙或用語，但是他們都從語用學角度談到指示詞有很多現象及概念都跟言談功能相關。

2.2 指示詞在言談語用觀點下的討論

本小節主要分成兩部分進行討論，第一部分是關於言談標記的定義與相關文獻；第二部分是關於南島語指示詞在言談語用觀點的相關討論。

2.2.1 言談標記的定義

上文討論到，Diessel（1999）和 Dixon（2003）都提到指示詞在言談中具有連貫篇章的功能，可能成為一種標記。關於言談標記（discourse marker）的定義，Schiffrin（1987）對於言談標記做了很詳細的討論，他一開始先提到言談標記可用來劃分談話單位的連續附著成分，這些劃分的成分無論是在開始或最後的位置，都可以用來前指或後指，而這些言談標記就常常出現在談話單位的邊界處（1987, ch2）。他在書中主要分析英語對話中常見的 11 個言談標記，討論它們在言談中產生的連貫作用及言談功能，並進一步分成六小類：

（1）訊息標記（markers of information），如 oh，它沒有具體的詞彙意義，但可以用來表示訊息狀態的改變，例如 oh 不僅可表達情感上的反應，也可用來修正自己說的或別人說的談話內容；

（2）回應標記（markers of response），如 well，它主要的功能是用來回應對方的請求或詢問，也就是在言談中處理言談交際者間的關係；

（3）言談關聯詞（discourse connectives），如 and、but、or，這三個詞彙的核心用法是當作連接詞使用，但是在言談中，連接完整的子句、連接行為、甚至話輪時則為言談標記用法，它們的主要功能可用於意念結構的連接、命題間的關係或是語用中互動的效應；

（4）因果標記（markers of cause and result），如 so 和 because，這兩個詞彙主要是主句和從句的語法關係，皆可呈現於句子層次和言談層次，在句子中可表達意念單位之間的因果關係，在言談中也可表達言談交際者的行為；

（5）時間副詞（temporal adverbs），如 now 和 then，這兩個詞彙可表達事件時間在命題之間的關係，如時間先後的接續關係，在言談中最明顯的是 now 可能表現出說話者對言談內容的態度，也可能發生語氣的轉變；

（6）訊息和參與（information and participation），如 y'know 和 I mean，這兩個詞彙在言談中有明顯的作用，表現出說話者和聽話者之間的互動關係，I mean 著重在自己言談內容的修正，而 y'know 更注意到聽話者的參與及雙方對訊息的認知。

同時，他認為除了 oh 和 well 之外，其他言談標記在言談中都有自身的核心意義（core meaning），而且這個核心意義不僅會限制言談的功能也會影響整個篇章的意義（Schiffrin, 1987: 314-318）。簡言之，Schiffrin 認為言談標記是存在於言談之中，是劃分說話單位的一種界線，而且在言談中具有連貫的功能（coherence）。他也進一步提到，言談標記雖然可以增強話語的連貫，但言談標記並不是必要的，有時候可以省略不標記，言談的結構和意義仍可以被理解。

在 Schiffrin（1987: 247-248）的分類中，將英語的 and、but 和 or 分析成言談關聯詞，但文中也解釋，當這些詞彙用來連接名詞或動詞詞組時，則不能當作是言談標記，因為它們連接的是子句內部成分而不是言談單位，如 (22a) 的 and 用來連接名詞、(22b) 的 and 則用來連接動詞組：

(22) a. John **and** Sue went to the beach.

b. John went to the beach **and** swam in the ocean.

(Schiffrin, 1987: 247)

當英語的 and 出現在完整子句，無論這兩個子句間是否存在語調界線（intonational boundary），都可視為一種言談標記，如 (23)：

(23) a. John went to the beach. **And** Sue went to the beach.

b. John went to the beach, **and** Sue went to the beach.

c. John went to the beach **and** Sue went to the beach.

(Schiffrin, 1987: 248)

也就是說，依照 Schiffrin（1987）判斷的準則，如果 and 用來連接敘事內容、行為或是話輪，則可視為是一種言談標記，它在言談中有兩個主要的角色，一個是用來連接兩個意念單位，另一個是用來接續說話者的行為，在這樣的基礎下，英語的 and 具有語用的功能，也用來呈現互動的情況。此外，出現於言談中的不同位置也具有參考的作用。

太魯閣語的指示詞 kiya，似乎也能透過上述的準則來區分。根據前文的介紹，指示詞 kiya 最基本的用法是當作代名詞性指示詞和定語性指示詞，即出現在論元的位置（主語、賓語等），或用來限定前面的名詞（組）。然而，下面呈現的例子都不屬於這兩類情況：

(24) (口語敘事—青蛙的故事 001)

情境：故事主角小男孩和他的狗一起掉落在水中後，看到了一棵橫躺著的枯木，爬上去之後就發現了好多的青蛙。

A: Musa lmnglung da ni “Ah, ma yaa niqan tama ni bubu na.” Kiya ngalun na ka khingal wawa na, kiya qerapun na ni desun na, dsun dsun na sapah ka kingal qpatur da.

1 A: ..m-usa　l<m>nglung　da　ni

主事焦點 - 去 < 主事焦點 > 想　助詞　連接詞

2　..(1.0)　“ah(0.5),　ma　yaa　niqan　tama　ni

FILL　為什麼　是否　有　爸爸　連接詞

bubu=na.”

媽媽 = 他 . 屬格

→**3** ..**kiya** angal-un=na ka kingal
那 拿 - 受事焦點 = 他 . 屬格 主格 一
wawa=na.
幼獸 = 他 . 屬格

→**4** .. (0.5) **kiya** (0.3) qrak-un=na ni (1.0)
那 抓 - 受事焦點 = 他 . 屬格 連接詞

5 ..adas-un=na
帶 - 受事焦點 = 他 . 屬格

6 .. (1.0) adas-un adas-un=na (1.0)
帶 - 受事焦點 帶 - 受事焦點 = 他 . 屬格

7 ..sapah ka kingal qpatur da.
家 主格 一 青蛙 助詞

A：他就在想：「啊，不知道會不會有它的爸爸和媽媽呢？」然後，他就拿了一隻小青蛙，然後，他就帶了一隻小青蛙回家了。

首先，這個例子有幾點重要的觀察，第一，太魯閣語的 ni「連接詞」也呈現 Schiffrin（1987）提到英語 and 的情況，在第 2 行中的 ni，用來連接名詞組 tama「爸爸」和 bubu「媽媽」，這是典型的連接詞用法；再來可看到出現在第 4 行的 ni，這裡已經不當作連接詞使用，它用來連接多個言談單位，所表達的可能是命題間的語意關係或某種言談功能。

第二，例 (24) 中，第 3 行和第 4 行的開頭都出現了指示詞 kiya，如果根據前面出現的句法分佈環境來看，這裡的 kiya 不像是代名詞性指示詞，因為在第 3 行 kiya 後面的子句中，kingal wawa=na「一個牠的小孩」已經成為動詞 angal「拿」的論元，所以 kiya 不會是一個名詞性成分，此外也不作為定語性指示詞，因為 kiya 跟前面的名詞組之間有稍微的停頓，表示它們不在同一個言談單位中。就目前來看，kiya 在這裡的功能看起來像是出現在前後言談語段之間，起連接的作用的某種標記。然而進一步分析的話，第 3 行的 kiya 可看作是某種話題接續的言談功能，而第 4 行的 kiya 則像是表達時間接續的關聯詞用法，類似「然後或接著」的意思。像上述這樣的情況，指示詞呈現其他延伸的用法，筆者都將於下文有更多的討論與分析。

另一位學者 Fraser（1999），他從句法和語用的角度出發，也討論了什麼是言談標記。他將言談標記分成四個類別：

（1）對比標記（contrastive markers），如 (al)thought、but 等，這類詞彙主要用來表示前後語段間存在著否定對比的關係；

（2）詳述標記（elaborative markers），如 above all、besides 等，這些類別表示下面的語段是針對先前語段進行補充說明或進行修正；

（3）推論標記（inferential markers），如 accordingly、so 等，這類詞彙主要用來表明下面的語段是根據先前語段而推論或推導出來的結果；

（4）主題改變標記（topic change markers），如 by the way、incidentally 等，這一類別主要表示下面的語段對先前語段的主題提供補充、說明，而不是針對訊息內容。

Fraser（1999: 938）認為這些言談標記都有這樣的特性：「言談標記的作用在於連結一個先前的言談語段（discourse segment）S1 以及另一個言談語段 S2，所以它們標準的模式是 <S1. DM + S1>」此外，言談標記不一定都用來引介 S2，它也可以出現在中間或最後的位置，如例 (25a) 的 however，主要用來引介 S2，例 (25b) 的 in spite of 出現在句中位置，而例 (25c) 的 nevertheless 則出現在句尾。

(25) a. Harry is old enough to drink. **However,** he can't because he has hepatitis.

b. It is freezing outside. I will, **in spite of** this, not wear a coat.

c. We don't have to go. I will go, **nevertheless.**

(Fraser, 1999: 938)

Fraser（2006）主要延續之前的論點，提出了部分定義上的修訂。首先他將言談標記分成核心定義特性（a canonical definition properties）和非定義的特性（non-definitional）兩大部分，在核心定義中，他提到的具體定義和類別如下：（1）言談標記只能是一個詞彙性表達方式（lexical expression），所以不包括非口語的溝通（nonverbal gestures）、句法結構（syntactic structures）、以及聲調或重音等。（2）S1 和 S2 之間必須是連續的言談語段。（3）S1 和 S2 必須編碼一個完整的訊息，即所連接的子句不包括有省略的內容。（4）詞彙性表達成分可以出現在 S2 之前，也能出現在 S1 開頭的位置。因此，他進一步將介於 S2 和 S1 之間言談標記分成四種語意關係：闡述性（elaboration）、對比性（contrast）、推論性（inference）或時間性（temporality）。

非定義的特性包括音韻、構詞和句法特性，在音韻上，言談標記常常會伴隨著停頓的出現。在構詞上，言談標記多以單音節（monosyllabic）為主，如 but, so, and 等，也有多音節，如 furthermore, consequently 等，或是包含其他成分的詞組，如 I mean, that is to say 等。在句法上，言談標記的功能是作為標記鄰近訊息的關係，主要有五種句法範疇：對等連接詞（coordinate conjunction），如 and, but, or 等；從屬連接詞（subordinate conjunction），如 alter, although, as 等；副詞性（adverbials），如 anyway, besides 等；介系詞（prepositions），如 despite, in spite of 等；以及介系詞詞組（prepositional phrases），如 above all, as a conclusion 等。

比較 Schiffrin（1987）和 Fraser（1999, 2006）對於言談標記的看法，最明顯的差異在於，Schiffrin（1987）認為每個言談標記基本上都有自己核心的意義，而 Fraser（1999, 2006）則認為言談標記基本上不會在 S1 和 S2 之間產生語意關係，它的解釋在於言談語境下的組合而產生，因此言談標記很少可以清楚表示出說話者想要表達的關係。

雖然，Schiffrin（1987）和 Fraser（1999, 2006）都沒有特別談到指示詞作為言談標記的用法，但是他們都談到一個很重要的概念，那就是，言談標記具有連貫前後文或篇章的作用，透過言談標記可以理解兩個言談語段或是整個篇章之間的關係。然而，就本書目前的觀察，太魯閣語有一些指示詞在篇章中可能失去基本的指涉用法，進而延伸出言談的功能，其中多種用法就跟兩位學者提到的言談標記有許多相似的現象，例如指示詞 gaga 的縮減形式 ga，從指示詞用法轉變成語尾助詞用法，出現的環境變得更加限制，原本可出現於主語、賓語等處，變成語尾助詞後只能出現在句尾位置；再如，指示詞 kiya，可以和多個詞彙組成不同的關聯詞（connectives），在篇章中也延伸出多種言談功能，如強調用法、話題接續（topic successive）、填補詞（fillers）等。

2.2.2 南島語指示詞在言談語用觀點的討論

如第一章所提，台灣南島語中，從言談分析研究指示詞相關現象的討論確實不多，主要是吳新生（2013）和 Yeh（2015），同時我們也要討論 Himmelmann（1996）對其他南島語指示詞的跨語言研究，以下針對這三篇文章做更詳細的討論。

首先，Himmelmann（1996）從敘事言談（narrative discourse）以及類型學的角度探討五個語言的指示詞現象，這些語言包括英語、Ik 語、Nunggubuyu 語、Tagalog 語以及 Indonesian 語。[32] 文

[32] 根據 Himmelmann（1996: 208-209），Ik 語是位於烏干達（Uganda）東北方 Kuliak 語言

中指出指示詞除了可當作指示限定詞以及指示代名詞之外，並根據指示詞在篇章中的現象提出四類主要的用法：（1）情境用法（situational use），就是典型的指示用法，涉及到指示中心，所指涉的對象存在於言談參與者當下談話的情境中，或是談話所描述的事件情境中，指示詞在這裡用來引入一個談論的對象，常常會伴隨著手勢的使用；（2）篇章指示用法（discourse deictic use），指涉的是言談情境中相關的命題或事件，常出現於鄰近的言談片段之中（即指上下文）；（3）示蹤用法（tracking use），常稱作回指用法（anaphoric）或共指涉用法（co-referential use），指的是在上文情境中出現的所指對象，而且在非會話的言談中，指示詞的示蹤用法會比起零回指、第三人稱代名詞用法相對較少；（4）識別用法（recognitional use），此種用法有兩個特點，第一個是所談論對象不存在語境中，第二個是所談對象雖然常常是第一次被提到，但卻存在於說話人和聽話人都擁有的共享知識（shared knowledge）上。Himmelmann（1996）對指示詞四種分類的架構，後續有很多相關的研究基本上也採用其分類，如 Diessel（1999）、Hsu（2014）、Huang（1999）、Tao（1999）、Chang and Hsu（2019）、

的一支，它是屬於 VSO 的語言，語言中沒有定冠詞存在，在文內收錄了兩篇完整的敘事內容，且包括了用工具紀錄的停頓單位標記；Nunggubuyu 語是北澳大利亞 non-Pama-Nyungan 語言的一支，這個語言沒有定冠詞，具有複雜的指示詞系統以及完整的人稱代名詞系統，文內主要收錄了六篇敘事文，停頓單位是用逗號標記且沒有透過工具紀錄；Tagalog 語是菲律賓的南島語言，它是謂語在首的語言，人稱代名詞很常使用，且第三人稱代名詞跟指示詞形式清楚區別，文內共收錄了兩篇自然口語的敘事文；Indonesian 語是印尼的官方語言，也是南島語言的一種，屬於 SVO 的語言，沒有定冠詞的存在，第三人稱代名詞跟指示詞形式也能清楚區別，文內共收錄三篇文本。

方梅（2002）等，[33] 同時也越來越多人從口語語料進行分析研究。

吳新生（2013）以泰雅語的指示詞yasa「那」為主要討論現象，他提到在泰雅語的 qasa 和 yasa 都可以表示遠指「那」的意思，根據 Diessel（1999）的分類做分析，並發現在篇章中，兩者在語用特徵上具有明顯的區別，如下表呈現：

表 2- 4：指示詞 qasa「那」和 yasa「那」的語用特徵（吳新生，2013）

指示詞	指涉參與者 (a piror NP)	指涉命題	指涉故事旨趣	主題延續
qasa	√	--	--	--
yasa	--	√	√	√

此外，yasa 在篇章中還可以透過詞彙化的機制運作，跟疑問詞 nanu'「什麼」形成言談標記 nanu' yasa，產生的言談功能包括主題連貫言談標記、因果關係言談標記、條件關係言談標記和結果關係言談標記，這些言談功能的共通點都是對於句子或話語的命題、篇章意義或故事旨趣做一連貫或闡釋（吳新生，2013：17），以下呈現泰雅語 nanu' yasa 當作主題連貫言談標記的用法：

(26) （下面一系列話語摘錄自文本語料，該傳說故事在敘述泰雅

[33] 在 Chang and Hsu（2019）的研究中，將閩南語的遠指指示詞 HE「彼」的功能分成兩大類，第一類是核心用法（canonical uses），包括情境用法（situational use）和回指用法（anaphoric use），第二類是非核心用法（non-canonical uses），包括識別用法、篇章指示用法、關聯詞以及填補詞等，前兩個是指涉用法（referential），而後兩個是非指涉用法（non-referential）（Chang and Hsu, 2019: 98）。

族人違反禁忌，祖靈就懲罰他們，連日大雨不止，洪水肆虐，於是族人一直再想獻給什麼樣的祭品給祖靈，祖靈才會息怒停止懲罰。於是…）

sunu’ (3.9-3.11)

1 balay ga, anay ta’ gmwayaw squ ’laqi’ na mrhuw ka kneril.

balay ga, anay=ta’ g-m-wayaw

真的 主標 前置詞 = 我們 .1PG. 包含式 撿選 <AF> 撿選

squ ’laqi’ na mrhuw ka kneril.

處所格 小孩 屬格 耆老 聯繫詞 女孩

真的呢，我們應該撿選耆老的女兒，

2 teta’ snhyun nqu utux cin_glwan na inlungan ta’.

teta’ snhy-un nqu utux c-in-_glw-an

才 相信 -PF 屬格 祖靈 祈求 - 完成貌 -LF

na in-lung-an=ta’

屬格 完成貌 - 想 -LF= 我們 .1PG. 包含式

祖靈才會相信我們祈求的心願，

→ 3 nanu’ yasa sgwayaw nha’ balay sa ’laqi’ na mruhuw ka kneril.

nanu’ **yasa** s-gwayaw=nha’ balay

什麼 (虛化) 那 BF- 撿選 = 他們 .3PG 真的

sa ’laqi’ na mruhuw ka kneril

處所格 孩子 屬格 耆老 聯繫詞 女孩

於是他們真的就撿選耆老的女兒 (獻給祖靈)。

（語料整理自吳新生，2013：12）

在 (26) 中，整個話語的概念或主題是一系列的，是延續性的，第三行的 nanu' yasa「那」所引介的言談語段顯示了和前面主題的關聯性。有趣的是，本書在太魯閣語也發現疑問詞 manu「什麼」可以和指示詞 kiya/ki「那」一起連用，但主要呈現的言談功能是停頓填補用法，當作一種佔位符號（placeholder），用來表示說話者一時找不到合適的詞彙，而用 manu kiya 佔據某種句法位置，利用短暫的時間來尋找更確切的詞彙（關於佔位符號用法，下文會有更詳細的討論），而不作為吳新生（2013）提到的話題接續用法。

Yeh（2015）從言談分析研究賽夏語 ma' 'isa:a'（字面意義：也＋那）的功能。她指出，ma' 'isa:a' 具有非常多的功能，主要包括（1）命題層次的比較（comparison），如時間關係；（2）篇章層次的連接（conjunction），包括連續關係（consequential）、條件關係（conditional）、讓步關係（concessive）；（3）言談互動層次的關聯（connective），包括停頓填補用法（pause filler）和應答用法（backchannel）。文中也針對這些用法做了深入的解釋與連結，例如從語法化的觀點解釋發展的路徑，並認為命題層次的比較和篇章層次的連接是涉及了主觀化的機制（mechanism of subjectivisation），使得 ma' 'isa:a' 進一步發展成在言談中的關聯詞標記。下面呈現賽夏語 ma' 'isa:a' 在言談中當作應答用法的情況：

(27) a. Backchannel (Conversation: Life, NTU)

F and M, talking about M's kids, mentioned one kid, who is not yet married.

266. M: ...(1.4) nisia nonak ... k‹in›ita' o: tatini'
3SG.GEN self <PFV>see DM old.man
o: hayza' ay ka howaw haysani
DM EXIST Q ACC work now
'Let him see for himself. (For us) old people, is it our business nowadays?'

→ 267. F: ...(1.1) [**ma' isaa**]
also that
'It's like that.'

268. M: [niSo] korkoring hayza' ka 'ima min-owa'
2SG.GEN child EXIST ACC IMA MIN-like

269. M: ...(1.3) isaa k‹in›ita' ila
there <PFV>see PFV
'Your child (Ataw) has somebody he likes.'

(Yeh, 2015: 374)

例 (27) 中，賽夏語的 ma' 'isa:a' 表示說話者 F 同意說話者 M 的說法，主要用來告知說話者「我同意，且我有在聽請繼續說」的訊息，這是典型的應答用法，也出現於太魯閣語的指示詞 kiya（下文會有詳細的討論）。此外，Yeh（2015）也指出，從語法化的觀點來看，ma' 'isa:a' 的功能呈現出三種不同階層，對應於命題的、篇章的以及表達的意義。

Himmelmann（1996）從敘事言談的角度針對指示詞做系統性

地討論，並提供了跨語言類型學的證據，也是後續研究指示詞的重要依據。此外，吳新生（2013）和 Yeh（2015）的研究也提供本書很大的啟發和影響，主要原因有以下三點：

（1）太魯閣語和泰雅語是屬同一個語群，兩個語言的指示詞有著類似的現象，太魯閣語的 gaga 和 kiya 也表示遠指的意思，但基本上只有 kiya 延伸出篇章指示以及言談功能（當 gaga 縮減成 ga 的時候才具有言談功能）。而且，本書也發現指示詞 gaga「那」非常少使用於言談中。

（2）對應於賽夏語的 ma' 'isa:a'「字面意義：也 + 那」或賽考利克泰雅語的 nanu' yasa「字面意義：什麼 + 那」，太魯閣語的 kiya「那」也能和多個詞彙在篇章中形成關聯詞用法，如 kiya ni「字面意義：那 + 和」在句中可表示轉折關係、因果關係和時間關係等，甚至在言談中延伸出多種言談功能，如話題接續、填補詞等。此外，文中提到的應答用法（backchannel）也出現於太魯閣語指示詞 kiya 的用法之一。值得注意的是，這些語言的關聯詞用法都是由遠指指示詞「那」所組成。

（3）Diessel（1999, 2006: 476）就指出，指示詞在言談中的兩種主要用法：回指（anaphoric）和篇章指示（discourse deixis），用來指涉前面的言談參與者以及連貫前後文的命題，也就是用來連結言談中言談交際者的注意焦點（joint of focus of attention），對於言談的組織扮演很重要的角色。這樣的觀察，在三位學者文章中例子都能清楚呈現，也因此讓筆者更關注指示詞的各種言談功能。

2.3 指示詞在語法化觀點下的討論

關於語法化（grammaticalization），Hopper and Traugott（2003: 4）下了一個最基本的定義：「當一個實詞呈現出功能詞的語法特徵時，便可稱之為經過語法化的詞。」並進一步指出：「語法化指的是，當詞彙項和結構進入某種特定的語言環境去提供語法功能，而且語法化後繼續發展出新的語法功能。（Hopper and Traugott, 2003: 232）」值得注意的是，Hopper and Traugott（2003: 184-185）討論了子句聯繫詞（clause linkings）的語法化現象，文中提到一個很重要的概念，他們認為：

> 「典型的主次結構發展是指示現象（deictics）和其他指示詞的連接功能的吸收。這裡的動因是指示指稱的延伸，從指稱非語言世界到名詞組的回指和後指，然後再到命題子句的回指和後指。換句話說，為了產生明顯的子句聯繫，指示現象可以作為指稱子句的篇章功能。」（Hopper and Traugott, 2003: 185）

文中舉出 Gunwinggu 語是北澳大利亞的原住民語言，該語言的 gunu「那」，在篇章中可回指前文出現的子句 Hopper and Traugott（2003: 185），如例 (28) 中的 gunwo:g garibi’ bi:mbun「我

們寫的語言」，這也是 Himmelmann（1996）和 Huang（1999）提到的篇章指示用法。

(28) . . . dja mi:n bu ŋadman gadbere **gunwo:g**
. . . and not in:regard:to ourselves our language,
garibi'bi:mbun, **gunu** gari' wagan
we-write, **that** we-don't: know
but we don't know at all how to write our own language'

（轉引自 Hopper and Traugott 2003: 185）

在跨語言類型學的調查上，Diessel（1999, ch6）從語法化的觀點分析指示詞，他從跨語言的材料發現，指示詞可以語法化為各種不同的語法標記，是許多語法標記的來源項。本書支持這樣的看法，把指示詞看做是許多語法成分的來源。在這一章節，他提出了八個指示詞語法化的判斷準則，並將之分成四小類（Diessel, 1999: 118），如下所示：

（1）功能的變化（functional changes），不再被用於提示聽話者對於外在事物的關注（即失去了外指功能），而且失去了指示功能上的對比；

（2）句法的變化（syntactic changes），出現的情況會受限於特定的句法環境，有時會成為某種句法結構中的必要成分；

（3）構詞的改變（morphological changes），有時會失去屈折

變化能力，且常發生於表遠指的形式；

（4）音韻的改變（phonological changes），可能發生語音縮減的情況，而且可能和其他自由形式合併。

根據上述的準則，筆者觀察到太魯閣語的指示詞多數都經歷了相似的情況（第五章會有更詳細的討論分析），以指示詞 gaga「那」為例，除了基本指示詞用法外，進一步延伸出方位動詞和動貌助動詞，這樣的語意轉變涉及到功能上的變化以及句法的變化，做為指示詞用法的 gaga，出現的位置是在名詞組之後，轉變成方位動詞後，則出現在處所名詞之前，進一步演變成動貌助動詞後，除了語意明顯由具體變為抽象概念外，其後可搭配的詞彙也由名詞擴展為動詞，這些現象在下文會有更詳細的討論。

此外，Diessel（1999: 155）也討論了指示詞的語法化路徑，並認為發生語法化主要取決於句法環境的不同，因而發展出不同類別的語法標記。他將指示代名詞、指示限定詞、指示副詞以及指示辨識詞等四種類別一一進行討論，最後提出了十八種常見的語法化路徑，如下表呈現。

表 2- 5：指示詞的語法化路徑（該表格重新整理自 Diessel, 1999: 155）

來源意義 (source)	目標意義 (target)
代名詞性指示詞 (pronominal demonstratives)	第三人稱代名詞 (third person pronouns)
	關係代名詞 (relative pronouns)
	補語連詞 (complementizers)
	句子關聯詞 (sentence connectives)

<table>
<tr><td rowspan="5">代名詞性指示詞
(pronominal demonstratives)</td><td>所有格標記 (possessives)</td></tr>
<tr><td>定語性限定詞 (adnominal determinatives)</td></tr>
<tr><td>動詞的數標記 (verbal number markers)</td></tr>
<tr><td>填充詞 (expletives)</td></tr>
<tr><td>連繫詞 (linkers)</td></tr>
<tr><td rowspan="7">定語性指示詞
(adnominal demonstratives)</td><td>名詞的數標記 (nominal number markers)</td></tr>
<tr><td>定冠詞 (definite articles)/
名詞類別標記 (noun class markers)</td></tr>
<tr><td>連繫詞 (linkers)</td></tr>
<tr><td>名詞後關係子句的邊界標記的屬性 (boundary markers of postnominal relative clause/attributes)</td></tr>
<tr><td>代名詞性的限定詞 (pronominal determinatives)</td></tr>
<tr><td>特定的不定冠詞 (specific indefinite articles)</td></tr>
<tr><td>關係代名詞 (relative pronouns)</td></tr>
<tr><td rowspan="3">狀語性指示詞
(adverbial demonstratives)</td><td>方位性的動詞前綴 (directional preverbs)</td></tr>
<tr><td>時間副詞 (temporal adverbs)</td></tr>
<tr><td>填充詞 (expletives)</td></tr>
<tr><td rowspan="3">辨識性指示詞
(identificational demonstratives)</td><td>非動詞性的繫詞 (nonverbal copulas)</td></tr>
<tr><td>焦點標記 (focus markers)</td></tr>
<tr><td>填充詞 (expletives)</td></tr>
</table>

Diessel（1999）充分討論了指示詞當作來源可能產生的語法化路徑。此外，Heine and Kuteva（2002）從類型學角度也討論了各種詞彙經過語法化的可能路徑，其中談到指示詞除了可以當作語法化的來源（source）外，也可以作為語法化的目標（target），筆者將之整理如下：

表 2- 6：指示詞常見的語法化的來源與目標
（整理自 Heine and Kuteva, 2002）[34]

來源 (source)	目標 (target)
指示詞 (demonstrative)	補語連詞 (complementizer)
	連接詞 (conjunction)
	繫詞 (copula)
	定冠詞 (definite)
	焦點 (focus)
	第三人稱代名詞 (third pers-pron)
	關係詞 (relative)
	從屬連接詞 (subordinator)
這裡 (here)	指示詞 (demonstrative)
那裡 (there)	
去 (go)	

除了上述指示詞的語法化路徑外，Heine and Kuteva（2002）書中列出各種不同類別詞彙的語法化路徑，對於本書在討論指示詞語意演變關係有很大的參考價值。因為在太魯閣語中，所有的指示詞都是多功能的，要如何去解釋這些功能之間的關係，勢必需要去解釋不同語意間演變的動因、機制等因素，試著找出合理、可能的答案，這也是本書在語法化章節會進一步深入討論的地方。

[34] Diessel（2011）文章進一步從超過 300 種世界語言的材料提出更新的指示詞語法化現象，他認為 Heine and Kuteva（2002）提出指示詞可能來自於移動動詞（如 go）、處所副詞（如 here, there）的說法並不合適，因為並沒有很清楚的證據可以支持這樣的看法。此外，Diessel（2011）認為指示詞和感嘆詞應該可視為語法標記發展的第二種主要來源項。

2.4 小結

本章的理論及文獻回顧，主要針對指示詞相關的文獻進行討論，包括從語言類型學、言談分析以及語法化觀點的研究。同時，本書也根據前人研究的結果和本書探討的主題做了初步的討論與比較。透過文獻的回顧，筆者發現太魯閣語的指示詞需要呈現更完整的用法分佈，除了書面語的材料外，也需要從言談分析的角度來分析口語語料，以及從語法化的角度來解釋指示詞在篇章言談中所扮演的多重功能及其相關用法。因此，在接下來的第三章中，筆者將從句法和語意的角度去檢視指示詞的分佈與功能，並討論其構詞的變化。第四章中，則從言談分析的角度檢視口語材料，就目前的觀察，部分指示詞的用法會因言談模式不同而有所偏好，有些用法在書面語中幾乎不出現，但在口語中卻頻繁使用。在第五章中，將從語法化的角度討論指示詞多重功能間的轉變，並透過語法化判斷準則進行檢視，找出可能的演變動因、演變機制以及演變路徑，同時也發現，太魯閣語指示詞經歷了命題層次 > 篇章層次 > 情感功能表達層次的階段，在言談中呈現說話者的態度、情感和立場，表達主觀性的態度。

第三章 太魯閣語指示詞的分佈與功能

本章要討論太魯閣語指示詞的分佈與功能，如前一章所提到，從形式來看，太魯閣語有五組詞彙可以表達基本的指示用法，包括 nii「這」、gaga/ga「那」、kiya/ki「那」、hini「這裡」、hiya/hi「那裡」等指示詞，從句法功能來看，本書將這些指示詞分成兩大類，主要的類別為指示的功能，包括代名詞性指示詞以及定語性指示詞用法，另一類則為指示詞的延伸功能，意思就是這些用來是來自於指示詞用法的延伸，如方位動詞用法、動貌助動詞等。在語意上，這五組指示詞基本上不分單複數形式、也不分格位，主要的差別有兩項，第一個是距離對比的特徵，呈現三面的人稱導向系統，如 nii「這」表示接近說話者，gaga/ga「那」和 kiya「那」皆表示接近聽話者或同時遠離說話者和聽話者，具體差別在於可見性（visible）特徵，就目前的觀察，nii「這」、gaga/ga「那」是可見性的，而 kiya/ki 則為不需可見性。在音韻上，有些指示詞具有縮減形式，且有的縮減形式不會影響功能及語意，如 Mtakur ka seejiq **gaga**.「**那個**人跌倒了」和 Mtakur ka seejiq **ga**.「**那個**人跌倒了」意思是一樣的；但是，有的縮減後則可能失去了原有的指示功能，如 Mnsa su hiya ka shiga, hay **ga**?「你昨天去過那裡，不是嗎？」，句尾的 ga 已變成助詞的功能。這些詳細的差異用法，都將在下文有更深入的討論。

如前一章所提，根據 Diessel（1999）和 Dixon（2003）針對指示詞類別的分類，指示詞最基本的用法可包括代名詞性指示詞、定語性指示詞以及狀語性指示詞，而識別性指示詞和動詞性指示詞則依不同語言而定。在本章中，筆者將指示詞的功能分成兩大類，第一類是「指示詞的基本用法」，即包括代名詞性指示詞、定語性指示詞以及狀語性指示詞，第二類是「指示詞的延伸用法」，也就是從指示詞延伸出去的相關用法。

3.1 指示詞 nii「這」

就目前蒐集的語料中，nii 呈現了以下幾種功能與用法，基本上可分成指示詞基本用法和延伸用法兩大類。指示詞基本用法包括代名詞性指示詞用法以及定語性指示詞用法，而延伸用法包括方位動詞用法（locative verb）以及動貌助動詞用法（aspectual auxiliary），而該動貌助動詞為進行貌用法。nii 在不同文本的出現頻率次數如表 3-1 所呈現。

在表 3-1 中可以發現兩個數據的比較，第一，定語性指示詞的用法在每個文本類型中都是最多的，數量也是代名詞性指示詞的好幾倍；第二，nii「在（近指）」的方位動詞用法僅出現 3 筆，主要原因可能是 nii 通常只可以表示離說話者最近的距離，搭配的

表 3-1：nii 的功能與使用頻率

nii	用法及功能	辭典		線上繪本		訪談語料彙集	
指示詞基本用法	代名詞性指示詞	36	14.7%	16	21.6%	17	23.3%
	定語性指示詞	160	65.3%	48	64.9%	55	75.3%
延伸用法	方位動詞	0	0	3	4.1%	0	0.0%
	動貌助動詞	49	20.0%	7	9.5%	1	1.4%
總計次數		245	100%	74	100%	73	100%

方位名詞也很有限，因此相較之下，會更常使用 gaga「在（遠指）」表達方位動詞用法。以下將針對這些類別進行說明與討論。

3.1.1 nii 的指示詞基本用法

nii 的指示詞基本用法主要包括代名詞性指示詞用法和定語性指示詞用法，這些類別都具有明顯的指示作用，代名詞性指示詞可用來代替人、事物、處所等；定語性指示詞可用來指示人、事物、處所、時間等，限定的成分包括單一詞彙、詞組，甚至可大到一個關係子句。

3.1.1.1 代名詞性指示詞用法

Diessel（1999）和 Dixon（2003）都提到，代名詞性指示詞的用法，是指示詞用來表達指示意義主要的類型之一。指示代名詞最主要的功能就是用來代替名詞、名詞組或名詞性成分的東西，可出現於論元的位置。

在太魯閣語中，代名詞性指示詞 nii 可以用來代替人、事物、處所等語意範疇，這種用法很普遍，就分佈上都出現在論元的位置，包括主語、名詞謂語、賓語、主題等。實際的使用情況如下，nii「這」可以單獨使用當作句子的主語，代替 lupung mu「我的朋友」，如 (29a)；可以出現在名詞謂語句充當名詞謂語，代替整個名詞子句 tgkingal rnisuh mu matas kndsan mu「我人生的第一幅畫」，如 (29b)；可以出現在賓語位置，代替某個物品，如 (29c)；也可以出現在主題位置，代替 ddupan ta kana「我們全部的獵區」，如 (29d)。

(29) a. Lupung mu ka nii.

lupumg=mu	ka	**<u>nii</u>**
朋友 = 我 . 屬格	主格	這

這是我的朋友。

b. 線上繪本：小王子

Nii ka tgkingal rnisuh mu matas kndsan mu.

<u>nii</u>	ka	tg-kingal	r<n>isuh=mu
這	主格	序數 - 一	< 名物化 > 刷 = 我 . 屬格

matas	k-n-udus-an=mu
書寫 . 主事焦點	靜態 - 名物化 - 生活 - 處所焦點 = 我 . 屬格

這是我人生的第一幅畫。

c. Watan, iya adas nii! Uxay nnisu o!

watan,	iya	adas	**<u>nii!</u>**	uxay	nnisu	o!

人名　否定詞 帶　這　否定詞　你.所有格　語助詞

Watan，你不要帶走這（東西）！不是你的喔！

d. Nii o ddupan ta kana.

nii　o　d~aduk-an=ta　kana

這　主題　重疊~打獵-處所焦點=咱們.屬格　全部

這些啊，全部都是我們的獵區。

3.1.1.2 定語性指示詞用法

定語性指示詞的用法，主要就是用來限定名詞、名詞組或名詞性成分的東西（Diessel, 1999）。如第一章提及，nii 當作定語性指示詞用法時，都是很固定地出現在名詞、名詞組或名詞性成分的後面，中間不會出現任何標記，也就是呈現「名詞（組）+ nii」的結構，例如 rudan nii「這個老人」、laqi kuyuh nii「這個女人」等。[35] 此外，太魯閣語指示詞並沒有區分單複數形式，所以 rudan nii 可因語境的不同表示「這個老人」或「這些老人」，如果要刻意區分的話，則可以在指示詞 nii 之前加上複數前綴 d-，變成明確的複數語意 rudan dnii「這些老人」，或是將 rudan 重疊後變成 rdrudan nii「這些老人」。

[35] 就目前所有蒐集的語料中，屬於定語性指示用法的例子中，僅出現 2 筆詞序為指示詞在前、名詞在後的情況，為 nii siida「這時候」。這 2 筆語料是相同的，皆出自於「太魯閣族語線上繪本：小王子」一文，也就是說為同一作者所翻譯。除了該本繪本外，筆者還搜尋了太魯閣語線上辭典、太魯閣語語料語彙編，甚至包括太魯閣語新約聖經等，都沒有發現類似的詞序結構。經詢問幾位族人後，他們要表達「這時候」或「那時候」的情境時，幾乎都傾向不另外使用指示詞。因此，筆者認為，此 2 筆語料很可能是受到中文翻譯的影響所致。

在太魯閣語中，nii 的代名詞性指示詞和定語性指示詞形式都是一樣的，在構詞沒有任何變化，可以用來限定人、事物、處所、時間等語意範疇，這種用法出現的頻率在各類語料中都呈現最高的。

定語性指示詞用法的 nii 可以用來限定人、事物、處所和時間，這些指示詞都出現於被限定的名詞之後，如例 (30a) 和 (30b)，nii 分別限定 Udung「人名」和代名詞 dhiya「他們」；被限定的成分也可以是一個名詞組，如 (30c) 的 qsiya yayung「河水」和 (30d) 的 laqi kuyuh「小女孩」。另外，nii 雖然可以限定時間詞，但數量不多也很有限，目前看到只有 jiyax「日子」、idas「月」、hngkawas「年」等可以使用，如 (30e) 的 hngkawas「年」。[36]

(30) a. 訪談語料彙集：p.50

Udung nii o cilaqi ka hiya, tuhuy tama na, mniq daya.

udung	**nii**	o	ci-laqi	ka	hiya,
人名	這	主題	比較 - 小孩	主格	他 . 主格

tuhuy	tama=na,	m-eniq	daya
一起	爸爸 = 他 . 屬格	主事焦點 - 在	山上

Udung 是晚輩，他和他的爸爸一起，住在山上。

[36] 在例 (30) 中，比較特別的是 (30b) 的例子，指示詞限定的對象可以是一個代名詞，這樣的組合在我們熟悉的中文是很少見的，如「? 這些他們都很優秀」、「? 這你真是討厭」。因為不同語言的語法特性，如果指示詞出現於代名詞之後，句子就合乎語法了，如「他們這些都很優秀」。另一種可能的解釋，在 (30a) 和 (30b) 中，nii「這」限定的分別是人名和代名詞，如果 nii 不出現，可能造成句中指涉對象不清楚，再加上這兩個例句其實是取自訪談語料彙集，是具有清楚的上下文，也就是說，Udung 和 dhiya 在前文中已經出現多次，因此這裡的 nii 類似定冠詞的用法（下文中會有更詳細的討論）。

b. 訪談語料彙集：p.61

Dhiya nii o mrmun balay ni ungat dglayan.

dhiya **nii** o m-rmun balay ni

他們 . 主格 這 主題 主事焦點 - 勇敢 非常 連接詞

ungat dgiyal-an

否定詞 勝利 - 名物化

他們很勇敢，而且沒有辦法贏得勝利（指打不敗）。

c. 辭典：mtasaw (p.492)

Mtasaw bi ka qsiya yayung nii.

m-tasaw bi ka qsiya yayung **nii**

主事焦點 - 清澈 很 主格 水 河 這

這個河水很清澈。

d. 線上繪本：給我野菜湯

Msrudan bi ka laqi kuyuh nii.

m-s-rudan bi ka laqi kuyuh **nii**

主事焦點 - 動詞化 - 老人 很 主格 小孩 女人 這

這個小女孩很孝順。

e. Mkmusa ku smluhay kari Ameyrika ka hngkawas nii.

m-km-usa=ku s<m>luhay

主事焦點 - 想要 - 去 = 我 . 主格 < 主事焦點 > 學習

kari ameyrika ka hngkawas **nii**

語言 外國人 附加語 年 這

這一年（今年）我想要去學英語。

從上面的例句可以得知，nii 的定語性指示詞用法可以限定單一詞彙或名詞組，該名詞組可能包含一個關係子句，如例 (31)。

(31) a. 辭典：mstatah (p.490)

Mstatah bi dqras na ka wauwa mqeepah alang nii.

m-statah bi dqras=na ka wauwa

主事焦點 - 顯露 很 臉 = 他 . 屬格 主格 女生

[m-qeepah alang] **nii**

主事焦點 - 工作 部落 這

這位**在為部落服務的**小姐常常露臉。

b. 線上繪本：小王子

Rmngaw knan ka rudan, iya risuh matas rnisuh matas ungat brihan nii.

r<m>ngaw knan ka rudan iya risuh

< 主事焦點 > 講話 我 . 斜格 主格 老人 否定詞 刷

matas r<n>isuh matas [ungat brih-an] **nii**

書寫 < 名物化 > 刷 書寫 沒有 代價 - 處所焦點 這

大人叫我不要畫這些**沒用的**圖。

c. 訪談語料彙集：p.43

Hmuya ni ini laxi ka biyi na hiya o yasa qaya snalu na biyi nii o nangal na paah sapah knsat alang Slagu Qhuni hiya.

h<m>uya ni ini alax-i ka

< 主事焦點 > 為何 連接詞 否定詞 放棄 - 祈使 主格

biyi=na

工寮 = 他 . 屬格

hiya o yasa qaya [s<n>alu=na

那裡 主題 因為 東西 <完成貌>製造 = 他 . 屬格

biyi]

工寮

nii o n-angal=na paah sapah

這 主題 完成貌 - 拿 = 他 . 屬格 從 家

knsat alang

警察 部落

slagu qhuni hiya

部落名 那裡

他們為什麼沒有放棄那邊的工寮，是因他們**所蓋的房子**材料是從 Slagu Qhuni 部落的警察那邊拿的。

例 (31) 中，我們可以看到這三個句子中的底線的部分就是關係子句，分別是 mqeepah alang「在部落工作的」、ungat brihan「沒有用處的」以及 snalu=na biyi「他蓋工寮的」，它們都出現在中心語之後，而 nii 則出現在包含關係子句的整個名詞組之後，之間沒有特殊的連接標記。也就是說，形成了 (32) 的結構：

(32) [[**中心語＋關係子句**]$_{NP}$ ＋ nii]

3.1.2 nii 的指示詞延伸用法

nii 的指示詞延伸用法包括方位動詞用法以及動貌助動詞，其中方位動詞表示離說話者較近的距離，而該動貌助動詞為進行貌用法。在台灣南島語中，有些語言的指示詞都能呈現了這樣的延伸用法，如噶瑪蘭語的離聽話者近的近指指示詞 yau 'that'，可以當作移動謂語以及進行貌標記（Jiang, 2006, 2009）。下面分別討論 nii 的這兩類指示詞延伸用法。

3.1.2.1 方位動詞用法[37]

Zeitoun et al.（1999）針對多個台灣南島語言的存在句、領屬句、方位句進行了跨語言的研究，文中指出，在魯凱語、排灣語、阿美語和泰雅語等語言，其存在 / 領屬 / 方位動詞是由一個指示代名詞組成（即本書的代名詞性指示詞）。並進一步提到，在南王卑南語和 Paran 賽德克語中，這兩個語言的方位動詞延伸自指示代名詞，如賽德克語的 gaga/ga，在賽德克語太魯閣方言則是 ga/ni（Zeitoun et al., 1999: 4）。[38] 對於這樣的觀察，在本書中也發現了

[37] 羅沛文（2015）的文章討論了賽德克語 nii 的各種用法，他提到 nii 可在句首當作處所謂語，具有處所結構句功能，例如：Nii hini ka tama mu.「我的爸爸在這裡」。這篇文章中提到的現象，跟筆者目前在太魯閣語發現的現象很相近。不過，本書還認為方位 / 處所動詞的用法應來自於指示詞用法，也會在第五章語法化章節中提出可能的解釋。

[38] 該文中提到的賽德克語太魯閣方言跟本文討論的語言是一樣的，但本書採用的指示詞書寫形式是 nii 以及 gaga/ga。此外，關於台灣南島語跨語言中，Zeitoun et al.（1999: 22-23）認為存在 / 領屬 / 方位結構中的謂語，雖然基本上都沒有焦點的變化，但是仍應視為動詞，主要原因有以下幾點：（1）能發生在祈使句結構中；（2）能和時態與動貌標記一起出現；（3）可以吸引代名詞性的依附詞或後綴；（4）詞根可以重疊產生未來、進行等語意。根據這些特點，太魯閣語指示詞主要符合第二項跟第三項。

相似的現象，雖然數量不多，而且只出現在線上繪本語料中，但實際上口語中則時常使用。

nii 的方位動詞用法，表示「在…（離說話者距離接近處）」，與之相對應的是 gaga，表示「在…（離聽話者距離接近處 / 離說話者距離也相對較遠）」。而 nii 後面出現的處所詞彙，除了 hini「這裡」之外，通常必須是在說話當下語境中距離自己最接近的處所，如例 (33) 的對比，在 (33a) 的 nii「在（近指）」只可以跟 hini「這裡」組合，但是 (33b) 的 gaga「在（遠指）」則是兩個都可以；(33c) 的情況也類似，因為肩帶是掛在自己身上，離自己最近，所以使用 nii 是最自然的。[39]

(33) a. Nii hini / *hiya ka patas su.

nii	hini / *hiya	ka	patas=su
在	這裡 / 那裡	主格	書 = 你 . 屬格

你的書在這裡。

b. Gaga hini / hiya ka patas su.

gaga	hini / hiya	ka	patas=su
在	這裡 / 那裡	主格	書 = 你 . 屬格

你的書在這裡 / 在那裡。

c. 線上繪本：披掛肩帶

Prmux baga lubuy kjiwan ka baki ni payi do, nii baga dha ka

[39] 許韋晟（2008：28）指出，nii 和 gaga 還有一個明顯的差別，若是要指在一個看不到的地方時，只可以用 gaga 來表示，例如 gaga hiya（在那裡），*gisu hiya，*nii hiya。

sbiki da.

p-rmux baga lubuy kjiwan ka baki ni
使役 - 進入 手 袋子 捻線帶 主格 爺爺 連接詞
payi do **nii** baga=dha ka
奶奶 連接詞 在 手 = 他們 . 屬格 主格
sbiki da
檳榔 助詞
爺爺奶奶手伸肩袋裡，他們手上就有檳榔了。

值得注意的是，nii 後面的處所詞彙 hini 是可以省略不出現的，但是該句型結構可能會產生歧意，如例 (34a)，依語境不同可表示等同句用法「這是老師」或表示方位動詞的「老師在這裡」，而 (34b) 只能表示方位動詞的用法。

(34) a. Nii ka emptgsa.

nii ka emp-tgsa
這 ; 在 主格 將 - 教
老師在這裡。/ 這是老師。

b. Nii hini ka emptgsa.

nii hini ka emp-tgsa
這 這裡 主格 將 - 教
老師在這裡。/ # 這是老師。

3.1.2.2 動貌助動詞

太魯閣語表示進行貌、持續貌或是正發生事件的詞彙共有三個，分別是 nii、gisu 和 ga/gaga（Tsukida, 2005；許韋晟，2008；李佩容、許韋晟，2018）。nii 具有動貌助動詞的用法在過去文獻中皆已提到，一般來說，nii 後面出現動詞或動詞組，通常就表示時貌標記用法，即「nii ＋動詞（組）」的結構；當句中主語為附著式代名詞（clitic pronoun）時，則變成「nii ＋附著式代名詞＋動詞（組）」的結構。回到第一章的代名詞小節所提，太魯閣語的附著式代名詞都出現於句中第二的位置（second position），因此，這也顯示 nii 在句中是處於謂語的位置。請看以下例句：

(35) a. 辭典：dmanga (p.144)

Nii dmanga laqi rbnaw ka bubu.

<u>nii</u>	d<m>anga	laqi	rbnaw	ka
進行貌 . 助動	< 主事焦點 > 餵食	小孩	嬰兒	主格

bubu
媽媽

媽媽在餵食嬰孩。

b. 辭典：midaw (p.314)

Nii ku midaw masu dhquy.

<u>nii</u>=ku	m-idaw	masu	dhquy
進行貌 . 助動 = 我 . 主格	主事焦點 - 飯	小米	糯米

我正在煮小米糯米飯。

c. 辭典：tmnuqaw (p.781)

Nii nami mtbiyax bi tmnuqaw ka sayang.

nii=nami　　m-tbiyax　　bi

進行貌 . 助動 = 我們 . 主格　　主事焦點 - 忙　很

t-m-nuqaw

動詞化 - 主事焦點 - 豌豆

ka　　sayang

附加語　現在

現在我們正在忙著做豌豆的工作。

例 (35a) 中，主語是 bubu「媽媽」，出現在句尾位置，所以呈現了「nii ＋動詞（組）」的結構，即 nii dmanga laqi rbnaw「正在餵小孩」。例 (35b) 和 (35c)，句中主語分別是附著式代名詞 =ku「我 . 主格」和 =nami「我們 . 主格」，因此呈現「nii ＋附著式代名詞＋動詞（組）」的結構。

跨語言的現象來看，方位動詞延伸出動貌助動詞是很常見的。如 Huang（2008: 18）即指出，泰雅語的 nyux 和 cyux 是多義詞，可以當作一般動詞和助動詞，文中進一步指出，具有存在 / 領屬 / 處所動詞用法的 nyux 和 cyux 是具體的，經過語法化後變成抽象的助動詞用法，當作一種非完成貌標記（imperfective marker）。在噶瑪蘭語亦發現類似的現象，如 Jiang（2009）即指出噶瑪蘭語的 yau 原本是指示代名詞，延伸出處所指示（place deixis）、移動謂語（motion predicates）以及動貌助動詞（aspectual auxiliaries）

的功能，其中動貌助動詞也是表示進行貌。

值得一提的是，筆者在語料中發現，有些指示詞 nii 在句中出現在名詞之後，看似是定語性代名詞的用法，但它們又同時出現在動詞前位置，又看似是動貌助動詞，針對這樣的現象筆者將提出以下的討論與解釋。

(36) a. 辭典：pnpklug (p.562)

Pnpklug ku seejiq nii gmeeguy ka shiga.

p-n-pklug=ku seejiq **nii**

使役 - 完成貌 - 正好 = 我 . 主格 人 NII

g<m>eguy ka shiga

< 主事焦點 > 偷 附加語 昨天

昨天我巧遇偷竊的人。

b. 辭典：psapuh (p.592)

Mowsa ku psapuh pungu mu nii mnarux.

mowsa=ku p-sapuh pungu=mu

去 . 主事焦點 = 我 . 主格 使役 - 看診 膝蓋 = 我 . 屬格

nii m-narux

NII 主事焦點 - 生病

我要去給醫生看我的關節。[40]

[40] 此句的 p-sapuh 表示「使看診」的意思，因為一般會看診的都是指醫生，所以句中並未出現「醫生」的詞彙。

c. 辭典：empnaqig (p.60)

Empbnaqig kana ka ayug nii daun yayung.

emp-bnaqig	kana	ka	ayug	**nii**	**uda-un**
將 - 沙子	全部	主格	山谷	NII	經過 - 受事焦點

yayung
河

河流流過的山谷將會都是沙子。

上文提及，nii 有代名詞性指示詞用法、定語性指示詞用法、方位動詞用法、篇章指示用法、動貌助動詞等用法，在例句 (36) 中的 nii 究竟屬於哪一種用法呢？

首先，如果是代名詞性指示詞用法，應可出現於主語、名詞謂語、賓語、主題等位置，但仔細觀察可以發現，句中的 nii 都不是在這些位置上，而且也沒有明顯代替某種人事物，所以可以先排除「代名詞性指示詞」的用法。

第二，如果是方位動詞用法，它主要出現在名詞之前，如一般名詞或處所名詞，但在 (36) 中，出現在 nii 之後的都是動詞性成分，因此也可以排除是「方位動詞」的可能。

第三，從結構來看，nii 的確是出現在名詞之後。倘若是定語性代名詞用法，nii 主要出現在名詞之後，當作限定用法，如 (30c) 的 qsiya yayung nii「這條河水」，然而，例 (36) 中的 nii 雖然也出現在名詞之後，如 (36a) 的 seejiq nii「這個人」，但是兩者最大差別在於，nii 後面還出現了動詞 gmeeguy「偷」，這跟典型的定語性指示詞用法結構是不同的，他們的結構差異可呈現如下：

(37) a. 定語性指示詞：[**名詞（組）+ nii**]

b. 動貌助動詞： [名詞（組）+ [**nii + 動詞（組）**]]

再者，如果是定語性代名詞用法，(37) 句中的動詞應該出現在 nii 之前，而且語意上也有些微差異。所以，當動詞出現在中心語名詞和指示詞 nii 中間時，主要當作該名詞的修飾語，此時的 nii 就具體表示定語性代名詞用法「這」，如 (38b) 呈現：

(38) a. 辭典：pnpklug (p.562)

Pnpklug ku seejiq nii gmeeguy ka shiga.

p-n-pklug=ku	seejiq
使役 - 完成貌 - 正好 = 我 . 主格	人

[**nii**	g<m>eguy]
NII	< 主事焦點 > 偷
ka	shiga
附加語	昨天

昨天我巧遇（在）偷竊的人。

b. Pnpklug ku seejiq gmeeguy nii ka shiga.

p-n-pklug=ku	[seejiq
使役 - 完成貌 - 正好 = 我 . 主格	人

g<m>eguy	**nii**]
< 主事焦點 > 偷	這

ka　　　　　shiga
附加語　　　昨天
昨天我巧遇這個偷竊的人。

第四，如果是動貌助動詞，nii 在句法結構上會出現在動詞之前，如 (35a) 的 nii dmanga「正在餵食」。然而，在 (36) 中，nii 的確都出現在動詞性成分之前，如 nii gmeeguy「正在偷」、nii mnarux「正在痛」以及 nii daun yayung「正經過河流」，不過，這個情況又跟上文提到動貌助動詞的典型結構不太一樣，因為 nii 前面還出現了名詞。之所以會有這樣的現象產生，筆者認為跟太魯閣語的關係子句結構有關。根據李佩容和許韋晟（2018：155-156）指出，太魯閣語的關係子句大多出現在中心語之後，與中心語形成一複雜名詞組結構，中間常常不會出現任何連繫詞，如 (39a) 和 (39b)。

(39) a. Smkuxul ku bi Biyang miyah hini kjiyax.
s<em>kuxul=ku　　　　bi　　biyang
動詞化 < 主事焦點 > 喜歡 = 我 . 主格　很　　人名
[me-iyah　　hini　　kjiyax]
主事焦點 - 來　這裡　　常常
我喜歡常常來這裡的 Biyang。
（引自李佩容和許韋晟，2016：154）

b. 辭典：emptbrih (p.80)
Emptbrih ku gasil gaga embbkuy.
emp-t-brih=ku　　　　gasil

未來.主事焦點-動詞化-反覆=我.主格　繩子

[gaga　em-b~bkuy].

進行貌.助動　主事焦點-重疊~綁

我要解開打結的繩子。

在 (39a)，中心語名詞 Biyang 跟後面的修飾成分 miyah hini kjiyax「常常來這裡」之間並沒有任何標記。接著，在 (39b) 的結構裡，中心語名詞 gasil「繩子」後面出現動貌助動詞 gaga「正在」，之後緊跟著出現動詞組 embbkuy「互相綁」，這樣的結構跟例 (36) 幾乎一模一樣。也就是說，這裡的 gaga 應該是關係子句的一部分，在子句首當作動貌助動詞。根據以上的分析與討論，筆者認為 (36) 中的 nii 也是關係子句的一部分，且當作動貌助動詞使用，其結構可呈現如下：

(40) a. [名詞$_{中心語}$] + [動詞 (組)$_{修飾語-關係子句}$] > (38a)

b. [名詞$_{中心語}$] + (nii/gaga) + [動詞 (組)$_{修飾語-關係子句}$] > (36a), (36b), (36c), (39b)

3.1.3 小結

本節中我們看到了 nii「這」的各種分佈與用法，主要分為指示詞的基本用法以及延伸用法兩類，其中基本用法包括代名詞性指示詞用法和定語性指示詞用法，延伸用法包括方位動詞用法以及動貌助動詞。接下來，下一節將討論表遠指指示詞 gaga/ga 的分佈情況。

3.2 指示詞 gaga/ga「那」

太魯閣語的ga是gaga的縮減形式，在過去文獻中皆有提及（如 Tsukida, 2009: 132；許韋晟，2008：27 等）。[41] 兩者在分佈及語法表現上大致相同，但有少數用法卻只有發生在 ga 的情況，因此本書會將兩者進行個別討論。

首先，就目前蒐集的語料中，gaga「那」呈現了以下幾種功能與用法，基本上跟 nii「這」很像，也可分成有指示詞的基本用法和延伸用法兩大類。指示詞的基本用法包括代名詞性指示詞用法和定語性指示詞用法，而延伸用法包括方位動詞用法和動貌助動詞。gaga 在不同文本的出現頻率次數如表 3- 2 呈現：

表 3- 2：gaga 的功能與使用頻率

gaga	用法及功能	辭典		線上繪本		訪談語料彙集	
指示詞基本用法	代名詞性指示詞	24	4.8%	13	27.7%	0	0
	定語性指示詞	363	73.3%	6	12.8%	0	0
延伸用法	方位動詞	16	3.2%	4	8.5%	0	0
	動貌助動詞	92	18.6%	24	51.1%	1	100%
總計次數		495	100%	47	100%	1	100%

[41] Pecoraro（1977: 69）有不一樣的看法，他出版的字典中認為太魯閣語的 gaga「那」是 ga 的重疊形式，ga「那（that one）；那裡（there）；在那裡（over there）」才是指示詞的詞根形式，不過書中並沒有特別說明原因。就目前的分析來看，本書仍認為 ga 應該是 gaga 的語音縮減形式。

在表 3- 2 中也呈現了幾個有趣的數據，第一，在指示詞的基本用法，在線上繪本中，代名詞性指示詞的用法卻比定語性指示詞還高，這主要原因應該是取材的問題，因為在我們蒐集的繪本中，其中有一篇繪本的代名詞性指示詞用法就出現了 10 次之多。第二，在辭典中，跟 nii 相比，gaga 的方位動詞用法明顯增加不少（nii: gaga = 0 : 16），動貌助動詞亦同（nii : gaga = 49 : 92），如上文所提，主要是因為 gaga 後面出現的方位名詞並沒有遠近的限制，因此可搭配的詞彙也更多。第三，這是讓筆者感到最訝異的地方，因為 gaga 在訪談語料彙集中幾乎不出現，僅發現 1 筆而已，而且還是屬於延伸的動貌助動詞，相較於其他兩類文本，呈現非常大的落差。究竟為什麼會發生這樣的情況呢？筆者推測可能跟 gaga 具有可見性的特徵相關，通常使用於看得見的人事物，但是在言談及篇章中，說話者談論的事情往往是過去發生且不出現在說話現場的，如果真的要指涉某個人事物，通常會傾向使用另一個指示詞 kiya「那」，而該指示詞在可見性上並沒有限制（將於下文中有更深入討論）。

3.2.1 gaga 的指示詞基本用法

gaga 的指示詞基本用法主要包括代名詞性指示詞用法和定語性指示詞用法，它們都有明顯的指涉作用，用法跟 nii 一樣，代名詞性指示詞可用來代替人、事物、處所等，定語性指示詞可用來指示人、事物、處所、時間等，限定的成分包括單一詞彙、詞組、關係子句，以下將一一討論。

3.2.1.1 代名詞性指示詞用法

在太魯閣語中，gaga 跟 nii 的代名詞性指示詞一樣，可以用來代替人、事物、處所等語意範疇，分佈上皆出現在論元的位置，包括主語、名詞謂語、賓語、主題等。如例 (41a)，gaga 出現在主格標記之後，即主語的位置，用來指涉前面的 buut bkluy kacing「牛下巴骨頭」；(41b) 的對話中，gaga 出現在名詞謂語句的句首位置，指涉後面的 sapah mu「我的家」，不過要注意的是，通常在談話現場中，說話者還會帶著手勢指示方向位置；(41c) 也是對話，gaga 出現在動詞 mita「看」之後，當作賓語的功能；(41d) 的 gaga 出現在句首，後面是主題標記 o，指涉對象為後面的 pdahik mu「我的刨刀」。

(41) a. 辭典：buut (p.118)

Buut bkluy kacing ka gaga.

buut	bkluy	kacing	ka	**gaga**
骨頭	下巴	牛	主格	那

那是牛下巴的骨頭。

b. A: Tgeinu ka sapah su?

B: Gaga ka sapah mu.

A:	tg-inu	ka	sapah=su
	序數 - 哪裡	主格	家 = 你 . 屬格
B:	**gaga**	ka	sapah=mu
	那	主格	家 = 我 . 屬格

A：你的家是哪一個？

B：那個是我的家（通常會帶著手勢指方向）。

c. A: Ga su mita manu?[42]

B: Gisu ku mita gaga.

A: gaga=su	qmita	manu
進行貌.助動=你.主格	看.主事焦點	什麼
B: gisu=ku	qmita	**gaga**
進行貌.助動=我.主格	看.主事焦點	那

A：你在看什麼？

B：我在看那個（東西）。（通常會帶著手勢指方向）

d. 辭典：pdahik (p.126)

Gaga o pdahik mu.

gaga	o	pdahik=mu
那	主題	刨刀=我.屬格

那刨刀是我的。

3.2.1.2 定語性指示詞用法

就目前的觀察，gaga 跟 nii 一樣，都是很固定地出現在名詞、

[42] (41b) 和 (41c) 的用法，目前都沒有在詞典、線上繪本和訪談語料彙集中發現到任何一筆，筆者推測，可能是因為這些語料類型基本上都不屬於生活口語對話，再加上 gaga 必須是可見性特徵的緣故，所以不容易出現這樣的情境。

名詞組或名詞性成分的後面，而且中間不會出現任何標記，例如 huling gaga「那隻狗」、laqi empatas gaga「那位學生」等。指示詞 gaga 也不分單複數形式，因此 huling gaga 可以表示單數的「那隻狗」，也可表示複數的「那些狗」。

定語性指示詞用法的 gaga 可以用來限定人、事物、處所等多種類別，但是並不包括時間，句法分佈上皆出現於被限定的名詞之後，如例 (42a) 和 (42b)，gaga 分別限定 laqi「小孩」和 dhiya「他們」，所以代名詞也能被指示詞 gaga 限定；然而，被限定的成分也可以是一個名詞組，如 (42c) 的 hagat blbul「香蕉串」和 (42d) 的 pslian qsiya「蓄水池」。

(42) a. 辭典：sdowriq (p.153)

Sdowriq bi ka laqi gaga.

s-dowriq　bi　ka　laqi　**gaga**

動詞化 - 眼睛　很　主格　小孩　那

那孩子是大眼睛。

b. 辭典：dmptliwas (p.152)

Dmptliwas ka dhiya gaga.

d-emp-t-liwas　ka

複數 - 未來 . 主事焦點 - 動詞化 - 鍋子　主格

dhiya　**gaga**

他們 . 主格　那

他們是專門製造大鍋的。（意旨他們是很多 / 常常製造大

鍋的人）

c. 線上繪本：我遺忘了什麼呢

Ngali ka hagat blbul gaga!

angal-i ka <u>hagat blbul **gaga**</u>

拿 - 祈使 主格 串 香蕉 那

將那串香蕉拿起來

d. 辭典：ssgrsaw (p.522)

Pslian qsiya gaga o ssrgsaw bi da.

<u>p-sli-an qsiya **gaga**</u> o

使役 - 聚集 - 處所焦點 水 那 主題

s~srgsaw bi da

重疊 ~ 水見底 很 助詞

那蓄水池的水已見底。

除了指涉單一詞彙或名詞組外，gaga 的定語性指示詞用法也可以限定包含關係子句的名詞組，如例 (43) 所呈現，在 (43a) 中，seejiq「人」是中心語，nbuan tdruy「被車撞到的」則是關係子句，而指示詞 gaga 緊接著出現其後；類似的現象，在 (43b) 中，dmhaw psparu「愛現的」是關係子句，用來修飾前面的中心語 qpatur「青蛙」。

(43) a. 辭典：ptxal (p.443)

Ptxal mhuqil ka seejiq nbuan tdruy gaga.

p-txal m-huqil ka <u>seejiq</u>

使役 - 迅速　主事焦點 - 死　主格　人

[nbuan tdruy] **gaga**

被撞的車　那

被車子撞的那個人即刻就死。

b. 線上繪本：青蛙的故事

Qpatur dmhaw psparu gaga o asi paux mhuqil da.

qpatur [d<m>haw p-s-paru] **gaga**

青蛙　< 主事焦點 > 表演　使役 - 動詞化 - 大　那

o　asi

主題　就

paux　m-huqil　da

翻　主事焦點 - 死　助詞

那隻愛現的青蛙就攤在那兒死了。

到目前為止，根據語料的觀察，除了距離的遠近差異外，指示詞 nii「這」和 gaga「那」的指示詞基本用法是一樣的，唯一差別在於指示詞 gaga 似乎無法限定時間詞，如 jiyax「日子」、hngkawas「年」等，目前尚未觀察到類似的情況。

3.2.2 gaga 的指示詞延伸用法

gaga 的指示詞延伸用法包括方位動詞用法以及動貌助動詞，其中方位動詞表示離說話者較遠的距離，而動貌助動詞為進行貌用法。下面分別討論 gaga 的這兩類指示詞的延伸用法。

3.2.2.1 方位動詞用法

上文提及，跟 nii 的方位動詞用法相對應的是距離聽話者近（即離說話者距離相對較遠）的 gaga，兩者最大差別在於，gaga 後面可出現的方位名詞幾乎沒什麼限制，甚至在距離的對比上，gaga 也不再清楚地區分，gaga 可以指近的地方，也可以指遠的地方，甚至可指涉看不見的地方。也就是說，從指示詞基本用法延伸到方位動詞用法後， gaga 似乎已經沒有可見性特徵的限制了，且語意範圍也跟著擴大。

gaga「在（遠指）」當作方位動詞用法的 20 筆語料中，出現在其後的全部都是方位名詞或疑問詞，如 inu「哪裡」(44a)、hiya「那裡」(44b)、kska pngpung dgiyaq「山嶺山群之中」(44c) 等，相關的例句如下呈現。

(44) a. 辭典：ayus (p.14)

Gaga inu ka ayus ta dxgal da?

gaga	inu	ka	ayus=ta	dxgal	da
在	哪裡	主格	界線＝咱們.屬格	土地	助詞

我們的土地界線在哪裡了？

b. 辭典：kdayu (p.141)

Gaga hiya balung kdayu.

gaga	hiya	balung	kdayu
在	那裡	蛋	螳螂

那邊有螳螂的蛋。

c. 線上繪本：巴里的眼睛

Gaga kska pngpung dgiyaq ka tglaq nii.

gaga kska pngpung dgiyaq ka tglaq nii
在 中間 山峰 山 主格 瀑布 這

這瀑布位於群山峻嶺中。

3.2.2.2 動貌助動詞

gaga 的第二種指示詞延伸用法是當作動貌助動詞，跟 nii 的用法是一樣的，以下將介紹其用法。就目前的發現，gaga 和 nii 的動貌助動詞用法基本上是一樣的，最大的差別在於，nii 的動貌用法是離說話者近的地方，而 gaga/ga 的動貌用法通常是離說話者較遠的地方，也就是說，延伸出動貌助動詞後，用法上仍有距離上的對比。當 gaga 後面出現動詞或動詞組，通常都表示動貌助動詞，即「gaga ＋動詞（組）」的結構。請看以下例句：

(45) a. 辭典：psibus (p.434)

Gaga psibus kana ka dhiya.

gaga p-sibus kana ka dhiya
進行貌 . 助動 動詞化 - 甘蔗 全部 主格 他們 . 主格

他們全部都在種甘蔗。

b. 辭典：smagi (p.492)

Gaga smagi huling na ka baki mu.

gaga s<m>agi huling=na ka

進行貌.助動 <主事焦點>呼叫 狗=他.屬格 主格

baki=mu

祖父=我.屬格

我的祖父在呼叫他的狗。

c. 繪本：小王子

Gaga ku mhulis babaw pngrah hiya

gaga=ku	m-hulis	babaw
進行貌.助動=我.主格	主事焦點-笑	上面

pngrah	hiya
星星	那裡

我在那顆星星上笑著。

例 (45a) 中，主語是出現在句尾的 dhiya「他們.主格」，呈現了「gaga +動詞（組）」的結構，即 gaga psibus「在種甘蔗」。例 (45b) 的主語是 baki mu「我的祖父」，動詞 smagi「呼叫」後出現了賓語 huling「狗」，所以也呈現了「gaga +動詞（組）」的結構。例 (45c)，句中主語是附著式代名詞 =ku「我.主格」，因此呈現「gaga +附著式代名詞+動詞（組）」的結構。[43]

[43] 根據 Tsukida（2009: 436）觀察到一個現象，她發現 nii 和 gaga/ga 表進行用法時，nii 是離說話者較近的地方，gaga/ga 是離說話者較遠的地方，因此可以預期「我（們）」、「這裡」等常常會和 nii 一起出現，而和 gaga/ga 出現的情況則較少。關於這樣的觀察，似乎也能在辭典中找到相符的現象，例如辭典中，「nii+ku」的組合共出現 53 筆，「nii+nami」的組合共出現 8 筆，而「gaga+ku」的組合僅出現 1 筆，「gaga+nami」的組合則未出現過。

3.2.3 gaga 與 ga 的異同之處

在 3.2.1 和 3.2.2 中，我們談到了 gaga 的指示詞基本用法以及延伸用法，其相關用法呈現在例 (41)- (45)，在這些例句中的 gaga，基本上都能替換成 ga，而且並不會影響語意，也就是說，ga 也具有以下的功能：代名詞性指示詞用法、定語性指示詞用法、方位動詞用法、動貌助動詞等。

如果是這樣，為什麼筆者需要將 ga 另外的討論呢？因為筆者觀察到在某些環境中，ga 的功能無法充分用上述提到的四種用法來解釋，筆者發現，ga 還具有其他兩種延伸功能，包括語尾助詞（utterence final particles）和主題標記（topic markers）。由於這兩種用法都沒有出現在 gaga 的分佈情況中，因此有需要先將兩者分開討論。以下表呈現 gaga 和 ga 在各種用法上的使用頻率比較：

在表 3-3 中可以清楚看見 gaga 和 ga 的差別，語音縮減後的 ga，延伸出語尾助詞以及主題標記用法，以下兩點說明之。

第一，ga 有語尾助詞和主題標記的用法，尤其在訪談語料彙集的資料中大量的出現，在辭典和線上繪本中則較少出現，然而，這樣的數據呈現的現象，似乎也符合了李櫻（2000：388）對語尾助詞的定義：「語尾助詞在口語言談中這些詞似乎隨處可見，而在較正式的書面語中則很少出現。」

第二，在訪談語料彙集中，ga 出現的次數遠多於 gaga（ga : gaga = 129 : 1）。根據這兩項數據顯示，在訪談語料彙集中，ga 的延伸用法使用比例明顯增加，除了可當作語尾助詞之外，也常

表 3- 3：gaga 和 ga 的功能與使用頻率比較

		用法及功能	辭典		線上繪本		訪談語料彙集	
gaga	指示詞基本用法	代名詞性指示詞	24	4.8%	13	27.7%	0	0
		定語性指示詞	363	73.3%	6	12.8%	0	0
	延伸用法	方位動詞	16	3.2%	4	8.5%	0	0
		動貌助動詞	92	18.6%	24	51.1%	1	100%
總計次數			495	100%	47	100%	1	100%
ga	指示詞基本用法	代名詞性指示詞[44]	0	0	0	0	0	0
		定語性指示詞	119	46.9%	2	3.9%	3	2.3%
	延伸用法	方位動詞	12	4.7%	10	19.6%	4	3.1%
		動貌助動詞	108	42.5%	29	56.9%	14	10.9%
		語尾助詞	7	2.8%	0	0	29	22.5%
		主題標記	8	3.1%	10	19.6%	79	61.2%
總計次數			254	100%	51	100.0%	129	100.0%

出現在前句末用來當作主題標記或連接子句的用法。接著，我們將依序討論 ga 當作語尾助詞以及主題標記的用法。

[44] 在本文使用的三種書面語文本中，雖然 ga 的代名詞性指示詞出現頻率為 0，但並不是說它沒有該種用法，這可能是取材關係造成的。因為平常對話中，語音縮減後的 ga 也是很常使用的，可以出現在主格標記之後、也能出現在名詞謂語位置、也能出現在主題，例如：

(i) Ga o huling mu.

gaga　o　　　huling=mu

那　　主題標記　狗＝我.屬格

那個啊，是我的狗。

3.2.3.1 語尾助詞用法

關於語尾助詞的定義，文獻中有許多不同的稱呼，如語氣詞（齊滬揚，2002）、語尾助詞（李櫻，2000；梁曉云，2004）、句末語氣助詞（陳丕榮，2010）等，不同人採用了不一樣的觀點切入，包括語意、句法、語用等介面，因此採用了不同的名稱。本書選擇使用李櫻（2000：388）對語尾助詞的定義：「語尾助詞也稱為語氣詞或句尾語助詞，一般認為其功能是用以表達說話者的情感與態度。這類語詞典型出現在語句的尾端，但也有單獨出現甚或出現於語句中的例子。在口語言談中這些詞似乎隨處可見，而在較正式的書面語中則很少出現。」

筆者發現，在某些 ga 出現的環境中，原本具有指示功能的，似乎已經逐漸地弱化或是完全失去指示作用，在句法上，它們出現的位置也變得非常受限，典型是出現在句子的末端，常會帶有疑問的語氣和語意，且語調上也有所不同，如下面的例子呈現：

(46) a. 辭典：nmanu (p.207)

Nmanu su bi kida, qmada su kuyuh ga?

n-manu=su	bi	kiya.da,
原本 - 什麼 = 你 . 主格	很	那 . 助詞

q<m>ada=su

< 主事焦點 > 丟棄 = 你 . 主格

kuyuh **ga** ↑ [45]

[45] 這本書使用的是「語氣詞」的名稱，基本上等同於本文使用的「語尾助詞」。

女人　那 / 助詞

你為了什麼拋棄妻子？

b. 辭典：empmeenu (p.142)

Empmeenu su hici, saw nii nuda su ga?

emp-meenu=su　hici,　saw　nii

將 - 如何 = 你 . 主格　未來　像　這

n-uda=su　**ga** ↑

名物化 - 經歷 = 你 . 屬格　那 / 助詞

你這樣做將來怎麼辦？

c. 辭典：hay (p.163)

Mnsa su hiya ka shiga, hay ga?

m-n-usa=su　hiya　ka

主事焦點 - 完成貌 - 去 = 你 . 主格　那裡　附加語

shiga,

昨天

hay　**ga** ↓

不是　助詞

你昨天去過那裡，不是嗎？

d. Embiyax ku balay, isu ga?

em-biyax=ku　balay,　isu　**ga** ↑

主事焦點 - 力氣 = 我 . 主格　非常　你　助詞

我很健康（我很好），你呢？

在 (46a) 中，句尾 ga 的前面是一個名詞 kuyuh「女人」，這裡的 ga 似乎還沒有完全虛化成一個助詞，因為 kuyuh ga「你的妻子」是具有特定的對象，並非指遠近的對比，所以 ga 還帶有微弱的限定或指示作用，再者，如果句尾的 ga 省略掉，也不會影響聽話者的理解。(46b) 類似於 (46a)，這裡的 ga 亦可用於限定前面的 nuda su「你所做過的事情」。

然而，在 (46c) 到 (46d) 中，ga 的指示用法幾乎是消失了，在 (46c) 中，hay ga「不是嗎」是一種「附加問句（tag question）」，這裡的 ga 是下降調，出現在陳述句之後，表示詢問或確認的功能，也進一步虛化成一個語尾助詞了。(46d) 的例子亦同，當 ga 失去其指涉作用時，功能產生變化後，句法位置也變得更侷限，只能出現在句末，而且後面不能再有任何其他成分，功能類似於疑問助詞用法，這裡的 ga 也失去了原有的指示功能。

接著，可能需要解釋，為什麼原本具有指示功能的 ga 會演變成語尾助詞呢？首先，回到上文的敘述，ga 的基本功能包括代名詞性指示詞、定語性指示詞、方位動詞、動貌助動詞等，其中定語性指示詞的用法是最多的，而且主要出現的位置都在名詞（組）之後，當定語性用法的 ga 出現在主語位置時，常常就是位於語尾或句尾的地方，如 (42a) 的主語可變成 laqi ga「那小孩」，(43a) 的主語可變成 seejiq nbuan tdruy ga「被車撞的那個人」；再者，句尾的位置在跨語言中的確很容易發生語意虛化的情況，也就是說，這裡的結構可能發生了重新分析，使得出現在句尾的 ga 變成獨立的結構，不再明確作定語性代名詞使用，其結構可能如：[S + [N ga]] > [S + [ga]]。因此，本書認為，ga 的語尾助詞用法，很可能是來自於原本指示功能明確的定語性指示詞用法。

倘若從跨語言的角度來看，上古漢語中有存在著指示代詞轉變成語尾助詞的例子，如李小軍（2013）就指出：「上古漢語語氣詞源於指代詞的主要有「者」、「焉」、「尔」，並進一步指出，這些語氣詞的衍生歷程和機制體現了一定的共性，都經歷了指代義和句法功能減弱、語氣詞和主觀性逐漸增強的過程。」[46] 太魯閣語指示詞 ga 的情況，從最核心意義的指示詞用法，經歷了指示功能減弱的階段，如 (46a) 和 (46b)，還可以看到微弱的指示功能，最後看到指示功能幾乎是完全消失的階段，進而延伸出語尾助詞，大多表示疑問語氣。也許漢語的例子並不是一個很好的證據，但是也提供我們參考另一個可能的演變。

3.2.3.2 主題標記用法

關於主題句的定義，曹逢甫（2005：48）對漢語的主題句現象做了這樣的定義：（1）主題總佔據主題鏈第一個子句 S 首位的位置；（2）主詞可以由停頓助詞「啊」、「呀」、「呢」、「麼」、「吧」與句子的其餘部分隔開；（3）主題總是有定的；（4）主

[46] Tsukida（2009, 2013）認為賽德克方言太魯閣語主題出現的情況，在子句前（pre-clausal）的位置就是主題的位置，但是不是所有出現在子句前的名詞組都是主題。
此外，關於書寫的形式上，她認為太魯閣語書寫上使用的 o 應該是喉塞音加上元音 u 產生而來，即 'u [u]，而且，她在詞彙註解上並不是寫成主題標記，而是標記成連接詞（CNJ）。本書採用族人現行的書寫習慣與形式，仍書寫成 o。

題是一個篇章概念，它經常可以將語意管轄擴展到多個子句；（5）主題在主題鏈中控制所有的代名詞化或同指名詞組刪除；（6）主題，除非同時也是主語，否則不參與其反身化、同等 NP 刪除以及祈使化的過程。

根據上述的定義，前面四點都跟本書有很大的關係，因為在我們目前蒐集的語料中，ga 可能當作主題標記的情況都出現在至少有兩個子句的環境，且都在第一個子句的末端；其次，這些環境中的 ga 基本上都會出現語氣停頓的情況。事實上，上文提到語尾助詞的文獻中，多位學者都提出了語尾助詞常常會產生主題標記或語氣停頓的用法（如 Li, 1999；曹逢甫，2000；梁曉云，2004 等）。

主題標記（topic marker）就是出現在主題與評論之間的一個標記，是用來體現主題功能的語言形式手段（徐烈炯、劉丹青，2007：71）。太魯閣語主題標記的書寫形式為 o，主要置於主題之後，承接子句使用。主題的結構可以為名詞組或含動詞的子句（李佩容、許韋晟，2018：54）。[47] 相關例句如下：

(47) a. 字典：gsilu (p.774)

Gsilu o malu bi rngayan.

<u>gsilu **o**</u> malu bi rangay-an

[47] 有趣的是，同屬泰雅語群的語言，賽德克德固達雅語和賽考利克泰雅語中，都有相類似的主題標記，語音形式也很接近，前者是以 ge/we 出現、後者是以 ga 出現（宋麗梅，2016；黃美金、吳新生，2016）。不過在太魯閣語中，常用的主題標記則是 o，而 ga 的使用頻率反而偏低。

蜥蜴 主題標記 好 很 玩弄 - 處所焦點

蜥蜴是很好戲弄的動物。

b. 字典：empeydang (p.210)

Lala bi wayay ka elug hiya o aji su empeydang?

lala bi wayay ka elug hiya **o**

多 很 交叉 主格 路 那裡 主題標記

aji=su em-peydang

否定詞 = 你 . 主格 將 - 迷路

那裏有很多叉路，你不會迷路嗎？

從例 (47) 中可以看到，主題標記前可以是名詞（組），如 (47a)，也可以是帶有動詞的完整子句，如 (47b)。

然而，本書發現除了主題標記 o 之外，ga 出現在句中位置時，兩者的功能很相似，具有主題標記的特性，其後也有稍微停頓的現象，出現在 ga 之前的訊息是已知的訊息，常常是為了強調或繼續談論舊主題而提前，且主題標記後常常帶有語氣停頓。在過去研究太魯閣語的文獻中，幾乎提到的主題標記形式都是書寫成 o 或 'u [ʔu]（如 Tsukida 2006; 許韋晟，2008；李佩容、許韋晟，2018 等），鮮少提到 ga 也能作為主題標記的用法。[48]

(48) a. 辭典：ga (p.230)

Hiya ga, malu bi seejiq.

hiya **ga,** malu bi seejiq

他 . 主格 主題標記 好 很 人

他呀！是個好人。

b. 線上繪本：小米與山麻雀

Seuxal, kingal dmux masu ga, mttuku balay uqun, (kingal hngkawas) kingal ruwan sapah.

seuxal, kingal dmux masu **ga,**
以前 一 粒 小米 主題標記
m-t~tuku
主事焦點 - 重疊 ~ 夠
balay uqun, kingal hngkawas kingal
非常 吃 . 受事焦點 一 年 一
ruwan sapah
裡面 家
從前，一粒小米可以足夠全家人一年的糧食。

c. 辭典：npngasuy (p.284)

Npngasuy kana binaw busuq su ga, tai su hmuya.

n-pngasuy kana binaw busuq=su **ga,**
原本 - 毛毛蟲 全部 嘗試 李子 = 你 . 屬格 主題標記
qtai=su h<m>uya
看 . 祈使 = 你 . 主格 < 主事焦點 > 如何
若你的李子樹有很多毛毛蟲，看你怎麼辦。

[48] 這個情況跟賽考利克泰雅語的主題標記很像，它們的主題標記 ga，可以跟助詞 la「了」組合成 lga「助詞 + 主題標記」，用來連接兩個子句（黃美金、吳新生，2016）。

c’. Npngasuy kana binaw busuq su do o, tai su hmuya.

n-pngasuy　kana　binaw　busuq=su

原本 - 毛毛蟲　全部　嘗試　李子 = 你 . 屬格

do　o,

連接詞 主題標記

qtai =su　h<m>uya

看 . 祈使 = 你 . 主格　< 主事焦點 > 如何

若你的李子樹有很多毛毛蟲，看你怎麼辦。

d. (口語敘事—梨子的故事 001)

Seejiq nii ga, gaga lmnglung, saw wada inu ka nasi mu, msa ka lnglungan na.

seejiq　nii　**ga,**　gaga

人　這　主題標記　進行貌 . 助動

l<m>nglung,　saw

想 < 主事焦點 >　好像

wada　inu　ka　nasi=mu,　msa

完成貌 . 去　哪裡　主格　梨子 = 我 . 屬格　說 . 主事焦點

ka　lnglung-an=na

主格　想 - 名物化 = 他 . 屬格

這個人，一直在想，他的心裡想說，我的梨子到底去哪裡了呢。

例 (48a) 和 (48b) 都是很典型的主題句，原本的人稱代名詞

hiya「他」和名詞組 kingal dmux masu「一粒小米」都是句中的主語，提前至句首位置變成主題化，其後的 ga 在此具有主題標記的功能，在這兩個句子裡，如果換成太魯閣語另一個主題標記 o 的話，句子是通順的，基本上不改變語意。例 (48c) 是一個假設語氣的副詞子句，整個子句提前到句首主題化，這也是很常見的例子，其後也出現了主題標記 ga，但要注意的是，如果這裡的 ga 換成主題標記 o，句意可能會不夠清楚，還需要加入另一個連接詞 do，變成「S1 ＋ do o ＋ S2」的結構才可以，如 (48c')。然而，(48d) 的例子又更加清楚，指示詞 nii「這」可以出現在 ga 之前，表示指示用法，所以 ga 在功能上已沒有明顯的指示作用，進而轉變為一種連接前後子句或主題的某種標記，因此筆者認為這裡的 ga 已變成一種主題標記的功能。

本書也觀察到，ga 和 o 可同時出現在一連串的子句中，類似所謂的雙主題句（double topicalization），如例 (49)。這種情況在漢語很常見，有些學者會稱之第一主題和第二主題，或是主主題和次主題（Xu, 2005: 17）。在 (49a) 中，第一主題的 hiya「那裡」，其範圍擴及到後面出現的兩個子句，而第二主題 kingal jiyax「一天」，則是 kingal spngan tuki kmbragan na「它的長度只有一分鐘」這個子句的主題化。在 (49b) 中，甚至出現了三個主題標記，第一主題是 hnigan qhuni nii「這棵樹的長相」，出現在 ga 之前，也影響到後面的所有子句，而第二主題和第三主題都是 smka「一半」，分別出現在主題標記 o 之前。

(49) a. 線上繪本：小王子

Yaasa bilaq balay ka pngrah nniqan ni mslikaw balay mspgriq uri, kiya ni hiya ga, kingal jiyax o kingal spngan tuki kmbragan na. Seejiq empsamaw o mkrbuk balay smamaw ni mhing samaw.

yaasa bilaq balay ka pngrah n-eniq-an
因為 小 很 主格 星星 完成貌 - 住在 - 處所焦點

ni m-slikaw balay
連接詞 主事焦點 - 快 很

m-s-p-griq uri,
主事焦點 - 動詞化 - 使役 - 轉動 也

kiya ni, hiya **ga,** kingal jiyax **o**
那 連接詞 那裡 主題標記 一 天 主題標記

kingal spung-an tuki kmbragan=na. seejiq
一 計算 - 名物化 鐘 長度 = 他 . 屬格 人

emp-samaw o m-krbuk balay
將 . 主事焦點 - 燭光 主題標記 主事焦點 - 辛苦 很

s<m>amaw ni mhing samaw
< 主事焦點 > 燭光 連接詞 熄滅 . 主事焦點 燭光

由於星球很小，又轉得很快，所以那裡的一天只有一分鐘這麼長。點燈人就辛苦地不斷點燈、熄燈。

b. 太魯閣語高階讀本

Hnigan qhuni nii ga, smka o mdka qhuni, smka o mdka btunux,

saw sklwiun taan.

hnigan qhuni nii **ga,** s<m>ka **o**
身形 樹 這 主題標記 < 主事焦點 > 一半 主題標記
mdka qhuni, s<m>ka **o**
像 . 主事焦點 樹 < 主事焦點 > 一半 主題標記
mdka
像 . 主事焦點
btunux, saw skluwi-un qita-an
石頭 好像 驚嚇 - 受事焦點 看 - 處所焦點
這棵樹的長相，一半像木頭，一半像石頭，看起來很特別。

根據以上的分析，本書認為出現在句中的 ga，其原本的指示作用幾乎已經完全消失，在句法的功能應該已經轉變成主題標記用法。也就是說，相較於指示詞 gaga，縮減後的 ga 多延伸出的兩種用法「語尾助詞」和「主題標記」應該是相關的，在句法位置上，語尾助詞僅出現在句末位置，而主題標記僅出現在句中位置；在語用功能上，語尾助詞包括疑問、反問、祈使等用法，而主題標記除了主題化功能外，還有連接子句的用法，並常常帶有停頓的情況。

接著，同樣都有主題標記功能的 o 和 ga，是否有什麼明顯的差別呢？就筆者目前的觀察，大致上有以下幾點：

第一、出現頻率：在書面語中出現的頻率上，主題標記 o 遠遠多於 ga，o 共有 1187 筆、ga 有 77 筆（93.9 % vs. 6.1%）。也就是說，在使用主題句型時，有非常大的程度是偏好 o 的使用。

第二、出現順序：當兩個一起出現時，通常是敘事內容多個複雜子句出現的時候，主題標記 ga 常常是出現於 o 之前（21 筆 vs. 7 筆），如例 (49)。

第三、語意擴展範圍：主題標記 ga 的語意擴展範圍比 o 還要大，如例 (49b) 中，第一主題 hnigan qhuni nii「這棵樹的長相」，擴及到後面的第二主題和第三主題。

第四、融合形式產生：主題標記 ga 可以和助詞 da 組合並產生融合形式 dga，但是主題標記 o 則不行，如例 (50) 中出現在第一個子句末的 dga，也作為連接詞使用。[49]

(50) 字典：pqlupan (p.655)

Pqlupan su ka tnbgan dga, mgraaw balay tnabug su.

p-qlupan=su　　ka　　t<n>abug-an

使役 - 老處女 = 你 . 屬格　　主格　　< 名物化 > 飼養 - 名物化

da.ga,[50]

助詞 . 主題標記

[49] 在太魯閣語辭典中，出現類似的組合，為助詞 da 加上連接詞 ni，形成 dni，也用來連接子句，表示某種語意關係，如下例，dni 當作連接詞或關聯詞使用，表示因果關係：

(i) Mqaras ku dni rmngaw ku hyaan.
m-qaras=ku　　da.ni　　r<m>ngag=ku
hiya-an
主事焦點 - 高興 = 我 . 主格　助詞 . 連接詞　< 主事焦點 > 講話 = 我 . 主格
他 - 斜格
我因高興而對他說話。

[50] 值得注意的是，在 (54b）中，對等連接詞 ni 出現後，又出現了類似關聯詞用法的 kiya do，這樣的現象在本文語料中並不常見，多數語料呈現關聯詞用法（如 kiya ni, kiya do

m-graaw balay t<n>abug=su.
主事焦點 - 枉費 非常 < 名物化 >= 你 . 屬格
你沒有讓飼養的家畜繼續繁殖，真的是很可惜。

第五、強調程度的差別：在同一個主題和主要句的情況下，主題標記 ga 和 o 的差別，主要是 ga 的強調程度更高，定指程度也更加凸顯，如例 (51) 的對比。

(51) a. Laqi ku siida o musa ku daya kdjiyax.
laqi=ku siida **o**
小孩 = 我 . 主格 時候 **主題標記** 主事
m-usa=ku daya
焦點 - 去 = 我 . 主格 山上
kdjiyax
常常
我小的時候啊，我每天都去山上。

b. Laqi ku siida ga, musa ku daya kdjiyax
laqi=ku siida **ga,**
小孩 = 我 . 主格 時候 **主題標記**
m-usa=ku daya
主事焦點 - 去 = 我 . 主格 山上

等）之前常常是子句或句子。不過，如果解讀成是兩種不同的功能或許就合理多了，例如在這裡的 ni 可解釋為時間接續關係，而 kiya 在這裡可能是篇章指示用法（discourse deictic），用來指前面整個行為事件，而 do 還是原本時間連接詞的用法，這樣的語意可能就類似「然後那樣的話…」。

kdjiyax
常常
（就是在）我小的時候啊，我每天都去山上。

在 (51) 中，可以看到 o 和 ga 的差別，兩者當作主題標記時，其主題都具有強調的作用，但是 ga 之前的主題會更加強調，指「就是在這段時間內」的意思。此外，在語調上，主題標記 o 和 ga 都可以是平調，但是 ga 還可同時加重語氣且語調有些微上升調。

3.2.4 小結

在本節中我們看到了指示詞 gaga 和 ga 的各種分佈與用法，它們都具有指示詞的基本用法和延伸用法兩類，共通的用法中，包括代名詞性指示詞用法、定語性指示詞用法、方位動詞用法以及動貌用法。然而，語音縮減後的 ga，除了上述四種用法外，還延伸出語尾助詞和主題標記用法。接下來，下一節將討論指示詞 kiya 的分佈情況與各種功能。

3.3 指示詞 kiya

就用法及語意上來看，太魯閣語的指示詞 kiya 也呈現多功能用法，除了指示詞的基本用法代名詞性指示詞和定語性指示詞之外，它還延伸出其他用法，如表未來的時間用法「等一下」、表

示肯定用法 / 應答用法等。此外，筆者也觀察到 kiya 在篇章中會和其他語法成分組合，形成豐富的關聯詞（connectives）用法，語意邏輯上包括因果關係、轉折關係、時間關係以及附加關係等，在用法上也呈現多種言談功能，如列舉（listing use）、話題接續（topic succession）等，這些關聯詞包括 kiya ni（kiya+ 和）「然後；因此；但是」、kiya do（kiya+ 連接詞）「然後；因此」等。首先，下表呈現 kiya 在不同文本類型中出現的頻率次數：

表 3- 4：kiya 的功能與使用頻率

kiya	用法及功能	辭典		線上繪本		訪談語料彙集	
指示詞基本用法	代名詞性指示詞	1	3.8%	5	6.0%	3	4.3%
	定語性指示詞	6	23.1%	1	1.2%	2	2.9%
延伸用法	時間用法	6	23.1%	1	1.2%	1	1.4%
	肯定用法 / 應答用法	4	15.4%	2	2.4%	12	17.4%
	關聯詞	9	34.6%	75	89.3%	51	73.9%
總計次數		26	100%	84	100%	69	100%

在表 3- 4 中，可以觀察到指示詞 kiya 有幾個特殊的用法和數據呈現，第一，指示詞 nii「這」和 gaga/ga「那」，它們的指示詞基本用法出現頻率都很高，以辭典為例，表 3-1 中，nii 的指示詞基本用法在 245 筆中共出現了 196 筆，約 80%；表 3-2 中，gaga 的指示詞基本用法在 495 筆中出現了 367 筆，約 78.1%；表 3-3 中，ga 的指示詞基本用法在 254 筆中出現了 119 筆，約 46.9%；相較之下，在表 3-4 中，kiya 的指示詞基本用法使用頻率則呈現較低的

比例，26 筆中出現了 7 筆，約 26.9%，如果是在線上繪本中，使用頻率又更低了，84 筆中僅出現 6 筆，約 7.2%。

第二，相較於指示詞 nii 和 gaga，kiya 的延伸用法似乎又更為多樣，且呈現出不一樣的類型，因為 kiya 並沒有發現到延伸出方位動詞和動貌的用法。

第三，kiya 擁有豐富的關聯詞用法，這樣的現象在 nii 及 gaga/ga 幾乎是看不見的，在篇章連貫性更高的繪本和訪談語料彙集中，使用頻率也相對更高。接下來，筆者將針對 kiya 的各種分佈與用法進行詳細的討論。

3.3.1 kiya 的指示詞基本用法

kiya 的指示詞基本用法主要有代名詞性指示詞用法和定語性指示詞用法，代名詞性指示詞可用來代替人、事物、處所等；定語性指示詞可用來指示人、事物、處所、時間等，限定的成分包括單一詞彙、詞組、關係子句，下文將針對這兩種基本用法進行討論。

3.3.1.1 代名詞性指示詞

就目前的語料中呈現，太魯閣語指示詞 kiya 的代名詞性指示詞用法，相較於 nii 和 gaga，出現的頻率算是偏少的，目前觀察到可以用來代替人、事物等語意範疇，但就分佈上似乎只能出現在主語和主題的位置，如例 (52a)，kiya 代替的是前面的擬聲詞 kruh，也就是指名詞組 hnang btunux「石頭的聲音」發出的聲音；

在 (52b) 中，kiya 代替的是前面出現過的 dmtbnghur「專門找黃蜂的人」，而出現在 kiya 之前的主格標記是可以省略的。

(52) a. 繪本：青蛙的惡夢

Kruh! Kruh! Hnang btunux ka kiya.

kruh　kruh　hnang　btunux　ka　**<u>kiya</u>**
擬聲　擬聲　聲音　石頭　主格　那

叩嘍叩嘍！那是石頭的聲音。

b. 辭典：p.170

Aji yami ka dmtbnghur, yamu kiya.

aji　yami　ka　d-m-t-bnghur,
否定詞 我們 . 主格　主格 複數 - 主事焦點 - 動詞化 - 黃蜂

yamu　**<u>kiya</u>**
你們 . 主格　那

不是我們專門找黃蜂，那是你們。

根據上文的討論，我們可以得知 kiya 跟前面提到的 nii 和 gaga 都有代名詞性指示詞用法，但是在語法分佈及語意上有一些明顯的差異，例如，nii 和 gaga 可以出現在主語、賓語及主題的位置，但是 kiya 似乎只能出現於主語和主題位置。

3.3.1.2 定語性指示詞

就目前的觀察，kiya 跟 nii/gaga 一樣，其定語性的用法都是出現在名詞、名詞組或名詞性成分的後面，中間不會出現任何標記，且可以用來限定人、事物、處所等多種類別，但是並不包括時間，例如 (53a) 的 seejiq kiya「那個人」，kiya 限定了前面的名詞 seejiq「人」；例如 (53b) 呈現有趣的現象，似乎可以有兩種用法的解讀，第一個是 kiya 當作定語性指示詞，用來限定前面的名詞組 qpahun kykuyuh「女人的工作」，由此可知，kiya 也沒有單複數的區別，第二個是當作代名詞性指示詞，由於前面提到 kiya 之前的主格標記可能會省略，在此如果將 ka 恢復的，會變成 qpahun kykuyuh ka kiya「那些是女人的工作」，而這裡的 kiya 是用來代替前面的動詞組 mubul qsiya ni tninun「提水和織布」。

(53) a. 辭典：p.587

Mnegsmpraw bi ka seejiq kiya.

m-ne-g-smpraw	bi	ka	seejiq	**<u>kiya</u>**
主事焦點 - 完成貌 - 動詞化 - 驕傲	很	主格	人	那

那個人非常傲慢。

b. 繪本：冬瓜美人

Gaya seejiq Kmaran o mubul qsiya ni tninun o qpahun kiykuyuh kiya.

gaya	seejiq	kmaran	o	mubul	qsiya
文化禮教	人	噶瑪蘭族	主題	提 . 主事焦點	水

ni	t<n>inun	o	qepah-un
連接詞	<完成貌>織布	主題	工作 - 受事焦點

ky~kuyuh **kiya**

重疊～女人 那

依照噶瑪蘭的習俗，取水與織布是女人的工作。

3.3.2 kiya 的指示詞延伸用法

不同於前面談到的近指指示詞 nii「這」和遠指指示詞 gaga/ga「那」，指示詞 kiya「那」並沒有延伸出方位動詞和動貌助動詞的用法，而是延伸出表未來的時間用法、肯定用法 / 應答用法以及關聯詞用法。因此，雖然這三組詞彙都被視為指示詞，但又因為它們本身特性的差異，而發展出不同類型的用法，至少就目前看來，指示詞 kiya 和指示詞 nii、gaga 應歸屬不同類的指示詞。

3.3.2.1 時間（詞）用法

太魯閣語的 kiya 跟 nii 及 gaga 不同的是，它還有時間（詞）的用法，表示「等一下；待會」的意思，一般都出現於動詞（組）之後，或是出現在句尾由 ka 所引介，舉例如下：

(54) a. 辭典：msquri (p.487)

Msquri ku tunux seejiq ka kiya da.

m-squri=ku tunux seejiq ka

主事焦點 - 削木頭 = 我 . 主格 頭 人 附加語

kiya da

待會 助詞

我等一下要離人頭像。

b. 訪談語料彙集：p.8

Nasi saw ini angal tunux ka snaw ga, kiya do tbriyun na truma hakaw ni kiya do uqun karang kiya da.

nasi	saw	ini	angal	tunux	ka	snaw	ga,
如果	像	否定詞	拿	頭	主格	男人	主題

kiya	do	tbriyun=na	truma	hakaw
那	連接詞	往下 . 受事焦點 = 他 . 屬格	下面	橋

ni	kiya	do	uqun	karang	**kiya**	da.
連接詞	那	連接詞	吃 . 受事焦點	螃蟹	待會	助詞

如果像男人沒有拿到人頭的話，那麼，他們就會掉到橋下，然後就會被螃蟹吃。

在 (54) 中可發現，表時間（詞）用法的 kiya 主要都出現在句尾位置，後面還可出現起始貌標記 da，且 kiya 可以由附加語功能的 ka 所引介，表示「待會；等一下」，如 (54a) 和 (54b)。[51]

需特別注意的是，Diessel（1999: 139）提到指示詞的語法化類別中，其中副詞性指示詞可能演變成時間副詞用法，但問題是，太魯閣語的 kiya 似乎不是典型的副詞性指示詞。王錦慧（2015）

[51] 值得注意的是，在 (54b）中，對等連接詞 ni 出現後，又出現了類似關聯詞用法的 kiya do，這樣的現象在本書語料中並不常見，多數語料呈現關聯詞用法（如 kiya ni, kiya do 等）之前常常是子句或句子。不過，如果解讀成是兩種不同的功能或許就合理多了，例如在這裡的 ni 可解釋為時間接續關係，而 kiya 在這裡可能是篇章指示用法（discourse deictic），用來指前面整個行為事件，而 do 還是原本時間連接詞的用法，這樣的語意可能就類似「然後那樣的話…」。

也談到漢語「在」的時間副詞可以表示動作進行或狀態持續，兩者都是從處所動詞演變而來。但是，這兩位學者提到的時間副詞用法，其來源都似乎跟指示詞無關。不過，根據 Wegener（2002: 384），現代德語中的語氣助詞（modal particle）denn，在歷時發展的過程中，經歷了這樣的語法化階段：最早從印歐語系詞根 *-to 具有指示意義，後來演變成指示代名詞，再演變成方位副詞（如：there），再變成時間副詞（如：then），再進一步演變成因果連接副詞（如:therefore），如(55)呈現。因此，從德語 denn 的例子來看，從定語性指示詞或代名詞性指示詞發展到時間用法並非不可能，在後續的文章中，也會進一步討論這種可能的演變關係。

(55) 現代德語語氣詞 denn 的演變
指示意義 > 指示代名詞 > 方位副詞 > 時間副詞 >
因果連接副詞 > 語氣助詞

3.3.2.2 肯定用法 / 應答用法[52]

此類用法的 kiya 是表示肯定用法 / 應答用法，可以看作是一種類似肯定標記（affirmative marker）的成分，出現的環境大概有三類，第一類是當作一種肯定動詞，出現於句首，用來肯定或贊同對方的陳述或問題，例如，Kiya bi ka kari su.「你說得非常正

[52] 筆者一開始將 kiya 的該功能註解為「對；正確」，後來經指導教授葉美利教授提醒，此種註解為語意而不是功能，若從功能角度來看，就像是指示詞回指用法或篇章指示用法，認同對方所說或所行，因此語意上是肯定的，常常解讀為「對；正確」，且進一步延伸出應答用法。

確。」；第二類是用於回應，帶有肯定或同意之語意，例如，問：Smkuxul su bi tmalang hug?「你很喜歡跑步嗎？」答：Kiya o.「是喔」；第三類是用在附加問句中，用來確認事情，通常都出現於句尾，例如，Ini su ekan nhapuy na, kiya?「你還沒吃過飯，是嗎？」我們先來看以下相關的例句：

(56) a. 繪本：我遺忘了什麼呢

A: Yaa aji Rowbiq Walis ka Bubu su hug?

B: Kiya bi da. Kika hiya, yaku o laqi ku kuyuh Rowbiq Walis.

A: yaa　aji　rowbiq　walis　ka　bubu=su　hug?
疑問　否定詞　人名　人名　主格　媽媽＝你．屬格　助詞

B: **kiya**　bi　da.　kika　hiya,　yaku　o
那　很　助詞　就是　他．主格　我．主格　主題
laqi=ku　kuyuh　rowbiq　walis
小孩＝我．主格　女人　人名　人名

A: 你媽媽該不會是 Rowbiq Walis 吧？

B: 是阿（就是那樣），就是他，我就是 Rowbiq Walis 的小孩。

b. 辭典：p.345

Kiya balay ka kari na.

kiya　balay　ka　kari=na
那　非常　主格　語言＝他．屬格

他說得沒錯（就是那樣）。

c. 訪談語料彙集：p.46

A: Mniq bi Kbayang ka sapah su?

B: Kiya, Kbayang ka sapah mu.

A: m-eniq	bi	kbayang	ka	sapah=su
主事焦點 - 在	很	地名	主格	家 = 你 . 屬格

B: **kiya**,	kbayang	ka	sapah=mu
那	地名	主格	家 = 我 . 屬格

A: 你家真的住在 Kbayang 嗎？

B: 是的（就是那樣），我家在 Kbayang。

d. 辭典：p.309

Walis, kiya hug?

walis,	**kiya**	hug
人名	那	助詞

Walis，是嗎（是那樣嗎）？

例 (56a) 和 (56b) 中，kiya 作為一個肯定動詞用法，出現在句首謂語的位置，用來贊同對方的陳述或說法，並帶有強調的語氣，要注意的是，kiya 雖然出現在謂語位置充當動詞，但是它沒有辦法加上任何的焦點標記，如 m-、-un、-an 等。例 (56c) 中，kiya 出現於回應句的句首，用來回應對方的肯定性答案，與之相對的答案則是 uxay「不是」或 aji「不是；不要」。例 (56d) 是典型的附加問句，出現在句尾，目的是要跟對方確認事情，常常會和疑問助詞 hug 一起出現，句末的語調為上升調。其實，上述這三種用法都跟指示詞功能「那」相關，我們都能理解成「就是那樣」的意思，再者前文提到 kiya 在距離上應該是接近聽話者，這也表示，當我們使用 kiya 時，是同意或認同對方所說的話，在心理的距離上也更貼近於聽話者。

此外，在 (56c) 的用法中，kiya 似乎類似於 Yeh（2015: 374-375）提到的應答用法（backchannel），該文中提到賽夏語的 ma' 'isa:a' 也用於回應對方，可以表示「就像那樣（it's like that）」或是「確實（indeed）」。關於應答用法的定義，是指在言談交際過程中，在說話者的話輪中，聽話者會發出簡短的訊息或訊號或其他非動作的行為，這樣的現象就可稱為應答用法表達（Maynard, 1990: 402），典型的例子像是日語的 aizuchi 和 hai，美國英語的 uh-huh 和 yeah（Maynard, 1990: 408），還有漢語的「對」（Clancy et al., 1996），[53] 這些應答用法通常都比較短，而且不會要求話輪的轉換，也可以想成是聽話者要告訴說話者「我有在聽，你繼續說話」的概念。這種用法在太魯閣語言談會話中也常常出現，但不一定是指示詞，例如 han「是喔（應答用法）」、iq「是的；好的（應答用法）」等。不過，由於目前本章使用的書面語資料很

[53] 在 Clancy et al.（1996）一文中主要是使用 Reactive Tokens = RT（回應標記） 稱呼，他使用的定義跟其他學者提到的 backchaanel 基本上是一樣的，定義如下：「回應標記是在言談交際中，在其他說話者說話期間，由聽者發出一種短的發聲，也就是說，回應標記不會中斷說話者的說話權利（speakership），也沒有要求發言權（claim the floor）」。

少對話的資料，所以幾乎很少出現，在下一章的口語語料中，將會呈現太魯閣語更典型的指示詞應答用法。

此外，指示詞延伸出應答用法在其他語言中似乎也有類似的情況，根據 Lima（2002: 375）指出，在葡萄牙語中，指示詞 isso「那」在特定語境下已經可以被當作肯定標記使用，主要是說話者想要特別強調確認對方說話的真實性。葡萄牙語的例子跟前文提到 kiya 能當作肯定動詞的用法非常類似，可用來強調對方講出的事實內容，並表示認同及贊同。所以，本書認為「應答用法」從指示詞用法演變而來是很有可能的。

3.3.2.3 關聯詞用法

指示詞的關聯詞用法（connective uses）主要用來標記言談中前面的成分與後面的成分之間的關聯性，即表明上下文之間的關係。指示詞在篇章中常常和其他詞彙組合，形成一種連貫篇章的關聯詞用法（Diessel, 1999: 125）。在 Halliday and Hasan（1976: 238-239）的銜接理論中，使用了 conjunction「連接」這個術語，他們指出連接是藉由連接成分體現出篇章中各種邏輯關係的一種手段，並進一步將銜接的連接關係分成四個主要的類別：

（1）附加（additive）關係：主要用來說明或補充進而形成銜接關係，可以進一步分成 a) 簡單的附加關係（simple addative relations），如 and「和」，b) 複雜的附加關係（complex addative relations），如 moreover「此外」，c) 比較關係（comparative relations），如 conversely「相

反地」，d) 同位關係（appositive relations），如 for examples「例如」；

（2）轉折（adversative）關係：基本的意義是指與期待相反的，這種期待可能是從談論的內容、或是從交際的過程中而來，有以下幾個次類，a) 合適的轉折關係（adversative relations 'proper'），如 though「儘管」，b) 對比關係（contrasative relations），如 but「但是」，c) 改正關係（corrective relations），如 instead「而不是」，d) 刪除關係（概括的轉折）（dismissive relations），如 whichever「無論如何」；

（3）因果（causal）關係：包括原因、目的、條件等關係，有以下幾小類，a) 概括的因果關係（causal relations, general），如 so「所以」，b) 具體的因果關係（causal relations, specific），如 as a result「結果」，c) 條件關係（如果…就）（conditional relations），如 in that case「既然那樣」，d) 各自關係（關於）（respective relations），如 in this respect「在這方面」；

（4）時間（temporal）關係：在相鄰兩個句子命題之間的關係，主要是時間上的順序關係，有以下幾小類，a) 簡單的時間關係（simple temporal relations），如 and then「然後」、previously「之前」等，b) 複雜的時間關係（complex temporal relations），如 at once「立刻」、later「等一下」等，c) 結論性關係（conclusive relations），如 finally「最

後」等，d) 時間關係（此時此地）（here and now），如 heretofore「在此之前」等。

太魯閣語這五組指示詞中，kiya 延伸出的關聯詞用法是最豐富且最複雜的，有很多類似上述提到的關聯詞類別。就目前蒐集的書面語料共有 135 筆，我們根據 Halliday and Hasan（1976）提出的四種類別進行了分類，其中 kiya ni（kiya+ 連接詞）有 70 筆是最多的，可表示轉折關係、因果關係以及時間關係；kiya do（kiya+ 連接詞）有 35 筆是次多的，可表示因果關係和時間關係；kiya ka kiya ni（kiya+ 補語連詞 +kiya+ 連接詞）有 13 筆，僅用來表示轉折關係；kiya（duri）o（kiya+ 再次 + 主題標記）有 5 筆，主要用來附加關係和因果關係；（manu）saw kiya ni（疑問詞 + 好像 +kiya+ 連接詞）有 4 筆，用來表示因果關係，其他的都只有 1 至 3 筆，包括 kiya ka（kiya+ 補語連詞）、manu kiya（do）（疑問詞 +kiya+ 連接詞）、saw kiya do（好像 +kiya+ 連接詞），以及 saw kiya ni（好像 +kiya+ 連接詞）等。這些關聯詞的出現頻率次數整理如下表：

表 3- 5：與 kiya 組合關聯詞的出現頻率

	附加關係		轉折關係		因果關係		時間關係		總計	
kiya do	0	0	0	0	19	32.8%	16	59.3%	35	25.9%
kiya ni	0	0	33	71.7%	27	46.6%	10	37.0%	70	51.9%
kiya ka	0	0	0	0	2	3.4%	1	3.7%	3	2.2%
Kiya (duri) o	4	100%	0	0	1	1.7%	0	0	5	3.7%

manu kiya (do)	0	0	0	0	3	5.2%	0	0	3	2.2%
saw kiya do	0	0	0	0	1	1.7%	0	0	1	0.7%
kiya ka kiya ni	0	0	13	28.3%	0	0	0	0	13	9.6%
(manu) saw kiya ni	0	0	0	0	5	8.6%	0	0	5	3.7%
總計	4	100%	46	100%	58	100.0%	27	100%	135	100%

從表 3- 5 中可以看到，每一個連接成分都有自己的主要的篇章連貫用法，可以簡要歸納成以下幾點，第一，附加關係，只出現在 kiya (duri) o 的情況，其中 kiya o 有 3 筆用於列舉用法、kiya duri o 有 1 筆用於並列用法。第二，轉折關係，只出現在 kiya ni 和 kiya ka kiya ni，多為表示「但是；不過」的轉折語氣。第三，表達因果關係和時間關係中，都是以 kiya do 和 kiya ni 的數量較多，我們認為這跟 do「時間連接詞」和 ni「對等連接詞」本身就是連接詞用法有很大的關係。此外，就出現的句法位置來看，這些關聯詞常用的出現序列是在第二個語段中間的位置，即「S1, 關聯詞 + S2」或「S1. 關聯詞 + S2」。下文將會針對由 kiya 組成的這些關聯詞進行更深入的討論。

3.3.3 關聯詞 kiya do

kiya do 是由指示詞 kiya 和連接詞 do 組成，在連接前後句子或子句時，表示的語意關係主要有因果關係和時間關係。在因果關係的句子中，kiya do 共有 19 個例句，主要的語意幾乎都表「因此；所以」。觀察目前的語料，因果關係主要表示因果關係，有時則是用來表結論或闡述（解釋）使用，如以下例句：

(57) a. 表因果

辭典：p.704

Mdakil bi ka shikuy nhuma na, kiya do srihing na da.

m-dakil	bi	ka	shikuy
主事焦點 - 成長	很	主格	絲瓜

n-huma=na
完成貌 - 種植 = 他 . 屬格

kiya	**do**	s-rihing=na	da
那	**連接詞**	工具焦點 - 做圍物 = 他 . 屬格	助詞

他種植的絲瓜長得很快，所以他做了背架子。

b. 表闡述（解釋）

訪談語料彙集：p.60

Saw nii naqih sntgan mnhuling kari ni smuling o sksaang bi rudan sbiyaw, ana sayang ida pusu bi gaya ta Truku. Kiya do mnhuling o kari huling.

saw	nii	naqih	sntgan	m-n-huling
像	這	不好	話語	主事焦點 - 完成貌 - 狗

kari	ni	s<m>uling
語言	連接詞	< 主事焦點 > 講下流話

o	s-k-saang	bi	rudan
主題	原因 - 靜態 - 生氣	很	老人

sbiyaw,ana　sayang　ida　pusu　bi
以前　無定　現在　依舊　主要　很
gaya=ta　truku.　**kiya**　**do**
生活禮教 = 咱們 . 屬格　太魯閣　**那**　**連接詞**
m-n-huling
主事焦點 - 完成貌 - 狗
o　kari　huling
主題　話語　狗
像這樣污辱與傷害男人、嚴重違反禁忌的下流話，從以前的祖先們，在我們族人社會是被禁止講的，所以，迄今依然是我們太魯閣族的主要習俗規範。所以，講下流語言啊，就是狗的話。

例句 (57) 分別呈現了 kiya do 表因果和表結論的用法。在 (57a)，kiya do 後面的子句表示行為的結果，其主要原因就是在前面的子句「他種植的絲瓜長得很快」，表結果是後面的「他做了背架子」，因此這裡的 kiya do 表示「所以」，是很典型的因果關係銜接用法；(57b) 共出現了三個子句，其中 kiya do 出現在最後一個子句的開頭，承接前面談到的整個話題事件，主要在說明 gaya 習俗規範的重要，如果講下流話或污辱人是違反禁忌的，都是被禁止的行為，講述完之後，接著出現了 kiya do，用來銜接後面的「講下流語言是狗的話」，因此，可以發現後面這句話是並不是表結果，而是針對前的話題提出了主觀的解釋和看法，表示闡述

（解釋）的用法。

接下來要看到的是 kiya do 表示時間的語意關係，其基本用法是表時間的先後順序，在語料中共有16筆例子，多為「然後；於是」的意思。請看以下例句：

(58) a. 表時間關係

繪本：愚人的一課

Qa, qa, msa mjiras ka cyaqung, kiya ni mtucing ka hiyi mniq quwaq na, kiya do kmrmux baraw ka mruyang, asi na hngasi ka hiyi ni wada da.

qa	qa	msa	m-jiras	ka	cyaqung,
擬聲	擬聲	主事焦點 . 說	主事焦點 - 喊	主格	烏鴉

kiya	ni	m-tucing	ka	hiyi	m-eniq
那	連接詞	主事焦點 - 掉落	主格	肉	主事焦點 - 在

quwaq=na.	**<u>kiya</u>**	**<u>do</u>**
嘴巴 = 他 . 屬格	**那**	**連接詞**

k-m-rmux	baraw
動詞化 - 主事焦點 - 進入	上面

ka	mruyang,	asi=na	hangas-i
主格	狐狸	即 = 他 . 屬格	咬一口 - 祈使

ka	hiyi
主格	肉

ni wada da

連接詞　完成貌 . 去　助詞

烏鴉呱呱大叫，因此口中的肉掉下來了，接著，狐狸衝上去，一口把肉咬走就離開了。

b. 表時間關係

繪本：小王子

Lmnglung ni kiya do tgtapaq babaw spriq ka hiya ni lmingis da.

l<m>nglung　ni　**kiya　do**　tgtapaq　babaw

想 < 主事焦點 >　連接詞　那　連接詞　趴著　上

spriq

草

ka　hiya　ni　l<m>ingis　da

主格　他 . 主格　連接詞　< 主事焦點 > 哭　助詞

想著想著，然後他就趴在草地上哭了起來。

例 (58a) 是 kiya do 表示時間關係的基本用法，連接前後兩個子句的關聯詞用法，「烏鴉大叫造成肉掉下去」，接著出現 kiya do，連接後一個子句「狐狸立刻衝上去咬走」，表示時間順序的發生關係。(58b) 也是表達時間順序關係，kiya do 之前的是 lmnglung「想」這個動作，之後的子句則表示接續發生的行為「他趴在草地上哭了起來」。

然而，我們在太魯閣語中觀察到，kiya do 的出現除了表示語意邏輯關係外，似乎仍有其他語用或篇章上的用法，如話題接續、表明總結或結論等。類似的現象在 Su（1998: 171）的研究即指出，在漢語中的「然後」從過去被認為被用來連接句子間的時間關係詞（temporal relationship）轉換成現在的言談功能詞，可用來表示結果、條件、讓步、填補詞以及話題接續。Shen（2009: 60-61）也提出漢語的「然後」原本表示時間關係，在篇章言談中則呈現了其他六種用法，包括因果、恢復話題、增添、時間、話題輪轉與填空作用。太魯閣語也呈現類似的用法，呈現如下：

(59) 話題接續

訪談語料彙集：p.25

Sayang o miyah nami tuhuy Yudaw mtabug hini psiling nami aji uri o empprngaw nami quri ndaan seuxal saw kndsan ta rudan seuxal ka ptgsa nami Yudaw mtabug hini. Kiya do embrax su balay! Mqaras ku balay miyah nami tuhuy hini.

sayang	o	m-iyah=nami	tuhuy	yudaw
現在	主題	主事焦點 - 來 = 我們 . 主格	一起	人名

mtabug	hini	p-siling=nami	aji uri o
牧師	這裡	使役 - 問 = 我們 . 主格	或者

em-p~p-rngaw=nami	quri
主事焦點 - 重疊 ~ 使動 - 講話 = 我們 . 主格	關於

n-uda-an	seuxal	ka
完成貌 - 經歷 - 處所焦點	以前	補語連詞

p-tgsa=nami
使役 - 教 = 我們 . 主格

yudaw　　mtabug hini.　　**kiya do**

人名　　牧師　這裡　**那　連接詞**

em-brax=su

主事焦點 - 力量 = 你 . 主格

balay.　　m-qaras=ku　　balay

非常　　主事焦點 - 快樂 = 我 . 主格　　非常

m-iyah=nami

主事焦點 - 來 = 我們 . 主格

tuhuy　　hini.

一起　　這裡

今天，我們來到許牧師這裡請教或談論以前有關我們祖先古時候的故事及生活。那麼，你好，我們很高興來到這裡拜訪你。

例 (59)，其用法不像是典型用來連接子句的時間關係用法，這裡是一段訪談開端的內容，說話者首先向發音人簡要說明此次訪談的要點和目的，講完之後，接著說出 kiya do，然後先說出了問候用語 embrax su balay.「你好」，接下來仍繼續訪談這次的主題內容，所以是屬於話題接續的一種用法。

根據 Schiffrin（1987）的定義，他指出言談標記對於話語具有連貫的作用，並認為每個言談標記都有其特定的意義，這些標記不僅對言談有限制作用，也會影響整個話語的意思。此外，這些標記也總是都出現在言談的邊界處（Huang, 1999）。所以筆者認

為例 (59) 的話題接續具有篇章或言談用法，類似言談標記的功能（更詳細的討論將在第四章中）。

3.3.2.3.2 關聯詞 kiya ka

kiya ka 是由指示詞 kiya 加上 ka 所組成，這裡的 ka 可能是主格標記或補語連詞，目前有 3 筆語料表示因果關係。事實上，kiya ka 是相當常見的關聯詞，但是語料中出現的數量卻那麼少，最主要的原因是，無論在口語或篇章中，相似的用法會更常使用 kika「所以；才；就」，這是 kiya ka 融合後產生的形式，在我們蒐集的語料中總共出現了 89 筆（辭典 14 筆、繪本 34 筆、訪談語料彙集 41 筆）。也就是說，kiya ka 可能正經歷著語法化的階段，逐漸朝向單一詞彙的結果，目前跟 kika 仍是處於一個共存階段。下面將呈現 kiya ka 和 kika 在句中的對比：

(60) a. 表因果關係

辭典：ssurak (p.866)

Mkrbuk bi qnpahan na, kiya ka ssurak na.

m-krbuk　bi　q<n>pah-an=na,

主事焦點 - 辛苦　很　<完成貌>工作 - 處所焦點 = 他 . 屬格

kiya　ka　s-surak=na

那　KA　原因 - 打哈欠 = 他 . 屬格

他工作很辛苦，所以打呵欠（他工作很辛苦，那就是他打哈欠的原因）。

b. 表因果關係

繪本：六趾人

Aji ssnguhi suyang qpahan na ka seejiq alang do, kika nanʉmʉ ksun tmngahan ka alang nii.

aji	s~snguhi	suyang	qpahan=na
否定詞	重疊～忘記	美好	工作＝他.屬格

ka	seejiq
主格	人

alang	do,	**<u>kiya.ka</u>**	nanʉmʉ	ksun
部落	連接詞	那.KA	地名	說.受事焦點

t-m-ngahan	ka	alang	nii
動詞化-主事焦點-名字	主格	部落	這

部落的人為了感念他的善心善事，（所以）就把這個地方取名為 Nanʉmʉ。

在 (60a) 中，關聯詞 kiya ka 之前的命題是表示「他工作很辛苦」，之後引介的子句表示結果「所以他打哈欠」，這裡的 kiya ka 可以替換成 kika，語意上是完全一樣，皆表示因果關係。但是，要特別注意的是，如果從篇章言談角度解釋的話，這裡的 kiya 也可能是篇章指示用法（discourse deictic use），用來指前面的行為事件，而隨後出現的 ka 則可分析為主格，此時句子意思接近於「他工作很辛苦，那就是他打哈欠的原因。」[54] 而 (60b) 的 kika 也是表

[54] 所謂的篇章指示，是指涉對象可由前後的段落中找到，可以是單句，亦可是整個段落，

示結果，不過這裡的 kiya 並不能分析成篇章指示用法。類似地，這裡的 kika 換成 kiya ka 也是合語法且不影響語意改變，所以我們可以看到，在多數情境下，kiya ka 和 kika 仍然是可以通用的。

3.3.2.3.3 關聯詞 kiya ni

kiya ni 在連接前後句子或子句時，主要的語意邏輯關係有因果關係、時間關係以及轉折關係，其出現次數分別為 27 筆、10 筆和 33 筆。首先，在表示因果關係的 27 個例句中，主要的語意都是「因此；所以」，也可分成表結果和表結論兩種關係。例句如下：

(61) a. 表因果關係

繪本：射太陽

Niqan dha hidaw ka alang nami seuxal, kiya ni mttalux bi kdjiyax da.

niqan	dha	hidaw	ka	alang=nami	seuxal,
有	二	太陽	主格	部落＝我們．屬格	以前

kiya	**ni**	m-t~talux	bi	kdjiyax	da
那	**連接詞**	主事焦點－重疊～熱	很	常常	助詞

從前我們部落有兩個太陽，所以每天都非常的炎熱。

b. 表因果關係

繪本：小王子

或是行為事件（Diessel, 1999; Himmelmann, 1996; Tao, 1999），該用法在第四章會有更多的討論。

Rmngaw ka laqi thowlang, "Mkmusa ku cih mkla lupung, kiya ni ini tuku ka jiyax mu."

r<m>ngaw ka laqi thowlang

<主事焦點>講 主格 小孩 王

m-km-usa=ku cih m-kla

主事焦點 - 想要 - 去 = 我 . 主格 一點 主事焦點 - 知道

lupung,

朋友

kiya ni ini tuku ka jiyax=mu

那 連接詞 否定詞 足夠 主格 時間 = 我 . 屬格

小王子說：「因為我沒有足夠的時間，（所以）我想要去多認識一些朋友。」

c. 表結論

訪談語料彙集：p.30

Nii o sapuh uqun, sapuh pnhuma qbulit nii o seusa dha murus qmpahan, mdka saw hari pnthuan do ga. Kiya ni ana manu payay pnhuma psaan sun qbulit do o aji hmut malu kndkilan na.

nii o sapuh uqun, sapuh p-n-huma qbulit

這 主題 藥 食物 藥 使役 - 完成貌 - 種植 灰燼

nii o s-usa=dha m-urus

這 主題 原因 - 去 = 他 . 屬格 主事焦點 - 撒

qmpahan, mdka

田地 像 . 主事焦點

saw　hari　p-n-tahu-an　do　ga.
像　稍微　使役 - 完成貌 - 火 - 處所焦點　連接詞　助詞

<u>kiya　ni</u>
那　連接詞

ana　manu　payay　p-n-huma　powsa-an
無定　什麼　稻米　使役 - 完成貌 - 種植　放 - 處所焦點

sun　qbulit　do　o　aji　hmut　malu
說 . 受事焦點　灰燼　連接詞　主題　否定詞　隨便　好

k-n-dakil-an=na
靜態 - 完成貌 - 成長 - 處所焦點 = 他 . 屬格

這是食物，農作物的藥。他們把灰燼撒在田地，如燒過的灰。故不論任何米作物的種植，只要施灰燼一定使枝幹長得肥碩。

(61a) 是 kiya ni 表示因果關係的用法，此時的 kiya ni 出現在後面子句的開端，在 kiya ni 之前的表示原因，出現其後的子句表示結果用法。而 (61b) 也是表示因果關係，但不同於 (61a)，這裡的 kiya ni 引介的是一個表原因的命題，出現在之前的反而是表示原因。(61c) 的 kiya ni 出現的位置又跟前面兩個不一樣，它出現於一個新句子的句首，中文翻譯雖然把 kiya ni 翻成「故」，但是前後文並不是因果關係，而是表結論用法，說話者前面提到灰燼的利用方式與功用，之後就下結論說：「只要施灰燼一定使枝幹長得肥碩」，所以這是由說話者自己做的一個結論的用法。

接著，我們要來看 kiya ni 表示時間關係的情況，這類用法基本上對應於「然後；於是」。上文提及，根據前人的研究，漢語的「然後」在篇章和口語中從時間關係詞轉變成言談功能詞之後，至少有以下幾種用法：因果、恢復話題、條件、讓步、增添、時間、話題輪轉、填空作用、話題接續等（Shen, 2009: 60-61）。然而，太魯閣語的 kiya ni 除了上述提到的因果關係外，還可表示時間關係，請看以下的例句：

(62) 表時間關係

繪本：小王子

Karat baraw qmita ka laqi thowlang, kiya ni rmngaw knan: suyang bi ka pngrah, yaasa babaw niya o niqan kingal phpah ini qtai dowriq.

karat	baraw	q<m>ita	ka	laqi	thowlang
天空	上面	＜主事焦點＞看	主格	小孩	王

kiya ni	r<m>ngaw	knan
那 連接詞	＜主事焦點＞講	我 . 斜格

suyang	bi	ka	pngrah
美好	很	主格	星星

yaasa	babaw=niya	o	niqan	kingal	phpah
因為	上面 = 他 . 屬格	主題	有	一	花

ini	qita-i	dowriq
否定詞	看 - 祈使	眼睛

小王子抬頭看天空，然後對我說：「星星是很美的，因為上面有一朵我們看不見的花。」

例 (62) 是 kiya ni 表時間關係的基本用法，語意為「然後；接著」，在前一的動作「小王子抬頭看天空」結束後，就馬上使用 kiya ni 連接後面的子句。

第三，我們接著要呈現 kiya ni 的轉折用法，此類用法的基本語意為「但是；不過」，如例 (63)，kiya ni 主要表示轉折關係的銜接用法，後面的訊息表示某種語意的轉折，帶有對比的功能。如 (63a)，kiya ni 之前命題是「想要跳舞」，之後是「他不會跳舞」，因此兩個命題間是呈現一種轉折關係；(63b) 亦同，kiya ni 之前是說「現在在下雨」，之後的命題則是「很快就會出太陽了」，因此也是轉折關係。

(63) a. 表轉折關係

繪本：迷路的山羊

Kmrmgrig ka bowyak, kiya ni ini kla rmgrig.

km-rmgrig	ka	bowyak,	**kiya**	**ni**
想要 - 跳舞 . 主事焦點	主格	山豬	那	連接詞

ini	kla	r<m>grig
否定詞	知道	< 主事焦點 > 跳舞

山豬想要跳舞，但是他不會跳舞。

b. 表轉折關係

繪本：明天去野餐

A: Smiling hyaan ka qsurux spapak, "Mmeenu ka karat sayang hug?"

B: Rmngaw ka bnu, "Ga qmuyux, kiya ni aji biyaw empthidaw da."

A: s<m>iling hiya-an ka qsurux s-papak,
＜主事焦點＞問 他 - 斜格 主格 魚 長 - 腳
"mmeenu ka karat sayang hug"?
像什麼 主格 天空 現在 助詞

B: r<m>ngaw ka bnu, gaga
＜主事焦點＞講話 主格 海龜 進行貌 . 助動
q<m>uyux,
＜主事焦點＞下雨
<u>kiya ni</u> aji biyaw emp-t-hidaw
那 連接詞 否定詞 久 將 . 未來 - 動詞化 - 太陽
da
助詞

A：章魚問海龜：「今天的天氣怎麼樣呢？」

B：海龜說：「在下雨喔，但是很快就會放晴了。」

前面看到表示轉折關係用法的例子，大多表示兩個命題間的關係。在下面，筆者觀察到 kiya ni 還能連接更大的篇幅，在篇章中類似於針對前文的命題提出「闡述（解釋）」的用法，其實

kiya ni 後面還是呈現著轉折關係或對比功能，如例 (64) 呈現：

(64) 表闡述（解釋）用法

訪談語料彙集：p.39

Ini kla smalu ana manu ka baga, mdka ungat tduling emputung ka baga sun. Kiya ni niqan ka kari o wana kuyuh ka mcinun msa o, aji o, duma lnglungan dha o wana kuyuh ka mcinun ni miri msa, kiya ni snaw ka ssaun dha o mgkala.

ini kla s<m>alu ana manu ka baga,
否定詞 知道 <主事焦點>做 無定 什麼 主格 手

mdka ungat tduling em-putung ka baga
像.主事焦點 沒有 手指 主事焦點-斷掉 主格 手

sun. **kiya ni** niqan ka kari o wana
稱作 **那 連接詞** 有 主格 話 主題 只有

kuyuh ka m-cinun msa o,
女人 補語連詞 主事焦點-織布 說.主事焦點 助詞

aji
否定詞

o, duma lnglunan=dha o wana kuyuh
助詞 有些 想法=他們.屬格 主題 只有 女人

ka m-cinun ni miri msa,
補語連詞 主事焦點-織布 連接詞 編織 說.主事焦點

kiya ni snaw ka

那　連接詞　　男人　主格

s~usa-un=dha

重疊 ~ 去 - 受事焦點 = 他們 . 屬格

o　　　　m-g-kala

主題標記　主事焦點 - 動詞化 - 超過

笨拙就好像什麼都不會做的手，好像手指斷了一樣。所以就有「只有女人才會織布」這樣的話，這些人認為只有女人才會織布和編織，事實上，男人的手工藝編織等能力是超過女性他們的。

在 (64) 的訪談內容中，一共出現了兩次 kiya ni，它們分別表示條件關係以及提出闡述（解釋）的用法，第一次出現的 kiya ni，在更前面的段落在描述族人對於手工藝是不分男女的，但是呢，如果手過於笨拙的話，就好像什麼都不會做，就可能會受人譏笑羞辱，所以，就可能產生「只有女人才會織布」的話，這是一種條件關係；第二次出現的 kiya ni，說話者對於前面的命題是持相反的態度，因此他解釋說明前面這句話是不對的，因為男生也會手工藝，而且能力比女人還要好，所以這裡的 kiya ni 仍是轉折關係。

3.3.2.3.4 關聯詞 kiya ka kiya ni

kiya ka kiya ni 是由 kiya ka 和 kiya ni 所組成，組合順序無法交換，且這裡的 kiya ka 也不能替換成 kika，因此 kiya ka kiya ni 是一個固定的詞組。在現有語料中，kiya ka kiya ni 共出現 13 筆例句，多數都是表示轉折關係，命題之間呈現對比的情況，語意多為「但是；不過」，跟其他關聯詞一樣，在連接後面的子句前常常會有停頓的情況，如 (65a) 和 (65b)。其相關例句呈現如下：

(65) a. 表轉折關係

辭典：ngiyaw (p.524)

Mkan qowlit ka ngiyaw sapah sbiyaw, kiya ka kiya ni ini ekan qowlit ka sayang da.

m-ekan	qowlit	ka	ngiyaw	sapah	sbiyaw
主事焦點 - 吃	老鼠	主格	貓	家	以前

kiya	**ka**	**kiya**	**ni**	ini	ekan	qowlit
那	KA	那	連接詞	否定詞	吃	老鼠

ka	sayang	da
KA	現在	助詞

以前的家貓會吃老鼠，但現在已經不會吃了。

b. 表轉折關係

繪本：龜兔賽跑

Mslikaw bi tmalang ka sbirat, kiya ka kiya ni, kska tmlaan do msangay ni mtaqi da.

m-slikaw	bi	t<m>alang	ka	sbirat,
主事焦點 - 快	很	＜主事焦點＞跑	主格	兔子

kiya	**ka**	**kiya**	**ni,**	kska	tmlaan	do
那	**KA**	**那**	**連接詞**	中間	路途	連接詞

m-sangay ni m-taqi da.
主事焦點 - 休息 連接詞 主事焦點 - 睡覺 助詞
兔子跑的很快，但是卻在中途休息睡覺。

例 (65a) 和 (65b) 都是 kiya ka kiya ni 表示轉折關係的用法，表示前後兩個命題有對比的關係，出現在第二個命題的開端，承接兩個帶有轉折的命題。

對比前面談到的 kiya ka 和 kiya ni，這裡的 kiya ka kiya ni 僅能表示命題間的轉折關係。目前的觀察結果是，兩者出現的環境似乎沒有明顯的差異，表達轉折關係用法時，兩者互換是沒有問題的話，但如果 kiya ni 表示的是時間接續關係，則無法替換成 kiya ka kiya ni。

3.3.2.3.5 關聯詞 kiya (duri) o

由 kiya 組成的關聯詞中，只有 kiya (duri) o 具有附加關係的基本用法，其中 kiya o 可用來列舉或說明，包括名詞組、動詞組或行為事件等；而 kiya duri o 主要可用來補充說明前面的訊息。請看以下的例句：

(66) a. 表附加關係：列舉
訪談語料彙集：p.25
Niqan ka paah pntahu nii do kika ksun niqan qbulit. Qbulit o pnaah qhuni pntahu ga, kiya o mhapuy uri, malah uri, muduh ni smaruk kana saw nii o niqan hnici na qbulit.

niqan ka paah p<n>tahu nii do kika
有 主格 從 使役 < 完成貌 > 起火 這 連接詞 就是

ksun niqan qbulit. qbulit o
說 . 受事焦點 有 灰燼 灰燼 主題

p<n>aah qhuni
< 完成貌 > 從 木頭

p-n-tahu ga, **kiya o**
使役 - 完成貌 - 起火 主題 **那** 主題

m-hapuy uri,
主事焦點 - 煮 也

m-alah uri, m-uduh uri,
主事焦點 - 烤火 也 主事焦點 - 燻烤 也

s<m>aruk kana
< 主事焦點 > 燒烤 全部

saw nii o niqan h<n>ici=na qbulit
就像這樣 主題 有 < 完成貌 > 留下 = 他 . 屬格 灰燼

這些從起火後產生出來的東西就稱為灰燼。從木頭起火而來的灰燼啊，包括煮飯也好、烤火也好、炭烤和火燒，這全部都留下它的灰燼。

b. 提出進一步說明

口說語料：p.14

Yaasa paru qtaan uri ka kiya, bilaq ka ita seejiq o, kiya duri o mdka hari saw niqan lnglungan uri hiya ga. Maka pxal ta mjiras ka ita o mha mnaxal jiras ka nhiya.

yaasa paru qita-an uri ka kiya, bilaq ka
因為 大 看 - 名物化 也 主格 那 小 主格

ita seejiq o, **kiya duri o**
我們 . 主格 人 助詞 **那** 再 主題

mdka
主事焦點 . 像

hari saw niqan lnglung-an uri hiya
稍微 像 有 想 - 名物化 也 他 . 主格

ga. maka
助詞 好像

pxal=ta m-jiras ka ita o
一次 = 咱們 . 主格 主事焦點 - 喊 主格 主格 . 咱們 主題

mha m<n>axal jiras ka nhiya
將 . 助動 < 完成貌 > 十 喊叫 主格 他 . 所有格

因為牠的身體巨大（指台灣黑熊），人都比牠小，而且牠好像有人的心態，如果我們喊叫一次，牠就會回以吼叫十次。

(66a) 的 kiya o 呈現的是列舉或附加的用法，在 kiya o 後面連續出現了四個動詞組煮飯、烤火、炭烤、火燒，跟前面的 qbulit「灰燼」相呼應，為產生灰燼的幾種可能方式，此外，這種用法也類似後指，kiya 指涉的對象出現在下文，包括煮飯、烤火、炭烤、火燒等都能產生灰燼，類似「那些啊，包括…」或「那些啊，是…」的意思。(66b) 也是表示附加關係，kiya duri o 後面引介了新信息，主要用來再次說明或補充前面的訊息，這也是一種附加的用法。

3.3.2.3.6 關聯詞 manu kiya (do)

這類的連接成分由疑問詞 manu「什麼」加上指示詞 kiya「那」，再加上表時間用法的連接詞 do 所組成。出現的數量很少，目前只蒐集到 3 筆，它們都用來表示因果關係的結果用法，表示「所以；因此」，而且這 3 筆語料都出自訪談語料彙集中，其相關例句如下：

(67) 表因果關係

訪談語料彙集：p.3

Yaasa ini siyus, yaasa ini buway bari rudan rdanan. Manu kiya tmbrian ka laqi dga.

yaasa	ini	siyus,	yaasa	ini	buway	bari	rudan
因為	否定詞	獻祭	因為	否定詞	給	祭品	老人

rudan-an.	**manu**	**kiya**	t<n>bri-an
老人 - 斜格	什麼	那	＜完成貌＞吐 - 處所焦點

ka	laqi	da.ga
主格	小孩	助詞 . 助詞

因為不獻祭，不給祭品給祖先，所以，小孩生病了。

例 (67) 是表示表示因果關係，manu kiya 前面的子句是原因，最前面出現副詞性的 yaasa「因為」，而後面的子句是表示結果。

3.3.2.3.7 關聯詞 (manu) saw kiya ni 和 saw kiya do

連接成分 (manu) saw kiya ni、saw kiya do 和前面提到的 manu kiya (do) 用法都很像，使用的例子都很少，主要是表示因果關係用法，還有表示結論用法。(manu) saw kiya ni 是由四個成分組成一 manu「什麼」+ saw「像」+ kiya「指示詞」+ ni「連接詞」，而 saw kiya do 由三個成分組成一 saw「像」+ kiya「指示詞」+ do「連接詞」。可以注意到，這幾個連接成分都包括 saw 和 kiya，後面再接上對等連接詞 ni 或時間連接詞 do，字面意義組合相近於「前面發生的訊息是什麼，進而導致後面的結果」。相關例句如下呈現，在 (68) 中，manu saw kiya ni 和 saw kiya ni 都是用來表示因果關係的關聯詞用法。

(68) a. 表因果關係

繪本：小王子

R<m>ngaw knan ka rudan, iya risuh matas rnisuh matas, ungat brihan nii……Manu saw kiya ni babaw niya wada ku ini paa emptrmiruh matas.

r<m>ngaw	knan	ka	rudan	iya
<主事焦點>講話	我.斜格	主格	老人	否定詞

risuh
刷

matas r<n>isuh matas, ungat
書寫 . 主事焦點 <完成貌>刷 書寫 . 主事焦點 沒有
brihan
利益
nii……**manu saw kiya ni** babaw=niya
這 什麼 好像 那 連接詞 之後 = 他 . 屬格
wada=ku ini paa
完成貌 . 助動 = 我 . 主格 否定詞 變成
emp-t-r<m>isuh
將要 - 動詞化 <主事焦點>刷
大人叫我不要畫這些沒用的圖……所以，我後來沒有成為畫家。

b. 表因果關係

繪本：巨人馬威

Btunux qhuni tkbaw siida o, kingal snaw ni dha kuyuh sriyu da. Seejiq paru o kmrak kingal kuyuh, saw kiya ni mngugu bi miyah duri ka rdrudan. Kika mniq bling lhngaw ska hiya.

btunux qhuni tkbaw siida o kingal snaw ni
石頭 木頭 裂開 時候 主題 一 男生 連接詞
dha kuyuh sriyu da. seejiq paru o
二 女人 出現 助詞 人 大 主題
k<m>rak kingal kuyuh, **saw kiya ni**
<主事焦點>抓 一 女人 好像 那 連接詞

m-ngungu
主事焦點 - 害怕

bi	m-iyah	duri	ka	rd~rudan.	kika
很	主事焦點 - 來	再次	主格	重疊 ~ 老人	因此

m-eniq	bling	lhngaw	ska	hiya
主事焦點 - 住	洞	岩洞	中間	那裡

裂開的石樹中，跑出了一男二女，其中一女被巨人擄走。於是，祖先非常害怕巨人的到來，就居住在山谷的岩洞中。

就目前來看，(manu) saw kiya ni 和 kiya ni 都包含著 kiya ni，它們也都可以表示因果關係，但不同的是，(manu) saw kiya ni 後面的子句似乎都是表示結果，而 kiya ni 則可以連接原因子句和結果子句。

3.3.3 kiya 縮減形式 ki 的用法

上面的節次討論了 kiya 的基本用法以及 kiya 組成的關聯詞用法，接下來要看的是 kiya 語音縮減形式 ki 的用法呈現。就目前的觀察，ki 並不像 kiya 的用法這麼多，指示詞的基本用法只有定語性指示詞，但僅收集到 1 筆語料，而指示詞的延伸用法有關聯詞用法，[55] 其中 ki 的關聯詞用法是出現頻率較高的，可表示因果關

[55] 在 Halliday and Hasan（1976）提出銜接的主要的四種邏輯關係中，條件關係（conditional relation）可歸類在因果關係之下，如表示簡單的 then、強調的 in that case、概括性的 under the circumstances 等。

係和條件關係等，這一點則跟 kiya 關聯詞用法相類似。下面呈現了 ki 在不同文本中出現的頻率次數：

表 3- 6：ki 的功能與使用頻率

ki	用法及功能	辭典		線上繪本		訪談語料彙集	
指示詞的基本用法	定語性指示詞	0	0	1	33.3%	0	0
延伸用法	關聯詞	18	100%	2	66.7%	1	100%
總計次數		18	100%	3	100%	1	100%

3.3.3.1 定語性指示詞用法

ki 跟其他指示詞一樣，具有限定名詞的用法，但是在這三類文本中只出現過一次，如 (69a) 呈現，kiya 限定前面的 pngrah「星星」，出現在主題的位置。其他類似的例子也能在筆者蒐集的 Pear story 中看到；再如 (69b)，kiya 限定的是前面出現過的 laqi「小孩」。值得注意的是，例 (69) 中的 ki 都可以替換成 kiya，且意思不變。

(69) a. 定語性指示詞用法

繪本：小王子

Babaw niya hana ku mkla, laqi thowlang nii o pnaah thiyaq balay pngrah, pngrah ki o mgkala cicih hiyi na kmpraan.

babaw niya,	hana=ku	m-kla,	laqi
之後	剛 = 我 . 主格	主事焦點 - 知道	小孩

thowlang nii

領袖 這

o p<n>aah thiyaq balay pngrah, pngrah **kiya**

主題 < 完成貌 > 從 遠 很 星星 星星 那

o m-g-kala cicih hiyi=na

主題 主事焦點 - 動詞化 - 超過 一點點 身體 = 他 . 屬格

k-n-paru-an

靜態 - 名物化 - 大 - 名物化

我後來才知道，小王子是從一個很遠的小星球來的，那個星球比他的身體大不了多少。

b. 定語性指示詞用法

(口語敘事—梨子的故事 005)

Lenglung do, ima da, wada mnda tmijil lnamu mu (hiyi) qhuni ga, hmuya ni mkan ka laqi ki uri dhug?

lnglung do ima da, wada

想 連接詞 誰 助詞 完成貌 . 助動

m-n-uda

主事焦點 - 完成貌 - 經歷

t<m>ijil l<n>amu=mu hiyi qhuni

< 主事焦點 > 移動 < 完成貌 > 摘 = 我 . 屬格 肉 樹

ga,

助詞

hmuya ni m-kan ka laqi **kiya**

為什麼 主事焦點 - 吃 主格 小孩 那

uri da.hug

也 助詞 . 助詞

想一想之後，到底是誰，把我的水果搬移動了呢？為什麼那個小孩子也在吃呢？

3.3.3.2 關聯詞用法

在前文中討論過，kiya 常常和其他成分組成關聯詞用法，但是 kiya 單獨使用時則很少見。然而，就目前的語料呈現，ki 單獨使用的關聯詞用法，在出現頻率上反而比定語性指示詞用法還高，主要用來表示前後語句的因果關係和條件關係等。如以下例句呈現：

(70) a. 表因果關係

繪本：迷路的山羊

Mnda hakaw ga brah tglaq do dhqan dha ka dgiyaq kiyig da. Dhuq ka dgiyaq kiyig do, qmita lala bi tgbilaq rnabaw sksukay ka mirit do mqaras balay. Ki tngriq qmaba mkan ka mirit.

m-n-uda hakaw gaga brah tglaq

主事焦點 - 完成貌 - 經過 橋 在 前面 瀑布

do dhuq-an=dha ka dgiyaq kiyig

連接詞 到達 - 處所焦點 = 他們 . 屬格 主格 山 旁邊

da.

助詞

dhuq ka dgiyaq kiyig do, q<m>ita

到達 KA[56] 山 旁邊 連接詞 <主事焦點>看

lala

多

bi tg-bilaq rnabaw sk~sukay ka mirit

很 比較-小 葉子 重疊~嫩 主格 山羊

do

連接詞

m-qaras balay. **kiya.ka** t-ngriq

主事焦點-快樂 非常 那.KA 互相-旋轉

q<m>aba

<主事焦點>大口咬

m-ekan ka mirit.

主事焦點-吃 主格 山羊

走過瀑布前面的橋，就到了隔壁山。到了隔壁山，山羊看到了好多小小的嫩葉，他好開心，（所以）山羊開始大吃特吃。

[56] 出現在這裡的KA不像是第一章提到主要用法，如主格標記、補語連詞等，因為ka後面出現的是一個處所名詞。有兩種可能的解釋，第一種可能是作者筆誤了，多寫了一個ka，因為對照前一句，這裡的ka就很清楚是主格標記，dhuq上附加了處所焦點-an，而主語是dgiyaq kiyig「隔壁山」，有語意上的呼應關係，因此當我們把ka刪除的話，形成dhuq dgiyaq kiyig do…該句則會非常通順；第二種可能是這裡的ka是斜格標記，dgiyaq kiyig「隔壁山」是dhuq「到達」的賓語，不過，目前這種例子真的很少，需要有更多的證據才有辦法證明ka具有斜格標記的用法。

b. 表因果關係

字典：gmqsahur (p.259)

Gmqsahur samat ngalun na ka baki, ki kuxul na.

g-m-qsahur	samat	
動詞化 - 主事焦點 - 內臟	野獸	
angal-un=na	ka	baki,
拿 - 受事焦點 = 他 . 屬格	主格	爺爺

kiya.ka	kuxul=na
那 .KA	喜歡 . 受事焦點 = 他 . 屬格

爺爺專門拿山產內臟，（因為）那是他的最愛。

在例 (70) 中，句中的 ki 用來承接上下文，都表示因果關係。(70a) 在 ki 前面的語句「山羊看到了好多小小的嫩葉」說明了原因，而 ki 後面的「他開始大吃特吃」則表示結果。而 (70b) 則不太一樣，出現在 ki 前面的「爺爺專門拿山產內臟」是結果，而 ki 後面的「那是他的最愛」則是說明原因或目的。此外，ki 則都可以用 yaasa「因為」替代，亦可以用關聯詞 kiya ni、kiya do、kiya ka 替換，用來表示因果關係的功能。

另外，ki 單獨使用也能表示條件關係，如「如果…就」、「倘若…就」等語意，如下例呈現：

(71) a. 條件關係

字典：ngngari (p.520)

Ngngari ku binaw, ki klimu su!

ngangar-i=ku	binaw,	**kiya.ka**
大吼大叫 - 祈使 = 我 . 主格	試試看	那 .KA

klimu=su
倒楣 = 你 . 屬格
（如果）你對我大吼大叫看看，你會倒楣！

b. 條件關係

繪本：邋鞦韆的小布

Pslagu baga ka Pu do ki dhqan na ka blbul da!

p-slagu	baga	ka	pu	do
使役 - 直	手	主格	人名	連接詞

kiya.ka dhuq-an=na	ka	blbul	da
那 .KA 到達 - 處所焦點 = 他 . 屬格	主格	香蕉	助詞

（如果）小布伸手，就能摸到芒果樹！

例 (71) 出現的兩個 ki 都是表示條件關係中的結果，在這樣的複句結構裡，前面的子句說出條件，後面的子句則說出推論的結果，第一個子句前面也可以加上 nasi「如果」，會讓整個語句的關係更為清楚。此外，這裡的 ki 也能替換成 kiya ka 或 kika。

3.3.4 小結

這一節中我們討論了 kiya 的多種用法，指示詞的基本用法包括代名詞性指示詞和定語性指示詞；指示詞的延伸用法包括時間用法、肯定用法 / 應答用法及關聯詞用法等。同時，我們也觀察到

kiya 的語音縮減形式 ki，僅能當作定語性代名詞使用。有趣的是，ki 可表示多種關聯詞用法，但是 kiya 單獨使用卻很少這樣的功能，它常常需要和其他成分組合後才能呈現出多樣的關聯詞用法。

接著，我們把 kiya 和其他詞彙組成的關聯詞也做了整理，從表中可以看到，不同的連接成分的組合會產生不一樣的語意關係，跟連接成分本身的用法還是有很大的關係，例如，對等連結詞 ni，主要用法是用來連接對等的名詞（組）、動詞（組）等，但是當它連接子句時，其子句間的關係除了可以是對等關係外，也可以是時間的接續關係，如 (72a)，或因果關係，如 (72b)（李佩容、許韋晟，2018）。

(72) a. （時間）接續關係

Nhmici smipaq laqi ka Watan ni wada da.

ne-h<em>ici	s<em>ipaq	laqi
完成貌＜主事焦點＞留	＜主事焦點＞打	小孩

ka	watan
主格	人名

ni	wada	da
連接詞	完成貌 . 去	助詞

Watan 打了小孩之後就離開了。

b. 因果關係

Msekuy ka karat da ni mnarux ku da.

me-sekuy	ka	karat	da	**ni**
主事焦點 - 冷	主格	天空	助詞	連接詞

me-narux=ku da
主事焦點 - 病 = 我 . 主格 助詞
天氣變冷了，所以我生病了。

（李佩容、許韋晟，2018：170）

經過上文的討論後，筆者將 kiya 的關聯詞及其相關用法整理如下：

表 3- 7：kiya 的關聯詞及其相關用法

	kiya do	**kiya ni**	**kiya ka**	**kiya (duri) o**	**kiya ka kiya ni**	**manu kiya (do)**	**saw kiya do**	**(manu) saw kiya ni**
附加關係				√				
打勾符號		√			√			
因果關係	√	√	√			√	√	√
時間關係	√	√						
話題接續	√							
補充說明與解釋	√	√		√				

3.4 指示詞 hini

太魯閣語 hini 的指示詞基本用法就是表示近指處所用法使用，核心意義是表示「近指處所（這裡）」，主要用來修飾句中動詞，類似狀語性的功能，其次是名詞的用法，包括代名詞性指示詞和定語性指示詞兩種，另外可延伸出時間用法，hini 發生了由具體的空間語意延伸出抽象的時間用法。下表為 hini 的用法與使用頻率：

表 3- 8：hini 的功能與使用頻率

hini	用法及功能	辭典		線上繪本		訪談語料彙集	
指示詞的基本用法	狀語性指示詞	41	75.9%	1	33.3%	6	85.7%
	代名詞性指示詞	6	11.1%	0	0	0	0
	定語性指示詞	6	11.1%	0	0	1	14.3%
延伸用法	時間用法	1	1.9%	2	66.7%	0	0
總計次數		54	100%	3	100%	7	100%

從上表中可以注意到，hini 的狀語性指示詞仍然是較多的，另外也有少數的時間用法，這是從空間域投射到時間域產生的結果。關於定語性指示詞的用法，Diessel（1999: 74）提到狀語性指示詞也可以當作定語性用法使用，如英語的 this guy here，他進一步提到，此處的 here 主要用來加強前面的指示限定詞 this，而且總會一起出現。不過，這樣的現象在太魯閣語似乎很少使用，就目前的語料尚未發現指示詞 hini 跟指示詞 nii 或 gaga 一起出現，也就是說，可能沒有這樣的組合：?alang hini nii「這裡的部落」或 ?alang hiya gaga「那裡的部落」等。不過，hini 還是可以出現在名詞之後，具有限定名詞的作用，以及可出現在主格標記之後，當作主語。接下來會一一討論 hini 的每個用法。

3.4.1 狀語性指示詞

狀語性指示詞用法是 hini 的基本用法，表示近指處所用法「這裡」，屬於空間概念用法，它們的分佈幾乎都出現於動詞（組）之後，如例句 (73)，hini 分別出現於動詞 tmsapah「蓋房子」和 spsapat「都撕裂而堆積」的後面，起限定作用。

(73) a. 辭典：tmsapah (p.746)

Tmsapah ku hini ka yaku.

t-m-sapah=ku	**hini**	ka
動詞化 - 主事焦點 - 房子 = 我 . 主格	這裡	主格

yaku

我 . 主格

我要在這地方蓋房子。

b. 辭典：spsapat (p.746)

Nii spsapat hini ka mirit.

nii	sp~sapat	**hini**	ka	mirit
處所謂語	重疊 ~ 撕裂而堆積	這裡	主格	山羊

山羊的肢體被撕裂並堆積在這裡。

不過，可能需要特別注意，太魯閣語表示處所的指示詞 hini，其表現跟英語的地方副詞 here 不大相同，例如說，句法表現常常更像是名詞的特性，如可以出現在主語和主題的位置，也可以重疊或加綴。另外就是，近指處所 hini 是可以加綴的，可加上類似所有格用法的前綴 n-，形成 n-hini，表示「曾經屬於這裡」的意思。[57]

3.4.2 代名詞性指示詞

目前有 6 筆語料呈現，hini 也有代名詞性指示詞用法，它們出現的環境都一樣，都是在主格標記之後，且出現於句尾，呈現名詞性成分的特徵。請看例句 (74)，hini 都出現於主格標記 ka 之後，也可注意到，動詞上的標記都是處所焦點 -an，也就是說，hini 跟句首動詞上的焦點 -an 是有呼應關係的。

(74) a. 辭典：rbangan (p.727)

Rbangan mu ka hini.

rubang-an=mu	ka	**hini**
陷阱套 - 處所焦點 = 我 . 屬格	主格	這裡

這裡是我做陷阱的地方。

b. 辭典：tmhkuan (p.916)

Tmhkuan teykung ka hini.

thmuku-an	teykung	ka	**hini**
彎腰 - 處所焦點	偶像	主格	這裡

這裡是拜偶像的地方。

---

[57] nhini 的用法並未出現於本文蒐集的語料中，不過，本文從花蓮縣秀林鄉出版的詞典中有發現這樣的用法，例句如：

(i) Nhini ka alang na o wada maa hiya da.

n-hini	ka	alang=na	o	wada	maa	hiya	da
屬於 - 這裡	主格	部落 = 他 . 屬格	主題	完成貌 . 助動	變成	那裡	助詞

他的部落原本在這裡，現在變成在那裡了。

3.4.3 定語性指示詞

定語性指示詞主要用來限定名詞，將 hini 用法歸類於此主要有兩個可判斷的原則，第一，hini 前面必須是名詞（組），如例 (75a)，hini 用來限定前面的名詞 seejiq「人」，再加上這裡的名詞組又出現於主格標記 ka 之後，所以筆者認為這裡的 hini 屬於定語性指示詞用法；第二，如果 hini 前面的名詞（組）之前還有動詞，且該名詞（組）屬於動詞組的一部分，就不能視為定語性代名詞，而是狀語性指示詞用法，如例 (75b)，hini 前面雖然是名詞 sapah「家」，但是該名詞前還有個動詞 meniq「住在」，所以這裡的 sapah 其實是動詞組的一部分，因此這種情況會歸類在狀語性指示詞中。

(75) a. 定語性指示詞

辭典：tmteykung (p.893)

Tmteykung smapuh kana ka seejiq hini.

t-m-teykung	s<m>apuh	kana
動詞化 - 主事焦點 - 偶像	< 主事焦點 > 求診	全部

ka	seejiq	**hini**.
主格	人	這裡

這邊的人都是敬拜偶像的。

b. 狀語性指示詞

辭典：skila (p.788)

Ini bi skila mniq sapah hini ka laqi qbsuran mu.

ini　bi　skila　[m-eniq　sapah]　**hini**　ka
否定詞　很　習慣　主事焦點 - 在　家　這裡　主格
laqi　qbsuran=mu
小孩　兄姊 = 我 . 屬格
我哥哥的孩子住我家這裡很不適應。

3.4.4 時間用法

指示詞 hini 也有表示時間的用法，表示「此時；當下」的意思，這是由具體的處所用法延伸而來，但一般來說是比較少使用的，如以下例句：

(76) a. 繪本：小王子

Niqan duma ka lmnglung ku duri……Lmnglung ku hini do pngrah karat baraw do wada maa rowsuq dowriq kana da.

niqan　duma　ka　l<m>nglung=ku
有　有些　補語連詞　< 主事焦點 > 想 = 我 . 主格
duri……
再次
l<m>nglung=ku　**hini**　do
< 主事焦點 > 想 = 我 . 主格　此時　連接詞
pngrah　karat　baraw
星星　天空　上面
do　wada　maa　rowsuq　dowriq　kana　da

連接詞 完成貌 . 助動 變成 眼淚 眼睛 全部 助詞

有時候我又會覺得……想到這裡，天上的星星全部都化成了淚珠。

b. 繪本：我遺忘了什麼呢

Rmngaw ka hiya, “ana ququ ka yaku da”. Rmngaw duri, “bitaq hini ka brax mu da, aji ku biyaw mowsa da.”

r<m>ngaw	ka	hiya,	ana	ququ	ka
< 主事焦點 > 講話	主格	他 . 主格	無定	盡量	主格

yaku	da.	r<m>ngaw	duri,
我 . 主格	助詞	< 主事焦點 > 講話	再

bitaq	**<u>hini</u>**	ka
直到	這裡	主格

brax=mu	da,	aji=ku	biyaw
力量 = 我 . 屬格	助詞	否定詞 = 我 . 主格	久

mowsa	da.
去 . 主事焦點	助詞

她說：「我沒有關係了。」又說：「我力已至此，不久將離開人世。」

時間用法是從處所用法轉變而來，從具體的概念轉變成抽象的概念，到目前為止，筆者發現了幾筆表示時間的用法，但是數量都不多。例 (76a) 的 hini 不是表示具體的處所意思，而是表示比較抽象的時間概念「此時；這時」，由於後面也跟著出現時間連接詞 do，因此筆者認為該句的 hini 有表達時間概念的意思；例 (76b) 的動詞是 bitaq「直到」，在這個句子中，hini 也沒有指涉具體的處所或方位，再加上後面提到「不久將離開人世」，所以可以推論這裡的 hini 表示較抽象的時間概念了。

3.5 指示詞 hiya

相對於近指的 hini「這裡」，hiya 的基本用法是表示狀語性指示詞「那裡」。根據目前的語料顯示，hiya 的指示詞基本用法除了表示遠指狀語性指示詞用法外，還有定語性指示詞，以及代名詞性指示詞用法；而指示詞的延伸用法中，則包括第三人稱單數代名詞和時間用法，下表為 hiya 在語料中出現的分佈與使用頻率：

表 3- 9：hiya 的功能與使用頻率

hiya	用法及功能	辭典		線上繪本		訪談語料彙集	
指示詞的基本用法	狀語性指示詞	40	16.7%	35	59.3%	35	50.7%
	代名詞性指示詞	2	0.8%	0	0	2	2.9%
	定語性指示詞	20	8.3%	0	0	7	10.1%
延伸用法	第三人稱代名詞	178	74.2%	24	40.7%	17	24.6%
	時間用法	0	0	0	0	3	4.3%
總計次數		240	100%	59	100%	64	100%

從表中可觀察到，第三人稱單數代名詞用法和狀語性指示詞

用法是使用頻率較高的，其他用法出現的頻率則相對低很多。接下來，我們將一一討論 hiya 的各種用法及實際例句。

3.5.1 狀語性指示詞

跟 hini 的情況一樣，hiya 當作狀語性指示詞用法主要是出現在動詞組之後（Tsukida, 2009），起限定作用，例句如下：

(77) a. 繪本：大章魚傳說

Hbaraw bi lqlaqi musa tmapaq hiya.

hbaraw bi lq~laqi m-usa
多 很 重疊～小孩 主事焦點 - 去

t<m>apaq **hiya**
< 主事焦點 > 游泳 那裡

很多小孩會去那邊。

b. 辭典：tdjiras (p.321)

Ida tdjiras muuyas hiya ka hiya.

ida tdjiras me-uyas **hiya** ka hiya
仍然 喊叫 主事焦點 - 唱 那裡 主格 他 . 主格

他（仍舊）在那裡嘶喊。

例 (77a) 的 hiya 出現在動詞 tmapaq「拍擊；游泳」之後，所以是狀語性指示詞的用法。例 (77b) 的 hiya 則是出現在兩個連續的動詞 tdjiras muuyas「嘶吼」之後，所以也是一樣的情況。

3.5.2 代名詞性指示詞

跟指示詞 hini 一樣，hiya 的代名詞性指示詞的判斷原則也是因為出現在主格標記 ka 後面的關係，因此具有名詞性特性，而且和動詞中的焦點詞綴也有呼應關係存在，如下面的例 (78)，hiya 都是明確指地方，除了都出現於主格標記之後，可以看到子句首的動詞上分別出現祈使句中的處所標記 -ay (ptwil-ay) 和直述句中的處所焦點 -an (sa-an)，因此動詞上的標記和主語有明顯的呼應關係。

(78) a. 辭典：ptwilay (p.955)

Ptwilay ta ka hiya.

p-tuwil-ay=ta	ka	**<u>hiya</u>**
使役 - 鰻魚 - 規勸式 . 處所焦點 = 咱們 . 屬格	主格	那裡

我們在那裡養鰻魚吧。

b. 口語訪談：p.49

Tru idas snii bi nsaan mu, tnuhuy ku ga mniq Tpuqu ka Udung Tahus musa ni saan ku na weela qmita ka hiya.

tru	idas	s-nii	bi
三	月	過去 - 這	很

n-usa-an=mu
完成貌 - 去 - 處所焦點 = 我 . 屬格

t<n>uhuy=ku	ga
< 完成貌 > 一起 = 我 . 主格	進行貌 . 助動

m-eniq　tpuqu　ka

主事焦點 - 在　地名　主格

udung　tahus　m-usa　ni

人名　人名　主事焦點 - 去　連接詞

usa-an=ku=na

去 - 處所焦點 = 我 . 主格 = 他 . 屬格

weela　q<m>ita　ka　**hiya**

先　＜主事焦點＞　主格　那裡

最近三月我去過，我跟住在民有部落的 Udung 帶我去探看那裡了。

3.5.3 定語性指示詞

hiya 的定語性指示詞用法，判斷原則跟 hini 是一樣的，主要在於前面出現的名詞（組）之前是否還有一個動詞性成分，如果沒有的話，應該就屬於定語性用法，用來限定前面的名詞（組）。請看以下例句：

(79) a. 辭典：mhharung (p.434)

Dgiyaq hiya o mhharung kana.

dgiyaq　**hiya**　o　m-h~harung　kana

山　那裡　主題　主事焦點 - 重疊 ~ 松樹　全部

那裡的山全都是松樹。

b. 辭典：mtqapur (p.497)

Ga mtqapur embahang prngagan kari ka seejiq alang hiya.

gaga	m-tqapur	em-bahang
進行貌 . 助動	主事焦點 - 聚集	主事焦點 - 聽

p-rngaw-an
使役 - 講話 - 處所焦點

kari	ka	seejiq	alang	**<u>hiya</u>**
話語	主格	人	部落	那裡

那（裡）部落的人聚集在一起聽決議過的事。

例句 (79) 的遠指處所指示詞 hiya，分別都用來限定前面的名詞（組）dgiyaq「山」和 seejiq alang「部落的人」，是定語性代名詞的用法。

3.5.4 第三人稱單數代名詞

Diessel（1999: 119-120）即指出，在很多語言中，第三人稱代名詞在歷時上是源自於代名詞性指示詞。太魯閣語也有類似的情況，第三人稱單數代名詞 hiya 是源自於表遠指處所指示詞「那裡」的用法，類似的現象也出現在台灣南島語的雅美語中，近指指示詞和第三人稱單數代名詞 ya 是同個形式（何德華、董瑪女，2006）。然而，第三人稱代名詞的 hiya 用法較固定，跟一般名詞特性一樣，可以出現在主語、賓語及主題的位置，如以下例句。

(80) a. 繪本：射太陽

Mssruwa kana ka dhiya, yaasa mrmun bi snaw kska alang ka

hiya.

m-s~sruwa kana ka dhiya

主事焦點 - 重疊 ~ 答應 全部 主格 他們 . 主格

yaasa

因為

m-rmun bi snaw kska alang ka

主事焦點 - 勇敢 很 男人 中間 部落 主格

hiya

他 . 主格

大家都同意他說的話，因為他是部落裡最好的勇士。

b. 訪談語料彙集：p.15

（段落之前提到遇到熊的時候該如何處理，也許我們可以用現在的槍射擊，但是一定不會射死它們，然後…）

Ini huqil do o emphuya ta msa qduriq hiya? Mkaraw qhuni mslikaw ka kumay, muda dowras ka hiya uri.

ini huqil do o emp- huya=ta

否定詞 死亡 連接詞 主題 將 - 如何 = 咱們 . 主格

msa

主事焦點 . 說

qduriq **hiya?** m-karaw qhuni m-slikaw ka

逃跑 HIYA 主事焦點 - 爬 樹木 主事焦點 - 快 主格

kumay m-uda dowras ka **hiya** uri

熊 主事焦點 - 經歷 懸崖 主格 他 . 主格 也

我們要如何逃跑？爬樹，熊比人快，攀岩牠也快。

c. 辭典：msrahug (p.686)

Hiya o pruway balay msrahug qsurux.

<u>hiya</u>	o	pruway	balay	m-srahug[58]	qsurux
他.主格	主題	專門	很	主事焦點-捕	魚

他是專門捕魚的人。

(80a) 的 hiya 是句中的主語，出現在主格標記 ka 之後，表示第三人稱單數代名詞用法。(80b) 中出現兩個 hiya，第一個 hiya 出現在動詞 qduriq「逃跑」的後面，看起來像是它的賓語，用來指涉句中的 kumay「熊」，但問題是，qduriq「逃跑」是典型的不及物動詞，這樣的分析可能會很奇怪，另一種可能的分析是把 hiya 看成是敘事中出現的一種自我確認用法（self-confirmation），說話者用來確認、肯定先前說的談話內容，[59] 表示這樣的語意：「我們要如何逃跑，對吧？」除了語境前後提供的訊息外，該用法通常可透過語調、重音等來加以判斷，不過，因為這篇文本並沒有實際語音檔，因此筆者僅能推測很類似自我確認用法；第二個 hiya 則是回指前面的 kumay「熊」，呈現的是主語的用法。而 (80c) 的 hiya 出現於主題的位置，也是第三人稱單數代名詞。

[58] 辭典原文的詞根形式是 msrahug，rahug 為網子的意思，但例句中呈現錯誤的拼寫，顯示為 msragug，筆者在此呈現的例句已進行修正。

[59] 這類用法大量出現於口語語料中，可進一步分成自我確認用法和要求確認用法，前者是說話者用來肯定自己先前的談話，後者則是要求聽話者對自己先前的談話給予回應，而且說話者通常會預設聽話者的立場，常常會給予正面的回覆（詳細討論請見第四章內容）。

3.5.5 時間用法

hiya 的時間用法僅在訪談語料彙集出現過 3 筆，都是表示時間的概念用法，例如 (81a)，這裡的 hiya 後面出現了時間連接詞 do，它不是指明確的地點，而是指前面提到了狗因為汙辱男人而被砍掉了舌頭這件事情之後，狗就變啞巴了，所以確切地說，這裡的 hiya 可能會有兩種詮釋，第一個是時間概念的指涉，指發生事情的當下，第二個則可以指這個事件的指涉，即事情發生的過程。例 (81b) 也有類似的現象，hiya 在這裡指涉時間概念，最主要的原因有兩個，第一個是因為前面出現了詞組 babaw na「之後」，babaw 當作空間概念時表示方位詞「上」，經隱喻投射到時間域之後，表示「之後」的時間概念，所以可以推測出現在這裡的 hiya 是指抽象的時間概念。第二個是時間順序的承接，因為在段落一開始有出現 prajing「開始」，指從這時候開始，所以 babaw na hiya 跟 prajing「開始」有時間上的相互呼應。

(81) a. 訪談語料彙集：p.25

Yaasa saw nii wada smuling hlmadan. Paah hiya do ini kla kari ni asi kngangah ka huling da.

yaasa saw nii wada s<m>uling
因為 像 這樣 完成貌 . 助動 ＜主事焦點＞汙辱
hlmadan
兄弟姊妹
paah **hiya** do ini kla kari ni asi

從　那裡　連接詞　否定詞　知道　話　連接詞　就

k-ngangah　ka　huling　da

變成 - 啞巴　主格　狗　助詞

因為狗說了污辱男人的話，（違背我們的習俗規範的禁忌，所以被砍掉了舌頭），從那時候起狗就永遠變成啞巴了。

b. 訪談語料彙集：p.48

Mniq daya han hbaraw hiyi do iyux ka daya ni miyah truma ni mcidha alang. Prajing bi han o miyah tmsamat, malu ka dxgal ni qmpah do kika mniq hida……Babaw na hiya do mrana ka hiyi ni qmpahan ni kdsan, hbaraw ka seejiq da.

m-eniq　daya　han　hbaraw　hiyi　do　iyux

主事焦點 - 在　山上　先　多　人　連接詞　擠

ka　daya　ni　m-iyah　truma　ni

主格　山上　連接詞　主事焦點 - 來　下面　連接詞

m-ci-dha　alang.　prajing　bi　han　o

主事焦點 - 序數 - 二　部落　開始　很　先　主題

m-iyah

主事焦點 - 來

t-m-samat,　malu　ka　dxgal　ni

動詞化 - 主事焦點 - 野獸　好　主格　土地　連接詞

q<m>pah　do　kiya.ka　m-eniq

< 主事焦點 > 工作　連接詞　那 . 補語連詞　主事焦點 - 住在

hiya.da……　babaw na　**hiya**　do　m-rana

那裡.助詞　之後　　那裡　連接詞　主事焦點-增加
ka　　hiyi　　ni　　　qmpahan　　ni
主格　人　　連接詞　田地　　　　連接詞
k-udus-an,　　　　　hbaraw　ka　　seejiq　da.
靜態-生活-名物化　多　　　主格　人　　助詞
原本住在山上的人很多，然後山上人多擠了之後就往下方住，分成兩個部落。開始的時候先來打獵，因為土地很好，工作之後就住在那裡了……在那之後，白楊部落的人數田地增加，人口就很多了。

3.5.6 hi 是 hini 或 hiya 的語音縮減形式？

討論完 hini「這裡」和 hiya「那裡」的用法後，我們需要進一步討論 hi 的問題。Asai（1953: 48）認為賽德克語 hini「這（非常近）」的縮減形式為 ni，hiya「那（不可見）」的縮減形式為 hi。Tsukida（2009: 133）則提到賽德克語太魯閣方言的 hini「離說話者近的地方」沒有縮減形式，而 hiya「離說話者遠的地方」有縮減形式 hi。就目前掌握 hi 的分佈與用法來看，多與 hiya 重疊，其主要用法包括狀語性指示詞用法、時間用法、第三人稱單數代名詞等，請看相關例句呈現：

(82) a. 處所用法

辭典：tmmunang (p.501)

Ga tmmunang daya hi ka bowyak.

ga　tm-munang　daya　**hiya**　ka　bowyak
在　找 - 野山芋　山上　那裡　主格　山豬
山豬在那裡的上山吃野山芋。

b. 處所用法

訪談語料彙集：p.21

Thici do o uqun ku mnarux ni naqih ka hiyi mu da, kika miyah ku matas ptasan Skangki hi da.

thici　do　o　uqun=ku
之後　連接詞 主題　吃 . 受事焦點 = 我 . 主格

m-narux
主事　焦點 - 生病

ni　naqih　ka　hiyi=mu　da,
連接詞　不好　主格　身體 = 我 . 屬格　助詞

kiya.ka
那 . 補語連詞

m-iyah=ku　matas　ptasan
主事焦點 - 回來 = 我 . 主格　讀書 . 主事焦點　學校

skangki
花蓮

hiya　da
那裡　助詞

後來，我因為常常生病而身體變成虛弱了些，所以在小學畢業後，就回到花蓮中學（那裡）繼續求學。

c. 時間用法

訪談語料彙集：p.63

Niqan kingal jiyax, gisu bi mdhdha ka skmsiri ni skmawi nii o …… kika hana dha wada phqilun ka skmsiri ni skmawi nii. Paah hi siida do ungat ka saw ksgun ka seejiq ni……

niqan kingal jiyax, gisu bi
有 一 日子 動貌 . 來 很

m-dh~dha ka
主事焦點 - 重疊 ~ 二 主格

sk-msiri ni sk-mawi nii o…… kika
已故 - 人名 連接詞 已故 - 人名 這 主題 這樣

hana=dha wada p-huqil-un
才 = 他們 . 屬格 完成貌 . 助動 使役 - 死 - 受事焦點

ka sk-msiri
主格 已故 - 人名

ni sk-mawi nii. paah **hiya** siida do
連接詞 已故 - 人名 這 從 那裡 時候 連接詞

ungat
沒有

ka saw ke-isug-un ka seejiq……
補語連詞 像 靜態 - 害怕 - 受事焦點 主格 人

有一天，已故的 Msiri 和已故的 Mawi 兩位同時來……這樣他們才殺了已故的 Msiri 和已故的 Mawi。從那時，再也沒有如此可怕的人……

d. 第三人稱代名詞

繪本：明天去野餐

Mkala kmbragan bowxi ka brayaw. Mkala hi ka kmbragan qhuni suyang.

m-kala　　　　　　k-n-baraw-an

主事焦點 - 超過　　　靜態 - 名物化 - 長 - 處所焦點　百合

bowxi　ka

花　　　主格

brayaw. m-kala　　　　　**hiya**　　　ka

姑婆芋 主事焦點 - 超過　　他 . 主格　　主格

k-n-baraw-an　　　　　　　qhuni　suyang

靜態 - 名物化 - 長 - 處所焦點　　樹　　芒果

姑婆芋比百合花還要高。芒果樹比姑婆芋更高。

例 (82a) 和 (82b) 都是 hi「那裡」的處所用法，兩者都可替換成 hiya「那裡」，都不影響語意的改變，但是 (82a) 的 hi 不能換成 hini，因為 hini 有可見性特徵的限制；而 (82b) 中，我們已經知道，hini 通常是距離說話者當下較近的地方，hiya 通常是距離說話者當下較遠的地方，然而當時受訪的地點是在秀林鄉自宅，並不是在花蓮中學附近，所以這裡的 hi 理解成 hiya 是很合理的，如果是在這樣的情境下，這裡的 hi 也沒辦法換成 hini。在 (82c) 中，這是 hi 的時間用法，詞組 paah hi siida 表示「從那時候」，這裡的 hi 可替換成 hiya，同時，siida「時候」是可以省略的，也就是說，paah hi do 或 paah hiya do 就可表示「從那時候」的時間概念。(82d) 則是 hi 表示第三人稱代名詞的用法，這裡 hi 回指前面的 brayaw「姑婆芋」，也可替換成 hiya。

是以，根據上面的討論，筆者同意 Tsukida（2009: 133）的分析，認為太魯閣語的 hi 就是 hiya 的語音縮減形式，而 hini 則因為沒有很明確的證據支持，因此本書暫時認定沒有語音縮減的形式。

3.5.7 小結

本小節討論了指示詞 hiya 的各種用法，除了指示詞的基本用法狀語性指示詞用法、代名詞性指示詞以及定語性指示詞用法外，還有其他延伸用法，包括第三人稱代名詞、時間用法。同時，筆者也討論了 hi 與 hini 和 hiya 的關係，並認為 hi 是 hiya 的語音縮減形式。

3.6 指示詞的用法對比與討論

經過了前面幾節的討論，筆者呈現了太魯閣語指示詞在書面語中的分佈與功能，這五組指示詞有一些共同的功能，如定語性指示詞用法和代名詞性指示詞用法，這也是它們的基本用法；此外，它們亦有各自獨有的用法，本文稱為延伸用法，如指示詞 gaga 的縮減形式 ga，延伸出主題標記和語尾助詞用法，指示詞

kiya 可以和其他語法成分組合，形成銜接和連貫上下文的關聯詞用法等。下面將呈現這五組指示詞的用法比較：

表 3- 10：太魯閣語指示詞在書面語中的用法比較

用法及功能 \ 指示詞		nii 這	gaga 那	ga 那	kiya 這；那	ki 這；那	hini 這裡	hiya/hi 那裡；他
指示詞的基本用法	代名詞性指示詞	√	√	√	√	(√)	√	√
	定語性指示詞	√	√	√	√	√	√	√
	狀語性指示詞						√	√
延伸用法	動貌助動詞	√	√	√				
	方位動詞	√	√	√				
	時間用法				√		√	√
	人稱代名詞用法							√
	語尾助詞			√				
	主題標記			√				
	肯定用法 / 應答用法				√			
	關聯詞				√	√		

從上表中可觀察到幾個重要的地方，首先，這五組指示詞都具有最基本的指涉用法，即代名詞性指示詞和定語性指示詞（除了 kiya 的語音縮減形式 ki，尚未在書面語料中發現代名詞性指示詞用法外，其他指示詞皆有）。根據 Diessel（1999, 2013）跨語言的研究中指出，多數的語言中，代名詞性指示詞和定語性指示詞是同一個形式，在他統計的 201 個語言中就佔了 143 個（71.1%），

然而，太魯閣語的指示詞也屬於這一類型，如 nii 可用來替代一個名詞（組），也能伴隨著一個共指涉的名詞組。

第二，方位動詞用法和動貌用法，只出現於指示詞 nii 和 gaga/ga，相較於其他三組指示詞則完全不使用，這顯示它們應該是具有不同的語法地位，可能本質上就不屬於相同的語法範疇，尤其是 kiya/ki 這一組指示詞，它們也具有多重功能，但多集中在空間和時間指涉，以及銜接和連貫上下文的關聯詞用法。

第三，時間用法只出現在 kiya、hini 和 hiya。其中 kiya 不同於其他兩個，kiya 是詞彙本身可當作未來時間使用，表示「待會；等一下」，一般出現在動詞（組）之後或是在句尾由 ka 所引介。然而，hini 和 hiya 的時間用法，主要是從處所用法語法化而來，由具體變成抽象的概念，所以它們出現的句法位置也相對受限，在目前的語料呈現，表示時間用法的 hini 和 hiya，僅能出現於動詞（組）之後，無法出現在句尾由 ka 引介。

第四，語音減弱後的 ga 衍生出語尾助詞用法和主題標記用法，相關的分析已經在前文討論過，在此不再贅述。不過還是需要討論一下，為什麼指示詞 gaga 卻沒有語尾助詞用法和主題標記用法呢？筆者認為，這應該是跟 gaga 是可見性的特性有關，由於經過語意的語法化和語音的縮減之後，造成了句法功能的改變、句法位置也跟著受限，再加上出現的位置總是位於名詞（組）之後，這位置常常是子句末的位置，進而轉變成主題標記（兩個子句中間）和語尾助詞（句末）。

第五，指示詞單用時（即未與其他成分組合），只有 kiya/ki

這組指示詞具有關聯詞的用法。根據上文的討論，kiya 本身特性的關係，指涉對象不分遠近、不受可見性影響，而且本身即具有篇章指示的功能，又能和其他詞彙組合或融合的情況，這些特性都沒有同時存在於其他四組指示詞，可見其特殊性。

3.7 指示詞的構詞現象

本節將針對指示詞的構詞現象進行討論，在太魯閣語中，就詞素的概念來看，指示詞全部都是自由形詞素，可以獨立存在，不是詞綴或依附詞（clitic）。根據目前蒐集的三類書面語資料呈現，部分的指示詞可以加上詞綴，如加上前綴 d- 表示「複數」、前綴 n- 表示「（曾）屬於…」、前綴 s- 表示「過去時間」等，但是出現的頻率很低。[60] 指示詞也有重疊現象發生，但目前僅發現 hini「這裡」重疊變成 hn~hini，表示強調的用法。其他較豐富的現象是部分指示詞會和其他成分組成，並產生融合的形式，如 kiya「那」和 do「時間連接詞」融合成 kido，可表示時間或事件承接順序的用法，類似關聯詞用法，或是出現於語尾，表示動作或事件的結束。接下來，筆者將針對指示詞的加綴以及融合形式等情況進行討論。

[60] 筆者在蔡豐念（2013）編的辭典中發現，本書提到的五個指示詞似乎都有多種加綴形式，但由於本書主要使用的三類書面語資料中僅出現少數例子，因此，其他未使用的加綴形式則不在此討論，如欲了解其他相關的例句請參考蔡豐念（2013）。

3.7.1 指示詞加綴的現象[61]

首先介紹前綴 d- 的使用情況，前綴 d- 主要附加在名詞上，表複數用法，如 seejiq「人」加上前綴 d- 後表示 d-seejiq「很多人」、lutut「親戚」加上前綴 d- 表示 d-snaw「很多親戚；親戚們」。

就目前的書面語語料呈現，前綴 d-「表複數」只能附加於指示詞 nii「這」，如例 (83a)，筆者自己調查的語料也出現 d-nii 的用法，如 (83b)。[62]

(83) a. 前綴 d-：表複數[63]

繪本：啃骨頭的狗兒

（獵人和他養的狗 Ax 到山上打獵，中間發生了一些事情，Ax 和其他的狗解釋中間的過程給獵人聽。）

Embahang ka meaduk, klaun na ka dnii do psbiyax kana dhuling ni Ax da.

---

[61] 事實上，本文的語料中呈現重疊的用法非常的少，僅在辭典中出現一筆，即指示詞 hini「這裡」重疊後變成 hn-hini「就在這裡」，但因為例句過短，似乎看不出來重疊後具體的用法為何（推測可能是重疊用法），因此筆者並沒有另闢一節討論，例句如下呈現：

Uda hnhini.

uda	hn~hini.
經過	重疊～這裡

請經過這裡。

[62] 另外，雖然前綴 d- 也能附加於 hiya，形成 d-hiya「表複數 - 他們」，但這裡的 hiya 是第三人稱單數代名詞，而不是表處所的指示詞「那裡」。

[63] 筆者在蔡豐念（2013：1031）出版的《太魯閣族語辭典—上冊》中發現，前綴 d- 似乎也能附加在指示詞 gaga「那」，形成 d-gaga「那些」，例句如下：

Kana dgaga mhiyug ga o biqi tleengan.

kana	**d-gaga**	m-hiyug	ga	o	buwiq-i	tluung-an
全部	**複數 - 那**	主事焦點 - 站	那	主題	給 - 祈使	坐 - 名物化

所有站在那裡的人，給他們椅子。

embahang　ka　me-aduk,
聽 . 主事焦點　主格　名物化 - 打獵

kla-un=na　ka
知道 - 受事焦點 = 他 . 屬格　主格

d-nii　do　p-s-biyax　kana
複數 - 這　連接詞　使役 - 動詞化 - 力氣　全部

d-huling[64]　ni
複數 - 狗　和

ax　da
狗名　助詞

獵人一聽，知道了整個事情的始末，就安慰 Ax 和其他的狗兒了。

b. Lala bi tnbgan na ka Ubus, dnii o niqan rudux, ruru ni huling.

lala　bi　t<n>abug-an=na
多　很　< 名物化 > 飼養 - 名物化 = 他 . 屬格

ka　ubus,
主格　人名

d-nii　o　niqan　rudux,　ruru　ni　huling.
複數 - 這　主題　有　雞　鴨　和　狗

Ubus 養了很多東西，這些包括雞、鴨和狗。

[64] 如前文所提，太魯閣語的指示詞基本上不區分單複數，因此這裡的 dnii 若替換成 nii 或是 d-huling 若換成 huling 都是可以的，加上 d- 則更清楚表示是複數的情況。值得一提的是，前綴 d- 表複數的用法並不是每個說流利族語的族人都會使用，尤其是附加在指示詞上的情況。

在 (83a) 中，共出現了兩次加上前綴 d- 的詞彙，都表示複數，第一個是加在指示詞 nii，形成 d-nii「這些」，指的是狗 Ax 和這群狗兒在解釋打獵過程中發生的事情，因為內容很多，因此加上了表複數的前綴 d-，出現第二個是加在名詞 huling「狗」，形成 d-huling「狗（複數）」，也清楚指涉對象是多隻的狗。

接著，要來看前綴 n- 使用的情況，一般來說，前綴 n- 有三種常見的用法，一種是類似於所有格用法，表示領屬關係，通常是附加在親屬名詞或人名上，如 tama「爸爸」加上 n- 之後變成 n-tama「屬於爸爸的」、Lowking「人名」加上 n- 後變成 n-Lowking「屬於 Lowking 的；第二種是當作完成貌標記使用（但常常以中綴 -n- 形式出現），通常附加在動詞上，表示已實現貌，例如 ekan「吃」加上前綴 n- 變成 nkan「吃過」；第三種是當作名物化標記使用，通常是附加於動詞上，轉變成名詞的概念，如 asug「分配」加上前綴 n- 之後變成 n-asug「所分配物」。

根據本書觀察，前綴 n-「（曾）屬於」也可以附加在指示詞，但目前的語料顯示只出現於 kiya「那」，形成 n-kiya，表示「（曾）屬於那樣」，如例句 (84)。

(84) 前綴 n-：表示「（曾）屬於這樣 / 那樣」

辭典：nealung (p. 510)

Nealung su saw kiya ni ana sayang ida su nkiya na.

ne-alung=su	saw	kiya	ni	ana
屬於 - 以為 = 你 . 屬格	像	那	連接詞	無定詞

sayang
現在
ida=su **n-kiya** na.
依舊 = 你 . 主格 **屬於 - 那** 仍然
你原本就是那樣，到現在依舊還是如此（仍然屬於那樣）。

在目前的語料中，前綴 n- 也能附加在 hiya 上，形成 n-hiya，但表示的是「屬於他的」，而不是表處所；而蔡豐念（2013：1464）編辭典中則提到 n-hiya 能表示處所的用法，意思是「曾屬於那裡」，也就是說，依照不同的語境，n-hiya 可表示「（曾）屬於他的」也能表示「（曾）屬於那裡」，請見例 (85) 的比較，(85a) 中和 nhiya 對比的是 nnisu「屬於你的」，因此這裡的 hiya 是人稱代名詞的用法，而 (85b) 中和 nhiya 對比的是 maa hini「變成這裡」，因此可以知道這裡的 hiya 是表遠指處所的用法。

(85) a. 前綴 n-：表示「（曾）屬於他；他的」
辭典：riyux (p. 709)
Nnisu o ngalun na, nhiya o ngalun su.
n~n-isu o angal-un=na,
重疊 ~ 屬於 - 你 . 主格 主題 拿 - 受事焦點 = 他 . 屬格
n-hiya
屬於 - 他 . 主格
o angal-un=su.
主題 拿 - 受事焦點 = 你 . 屬格

屬於你的給他拿，屬於他的給你拿（意旨互換的意思）。

b. 前綴 n-：表示「（曾）屬於那裡」

Nhiya ka qmpahan na o maa hini ka sayang da.[65]

n-hiya	ka	qmpahan=na	o	maa
屬於 - 那裡	主格	田地＝他 . 屬格	主題	變成

hini

這裡

ka	sayang	da.
KA	現在	助詞

---

[65] maa「變成」在太魯閣語聖經、字典、教材等中，有的地方會跟後面的詞彙寫在一起，有的則會分開，關於這部分目前尚未有很好的共識與一致性，在此，筆者提出一些具體的分析。首先，筆者認為 maa 應該是一個動詞性成分，而不是詞綴，也不是依附詞，主要原因有三點：

(1) 句法上，maa 可出現於謂語的位置，後面緊跟著附著式代名詞出現，如：

Maa ku kingal malu bi seejiq.

maa=ku	kingal	malu	bi	seejiq
變成＝我 . 主格	一	好	很	人

我要變成一個很好的人。

(2) 音韻上，依照太魯閣語重音原則以及詞綴的特性，出現在重音節之前的元音幾乎都會弱化成央元音 [ə]，但我們發現 maa 不曾發生過元音弱化的情況，因此它不像典型的詞綴特性。（此特徵特別感謝李佩容教授提出，在幾次討論太魯閣族書寫規範的會議中，李教授提出這個重要的觀點）

(3) 音韻及構詞上，根據否定詞 ini 的特性，出現其後的動態動詞會以詞根形式出現，因此，筆者發現當 maa 前面出現否定詞 ini 時，會變成 paa 的形式，也就是其詞根形式，這樣的特徵在泰雅語群的語言中是普遍的音韻現象，稱之為輔音消失規律（consonant loss）（Li, 1980），指一個雙唇音 /b/ 或 /p/ 開頭的詞，在主事者語態中會消失，但其他語態時仍存在，例如：

詞幹		主動語態	被動語態	中文解釋
biq	>	miq（*bm-）	biq-an	給
puŋ	>	muŋ（*pm-）	poŋ-an	聽

太魯閣語也有類似的情況，如 patas「書寫」> matas「書寫 . 主事焦點」。因為這樣的特性，應該可排除為詞綴或依附詞的可能，因此本書認為 maa 應該是一個獨立的動詞形式。

他的田地原本在那裡，現在變成這裡了。

（本語料引自蔡豐念，2013：1464）[66]

前綴 s- 表示已實現貌（李佩容、許韋晟，2018：136），加在時間詞上一般指過去的時間，例如 s-knuwan「已實現貌 - 何時」表示過去發生的某個時間、s-keeman「已實現貌 - 晚上」表示昨天晚上、s-hkawas「已實現貌 - 年」表示去年等。就目前語料呈現，前綴 s- 也能附加在指示詞上，但僅限於指示詞 nii「這」，如 s-nii，它不表示處所或方位，而是表示抽象的時間概念「過去的這些時間（即最近）」，如例 (86)。

(86) 前綴 s-：表示已實現貌（過去的時間）

辭典：mnslupung (p.408)

Mnslupung nami paah snii balay.

m-n-s-lupung=nami	paah
主事焦點 - 完成貌 - 動詞化 - 朋友 = 我們 . 主格	從

s-nii	balay
已實現 - 這	非常

我們剛剛交往沒多久。

[66] 該辭典中也出現 n-hini 的用法，表示「（曾）屬於這裡」的意思，用法跟 (83b) 中的 n-hiya 是相似的，詳細例句如下（蔡豐念，2013：1464）：

Nhini ka tnkuyan mu masu shkawas.

n-hini	ka	t<n>ukuy-an=mu	masu	s-hkawas.
(曾)屬於 - 這裡	KA	＜完成貌＞播種 - 處所焦點 = 我 . 屬格	小米	過去時間 - 年

去年我曾在這裡播種小米。

3.7.2 指示詞與其它成分的融合現象

在前面的章節中，筆者呈現了太魯閣語主要的五組指示詞，討論了它們的基本分佈與功能，包括 nii「這」、gaga/ga「那」、kiya/ki「那」、hini「這裡」、hiya/hi「那裡」等，也觀察到有些指示詞會發生語音縮減（phonological reduction）的情況。此外，本書也注意到除了 nii 和 gaga 外，其他指示詞可能會和一些特定的詞彙組合，並進一步發生融合（fusion）的情況，這些詞彙整理如下表：

表 3- 11：指示詞與其它成分的融合形式

其他成分 / 指示詞	**do** 「時間連接詞」	**da** 「助詞」	**ka** 「格位標記 / 補語連詞」
nii	—	—	—
gaga	—	dga (da+ga)	—
kiya	kido	kida	kika
hini	hido	hida	—
hiya	hido	hida	—

從上表中可以看到，指示詞 nii「這」基本上不和這些成分產生融合形式，而 gaga 的縮減形式 ga，可以和 da「助詞」組合，但組合順序跟其他的 kiya、hini 和 hiya 等不同，它呈現的是 da 加上 ga，形成 dga，可用於連接子句使用。kiya「那」可以和 do「連接詞」融合成 kido，和 da「助詞」融合成 kida，和 ka「主格標記 / 補語

連詞」融合成 kika。另外，hini「這裡」和 hiya「那裡」則可以跟 do「連接詞」融合成 hido，和 da「助詞」融合成 hida。

3.7.2.1 kiya 與其他成分形成的融合形式

kiya「那」和 do「時間連接詞」可融合成 kido 的形式，可表示時間或事件承接順序的用法，目前看到主要連接語句使用，類似關聯詞的用法，如例 (87)。

(87) 表時間或事件承接順序

訪談語料彙集：p.56

Paah saw nii ka laqi snaw bitaq mkla smbu qbhni kido, kika pslhayan dha smbu buji da.

paah	saw	nii	ka	laqi	snaw	bitaq	m-kla
從	像	這	主格	小孩	男人	直到	主事焦點 - 知道

s<m>bu	qbhni	**kiya.do,**	kiya.ka
< 主事焦點 > 射	鳥	那 . 連接詞	那 . 補語連詞

p-sluhay-an=dha	s<m>bu
使役 - 學習 - 處所焦點 = 他們 . 屬格	< 主事焦點 > 射

buji	da
箭	助詞

男孩子一直像這樣，直到學會射鳥這才可以讓他們學射箭。

kiya「那」和 da「助詞」融合成 kida 形式，主要有兩種用法，一種是出現在句尾的位置，屬於篇章指示的用法，用來指涉上下文提及的事件行為，這類用法在語料中很常出現，如 (88a)；第二種是出現在句首的位置，表示「好了，就這樣 / 那樣」的意思，通常出現於口語對話語料中，如 (88b)。這兩類都可以替換成原本的形式 kiya da。

(88) a. 篇章指示用法

辭典：qgupi (p.637)

Qgupi isu ka quci babuy gaga, qada kida.

qagup-i	isu	ka	quci	babuy	gaga,
鏟 - 祈使	你 . 主格	主格	糞便	豬	那

qada	**kiya.da**
丟	那 . 助詞

把那豬糞鏟起來，拿去倒掉了。

b. 表示「好了，就這樣」用法

Kida! Mha ku sapah da.

kiya.da!	mha=ku	sapah	da
那 . 助詞	將 . 助動 = 我 . 主格	家	助詞

好了（就這樣 / 那樣了）！我要回家了。

kiya「那」和 ka「主格標記 / 補語連詞」融合成 kika 形式。就目前的觀察，kika 是所有指示詞融合形式最豐富的，使用頻率多且用法也較多，基本上跟前文提到的 kiya ka 和 ki 有相似的功能，包括承接上下文的因果關係、條件關係、篇章指示用法等，然而，kika 也能表示時間關係用法。相關例句呈現如下：

(89) a. 因果關係

字典：p.855

Niqan rrngaw na, kika seuda na knan hini.

niqan	r~rngaw=na,	**kiya.ka**
有	重疊 ~ 講 = 他 . 屬格	那 . 補語連詞

se-uda=na

原因 - 經過 = 他 . 屬格

knan	hini
我 . 斜格	這裡

他有話要跟我說，所以路過我這裡。

b. 條件關係

辭典：lawa (p.384)

Lawa cih ni kika iyah da.

lawa	cih	ni	**kiya.ka**	iyah	da
喊叫	一點	和	那 . 補語連詞	來	助詞

（倘若）我呼叫你的時候你就過來。

c. 時間關係

繪本：射太陽

Mkla sa sngari kingal bi hidaw ka dsnaw do mqqaras bi mtmay alang da, kika hana mkla qneepah dkuyuh kana ka saw nii

m-kla	msa	sngari	kingal	bi	hidaw
主事焦點 - 知道	說	剩下	一	很	太陽

ka

主格

d-snaw do m-q~qaras bi
複數 - 男人 連接詞 主事焦點 - 重疊 ~ 快樂 很
m-tmay
主事焦點 - 進來
alang da, **kiya.ka** hana m-kla
部落 助詞 那 . 補語連詞 剛 主事焦點 - 知道
q<en>epah d-kuyuh kana ka
< 名物化 > 工作 複數 - 女人 全部 補語連詞
saw nii.
如此 這

當外面的男人們發現太陽只剩下一個時，便開開心心的回到部落，然後他們才知道原來是女人們的功勞。

在 (89a)，kika 前面的語句表示原因，後面則表示結果，因此這是 kika 的因果關係用法。(89b) 中，kika 的功能偏向表示條件結果關係，如果有前面的動作，再進行後續的動作，所以句首可以加入 nasi「如果」。在 (89c) 中，kika 表示了時間上的承接關係，前面的事件結束後，加入了 kika 後，就緊接著後續的事件。

3.7.2.2 hini/hiya 與其他成分形成的融合形式

hini/hiya 可以和 do「連接詞」融合成 hido，和 da「助詞」融合成 hida。目前這些書面語語料出現的都很少，僅發現 1-2 筆。

hido 的用法主要出現於訪談語料彙集中，可用於指涉前文出現的時間，也因為時間連接詞 do 的關係，hido 在這裡也有連接前後的時間關係用法，如例 (90a) 呈現。而 hida 通常出現於句尾，一般表示處所的意思，如 (90b)。[67]

(90) a. 表時間用法

訪談語料彙集：p.35

Ini ngali qsiya mhing, asi shmii da. Paah hido, mlala ku bi ka snpung ga, ida mlabu.

ini　angal-i　qsiya　mhing,
否定詞　拿 - 祈使　水　主事焦點 . 熄滅

asi　shmu-i
乾脆　尿 - 祈使

da.　paah　**<u>hiya.do</u>**　m-lala=ku
助詞　從　那裡 . 連接詞　主事焦點 - 多 = 我 . 主格

bi
很

ka　s<n>pung　ga,　ida
補語連詞　< 完成貌 > 嘗試　助詞　依舊

m-labu.
主事焦點 - 腫

[67] 在太魯閣語口語語料資料中，hida 在口語中可以和對等連接詞 ni 組合，形成時間順序的承接關係，但這情況在書面語中尚未發現，關於 hida ni 的詳細討論請見下一章。

沒有拿水熄滅（火），乾脆直接用尿。從那之後，我嘗試很多次，都會腫。

b. 表處所用法

辭典：rmabung (p.685)

Rmabung ka uqun sbiyaq spniq hida.

r<m>abung	ka	uqun	sbiyaq
< 主事焦點 > 發霉	主格	食物	久

s-p-eniq

參考焦點 - 使役 - 位於

hiya.do

那裡 . 助詞

吃的東西擺在那邊很久就會發霉了。

3.7.2.3 nii, gaga 和 nini, gani 的用法比較

在本書收集的語料中，nii 和 gaga 可能和出現在語尾的 ni 合併，表近指用法的 nini「這」和表遠指用法的 gani「那」，在句中分別可替換成 nii ni 和 gaga ni，不影響語意的改變。但一般來說，太魯閣語鮮少使用這類語尾助詞 ni。就目前的觀察，這樣的組合可出現在疑問句或祈使句中，句尾的語調常常是上揚（平升調），亦可出現在直述句中，語調則常常是低平調。此外，nini 和 gani 在融合之後，整句的語調會跟一般疑問句不同，句尾的語調也常常會上揚，其主要用法跟定語性指示詞一樣，出現在名詞（組）之後，例如下面的 (91a) 和 (91b)，當 nini 或 gani 使用時，前面常

常不會出現主格標記：

(91) a. Ima, seejiq nini?

ima ↓ ,seejiq **nii.ni.** ↑

誰 人 這 . 助詞

是誰啊？這個人？

b. Ima ka seejiq nii?

ima ka seejiq **nii.** ↓

誰 主格 人 這

這個人是誰？

此外，本書發現 nii, nini 以及 gaga, gani 的分佈很不一樣，融合後的形式雖然也表示近指或遠指，但可使用的環境較為侷限，如 nini 和 gani 呈現的多數用法為定語性指示詞，基本上很少單獨出現在主語、賓語、主題等位置。[68] 例如，在口語語料中，[69] nini

[68] 在太魯閣語辭典中，雖然出現過 26 筆 nini，但根據本文發音人表示，多數都是勘誤，正確的應該是 hini 或 nii，例如：

(i) 辭典：gnhpan (p.242)

Gnhpan Tapas ka hini da.（原文為 nini，應修正為 hini 或 nii）

g<n>hap-an	tapas	ka	hini	da.
< 完成貌 > 撒 - 處所焦點	人名	主格	這裡	助詞

這裡 Tapas（人名）撒過了。

經幾位發音人的確認後，發現在 (i) 中的 nini 明顯是勘誤了，有幾下幾點理由，首先，因為句子語意是指「這裡」，且 nini 本身並不能直接指一個處所，亦不能直接由主格標記 ka 引介；第二，如果改成 nii 是可以的，但限於情境用法，即說話當下指著已經撒過的土地；第三，根據辭典的音檔，是很清楚的發成 nii，而不是 nini。

[69] 由於書面語資料沒有音檔，且根據發音人指出有些詞彙紀錄有誤，為求精確性，nini 和 gani 的相關例句將以口語語料進行討論分析。

「這」在口語敘事中出現 28 筆，其中 24 筆為定語性指示詞用法，在遊戲設計對話中共出現 32 筆，其中 28 筆為定語性指示詞用法，而節目訪談對話中僅出現 1 筆，為代名詞性指示詞；gani「那」在口語敘事中出現 3 筆，皆為定語性指示詞用法，在遊戲設計對話中共出現 44 筆，皆為定語性指示詞用法，在訪談節目對話中則未出現。例句呈現如下：

(92) a. (口語敘事—梨子的故事 003)

Ini ksbiyaq bi ka knsaan na o, ey, wada mswayay ka tru laqi nini, dha ey, mapa nasi laqi nii da.

1	A: ..ini k-sbiyaq	bi	ka		
	否定詞 靜態 - 久	很	主格		
	k<n>sa-an=na			o,	
	< 完成貌 > 走路 - 名	物化 = 他 . 屬格		助詞	
2	..(1.0)	ey			
		FILL			
→ 3	..(0.5)	wada	m-swayay		ka
		完成貌 . 助動	主事焦點 - 離開		主格
		tru	laqi	**nii.ni,** ↓	
		三	小孩	這 . 助詞	
4	..dha	ey,			
	二	FILL			

5	..(0.5)	m-apa	nasi	laqi	nii	da.
		主事焦點 - 背	梨子	小孩	這	助詞

A：（這個小孩）他走沒有很久後，這三個小孩已經離開了，這小孩也背著籃子了。

b. (遊戲設計對話— 021)

A: Psaun inu?

B: Powsa siyaw ni baga su gani.

1	A:	powsa-un		inu?		
		放 - 受事焦點		哪裡		
→ 2	B:	powsa	siyaw	ni	baga=su	**gaga.ni.** ↓
		放	旁邊	連接詞	手 = 你 . 屬格	那 . 助詞

A: 要放哪裡？

B: 在你那個手旁邊。

在例 (92a) 中，第 3 行的 nini 出現在名詞組 tru laqi「三個小孩」之後，當作定語性用法起限定作用，語調屬於下降調。而例 (92b) 中，第 2 行的 gani 也出現在名詞組 baga=su「你的手」之後，當作定語性指示詞用法，語調也是下降調。在這兩個例子中，nini 和 gani 都可以分別替換成原本的 nii ni 和 gaga ni。

綜合以上所討論，可以發現太魯閣語指示詞可以加綴（但用法很少），也可以和其他詞彙組合後產生融合形式，其現象經整理成下表：

表 3- 12：指示詞的加綴與融合形式[70]

<table>
<tr><th colspan="2">指示詞
構詞形式</th><th>nii
這</th><th>gaga
那</th><th>kiya
這；那</th><th>hini
這裡</th><th>hiya
那裡；他</th></tr>
<tr><td rowspan="3">加綴形式</td><td>d-
表複數</td><td>d-nii
這些</td><td>(d-gaga)
(那些)</td><td></td><td></td><td>d-hiya
(他們)</td></tr>
<tr><td>n-
（曾）屬於</td><td></td><td></td><td>n-kiya
過去那樣</td><td>(n-hini)
(曾屬於這裡)</td><td>n-hiya
1. 屬於他的
2.（曾）屬於那裡</td></tr>
<tr><td>s-
表實現貌
（表過去時間）</td><td>s-nii
最近</td><td></td><td></td><td></td><td></td></tr>
<tr><td colspan="2">融合形式</td><td>nini=nii ni</td><td>dga=da ga
gani=gaga ni</td><td>kida=kiya da
kido=kiya do
kika=kiya ka
kina=kiya na
……</td><td></td><td>hida=hiya da
hido=hiya do</td></tr>
</table>

3.7.3 指示詞可能的來源與變化

細看本文主要討論的五個指示詞，表空間指示的 nii「這」、gaga「那」、kiya「那」以及表處所指示的 hini「這裡」和 hiya「那

[70] 表格中的 d-gaga 和 n-hini 用括號標註，表示該兩筆語料並未出現於本書使用的書面語料，但出現於其他的資料中（如：花蓮縣秀林鄉太魯閣族辭典）。

裡」，它們在構詞上似乎有相似的形式。根據語言學家 Robert Blust 和 Stephen Trussel 所著的《南島語比較詞典》（Austronesian Comparative Dictionary，簡稱 ACD），[71] 我們可以透過古南島語構擬的形式來推測指示詞可能的來源。[72]

首先，關於指示詞 nii「這」，在 ACD 中指出，太魯閣語的近指指示詞 nii 在古南島語（Proto-Austronesian，簡稱 PAn）為 *-ni，表示近指的時間和空間指涉意義，如 this「這」、here「這裡」、now「現在」，即 *-ni > nii 的音變現象。[73]

接著，指示詞 gaga/ga「那」，在其他賽德克方言為 wawa/wey（都達語）、ga / gaga（德固達雅語）以及 gaga（德路固語），在非詞尾的 [ɣ] 輔音可能有 w~g 的語音對應關係，其他例子如 gamil/gamil/wamil（德固達雅語 / 德路固語 / 都達語）「根」（宋麗梅，2016：22），不過，在 ACD 中，無論從語音或語意的比較，目前似乎還沒辦法找到可能對應的構擬形式。

關於指示詞 kiya/ki「那」，在 ACD 中，PAn 的構擬形式 *ia_1

---

[71] *Austronesian Comparative Dictionary, web edition*（http://www.trussel2.com/acd/），查詢日期：2019 年 1 月 25 日。相關的字典內容說明亦可參考 Blust & Trussel（2013）的文章。

[72] 關於古大洋洲語（Proto Oceanic）的指示詞研究，可參考 Ross（2004）的文章，他從歷時的觀點探討大洋洲語言的指示詞現象，並討論了構擬的相關情況。

[73] 根據 Campbell（2013: 131-132）指出，當我們在重建一個古音形式時，其中一個方式會採用多數決勝出原則（majority wins），也就是說從出現次數多的語音為原始語言中的語音，除非有明顯的對比證據支持，再去比較其他的音變規則。然而，筆者在 ACD 中查詢 PAn *-ni（編號 3677）的重建資料時發現，這裡一共列出了 10 個語言，其中有 9 個語言都是自由形式（free form），如 Seediq（Truku）的 nii「這裡；現在；這」、Bisaya 的 nih「那」、Adonara 的 ni「這」等，只有 1 個語言是附著形式（bound form）（如 Malagasy 的 ito-ny「這」），若依照多數決勝出的原則，該重建形式選擇「自由形式 *ni」應該會更為適當。然而，這部分可能需要再進一步地檢驗。

或 *si ia_1 都是指「第三人稱代名詞」，如 she「她」、he「他」、it「它」等，而 PAn 的構擬形式 *si ia_2 和古馬來波利尼西亞語（Proto Malayo-Polynesian，簡稱 PMP）的構擬形式 *ia_2 則具有「指示代名詞或指示副詞」的用法，如 this「這」、here「這裡」、that「那」、there「那裡」，從語音和語意的對比，筆者認為，太魯閣語指示詞 kiya 中的 ya(ia) 很可能就是來自於構擬形式 *ia_1。接著，我們可能也要了解 kiya 中的 ki 是否具有其他功能，根據 ACD 的資料，PAn 的構擬形式 *ki_2 可能比較相關，如汶水泰雅語的 kiʔ 表示人稱名詞的處所格標記、賽夏語的 ki 表示伴同格、西拉雅的 ki 表示普通名詞的斜格用法以及魯凱語的 ki 表示人稱名詞的名詞格位或斜格用法等，然而，太魯閣語的指示詞 kiya，縮減形式 ki 並沒有類似的格位用法，但是可作為定語性指示詞（如例 (69a) 的 pngrah ki「那星星」）用法，因此其構擬形式似乎也可能為 *ki_2 > ki，但還是需要有更多的證據來支持這樣的說法。

表近指處所的指示詞 hini「這裡」，在 ACD 中沒有直接構擬的形式，但根據上文提到 nii 在 PAn 構擬為 *-ni，且語意也和近指處所相關，筆者推論 hini 的 ni 和 nii 的構擬是一樣的，皆為 *-ni。那麼，hini 的 hi 可能是什麼成分呢？根據 ACD 的構擬形式，PAn 中的泰雅語群的語言，對古語 *s 的反映是 h，例如泰雅語的 *sakut > hakut「攜帶」、*si ia_1 > hia「第三人稱單數」（太魯閣語為 hiya），賽德克語的 *Sema > hema「舌頭」（太魯閣語為 həma）。第二，上文提及 PAn 的構擬形式 *si ia_2 具有「指示代名詞或指示副詞」的用法，如布農語的 *si ia_1 > sia「定冠詞；那些」。

第三，PAn 中的 *Si-$_2$ 是「起源自；來自」的意思，如排灣語 *Si-$_2$ > ka-si- 的「起源自；來自」，除了語音外，語意上也很相近，但是這條音變可能跟泰雅語群的語言沒有直接相關。因此，根據這三條音韻演變規律，筆者認為太魯閣語的 h 有可能來自兩種不同的音變過程，第一條是符合 *s > h 的音變過程，如果是這樣，可能的音變為 *s 和 *-ni > hini，這種變化的可能性較高；第二條是符合 *Si-$_2$ > ka-si- 的音變過程，這樣可能的音變就是 *Si-$_2$ 和 *-ni > hini。

最後，關於表遠指處所指示詞和人稱代名詞的 hiya「那裡；第三人稱單數」，在 ACD 中，PAn 的構擬形式 *si ia$_1$ 是指「第三人稱代名詞」，如泰雅語的 *si ia$_1$ > hia「第三人稱單數」、布農語的 *si ia$_1$ > sia「定冠詞；那些；他；它」、拉阿魯哇語的 *si ia$_1$ > isa「第三人稱單數」等。再根據上文所討論，關於 *s > h 音韻演變規律，筆者認為 hiya 很可能是從 *si ia$_1$ 或是 *Si-$_2$ 和 *ia$_2$ 合併後演變而來的，而 *si ia$_1$ > hiya 這條音變應該是最有可能的。根據以上的分析與討論，筆者整理成下表呈現：

表 3- 13：太魯閣語指示詞對古音的反映

指示詞	nii 這	gaga 那	kiya 那	hini 這裡	hiya 那裡；他
可能的構擬形式	*-ni	?	*ki$_2$ 和 *ia$_1$	1. *s 和 *-ni 2. *Si-$_2$ 和 *-ni	1. *si ia$_1$ 2. *Si-$_2$ 和 *ia$_2$

從上表中的整理可發現，表示 nii 和 hini 有相近的語音構擬形式 *-ni，且語意上皆表示近指的用法，而 kiya 和 hiya 也有相近的

語音構擬形式 *-ia$_1$，且語意上皆表示遠指的用法。整體而言，透過指示詞構擬的形式能幫助我們更了解彼此的關係，不過，指示詞 gaga 似乎還沒有相關證據來找到可能的構擬形式，還需進一步的調查。值得一提的是，Woodworth（1991）指出，元音音質跟距離存有系統性的關係，帶有近指意義的形式比遠指形式呈現較高的音調（higher pitch），以太魯閣語的指示詞來看，也符合這樣的說法，近指指示詞 nii「這」和 hini「這裡」主要為高元音 [i]，而遠指指示詞 gaga「那」、kiya「那」和 hiya「那裡」都有低元音 [a] 的出現。其他部分台灣南島語也呈現這樣的傾向，語音符號跟意義之間存在象似性，如賽考利克泰雅語的 qani「這」和 qasa「那」，阿美語的 koni「這」、kora「那」和 koya「那（不可見）」，賽夏語的 hini「這」和 hiza「那」，排灣語的 (i)zu「這」跟 zua「那」等（如黃美金、吳新生，2016；吳靜蘭，2016；葉美利，2016；張秀絹，2016），但也是有語言呈現相反的情況，如達悟語的 ya「這」、ori「那（近）」ito「那（遠）」（何德華、董瑪女，2016）。

3.8 小結：指示詞的分佈與功能

在本章中，我們討論了太魯閣語五組可以表達指示用法的詞彙，包括 nii「這」、gaga/ga「那」、kiya/ki「那」、hini「這裡」、hiya/hi「那裡」等。分佈與功能主要分成指示詞的基本用法和延伸用法兩大類。

指示詞的基本用法中，包括代名詞性指示詞用法、定語性指示詞用法以及狀語性指示詞，而延伸用法則包括了方位動詞用法、處所用法、時間用法、第三人稱代名詞、動貌助動詞、語尾助詞、主題標記、肯定用法 / 應答用法、關聯詞等用法。由此可知，太魯閣語的指示詞除了基本的功能外，還延伸出多種用法，這些用法也都存在於書面語之中。

在討論的過程中也發現到，當我們了解到每一組指示詞的基本分佈與用法之後，有些現象似乎仍然無法從句法或語意來解釋清楚，也進一步衍生出幾個重要的問題意識：

（一）指示詞 kiya 延伸出的關聯詞用法很豐富，其他指示詞則少見，產生這樣對比的原因可能是什麼？

（二）指示詞延伸的用法中，有些呈現語用或言談的功能，或可能進一步發展成言談標記，這些言談功能有哪些？是否存在特殊的形成原因？

（三）指示詞各種用法之間的關聯性是什麼？語法化的動因、演變機制和演變路徑是什麼？

（四）指示詞用法呈現在書面語和口語中是否有明顯不同？

（五）從類型學觀點來看，有些指示詞的延伸用法似乎在類型學（Diessel, 1999）或語法化（Heine and Kuteva, 2002）中的討論是少見的，是否有類型學上的差異？

本章從使用的材料發現，似乎有些用法很少出現於書面資料，而是更常使用於口語會話中。為了要找出更完整的指示詞面貌，同時也要解釋上述這些問題，筆者將於下個章節討論指示詞出現在口語中的情況，包括了口語敘事和口語會話兩大類，從言談分析的角度來呈現指示詞在口語中的現象；同時也將對比書面語和口語中的用法比較，並試圖呈現太魯閣語指示詞使用的框架。關於指示詞多重用法及其演變相關的討論，將會在第五章從語法化的觀點分析，解釋指示詞各種用法演變的歷程及其關聯性。

第四章
指示詞在口語中的言談語用功能

在前一章中，筆者根據太魯閣語書面語的材料，從句法、語意和構詞的角度討論了指示詞的分佈與用法，這些材料包括太魯閣族語線上辭典、族語 E 樂園的族語電子繪本及動畫、原住民語言之語料與詞彙彙編—太魯閣語，以及其他族語相關教材。

在本章中，筆者將從口語語料中觀察指示詞的分佈情況，主要分成口語敘事（narration）和口語對話（conversation）兩部分，將嘗試分析指示詞在口語中的語用功能，並比較這些語用功能之間的關聯性。語料來源共分成三種不同的言談模式，共包括「口語敘事」、「遊戲設計對話」以及「節目訪談對話」等三類。

關於語料分析的架構，根據言談功能的類別進行區分，筆者主要參考 Himmelmann（1996）、Diessel（1999）以及 Huang（1999, 2013）等三人的分類。Himmelmann（1996）從篇章中的現象提出指示詞的四種主要類別，包括情境用法（situational use）、篇章指示用法（discourse deictic use）、示蹤用法（tracking use）以及識別用法（recognitional use）；Diessel（1999）從語用的觀點分類，原則上跟 Himmelmann 是一樣的，主要差別在於術語的使用，關於第三種示蹤用法，他使用的是回指用法（anaphoric use）。

Huang（1999）針對漢語指示詞在口語會話中情況進行分析，並進一步將指示詞分成八個類別，分別是（1）情境用法，（2）文內照應用法（endophoric use），（3）無法辨別的用法（unavailable use），（4）識別用法（identifying use），（5）引介指涉對象用法（the referent-introducing use），（6）言談標記用法（the discourse marking use），（7）關聯詞用法（connective use），以及（8）停頓標記用法（the pause marking use）。[74]

Himmelmann（1996）、Diessel（1999）以及 Huang（1999, 2013）等三位學者主要都從篇章和語用的觀點提出指示詞的分類，筆者認為 Huang（1999, 2013）提出的分類中，無法辨別的用法、引介指涉對象用法、識別用法等可歸類在 Himmelmann（1996）和 Diessel（1999）提出的識別用法中，因為它們有一些共同的特性，例如「無法辨別的用法」，提到如果一個指涉對象沒有伴隨關係子句（relative clause）或名詞補語（noun complement）的話，將可能造成聽話者無法辨別；「引介指涉對象用法」是引介一個「熟識但為新物件（a familiar but new object）」進入言談中；而識別用法常常需要是第一次在言談中被提及，且需要說話人和聽話人之間存在著共享的知識或背景。是以，筆者將以上三種語用功能跟類在 Himmelmann（1996）和 Diessel（1999）提出的識別用法中。

[74] Huang（2013）的版本有做些微的修正，例如，言談標記用法（the discourse marking use）在標題列改成「言談標界標記用法（discourse boundary marking use）」、停頓標記（pause marking）在標題列改成「填補式停頓標記（filled pause marker）」，此外，文中進一步指出，中文的 nage「那個」或 nage shenme「那個什麼」還能當作佔位符號（placeholder），因為它佔據言談中一個名詞或一個動詞的句法位置（syntactic slot）。

此外，根據太魯閣語指示詞的用法呈現，每個指示詞都有其不同的特點，尤其是 kiya- 詞串，如 kiya ni、kiya do、kiya ka 等，除了產生了豐富的關聯詞用法之外，在言談中也觀察到好多種言談功能，如強調用法、話題轉換、填補詞等，因此，筆者保留 Huang（1999, 2013）提出的言談標記用法和關聯詞用法；而最後的停頓標記用法則歸類在言談標記用法中。因此，本書將太魯閣語口語中的指示詞言談語用功能分成六大類：文外照應（情境用法）、篇章指示、文內照應（回指和後指）、識別用法、關聯詞用法以及言談標記用法，其中言談標記用法可以再分成九小類，包括主題標記（topic marker）、強調用法（emphasis use）、確認用法（confirmation use）、應答用法（backchannel）、話題接續（topic succession）、話題結束（topic ending）、話題再開（resumptive opener）、填補詞（pause filler）、語尾助詞（sentence-final particle）。

下面的節次將針對口語敘事、遊戲設計對話以及節目訪談對話等三種不同言談模式進行討論分析。

4.1 太魯閣語指示詞在「口語敘事」中的言談語用功能

指示詞的六類言談語用功能，皆出現於口語敘事語料中，除了文外照應（情境用法）、篇章指示、文內照應（回指和後指）、識別用法、關聯詞用法外，言談標記用法包括表主題標記、確認用法、應答用法、話題接續、填補詞、以及語尾助詞等六小類。下表是指示詞出現於口語敘事中的頻率

表 4-1：指示詞在「口語敘事」中的言談語用功能

<table>
<tr><th colspan="3">指示詞
言談語用功能</th><th>nii</th><th>gaga</th><th>ga</th><th>kiya/ki</th><th>hini</th><th>hiya/hi</th><th>kiya-詞串</th><th>hiya-詞串</th></tr>
<tr><td>文外照應(情境用法)</td><td></td><td></td><td>8
(4.1%)</td><td></td><td>1
(2.8%)</td><td>1
(4.5%)</td><td></td><td></td><td></td><td></td></tr>
<tr><td>篇章指示</td><td></td><td></td><td>2
(1.0%)</td><td></td><td></td><td></td><td></td><td></td><td></td><td></td></tr>
<tr><td>文內照應(回指和後指)</td><td></td><td></td><td>181
(92.8%)</td><td></td><td>25
(69.4%)</td><td>14
(63.6%)</td><td></td><td>27
(90.0%)</td><td>2
(3.8%)</td><td></td></tr>
<tr><td>識別用法</td><td></td><td></td><td>3
(1.5%)</td><td></td><td></td><td></td><td></td><td></td><td></td><td></td></tr>
<tr><td>關聯詞用法</td><td></td><td></td><td></td><td></td><td></td><td>4
(18.2%)</td><td></td><td></td><td>23
(44.2%)</td><td>1
(16.7%)</td></tr>
<tr><td rowspan="12">言談標記</td><td>主題標記</td><td></td><td></td><td></td><td>6
(16.7%)</td><td></td><td></td><td></td><td></td><td></td></tr>
<tr><td>強調用法</td><td></td><td></td><td></td><td></td><td></td><td></td><td></td><td></td><td></td></tr>
<tr><td rowspan="2">確認用法</td><td>要求確認</td><td></td><td></td><td></td><td></td><td></td><td></td><td></td><td></td></tr>
<tr><td>自我確認</td><td></td><td></td><td></td><td></td><td></td><td>3
(10.0%)</td><td></td><td></td></tr>
<tr><td>應答用法</td><td></td><td></td><td></td><td></td><td></td><td></td><td></td><td></td><td></td></tr>
<tr><td>話題接續</td><td></td><td></td><td></td><td></td><td></td><td></td><td></td><td>19
(36.5%)</td><td>3
(50.0%)</td></tr>
<tr><td>話題結束</td><td></td><td></td><td>1
(0.5%)</td><td></td><td></td><td></td><td></td><td></td><td></td></tr>
<tr><td>話題轉換</td><td></td><td></td><td></td><td></td><td></td><td></td><td></td><td></td><td></td></tr>
<tr><td>話題再開</td><td></td><td></td><td></td><td></td><td></td><td></td><td></td><td></td><td></td></tr>
<tr><td>填補詞</td><td></td><td></td><td></td><td></td><td>3
(13.6%)</td><td></td><td></td><td>8
(15.4%)</td><td>2
(33.3%)</td></tr>
<tr><td>語尾助詞</td><td></td><td></td><td></td><td>4
(11.1%)</td><td></td><td></td><td></td><td></td><td></td></tr>
<tr><td colspan="3">合計</td><td>195
(100%)</td><td>0</td><td>36
(100%)</td><td>22
(100%)</td><td>0</td><td>30
(100%)</td><td>52
(100%)</td><td>6(100%)</td></tr>
</table>

在上表中，可以觀察到以下幾點現象，第一，在口語敘事中，表示遠指的 gaga「那」和表示近指處所的 hini「這裡」完全沒出現過，相對於近指的 nii「這」有 195 筆，而 hiya「那裡」有 22 筆，似乎呈現了某種不對稱性。第二，從出現的頻率來看，在這五組指示詞中，主要的言談功能皆為文內照應（回指或後指）用法，而 hiya- 詞串和 kiya- 詞串則鮮少呈現該用法，而是更多言談功能的使用，如關聯詞用法、話題接續以及填補詞。第三，口語敘事的言談模式中，並未出現強調用法、要求確認用法、應答用法以及話題再開用法，會有這樣的結果應該不感到太意外，因為該言談模式屬於敘事類型，並沒有其他的言談參與者進行互動，尤其是強調用法、要求確認用法和應答用法等，應該都是在互動性高才會有較高的頻率出現，至少就目前的語料呈現，強調用法在節目訪談中出現於 kiya- 詞串，共出現 38 筆（佔 26.8%），要求確認用法在遊戲設計對話中出現於 kiya/ki 和 hiya/hi，分別出現 16 筆（佔 17.2%）和 35 筆（佔 44/3%），而應答用法在節目訪談中出現於指示詞 kiya/ki，共出現 5 筆（佔 17.2%）。

4.1.1 文外照應（情境用法）

文外照應又稱為情境用法，所指涉的對象存在於言談參與者當下談話的情境中，或是談話所描述的事件情境中，指示詞在這裡用來引入一個談論的對象，常常會伴隨著手勢的使用（Diesse, 1999; Himmelmann, 1996; Huang, 1999, 2013），如例 (93) 是中文的情境用法，第一行的 zhe「這」指的是一個明顯位於當下情境中的對象，也就是廣播電台（a radio station）（Huang, 1999: 79）。[75]

(93) →	1.	A: ..**zhe**	shi	zhongguang		liuxingwang=.
		this	is	PN		fashion world
	2.	..hi	suo	shouting	de	jiemu shi=,
		you	suo	receive	DE	program is
	3.	..meige	xingqiwu	lingchen	liangdian	dao
		every	Friday	morning	2:00AM	till
		sandian	de	xingheyeyu		
		3:00AM	DE	starlit chat		

A: 'This is Zhongguang's fashion world network. You're tuning to Starlit Chat aired every Friday from 2:00 to 3:00 am.'

(Huang, 1999: 79)

例 (94) 是太魯閣語的情況，出現在第 2 行的 laqi nii「這個小孩」，是敘事故事當下描述的情境中所出現，在故事的一開頭就出現，同時也是第一次出現。

(94) (口語敘事—青蛙的故事 002)

A: Niqan kingal ngahan na ka laqi nii o Sima ka ngahan na. Ey, keeman siida o, niqan kingal ka sriyu ka idas uri ha.

[75] 本章使用的語料標記，主要採用 Du Bois et al.（1993）提出的言談分析轉寫方式，詳細的轉寫請參見該文。關於註釋中縮寫的採用，主要包括應答用法（BC, backchannel）、言談標記（DM, discourse marker、填補詞（FILL, pause filler）等。此外，語料主要以語調單位（Intonation Unit，簡稱 IU）進行分析，每一個例句都以第一個 IU 開始。

1 A:	..niqan	kingal	ngahan=na			ka (1.0)		
	有	一	名字＝他.屬格			KA		
→ 2	..laqi	**nii**	o	sima	ka	ngahan=na. (1.5)		
	小孩	這	主題	人名	主格	名字＝他.屬格		
3	..ey=(1.0),		keeman	siida	o,	niqan	kingal	ka
	FILL		晚上	時候	主題	有	一	KA
4	.. (1.0)	sriyu	ka	idas	uri	ha.		
		出現	主格	月亮	也	語助詞		

A：有一個小孩，**這個**小孩啊，他的名字叫做 Sima。晚上的時候啊，有一個…月亮也出來了喔。

4.1.2 篇章指示用法

篇章指示用法，主要是指指涉對象可由鄰近言談（surrounding discourse）中找到，可以是單句，亦可是整個段落或一大片相鄰的話語，或是一個行為事件（Himmelmann, 1996; Diessel, 1999; Tao, 1999），用來表達兩個命題間明顯的連結，因此，根據這樣的定義，篇章指示用法可以回指也可以後指，如例 (95a) 中，遠指指示詞 that「那」指涉前面的命題，而 (95b) 中的近指指示詞 this「這」則用來預告接下來在接續的子句中出現的訊息。

(95) English

a. A: I've heard you will move to Hawaii?

B: Who told you **that** (*this)?

b. A: Listen to **this** (*that): John will move to Hawaii.

(引自 Diessel, 1999: 102)

例如 (96) 為太魯閣語的近指指示詞 nii「這」，常常會和 saw「像；如此」一起出現使用，表示篇章指示的功能，形成「saw ＋ (NP) ＋ nii」結構。出現在第 8 行的 saw nii，指涉的是小孩子把籃子放到腳踏車之後，一直到騎上腳踏車的整個過程，因此，這裡的 nii 不是回指某一個名詞（組），而是整個放置水果和騎上腳踏車的事件過程。

(96) (口語敘事—梨子的故事 005)

A: Brah o niqan ka saw ttmaan na saw mslagu hari psaan. Kiya do, wada da laqi nini, ey, wada, sun dha mita o, manu saw, aji bi saw, malu pnpaan na ka saw nii.

1 A: ..brah o (0.5) niqan ka saw (0.5)
前面 主題 有 補語連詞 好像
ttama-an=na
站立 - 處所焦點 = 他 . 屬格

2 ..saw (0.5) m-slagu hari powsa-an.
好像 主事焦點 - 直 稍微 放置 - 處所焦點

3 ..kiya do (0.5), wada da laqi nii.ni
那 連接詞 完成貌 . 去 助詞 小孩 這 . 助詞

4 ..ey =(1.0)
FILL

5 wada, sun=dha qmita
完成貌 . 去 說 . 受事焦點 = 他們 . 屬格 看 . 主事焦點
o
主題

6 ..(1.0) manu saw (1.0),
什麼 好像

7 ..aji bi saw (1.5),
否定詞 很 好像

→ **8** ..malu p-n-apa-an=na
好 使役 - 完成貌 - 搭乘 - 處所焦點 = 他 . 屬格
ka **saw nii.**
補語連詞 **像 這**

A：（腳踏車）前面呢，有一個看起來可以放置的地方，就稍微直直地放在那裡，然後小孩就走了。我這樣看啊，**像這樣**騎是好的。

4.1.3 口語敘事—文內照應用法

文內照應用法可分成回指（anaphoric）和後指（cataphoric），回指用法是用單詞或片語來指涉前文出現過的另一個名詞或名詞組，而後指則是指涉下文中即將出現的另一個名詞或名詞組（Diessel, 1999; Huang, 1999; Halliday and Hasan, 1976）。此種用法跟篇章指示的最大差別在於，回指和後指的指涉對象主要是一個名詞或名詞組，而篇章指示可以是更大的語段，包括子句、段落、篇章等（Diessel, 1999），兩者差異如下表呈現：

表 4- 2：指示詞的回指用法和篇章指示用法（Diessel, 1999: 103）

Anaphoric demonstratives（回指指示詞）	Discourse deictic demonstratives（篇章指示指示詞）
• they are coreferential with a prior NP（和之前的名詞組共指涉）	• they refer to propositions/speech acts（指涉命題或言語行為）
• they keep track of discourse participants（保留言談參與者的蹤跡）	• they link two discourse units（用來連接兩個言談單位）
• the referent commonly persists in the subsequent discourse（指涉對象通常還會存在於接續的言談中）	• the referent usually does not persist in the subsequent discourse（指涉對象常常不會存在於接續的言談中）
• only anaphoric（只能回指）	• anaphoric and cataphoric （可以回指和後指

太魯閣語呈現出一樣的現象，如 (97) 中第 6 行的指示詞 kiya，指涉前文出現在第 1 行的 kingal seejiq「一個人（牽著羊的人）」，也同時指涉同一個句子中的 nanak「自己」。

(97) (口語敘事—梨子的故事 002)

A: niqan ka kingal seejiq, gisu ey, gisu ey dmudul kingal mirit.
Ni, muda siyaw na hiya o wada ni wada nanak isil kida, kiya ga.

1 A: ..niqan ka **kingal** **seejiq** (1.0),
有 主格 一 人

2	..gisu		ey, (2.0)			
	進行貌．助動		FILL			
3	..gisu	ey(0.5)	d<m>udul		kingal	mirit.
	進行貌．助動	FILL	＜主事焦點＞牽		一	羊
4	..(0.5)	ni,	muda			
		連接詞	經過．主事焦點			
	siyaw=na	hiya	o= (1.0)			
	旁邊＝他．屬格	那裡	主題			
5	..wada	ni (0.5)				
	完成貌．去	連接詞				
→ **6**	..wada	nanak	isil	**kiya.da**↓,	**kiya**↑	ga.↑
	完成貌．去	自己	旁邊	那．助詞	那	助詞

A：有一個人，正在牽著一隻羊，然後，經過他（指採水果的人）旁邊那裡的時候，然後，（**那個人**）他就自己往旁邊離開了。

值得注意的是，在 (97) 中的第六行，出現了一個特殊的現象，最後一個句子似乎出現了兩個指示詞，分別是 kida (kiya+da)「那＋了」和 kiya「那」，在第三章中有提到指示詞 kiya 可以跟語尾助詞 da「了」組合，融合成 kida，用來指涉前文出現的對象，即牽著羊的那個人。之後，卻又接著出現了一個 kiya，指涉前文出現的相同對象。目前該現象在口語語料中共出現七筆，筆者認為其出現環境應該是有限制的，第一，kida 都出現於 kiya 之前，若順序交換則不合語法，第二，kida 的語調為下降調（調值約為 51），而 kiya 的語調則為平升調（調值約為 123）。[76]

上面的例子是回指用法最典型的情況，指示詞和先前言談中的名詞或名詞組共指涉，也就是說它們把一樣的指涉對象當作先行詞（antecedent）。然而，在指示詞的回指用法中，還有一種情況在很多語言中也很常見，回指性指示詞（anaphoric demonstratives）會使用於一個新的指涉對象已經被第一次提到之後（即第二次提到的意思），用來表示注意力的聚焦已經轉移到這個第二次被提到的指涉對象（Diessel, 1999; Himmelmann, 1996: 229），如下面的例子：

(98) To'aba'ita (Lichtenberk, 1996: 387–8)

Si	*u'unu*	*'eri 'e*	*lae*	*suli-a*		
CLASS	story	that it:FACT	go	about-them		
te'e	*wane*	*bia*				
one	man	and				
kwai-na		*bia*	*'a-daro'a*	*te'e*	***wela,***	*wela*
spouse-his		and	BEN-their.DU	one	child	child
wane.						
man						

[76] 筆者目前還無法確定這種連續使用指示詞的現象為何，且出現環境和搭配是有限制的，推測可能是說話者要強調指涉的對象或是吸引聽話者的注意，這部分還需未來再深入調查研究。

Wela* *'eri *kali* *wela* *fa'ekwa* *ni*
child **that** little child small PART
bana. *'e* *a'i*
only it NEG
si *tala* *'a-na* ***kai***
NEG be.possible BEN-his he:NONFACT
lae *'a-si*
go to-CLASS
kula *n-e* *nii* *daa.*
place REL-it:FACT be.located far
'This story is about a man, his wife, and their child, a boy. The child was very little. He wasn't able to go faraway places.'

（轉引自 Diessel, 1999: 97）

在 (98) 中，提到這個故事在講述一個男人、他的妻子和他的小孩，是一個男孩，而這個男孩還非常的小。在第一次出現 wela「男孩」的時候，並沒有出現任何的指示詞，但是當 wela「男孩」第二次被提到的時候，後面緊接著出現了回指性代名詞 'eri「那」，然後在下面的言談內容再出現時，就用第三人稱單數代名詞 kai「他」所替代了。在這裡的回指性代名詞 'eri「那」，功能是要建立一個新的言談主題，也就是要把注意力聚焦在這個指涉的對象。類似的現象也出現在 Tagalog 語，如下面的例 (99)，第一次出現的 manlalakbay「旅行者」並沒有伴隨著指示詞出現，當第二次出現時，後面出現了回指性指示詞 na ito：

(99) Tagalog (Himmelmann, 1996: 229)

May	*kasaysayan*	*sa*	*isang*	***manlalakbay**; (0.7 sec)*
EXIST	statement	LOC	one	traveler (0.7 sec)
ang	*manlalakbay*	***na***	***ito***	*ay*
SPEC	traveler	LK	DEM	PRED

si	*Pepito*.
PROPER.NAME	Pepito

'(One incident) is told about a traveler; this traveler (his name) was Pepito.'

(Himmelmann, 1996: 229)

類似上述這樣的回指用法也存在太魯閣語中，而且出現的頻率也不少，請看例子：

(100) (口語敘事—梨子的故事 003)

A: Niqan kingal laqi, gisu peapa jidensya, muda pusu nasi hiya. Muda dmayaw mapa kingal rawa nasi, qtaan na ka mqpah kiya o, sun na mita, mnhdu mita do, wada mapa kingal rawa nasi ka laqi nii da.

→ 1	A:	..niqan	kingal	**laqi,**	
		有	一	小孩	
2		..(1.5)	gisu		p-apa

進行貌 . 助動　使役 - 背 (東西)

<L2jidensyaL2>,

腳踏車 [日語]

3　..(1.0)　m-uda　pusu　nasi　hiya.

主事焦點 - 經歷　根部　梨子　那裡

4　..(2.5)　m-uda　d<m>ayag

主事焦點 - 經歷　< 主事焦點 > 幫忙

m-apa

主事焦點 - 背 (東西)

kiya　o,

那　主題

5　..(2.0)　sun=na　mita,

說 . 受事焦點 = 他 . 屬格　看 . 主事焦點

6　..m-n-khdu　q<m>ita　do,

主事焦點 - 完成貌 - 完成　< 主事焦點 > 看　連接詞

→ 7　..(0.5)　wada　m-apa　kingal

完成貌 . 助動　主事焦點 - 背　一

rawa　nasi　ka　**laqi　nii**　da.

籃子　梨子　主格　小孩　這　助詞

A：有一個小孩，正騎著腳踏車要經過梨子樹那裡，要去幫忙載一籃梨子。他看了一下這個工人，看一看，看完之後，**這個小孩**就載走一籃梨子了。

例句 (100) 中的第 1 行第一次出現了 laqi「小孩」，其後沒有出現任何的指示詞，一直到第 7 行的地方，第二次提及 laqi「小孩」，其後出現了回指性指示詞用法 nii，也可發現，在幾個連續的語調單位中，都是聚焦在談論這個小孩發生的事情。

Diessel（1999: 98）提到，當一個言談參與者已經建立為話題，它常常可以透過第三人稱代名詞、零回指、定冠詞、動詞上的代名詞性詞綴等示蹤出來，而指示詞通常就是最一般的示蹤機制（tracking device），他也將這些用法進一步整理成下表：

表 4- 3：第一次提及後的回指性指示詞用法（Diessel, 1999: 98）

1_{st} mention	2_{nd} mention	subsequent mentions
(indefinite) NP	anaphoric DEM	3.PRO, definite ART etc.
new referent	referent established as topic	(topical) referent continued

值得注意的是，筆者發現，太魯閣語的指示詞 nii 不只用來第二次提及使用，在整篇敘事或言談內容中可以多次出現，似乎更像是定冠詞（definite article）的用法，如上面的例 (100) 之後的 IU 其實還出現了第三次的 nii，完整的例句呈現如下：

(101) (口語敘事—梨子的故事 003)

A: Niqan kingal laqi, gisu peapa jidensya, muda pusu nasi hiya. Muda dmayaw mapa kingal rawa nasi, qtaan na ka mqpah kiya o, sun na mita, mnhdu mita do, wada mapa kingal rawa nasi ka laqi nii da. Saapa na jidensya, muda tudu elug siida o, mstrung dha kingal laqi kuyuh, gisu peapa jidensya uri. Mstrung siida o, wada tucing ka bowsi na laqi snaw nii da.

1 A: ..niqan kingal **laqi,**

有 一 小孩

2 ..(1.5) gisu pe-apa <L2jidensyaL2>,

進行貌 . 助動 使役 - 背 (東西) 腳踏車 [日語]

3 ..(1.0) m-uda pusu nasi hiya.

主事焦點 - 經歷 根部 梨子 那裡

4 ..(2.5) m-uda d<m>ayag

主事焦點 - 經歷 < 主事焦點 > 幫忙

m-apa kingal rawa nasi,

主事焦點 - 背 (東西) 一 籃子 梨子

5 ..(0.5) ..qita-an=na ka m-qpah

看 - 處所焦點 = 他 . 屬格 主格 主事焦點 - 工作

kiya o,

那 主題

6 ..(2.0) sun=na mita,

說 . 受事焦點 = 他 . 屬格 看 . 主事焦點

7 ..m-n-khdu q<m>ita do,

主事焦點 - 完成貌 - 完成 < 主事焦點 > 看 連接詞

8 ..wada m-apa kingal rawa nasi

完成貌 . 助動 主事焦點 - 背 一 籃子 梨子

ka **laqi nii** da.
主格 小孩 這 助詞

9 ..se-apa=na <L2jidensyaL2>,
工具焦點 - 背 = 他 . 屬格 腳踏車 [日語]

10 ..m-uda tudu elug siida o,
主事焦點 - 經歷 中途 路 時候 主題標記

11 ..(1.5) m-strung dha kingal laqi kuyuh,
主事焦點 - 遇見 伴同格 一 孩子 女人
gisu pe-apa <L2jidensyaL2> uri.
進行貌 . 助動 使役 - 背 (東西) 腳踏車 [日語] 也

12 ..(3.0) m-strung siida o,
主事焦點 - 遇見 時候 主題標記

13 ..(0.5) wada tucing ka bowsi=na,
完成貌 . 助動 掉落 主格 帽子 = 他 . 屬格

14 ..(0.5) **laqi snaw nii** da
孩子 男人 這 助詞

A：有一個小孩，正騎著腳踏車要經過梨子樹那裡，要去幫忙載一籃梨子。他看了一下這個工人，看一看，看完之後，**這個小孩**就載走一籃梨子了。他騎著腳踏車，在中途的時候，遇見了一個女孩子，他也在騎腳踏車。相撞的時候，**這個小男孩**的帽子掉下來了。

從上面的例句可以看到，第 1 行第一次提到 laqi「孩子」，第

8 行是第二次提到孩子，後面用 nii 進行限定作用，之後在第 14 行的地方出現第三次的 laqi 「小孩」，仍舊用出現了回指性指示詞 nii。也就是說，在太魯閣語中，在第二次以後提及到的名詞，其後常常都會出現 nii，這樣的 nii 就很像典型的定冠詞用法。

4.1.4 識別用法

識別用法（recognitional use）指的是在篇章或言談中沒有明確的參照點或參照對象，指涉對象不存在當下的語境中，且在言談中常常是第一次出現，這種用法必須被建立在說話者與聽話者彼此之間擁有共同享有的經驗或知識（Diessel, 1999; Himmelmann, 1996），更精確地說，識別指示詞用法所標示的訊息有三大特點：（1）言談中是新的（discourse new）、（2）對聽者是舊的（hearer old）、（3）私人的（private）（Diessel, 1999: 106）。[77] 如 (102) 中英語的例子，指示詞 that 之後的名詞 dog「狗」所提供的資訊，是由於聽話者擁有共享的經驗，才有辦法順利的辨識，且這個帶有指示詞的名詞是言談中第一次出現。然而，這裡的用法不同於前面出現的其他三種，它並非指涉周遭言談或言語情境中的某個實體對象，而是說話者相信聽話者能夠知道所指涉的對象。

(102) English (Gundel et al., 1993: 278)

I couldn't sleep last night. **That** dog (next door) kept me awake.

(Diessel, 1999: 106)

[77] 關於識別指示詞用法產生信息的第三點：私人的（private），在 Himmelmann（1996）的文章是使用「特定的（specific）」這術語。

在口語敘事中，指示詞的識別用法出現頻率很低，僅有 nii 出現了三筆（皆來自不同的敘事者），然而，筆者認為這三筆可能都不像例 (102) 這種最典型的識別用法。就上述提到識別指示詞的三大特點來看，這三筆例子都是敘事中第一次出現，所以是符合「言談中是新的」條件，而「對聽者是舊的」和「私人的」這兩個條件，可能是受到筆者調查時的過程影響，因為當筆者請敘事者講述梨子的故事前，有事先告知筆者已經很熟識這段影片的內容和場景了，且敘事者在看影片敘事時，僅有筆者一人在現場，也就是說，敘事者在敘事場景中，會把筆者當作唯一的聽話者，並知道筆者對影片內容是熟識的。基於這樣的關係，「對聽者是舊的」和「私人的」這兩個條件也能算是符合的，因此筆者仍將這三筆語料歸為識別用法。

太魯閣語的現象如 (103) 中的 nii「這」，在敘事故事開始第 2 行的地方就出現了 kingal seejiq nii「這一個人」，指的就是影片中專門採收果樹的人，敘事者預期聽者（即筆者）已經知道影片中的人物和場景，因此屬於識別用法。

(103) (口語敘事—梨子的故事 004)

A: Ga kmtuy yabas ka kingal seejiq nii. Tayal mghiyi bi ka qhuni na nii!

1	A:	..gaga	k<m>tuy	yabas	ka
		進行貌 . 助動	< 主事焦點 > 收割	芭樂	主格

→ 2 .. (2.0) kingal seejiq **nii.**
一 人 **這**

3 ..tayal m-g-hiyi bi ka
這麼 主事焦點 - 動詞化 - 果肉 很 主格
qhuni=na nii!
樹 = 他 . 屬格 這

A：**這**一個人正在採收芭樂。他的這些樹怎麼長這麼多果肉阿！

4.1.5 關聯詞用法

在第三章中，筆者討論到指示詞有豐富的關聯詞用法，可用來銜接篇章言談中上下文，並表達其命題間的語意關係。但是，並非所有指示詞都有這樣的用法，就目前的觀察，表示遠指空間方位的 hiya「那裡」以及 kiya「那」有較豐富的關聯詞用法，可以和多種不同類型的語法成分組合，形成一個固定的詞組，筆者在此稱之為「hiya- 詞串」和「kiya- 詞串」，這些關聯詞表達了命題間的銜接關係，包括轉折關係、因果關係、時間關係以及附加關係等，如 hiya ni（hiya+ 對等連接詞）、kiya ni（kiya+ 對等連接詞）、kiya do（kiya+ 時間連接詞）等，然而，其中也包括已經發生語音融合的其他形式，如 kido（kiya+ 時間連接詞）、kika（kiya+ 主格標記 / 補語連詞）、kida（kiya+ 助詞）等。畢永峨（2007）提到台灣口語中遠指詞「那」因為高頻率的使用，在口語中形成多個包含那的詞串，如那種、那個、在那邊、在這邊等，它們都已呈現語音弱化及語意變遷。雖然就太魯閣語呈現的現象來看，似乎尚未發生那麼明顯的詞彙化及語法化現象，但是有些詞彙可能已經有類似的情況，尤其是 kiya- 詞串產生的言談用法。

前一章筆者提到 kiya 在書面語中產生了豐富的關聯詞用法，如預期中的結果，在口語敘事中也觀察到類似的情況，kiya- 詞串的 53 筆語料中，接近一半是屬於關聯詞用法，主要是 kiya ni、kiya do 和 kiya ka kiya ni 等，表示時間關係、因果關係和轉折關係。但不同於書面語的是，口語中能清楚觀察到這些關聯詞之前或之後常常會有停頓（pause）的情況，這是言談標記中常常存在的音韻特性（Fraser, 2006: 193）。太魯閣語具體例子如下呈現：

(104) 表時間關係

（口語敘事—青蛙的故事 004。情境說明 : 小男孩和他的狗被一隻鹿甩出去之後 , 一同掉到了水裡 , 之後…）

A: Kiya ni, musa da ni, dhuq kingal qhuni, niqan kingal qhuni saw mksaraw, ey, siyaw qsiya hi ga. Kiya ni, tai ka Jiru nii do musa hi ka hiya, “iya bi squwaq o!”, sun na ka huling na.

1	A:	**..kiya**	**ni** (0.5),	m-usa	da	ni=(0.5)	
		那	**連接詞**	主事焦點 - 去	助詞	連接詞	
2		..dhuq	kingal	qhuni,	niqan	kingal	qhuni	saw
		到達	一	樹	有	一	樹	好像

m-ksaraw, ey (1.0),
主事焦點 - 躺下 FILL

3 ..siyaw qsiya hiya ga. ↑
旁邊 水 那裡 助詞

→ **4** **..kiya ni** (0.5), qita-i ka jiru nii do (0.5)
那 連接詞 看 - 祈使 主格 人名 這 連接詞

5 m-usa hiya ka hiya, “iya bi
主事焦點 - 去 那裡 主格 他 . 主格 否定詞 很
s-quwaq
動詞化 - 嘴巴
o!” sun=na ka huling=na.
助詞 說 . 受事焦點 = 他 . 屬格 主格 狗 = 他 . 屬格

A：**然後**，就繼續走了。他走到了一棵樹，有一樹好像倒在水邊那裡，**然後**，Jiru 就過去那邊了，他就跟狗說：「不要講話喔！」

在 (104) 中，第 1 行和第 4 行開頭都出現了 kiya ni「kiya+ 對等連接詞」，在這裡皆表示時間順序的關係。如第三章所討論，書面語中也有豐富的關聯詞用法，本章的口語語料也是如此，而且都以 kiya- 詞串使用頻率最高，呈現的言談用法也較豐富。不過，筆者觀察到同一種形式的 kiya- 詞串，在言談中似乎不僅僅表示前後語段間的語意關係，而是在言談中扮演更多不同的功能，如引起聽話者的注意、表明心理狀態或態度、遲疑或停頓等。這些現象將在下一小節中有更多的討論。

4.1.6 言談標記用法

言談標記在文獻中已經有許多的討論。如 Schiffrin（1987）提到，言談標記一般作為分隔話語單位的連續附屬成分（sequentially dependent element），出現於語段的前或後，可用來劃分說話單位的標界。Huang（1999, 2013）也指出，言談標記用法主要是在言談中標記一個邊界（boundary），可用來開啟一個會話、標記話題的結束、標記舊話題的再生（resumption of the old topic）、也可標記一個會話的結束等。本書對於言談標記的定義，主要採取上述兩位學者的看法，尤其是 Schiffrin（1987）的分析，認為每一個言談標記都會有其核心的意義和用法。

在太魯閣語中，筆者觀察到部分指示詞在言談中的作用，不再明確的指涉對象，也不僅是銜接或連貫語句前後的關係，而是在言談中扮演更多不同的功能，如引起聽話者的注意、作為反饋標記、停頓填補等，且這些成分幾乎都出現在言談邊界的地方。就目前的觀察，這些指示詞在「口語敘事」言談模式中呈現的言談用法，可進一步區分成主題標記、確認用法、話題接續、話題結束、填補詞、以及語尾助詞等。

4.1.6.1 主題標記

這裡指的主題標記用法，僅出現在語音縮減後的指示詞 ga，其他指示詞則沒有延伸出此種用法，其主題標記作用在於更強調及凸顯前面的主題，可能是某個事物或某個行為事件等，如例 (105)。

(105) (口語敘事—梨子的故事 005)

A: kiya do, lwaan nanak, ah, nii bowsi su. kiya do, tama nii da ga, mangal bowsi ni saan na hmadat lqian nii da.

1 A: kiya do (2.0)
那 連接詞

2 ..lawa-an nanak (0.3), ah nii
叫 - 處所焦點 自己 語助詞 這
bowsi=su.
帽子 = 你 . 屬格

→ 3 ..kiya do (0.5), tama nii da **ga**=(0.5),
那 連接詞 爸爸 這 助詞 **主題標記**
..m-angal bowsi ni
主事焦點 - 拿 帽子 連接詞
usa-an=na
去 - 處所焦點 = 他 . 屬格
h<m>adat laqi-an nii da.
< 主事焦點 > 運送 小孩 - 斜格 這 助詞

A：然後，他就自己大叫：「啊，你的帽子在這。」接著，這個爸爸**啊**，就拿帽子去給這個小孩了。

例 (105) 中第 3 行出現的 ga 標記，如第三章所討論，本書認為此處的 ga 已經失去了原本很明確的指涉用法，主要原因有三，第一是因為前面已經出現了指示詞 nii，目前語料呈現，太魯閣語沒有兩個單獨的指示詞連續使用的情況；第二個原因是，這裡的助詞 da 可以和 ga 產生語音融合形式 dga，但這種情況並不會發生在定語性代名詞 ga 的用法中；第三個原因是，因為助詞 da 出現在 ga 的前面，假設這裡的 ga 是定語性指示詞或代名詞性指示詞，根據語尾助詞的特性，da 應該會出現在其後，句子才會合語法，如 (106)，但是例 (105) 中是助詞 da 出現於指示詞 ga 之前。因此，根據上述幾點原因，筆者認為這裡的 ga 已經變成一個具有突顯和強調用法的主題標記。

(106) Wada daya ka tama na (*da) ga da.

wada	daya	ka	tama=na
完成貌 . 去	山上	主格	爸爸 = 他 . 屬格

gaga	da
那	助詞

他的爸爸已經去山上了。

4.1.6.2 確認用法：自我確認

hiya/hi 在太魯閣語是表示遠指處所的指示詞，也具有第三人稱單數代名詞的用法，但是在前一章中提及，它還有另一種用法，總是出現在句尾的位置，做為確認用法使用，而該用法又可分成兩種，一種是要求確認（request confirmation），對於所談話的內容，希望聽話者能給予回應。Hsin（2016: 95）研究中英文的附加問句，即發現中文的「對」、「是」以及英文的 'right' 都有此種言談用法，用來要求聽話者對於先前的描述內容給予呼應（agreement）或確認（confirmation）。

另一種是自我確認（self-confirmation），接近「沒錯；對的；是這樣的」的意思，而這種用法在書面語語料中並未發現到。Tsai（2001）研究中文的「對」在口語中的言談功能，她發現「對」出現在話輪末的時候，具有支撐話題發展以及說話者自我肯定的用法，而張庭瑋（2017）也提到類似的看法，並稱這樣的用法為自我確認標記，用來肯定說話者之前的談話內容，如下面的例子：

(107)（情境說明：主持人蔡康永漢小 S，和來賓小禎、于美人，正在于美人婚變後，廠商紛紛要求退合約之情況）

于美人：我說不好意思這樣，他說沒有啊，我了解，那個劉小姐知道女人的困難這樣子，**對！**這樣子。**對！**

小禎：要看廠商是男生還女生。

于美人：對！

（《康熙來了》，〈愛走到盡頭 - 該放手還是執著〉）

（張庭瑋，2017：68）

在 (107) 中，一共出現了三個「對」，第一個和第二個粗體標示的「對」就是表達一種自我確認，用來肯定自己之前的談論內容。本書認為出現在句尾的 hiya 非常類似此種功能，由於在口語敘事中，都是敘事者在描述故事，因此沒有聽話者或其他對象可進行確認，但筆者發現，仍有少數敘事者在敘事時會使用 hiya 表示自我確認用法，其用法像是敘事者對於自己先前所描述的內容，再次進行確認，呈現的情況跟中文的「對」很相近。具有自我確認用法的 hiya，在口語敘事出現 3 筆。在例 (108) 中，敘事者使用 hiya 對於先前訊息描述進行確認，然後再繼續後續的敘事內容。

(108) (口語敘事—梨子的故事 004)

A: Yaa hmuya binaw mirit nii, ini kmusa. Ida bi muuray da, hiya, tai, mrinah duri.

1	A: ..yaa	h<m>uya	binaw	mirit	nii,	
	疑問標記	< 主事焦點 > 如何	試試看	山羊	這	
	ini	km-usa.				
	否定詞	想要 - 去				
→ 2	..(2.0)	ida bi	me-uray	da,	**hiya**(0.5) ↓	
		可能	主事焦點 - 餓	助詞	**那裡**	
3	..qita-i,	m-rinah	duri			
	看 - 祈使	主事焦點 - 回	再			

A：這隻山羊不知道怎麼了，不想要走。
可能是肚子餓了，**沒錯的**。看，（它）又回頭了。

不過，要注意的是，這類語料中，也可能有另一種解釋，也許 hiya 在這裡並不是自我確認用法。出現在 hiya 之前的訊息常常帶著不確定性或感到驚訝，如第 2 行的 ida bi「可能」，也就是說，敘事者試著提出某種可能性的推斷，接著 hiya 的出現是確認前面的言談內容，但仍不是肯定的態度，接近「應該是那樣吧」或「應該是吧」的意思，如果這樣的解釋合理的話，這裡的 hiya 可能就是一種篇章指示用法，而不是言談標記的功能。[78]

4.1.6.3 話題接續

在第三章中，筆者已經呈現部份的指示詞在篇章中具有話題接續的用法，在本章口語語料中一樣也存在，而且出現頻率也變高。Biq（1990）研究中文的「那 (麼)na(me)」，文中即發現關聯詞 na(me) 具有三種主要的用法，包括條件關係（conditional）、話題接續（topic succession）以及話題改變（topic change），其中話題接續的使用頻率是最高的，主要用來連結兩個談話單位，第二個單位由 na(me) 開頭，針對第一個單位所提及的進行詳細說明或是進一步的發展，可再細分成兩小類，分別是立即接續（immediate succession）和遠距離接續（distant succession）（Biq, 1990: 190），如例 (109) 呈現：

(109) (QNS: 673)

(S talks about the things on sale in a swank department store.)

1 S. Yinwei tade dian ao, dongxi qishi hen duo.
because its store PRT thing actually very many

---

[78] 筆者在這裡之所以提出另一種可能的解釋，主因是在指示詞相關用法的演變或語法化過程中，似乎在跨語言中看不到有轉變成確認用法的情況。當然，也許還有第三種可能的解釋，就是把這裡的 hiya 當作是同音詞，但筆者目前不傾向這樣的分析，本書仍認為這樣的用法是從指示詞演變而來。這些相關的語義演變討論，將會在下一章語法化章節有更深入的討論。

2 **Na,** tade pijia ao, jiaru zai dazhe
its wallet PRT if at discount
de shihou,
NOM time

3 qishi hen keneng shi zui pianyi.
actually very possible be most inexpensive

S. 'For the store actually has many things. And its wallets, if they're on sale, could in fact veηpossibly be the cheapest(compared to the same ones sold elsewhere).'

(Biq, 1990: 192)

例 (109) 是話題立即接續的例子，因為 na(me) 出現在即將談話的開頭（即 pijia「皮夾」），原本前一個言談單位提到這間店的東西很豐富，而 na 後面的言談內容則立即進行闡述說明，所以這是話題接續的用法。

在本書也發現類似的情況，如 hiya- 詞串和 kiya- 詞串，在篇章言談中都發現了話題接續的用法，而表示近指 nii 和 hini 則都未發現。例 (110) 是話題接續的用法，敘事者首先提到有一個男生他的名字叫做 Jiru，接著出現 kiya ni，後面則繼續說明這個人的相關訊息，提到他很喜歡青蛙，所以這裡是話題接續的用法。

(110) (口語敘事—青蛙的故事 004)

A: Niqan kingal ka laqi snaw. Laqi nii o jiru ka ngahan na. Kiya ni, hiya nii o smkuxul balay qpatur.

1 A: ..niqan kingal ka laqi snaw.
有 一 主格 小孩 男生

2 ..laqi nii o jiru ka hangan=na.
小孩 這 主題 人名 主格 名字 = 他 . 屬格

→ **3** **..kiya** **ni**=(1.0),
那 **連接詞**

4 ..hiya nii o s-m-kuxul
他 . 主格 這 主題 動詞化 - 主事焦點 - 喜歡
balay qpatur
很 青蛙

A：有一個小男生，他的名字叫做 Jiru。**然後**，他很喜歡青蛙。

下面的例 (111) 也是話題接續的一種用法，但不完全相同於例 (110)。敘事者在講述有一個人牽著一隻山羊，接著在同一時間，又要描述原本在採水果的工人又回去樹上摘水果了，然後就在第 3 行出現了 kiya ni，出現在接續話題的前面，這時候話題又回到牽羊的這個人，並繼續講述他的相關訊息。也就是說，因為敘事者想要同時描述同一場景中的多個對象，所以他連續將兩個場景敘事完之後，透過第 3 行中出現的 kiya ni，再將話題拉回到第 1 行談論的對象，即牽著羊的人。

(111) (口語敘事—梨子的故事 006)

A: Gisu gaing balay ka kingal seejiq dmudul mirit. Wada

baraw ni musa lmamu hiyi qhuni ka hiya duri. Kiya ni, seejiq nii o muda pusu qhuni nini.

1 A: ..gisu gaing balay ka kingal seejiq
進行貌 . 助動 遠 很 主格 一 人
d<m>udul mirit.
< 主事焦點 > 牽 山羊

2 .. (1.0) wada baraw ni (0.5) m-usa
完成貌 . 去 上面 連接詞 主事焦點 - 去
l<m>amu (0.5)
< 主事焦點 > 摘
hiyi qhuni ka hiya uri.
水果 主格 他 . 主格 也

→ **3** **..kiya** **ni** (0.5), seejiq nii o (0.5)
那 **連接詞** 人 這 主題標記
..m-uda pusu qhuni nini,
主事焦點 - 經過 根 樹 這

4 .. (2.0) brbil mirit=niya, m-uda
拉 羊 = 他 . 屬格 主事焦點 - 經過
m-ksa
主事焦點 - 走
kiyig pusu qhuni,
旁邊 根 樹

5 ..mha sapah.

將.去　家

A：有一個牽著羊的人，正從很遠的地方走過來。然後，他也到上面繼續採水果。**然後**，這個人經過了大樹這裡，牽著他的羊，經過大樹的旁邊，要回家去。

值得注意的是，在例 (110) 和 (111) 中出現的 kiya ni，筆者從言談中前後語段的關係將它們歸類為一種話題接續的用法。然而，當我們仔細比較其他言談特性時，這裡的 kiya ni 似乎也很像一種佔位符號（placeholder）的用法。所謂的佔位符號，是指它們佔據了言談中某個名詞或動詞結構的句法位置，常發生在認知過程受到限制時，例如說話者一時想不起來適切的詞彙時，因此常常會伴隨著話輪中停頓（intra-turn pause）、聲音拉長（sound stretches）、重複（repetitions）、猶豫信號（hesitation signals）、以及自問自答（self-addressed questions）等，這樣的情況常常會在接續的言談中出現更精確的詞彙（Hayashi and Yoon, 2006, 2010）。

回到例 (110) 和 (111) 的情況，kiya ni 後面分別出現了 1.0 秒和 0.5 秒的停頓，其後立即出現的言談內容，而且都是名詞為首的主題句，分別是 hiya nii o「這個他啊」和 seejiq nii o「這個人啊」，也就是說，kiya ni 在這裡是屬於句法結構的一部分，暫時地佔據子句中某個特定的句法位置，目的是為了讓句子能順利的完成完整。所以，從這個角度分析的話，停頓是讓敘事者有較多的時間去構思、尋找下一個要談論的話題或對象，透過 kiya ni 的使用，也能讓聽話者注意力更為集中，知道下面即將出現更精確的詞彙，而這個現象是屬於填補詞（filler）用法的一種，筆者將於下面小節有更多的討論。

4.1.6.4 話題結束

接下來看到的是表示話題結束的用法，在下面的例子中，指示詞 nii「這」和 saw「像」一起出現，出現在整個口語敘事的結尾，代表敘事者已經講完了故事內容，並以 saw nii 作為結尾。此用法如同 Huang（1999, 2013）所提，言談標記可以標示整個話題或會話的結束用法，並出現在語段的邊界位置。

(112) 表話題結束
(口語敘事—梨子的故事 005)
A: Nangal na inu kida hug? msa lmnglung. Na, ida wada tqqaras wada ka dhiya, a, saw nii.

1 A: ..n-angal=na inu kiya.da hug (0.3),
完成貌 - 拿 = 他 . 屬格 哪裡 那 . 助詞 助詞
msa l<m>nglung.
說 . 主事焦點 < 主事焦點 > 想

2 .. na(0.5), ida wada t-q~qaras
?? 一定 完成貌 . 助動 互相 - 重疊 ~ 高興
wada
完成貌 . 去
ka dhiya,

主格　他們 . 主格

→ **3**　.. a (0.3),　**saw**　**nii**

FILL　**像**　**這**

A：（工人）一直在想，他們到底從哪裡拿到（水果）的呢？他們就很高興的離開了，**就是這樣**。（故事到此結束）

在 (112) 中，敘事者的故事已經到達最後的場景，在講完最後的敘事後，以 saw nii 進行結束語，也就是指整個敘事的結束。不過，此種用法在本書的口語語料中出現的頻率較偏低（口語敘事 1 筆、節目訪談對話 4 筆）。

4.1.6.5 填補詞[79]

指示詞在言談中具有填補詞用法的情況，已經在多個不同的語言研究中發現，如漢語（Huang, 1999, 2013; Tao, 1999; Hayashi and Yoon, 2006, 2010）、日語（Hayashi and Yoon, 2006, 2010）、韓語（Suh, 2000; Hayashi and Yoon, 2006, 2010）、台灣閩南語（Hsu, 2014）、印尼語（Wouk, 2005）、賽夏語（Yeh, 2015）等。Huang（1999: 88）提到中文指示詞「那（na）」在言談中的功能可作為一個停頓標記（pause marker），說話者可能還沒有完全準備好或是還在尋找合適的詞彙時，在一開始會發生猶豫或遲疑的情況，這也是一種填補式停頓標記用法（filled pause marker），其他詞彙

[79] 填補詞的用法，在筆者一開始的分類中並沒有發現到，謝謝指導教授葉美利的提醒與指出，隨後發現類似的用法其實時常出現在口語言談中。

如 nage「那個」、nage shenme「那個什麼」等也有類似的功能；Yeh（2015: 372）也提到賽夏語的 ma' 'isa:a' 在言談中也有功能類似填補詞的用法，用來表示說話者的猶豫。[80] 上述提到的一些學者則進一步認為，言談中出現這種停頓的現象，常用於說話者在搜尋合適的詞彙或是正在組織接下來要講的事情，或是為了讓言談能順利接續下去，保有當下的話語權等情況，這是一種佔位符號填補詞（placeholder filler）的用法（如 Huang, 2003; Keevallik, 2010; Podlesskaya, 2010; Suh, 2000; Hayashi and Yoon, 2006, 2010 等）。

Hayashi and Yoon（2006）從跨語言的材料檢視指示詞在言談中的用法，並具焦在指示詞在自然對話中當作填補詞彙（filler words）的用法，常常發生於言談過程中，說話者在找詞或選擇最合適的詞彙時遇到困難的情況。他們進一步將指示詞在這種「組成詞彙困難（word-formulation trouble）」的情境下的用法分成三類，分別是佔位符號的用法（placeholder use）、規避的用法（avoidance use）以及感嘆猶豫的用法（interjective hesitator use），[81] 前兩項都屬於句法結構的一部分，會佔據言談中句法的位置，佔位符號用法經由找詞的過程，為了找到更合適或確切的詞彙，會提供清

[80] Himmelmann（1996）沒有提到填補詞這個術語，但是他提到有些的指示詞在言談中可表示說話人的遲疑、猶豫或是思考，並多次提到停頓（pause）出現的重要性。Diessel（1999）也提到很多語言的指示詞都可以標示猶豫信號（hesitation signals），如日語、韓語、漢語、芬蘭語等。

[81] Hayashi and Yoon（2010）的文章將這種用法改成兩大類：佔位符號的用法（placeholder use）以及感嘆遲疑的用法（interjective hesitator use）。

楚具體的說明，而規避的用法則是為了避免聽話者可能有不舒服的情況，會間接地使用，這兩種用法都具有指涉性；第三類的感嘆猶豫的用法，不同於前面兩類，在原句中並無特定位置，可以出現在句中任何的地方，主要用來顯示說話者的遲疑，沒有任何指涉的功能，此外，該類用法經歷了語用化（pragmaticization）的情況，也可當作引介新話題的功能使用。

根據 Hayashi and Yoon（2006）的研究，漢語的指示詞常用來當作一種佔位符號使用，如例 (113)。

(113) Mandarin

((Speakers are discussing traditional Chinese paintings.))

1 F: dui. youren, keneng, buda
right someone probably not.really
xiangxin Zhongguo
believe Chinese

2 huashang hua de na yi ge **shi,**
painting-on paint N that one CL CP
'Right, some people don't seem to believe that what Chinese paintings depict are,'

3 M: shitou.
stone
'((real)) stones.'

4 → F: zhe-ge, a shitou he

PROX.DEM-CL, **uh** **stone** **CONJ**

shan zheme,

mountain so

en xiqiguguai de.

uh strange PRT

'zhe-ge [=this thing], uh, ((real)) stones and mountains, and that ((they are)) so strange.'

(Hayashi and Yoon, 2006: 493)

在 (113) 中，當說話人 F 在第 2 行最後講到「是」的時候，表示後面可能有某種名詞指涉對象將出現，而當說話人 M 在第 3 行中回應「石頭」的時候，F 並沒有接受 M 的回答，而是說出了 zhe-ge「這個」當作了佔位符號，這表示說話人 F 仍在找尋確切的名詞投射對象，在經歷了一檢點短的猶豫聲音 a「啊」，F 馬上提供了要尋找的詞彙項「石頭和山」，因此具體化了佔位符號指示詞的指涉對象。

在太魯閣語的語料中，也發現到這種指示詞的佔位符號用法，主要出現於 hiya- 詞串和 kiya- 詞串，如 (114)。

(114) (口語敘事—梨子的故事 005)

A: Kiya do, lwaan nanak, ah, nii bowsi su. Kiya do, tama nii da ga, mangal bowsi ni saan na hmadat lqian nii da. Kiya do, ida msa ka nii o ma ariga…mhuway namu hug.

1 A: **..kiya** **do** (2.0),

那 **連接詞**

2 ..lawa-an nanak (0.5), ah, nii
喊叫 - 處所焦點 自己 助詞 在
bowsi=su.
帽子 = 你 . 屬格

→ 3 **..kiya** **do** (0.5), tama nii da ga(0.5),
那 **連接詞** 爸爸 這 助詞 主題標記

4 ..m-angal bowsi ni usa-an=na
主事焦點 - 拿 帽子 和 去 - 處所焦點 = 他 . 屬格
h<m>adat
< 主事焦點 > 運送
laqi-an nii da.
小孩 - 斜格 這 助詞

→ 5 **..kiya** **do** (2.0),
那 **連接詞**

6 ..ida msa ka laqi nii o ma
就 說 . 主事焦點 主格 小孩 這 主題 為什麼
<L2ariga-L2> (1.0)
謝 [日語]

7 ma m-huway balay hug,
為什麼 主事焦點 - 慷慨 非常 助詞
g<me>alu
< 主事焦點 > 憐憫

balay　　hug.
非常　　助詞

A：然後，他就大叫：「啊，這是你的帽子。」然後，這個爸爸呢，就拿了帽子去給這個小孩。然後…這小孩就這樣說，怎麼這麼慷慨阿、怎麼這麼憐憫啊。

在例 (114)，一共出現了出現了三次 kiya do，第一次出現的 kiya do 在第 1 行，停頓了 2.0 秒左右，敘事者似乎有找詞上的麻煩，但是觀察其後出現的語段，沒有明確具體需要被搜尋的詞彙，若是在句中被刪除也不影響句子語意，因此這裡的 kiya do 更像是屬於感嘆猶豫的用法，也就是說，只是單純的表示敘事者的遲疑。第二次出現的 kiya do，在第 3 行的地方，帶有 0.5 秒的停頓，其後出現了主題 tama nii「這個爸爸」，以及主題標記 ga，筆者認為，這裡的 kiya do 類似於 (110) 和 (111) 中的 kiya ni，功能可當作是話題的接續，因為後面補充說明在他大叫之後的後續行為，同時，它似乎也是一種佔位符號用法，因為在 (114) 這個段落之前還有另一個段落（約超過 10 個語調單位 IU），敘事者有提到這三個人應該是一家人，其中的男生應該是爸爸，中間的言談過程也有其他指涉對象的加入，因此，敘事者想要再次提到做這些行為事件的指涉對象，所以第 3 行的 kiya do 很可能是要用來找回確切的詞彙，也就是 tama nii「這個爸爸」。第三次出現的 kiya do，在第 5 行的地方，也停頓了 2.0 秒左右，kiya do 之後，出現了 ida msa ka laqi nii「這小孩就這樣說」，接著他要講借自日語的 agigato「謝謝」，但可能發現應該要講族語，所以該詞彙只講到一半 ariga-，接著說出太魯閣語更合適的詞彙 mhuway「慷慨；謝謝」，也就是說，第 5 行的 kiya do 的停頓，應該就是敘事者在利用這時間去找尋合適的詞彙或說法，但第一次說出了外來語，發現不太好，於是很快地就找到了更確切的詞彙，所以筆者認為這是典型的佔位符號用法。

接著，筆者發現 kiya 在口語敘事中，單獨使用似乎也有填補詞的用法，如例 (115) 這個敘事段落中，敘事者在第 1 行說了兩次 kiya，在此之前，提到這些人去幫忙騎腳踏車跌倒的人，並幫忙把撒在地上的水果都撿起來，然後第一次說完 kiya 後停頓了 2 秒左右，第二次又停了 0.5 秒左右，同樣地，筆者認為第 1 行出現的兩次 kiya，似乎就是遇到了找詞的困難，因為前面提到他們三個人一起去幫忙把灑落在路上的水撿起來，而 kiya 出現後，敘事者想到具體的詞彙了，也就是 nniqan hiyi qhuni「放水果的地方（即籃子）」。

(115) (口語敘事—梨子的故事 006)

A: kiya⋯kiya...jyaan dha ni jyaan dha powsa ida nniqan hiyi qhuni nii.

→ **1** **A: ..kiya** =(2.0) **kiya** (0.5),

FILL **FILL**

2 ..dayag-an=dha ni (0.3)

幫忙 - 處所焦點 = 他們 . 屬格 連接詞

3 ..dayag-an=dha powsa ida
幫忙 - 處所焦點 = 他們 . 屬格 放 就
n-eniq-an
名物化 - 位於 - 名物化
hiyi qhuni nii
水果 這
A：**那…那**，他們來幫忙並且幫忙放到水果的籃子。

4.1.7 小結

本節從「口語敘事」中的材料檢視指示詞在言談中的功能，結果發現，這些用法包括文外照應（情境用法）、篇章指示、文內照應（回指和後指）、識別用法、關聯詞用法、以及言談標記用法，又包括表主題標記、確認用法、應答用法、話題接續、填補詞、以及語尾助詞等六小類，這些用法的使用頻率已呈現在表 4- 1：指示詞在「口語敘事」中的言談語用功能。就目前來看，指示詞延伸的某些言談功能，似乎不出現於「口語敘事」的言談模式中。

4.2 太魯閣語指示詞在「遊戲設計對話」中的言談語用功能

在「遊戲設計對話」中，指示詞的言談功能除了包括文外照應（情境用法）、篇章指示、文內照應（回指和後指）、識別用法、關聯詞用法外，言談標記用法則可區分成主題標記、確認用法、填補詞、語尾助詞等。下表是指示詞於「遊戲設計對話」中的出現頻率：

表 4- 4：指示詞在「遊戲設計對話」中的言談語用功能

言談語用功能 ＼ 指示詞			nii	gaga	ga	kiya/ki	hini	hiya/hi	kiya-詞串	hiya-詞串
文外照應 (情境用法)			3 (7.5%)	1 (100%)	3 (2.4%)	1 (1.1%)	3 (6.3%)	2 (2.5%)	4 (8.0%)	
篇章指示						44 (46.3%)			18 (36.0%)	
文內照應 (回指和後指)			10 (25.0%)		14 (11.3%)	8 (8.4%)	2 (4.2%)	2 (2.5%)	28 (56.0%)	
識別用法			27 (67.5%)		70 (56.5%)	22 (23.2%)	43 (89.6%)	40 (50.6%)		
關聯詞用法										12 (85.7%)
言談標記	主題標記				2 (1.6%)					
	強調用法									
	確認用法	要求確認				16 (16.8%)		35 (44.3%)		
		自我確認								
	應答用法									
	話題接續									
	話題結束									
	話題轉換									
	話題再開									
	填補詞					4 (4.2%)				2 (14.3%)
	語尾助詞				35 (28.2%)					
合計			40 (100%)	1 (100%)	124 (100%)	95 (100%)	48 (100%)	79 (100%)	50 (100%)	14 (100%)

從上表中可以看到幾點觀察，第一，跟口語敘事相似的是，表示遠指的gaga「那」僅出現唯一1筆，基本上是不使用於口語中，本書認為主要是因為gaga可見性特徵的要求，在遊戲對話設計中，兩個人是無法看見彼此的，因此可以預期這樣的結果，不過，hini的使用頻率卻大大提升，共出現了48筆，而且幾乎都屬於識別用法。第二，從出現頻率來看，不同於口語敘事，在「遊戲設計對話」中，識別用法反而出現較高的頻率（除了kiya之外），會產生這樣的原因，是因為遊戲設計對話的特性，前文提及，進行遊戲前，雙方會知道彼此有十多個一模一樣的東西，也就是說，這些要被擺放的東西，在遊戲開始前已成為彼此的共享的背景知識，因此，識別用法在該言談模式中反而呈現較高的使用頻率；然而，為什麼指示詞kiya的頻率反而不算高呢（僅佔23.2%）？筆者推測，這也是因為遊戲設計對話的特性，雙方需要有非常高的互動性，需要不斷地進行確認，包括確認物品、擺放的位置，甚至包括物品擺放的整個行為事件，因此，可以看到篇章指示用法出現了44筆（佔46.3%）、要求確認用法出現16筆（佔16.8%）。第三，在遊戲設計對話的言談模式中，可以觀察到有多種言談用法都未出現在此類對話中，包括強調用法、應答用法、話題接續、話題結束、話題再開等。接著，下面將針對指示詞出現在「遊戲設計對話」中的言談功能進行討論。

4.2.1 文外照應（情境用法）

指示詞在遊戲設計對話的文外照應用法，基本上都是低頻率的使用。由於前文提到遊戲設計對話的特性，兩位遊戲參與者雖處在同一個空間，但是中間有被隔板隔住，所以雙方是無法看見彼此的，只能藉由聲音來進行遊戲的對話；再者，因為雙方對於要擺放的物品皆已熟知，也就是成為共享的背景知識，因此，情境用法僅包括說話者透過手勢進行指示的情況，如例 (116) 中，第3行的指示詞 ki 出現在 mpurah「黃色」之後，也就是指 ruru「鴨子」的顏色，在當下情境言談中都是第一次出現，且使用了手勢指示。

(116) (遊戲設計對話— 016)

A: Cupyan, iril.[82]

B: Em…

A: Ruru, ruru, hwang, mpurah ki ga, ida cupyan uri.

B: Cupyan.

---

1 A: ..<L2cupyanL2>, iril
左邊 [華語] 左邊

2 B: ..em=(1.0)
BC

→ **3** A: ..ruru, ruru, <L2hwangL2>, mpurah **kiya** ga(0.5),
鴨子 鴨子 黃 [華語] 黃色 **那** 主題標記

4 ..ida <L2cupyanL2> uri

---

[82] 遊戲設計對話中，是允許談話者使用雙語，因此會出現部分的華語，如例句中的 hwang 和 cupyan，分別對應於華語的「黃」和「左邊」，經筆者以太魯閣語的拼音方式轉寫。

就　　　左邊 [華語]　　　也

5　B: ..<L2cupyanL2>

左邊 [華語]

A： 左邊，左邊。

B： 恩…

A： 鴨子，鴨子，黃，**那個**黃色，也是（放在）左邊。

B： 左邊。

4.2.2 文內照應（回指和後指）

在遊戲設計對話中，文內照應中呈現的用法很多都不是用來回指單一名詞或名詞組，而是上一節提到的第一次提及後的回指性指示詞用法，或是有可能更接近定冠詞的用法。如例 (117)，這是遊戲設計對話一開始就發生的對話，babuy psai pila 指的是「放錢的豬（撲滿）」，說話人 A 第一次提到後，第二次再提到就在 babuy psai pila 後出現了指示詞 ki，所以這裡的 ki 是當作回指用法。

(117)　(遊戲設計對話— 013)

A: Babuy psai pila ga, psai brah su, brah baraw ga.

B: Iq.

A: Saji, saji psai, kiyig babuy, babuy psai pila ki ga.

1　A: .. babuy　　powsa-i　　pila　　gaga (1.0) ↑,

豬　　放-祈使　　錢　　那

.. powsa-i　brah=su,　brah　baraw　gaga↑.

放-祈使　前面=你.屬格　前面　上面　那

2　B: .. iq.

好

3　A: .. saji,　saji　powsa-i (1.0)　kiyig　babuy,

湯匙　湯匙　放-祈使　旁邊　豬

→**4**　.. (0.5) babuy　powsa-i　pila　**kiya**　gaga↓.

豬　放-祈使　錢　**那**　助詞

5　B: ..iq.　<L2haoL2>

好　好 [華語]

A: 放錢的那個豬（撲滿），放你的前面，前上方那裡。

B：好的。

A：湯匙，湯匙放在豬的旁邊，那個放錢的豬。

B： 好，好。

例 (117) 中可能存在另一種解釋，在第 4 行中，被限定的名詞組 babuy psai pila「放錢的豬（撲滿）」之後出現了指示詞 ki 和 ga，筆者目前將 ki 分析為指示詞，而 ga 分析為助詞，因為目前我們尚未發現兩個單獨的指示詞連續出現的情況。但是，如果我們把其中一個指示詞分析為定冠詞的話，這樣的結構可能會有另一種分析。首先，我們在 Lakhota 這個語言看到上述的這種情況，定冠詞和指示詞是可以一起出現的，如下例中的 ki 'the' 和 he 'that'：

(118) Lakhota (Ingham, 2001: 16) [83]

wic'aṡa ki he
man the that
'that man'

（轉引自 Matthew, 2013）

回到例 (117)，babuy psai pila「放錢的豬（撲滿）」這個名詞已經第二次提到，所以後面的 ki 有可能已經是當作定指性的標記（或定冠詞）功能，如果這樣的分析正確的話，而最後的 ga 就能分析成定語性指示詞用法。此外，定冠詞還有一種特性可能用來標示統稱的種類或類別，由於這個 babuy psai pila「放錢的豬（撲滿）」並不是太魯閣族原有的物品，說話者也可能是透過 ki 來凸顯這是一種特定的類別。

到目前為止，在「口語敘事」和「遊戲設計對話」中，筆者皆觀察到指示詞 nii 可以在一段言談內容中，出現多次在指涉的名詞之後，起限定作用。在 The World Atlas of Language Structures (WALS) Online 中，Matthew（2013）針對定冠詞（definite article）進行跨語言的類型學研究，[84] 他從 620 種語言中將定冠詞分成好幾

[83] Lakhota 語使用於美國北部及部分在加拿大，屬於 Siouan 語系的一支。

[84] 在這份調查資料中，泰雅語是台灣南島語中唯一被納入的語言，且被歸類在第一類，其參考資料來源是 Rau（1992）的博士論文。筆者經查詢後發現，Rau（1992: 139）提到泰雅語的普通名詞和專有名詞前面可能出現定冠詞或主格標記 qu'，在部分的例句中確實也將 qu' 標示為 DEF（definite article），例如：

種類型，呈現如下：

(119) 1. Definite word distinct from demonstrative 216 種語言
2. Demonstrative word used as marker of definiteness 69 種語言
3. Definite affix on noun 92 種語言
4. No definite article but indefinite article 45 種語言
5. Neither definite nor indefinite article 198 種語言

在我們熟悉的語言中，英語有不定冠詞 a/an，也有定冠詞 the，且跟指示詞 this 和 that 形式不同，因此被歸為第一類；漢語並沒有歸類在這五個類別中，因普遍被認為是沒有定冠詞的語言，但是 Huang（1999, 2013）認為，在漢語口語中，遠指指示詞 na(ge)「那（個）」已經語法化成為定冠詞的功能。

在太魯閣語中，就目前討論的歸納，太魯閣語的指示詞 nii 和

MALAQI' qu' kneriN qasa LRU'.
ACT- 小孩 DEF woman that PAR-and
'That woman gave birth.'

（Rau, 1992: 141）

如果定冠詞是指這種標記定指性的主格用法的話，將泰雅語的定冠詞歸類在第一個類型中恐怕不是很合適，因為 qu' 本身並不具有指示詞典型的功能，如代名詞性指示詞或定語性指示詞（黃美金、吳新生，2016）。此外，黃美金、吳新生（2016：75）也進一步指出，泰雅語的指示代名詞 qani「這」和 qasa「那」極有可能是來自主格標記 qu 和表示「這、那」之詞根 hani 及 hasa 組合而來。

[85] 本書初稿時將這類用法獨立成一類，表示「動作的完成或結束」，語意接近「好了；完成了」，但是這樣的分析是從語意的角度來解釋，因此是很不洽當的，因為這樣的語意可能來自助詞 da「了」。因此，當我們從言談語用角度來分析時，無論是 kiya da 或 kida，其實核心還是具有指示用法的 kiya，由於 kiya da 或 kida 之前的言談語段很多都屬於整個擺放的動作或行為，不只是單一的名詞（組），所以現在將該類用法分析為篇章指示用法。

kiya，應該能歸類在第二類型，也就是說，可以透過指示詞作為定指性的標記（如定冠詞）的功能。

4.2.3 篇章指示用法

前一節已談到，指示詞 nii 和 saw「像」一起出現時，在言談中表示篇章指示用法，但數量很少（2 筆，佔 1.0%）。然而，在遊戲設計對話的言談模式中，篇章指示用法則大量出現於指示詞 kiya 和 kiya- 詞串，因為遊戲設計的需求，雙方需要不斷地和對方進行確認及回應，尤其是當擺放完一個物品之後，或是整個遊戲完成的時候，就常常出現 kiya da 和 kida「就是那樣了」這兩個用法，所以有時候會判隨著 han「應答用法」、iq「好的；是」一起出現，相關例句如下呈現。

(120) (遊戲設計對話— 018)

A: Ida yowpyan.

B: Han. Iq, kiya da.

A: Wihi, wihi.

Ga ska pratu embanah.

B: Haw.

1	A: ..ida	<L2yowpyangL2>,
	就	右邊 [華語]
2	B: .. (2.0)	han.

		BC			
→ **3**	.. (1.0) iq,	**kiya**	**da.**		
	好	**那**	**了**		
4	A: ..wihi,	wihi (0.5).			
	湯匙	湯匙			
5	.. ga=(1.0)	ga	ska	pratu	embanah.
	在	在	中間	碗	紅色
6	B: .. <L2hawL2>				
	好 [華語]				

A：就在右邊。

B：是的，好，就這樣 / 那樣了。[85]

A：湯匙，湯匙，在紅色的碗中間。

B：好。

上面出現的 kiya da 經過語音融合後會變成 kida，在言談中也能表示前面的語段中的行為或擺放動作的過程，如例 (121) 中第 7 行的 kida。

[85] 本書初稿時將這類用法獨立成一類，表示「動作的完成或結束」，語意接近「好了；完成了」，但是這樣的分析是從語意的角度來解釋，因此是很不洽當的，因為這樣的語意可能來自助詞 da「了」。因此，當我們從言談語用角度來分析時，無論是 kiya da 或 kida，其實核心還是具有指示用法的 kiya，由於 kiya da 或 kida 之前的言談語段很多都屬於整個擺放的動作或行為，不只是單一的名詞（組），所以現在將該類用法分析為篇章指示用法。

(121) (遊戲設計對話—003)

A: Siida do o, ciyux da.

B: Ciyux o, inu?

A: Quri⋯ ida kiya, quri truma puurung embanah ga.

B: Puurung embanah,

A: Iq.

B: han, kida.

1	A: ..siida do o (0.5),			ciyux	da.	
	然後			梳子	助詞	
2	B: ..ciyux		o		inu?	
	梳子		主題標記		哪裡	
3	A: ..quri=(1.0)		ida		kiya,	
	朝向		就		那	
4	..quri	truma	puurung		embanah	ga
	朝向	下面	貓頭鷹		紅色	那
5	B: ..puurung			embanah,		
	貓頭鷹			紅色		
6	A:			[iq.]		
				好		
→ 7	B: ..han,		**kiya.da.**			
	BC		**那.助詞**			

A：然後，梳子了。

B：梳子，在哪裡？

A：朝向，就是一樣那裡，往下面的貓頭鷹那裡。

B：紅色的貓頭鷹。

A：好

B: 嗯，就是這樣 / 那樣了。

4.2.4 識別用法

在口語敘事的言談模式中已談到識別用法，指的是在篇章或言談中沒有明確的參照點或參照對象，指涉對象不存在當下的語境中，這種用法必須被建立在說話者與聽話者彼此之間擁有共同享有的經驗或知識（Diessel, 1999; Himmelmann, 1996），並提到識別指示詞用法所標示的訊息有三大特點：言談中是新的、對聽者是舊的以及私人的（Diessel, 1999: 106）。

在遊戲設計對話中，識別用法的出現頻率很高（如表 4- 4 所呈現），筆者也試著解釋，主要是因為遊戲設計對話的特性，遊戲正式開始前，會先讓遊戲參與者知道彼此有十多個一模一樣的東西，然後，要根據對方所下的指令，一個一個完成擺放，也就是說，這些要被擺放的東西名稱及可擺放的空間，在遊戲開始前已成為彼此的共享的背景知識（雖然其他特性仍讓少數人產生誤解，如物品的顏色、大小以及外觀等），下面先來看相關的例句：

(122) (遊戲設計對話— 006)

A: Qarit da ha.

B: Qarit da.

A: Kalu da ha.

B: Iq.

A: Ruru nii.

B: Ah? Ey, kalu do psai ka ruru da, hiya.

A: Iq.

1	A: ..qarit	da	ha				
	剪刀	助詞	助詞				
2	B: ..qarit	da					
	剪刀	助詞					
3	A: ..Kalu	da	ha				
	梳子	助詞	助詞				
4	B: ..iq						
	是						
→ **5**	A: ..ruru	**nii**					
	鴨子	**這**					
6	B: ..ah?						
	啊						
7	..(2.5) kalu	do	powsa-i	ruru	da,	hiya	
	梳子	連接詞	放 - 祈使	鴨子	助詞	DM	

8　A: ..Iq.
　　是

A：剪刀了喔。

B：剪刀了。

A：梳子了喔。

B：是的。

A：這個鴨子。

B：啊？梳子之後是放鴨子了，對吧？

A：是的。

在 (122) 中，1 到 2 行是擺放剪刀的動作，3 到 4 行是接著擺放梳子，在此之前尚未擺放到 ruru「鴨子」，也不曾提到過，但是在第 5 行的地方，ruru「鴨子」之後出現了指示詞 nii。在第 6 行的地方，說話人 B 一開始還沒看到鴨子，並花了一點時間尋找，找到之後就邊擺放物品邊說出第 7 行的訊息。因此可以看到，說話人 A 之所以直接使用指示詞 nii，是因為擺放物品的動作已經進行到一半，他預期說話人 B 對於所有物品已經擁有共享的背景，應該能聽得懂這個被指涉的對象，所以這裡的 nii 是屬於識別用法。

4.2.5 關聯詞用法

在前一節中，我們注意到指示詞的關聯詞用法在口語敘事中出現頻率很高，且主要以 kiya- 詞串為主，有 23 筆（佔 kiya- 詞串的 43.4%），然而，在遊戲設計對話中，關聯詞用法出現的頻率相較之下降低不少，且反而不使用 kiya- 詞串（0 筆），而是以 hiya- 詞串為主要的用法，有 12 筆（佔 hiya- 詞串的 85.7%），主要呈現的用法都是時間接續的關係。

(123) (遊戲設計對話— 003)

A: Kiyig truma.

B: Kiyig truma ima? Gasil hug?

A: Kiyig truma gasil.

B: Gasil, haw.

A: Hiya do, triya embanah.

B: Triya embanah, inu?

1	A:	..kiyig	truma				
		旁邊	下面				
2	B:	..kiyig	truma	ima?	..(1.0)	gasil?	
		旁邊	下面	誰		繩子	
3	A:				[kiyig	truma	gasil.]
					旁邊	下面	繩子
4	B:	..gasil,	<L2hawL2>				
		繩子	好 [華語]				
→ 5	A: ... (2.0)	**hiya**	**do (1.0)**		triya	embanah.	
		那裡	**時間連接詞**		輪子	紅色 ((指紅色的車子))	

6 B: ..triya embanah, inu?
輪子 紅色 哪裡

A：下面旁邊。

B：誰的下面旁邊？繩子？

A：繩子下面的旁邊。

B：繩子，好。

A：然後，紅色的車子。

B：紅色的車子，在哪裡？

例 (123) 中，hiya「那裡」跟 do「時間連接詞」一起出現形成關聯詞用法，用來銜接前一個話輪的動作，表示動作或時間的先後順序關係，在 1 到 4 行中，兩位遊戲參與者在擺放 babuy「豬」的位置，完成之後，第 5 行要開始擺放新的物品，並以 hiya do 進行連接。

接下來，我們看到另一種 hiya- 詞串的關聯詞用法，hiya 和助詞 da「了」產生融合形式 hida，然後再跟對等連接詞 ni「和」產生關聯詞用法，主要也是呈現時間上的承接關係，如例 (124) 的 hida ni。

(124) (遊戲設計對話— 004)

A: Ska baraw o qsurux,

B: Iq.

A: Paru qsurux. Hida ni, hndu da, hiya.

B: Qsurux. Haw.

A: Ska han o.

B: Haw.

A: Iq, hida ni, truma na o bhgay ey, haya.

B: Haw.

---

1 A: ..ska baraw o (0.5) qsurux
中間 上面 主題標記 魚

2 B: [iq.]
好

3 A: ..paru qsurux, **hiya.da** **ni**=(1.0),
大 魚 **那裡.了** **連接詞**
hndu=su da, hiya
完成=你.主格 助詞 DM

4 B: ..<L2hawL2>
好 [華語]

5 A: ..ska han o.
中間 先 助詞

6 B: ..<L2hawL2>
好 [華語]

→ **7** A: .. iq, **hiya.da** **ni**=(1.0), truma=na
好 **那裡.了** **連接詞** 下面=他.屬格
o (0.5)

主題標記

8 ..ey(0.5), haya

FILL 車子

9 B: ..<L2hawL2>

好 [華語]

A：中間上面是魚。

B：好。

A：大魚，然後…你完成了，對吧？

B：好。

A：中間先（放）喔。

B：好。

A：好，然後…他下面是車子。

B：好。

例 (124) 中共出現了兩次關聯詞 hida ni，第 1 到 6 行是進行 qsurux「魚」的擺放，用來承接動作或時間上的關係，第一次出現於第 3 行，說話者 A 下玩指令後，不確定對方是否完成，於是再追問 hndu su da, hiya「你完成了，對吧」，而第 4 行的說話者 B 給予肯定的回應。在第二次出現在第 7 行的 hida ni，就是在確定前一個擺放物品都已經完成後，要接續擺放下個物品，所以這裡的 hida ni 表示時間上的承接。

4.2.6 言談標記用法

就目前的觀察，遊戲設計對話中指示詞也呈現多種言談標記的功能，這些用法可進一步區分成主題標記、確認標記（要求確認）、填補詞以及語尾助詞等，也能觀察到，因為遊戲設計對話需要一問一答的模式，盡可能透過不斷地確認與回應，盡快完成遊戲，因此，常常需要較長言談內容的話題接續、話題結束、話題再開等言談用法，就完全不出現在這類言談模式中。

4.2.6.1 確認用法：要求確認

如前文所提，確認用法可分成兩類，一種是要求確認，希望能得到聽話者的確認或回應；另一種則是自我確認，針對自己在前面說的言談內容進行確認與肯定。在「遊戲設計對話」的模式中，僅出現要求確認的用法，主要出現於 kiya 的肯定用法 / 應答用法以及 hiya/hi「是這樣 / 是那樣」，因為這類模式需要大量的進行確認與回覆，要能聽懂對方的指令和擺放物品的位置，因此遊戲參與者就不斷地在進行要求確認。如前文所提，當 kiya 在言談中出現在句首位置時，時常當作應答用法，kiya 出現在句尾的位置時，當作附加問句用來要求確認，語調為平升調，如 (125) 呈現。

(125) (遊戲設計對話— 010)

A: Phpah embanah.

B: Hana embanah, kiya?

A: (點頭)

B: Psaun ta inu?

A: Powha lbku hiya.

B: Haw.

1	A: ..phpah	embanah.		
	花	紅色		
→ **2**	B: .. (1.5)	<L2hanaL2> ↓	embanah ↓,	**kiya** (1.5) ↑
		花 [日語]	紅色	**那**
3	A: ((點頭))			
	((點頭))			
4	B: ..(0.5)	powsa-un=ta		inu
		放 - 受事焦點 = 咱們 . 屬格		哪裡
5	A: ..(1.0)powha	lb-	<X lbku X>	hiya.
	放	XX	XX	那裡
6	B: ..<L2hawL2>			
	好 [華語]			

A：紅色的花。

B：紅色的花，對嗎？

A：（點頭）

B：我們要放哪裡？

A：放在 XX 那裡。

B：好。

例 (125) 中，第 2 行的地方，說話者 B 使用了三個詞彙，每個詞彙都有自己的重音，語調為下降調，而最後出現的要求確認用法 kiya，語調則些微往上，為平升調。一般來說，kiya 當作要求確認用法時，聽話者都會透過某種方式來回應，如 iq「好的；是的」，不過特別的是，在這個例子中，kiya 後面停頓了約 1.5 秒，因為說話者 A 並沒有任何言談回應，而是用點頭的方式，又因為說話者 B 看不到對方，也沒聽到任何回應的聲音，為了讓對話繼續進行，所以就繼續詢問 psaun ta inu?「咱們要放哪裡？」，但從整個言談內容來看，kiya 的要求確認用法常常都會得到聽話者的回應。

接著，筆者要呈現 hiya 表示要求確認用法的情況，從句法位置來看，hiya 跟 kiya 一樣，表示要求確認用法時，都出現於語調單位最後的位置，如例 (126) 中的 hiya，出現於第 1 行的最後，用來跟對方確認前面的動作行為是否正確，隨後，說話者 B 也直接用 iq「是的」給予回應。

(126) (遊戲設計對話— 024)

A: Psai narat, hiya.

B: Iq.

→ **1** A: ..powsa-i narat, **hiya** ↓.

放 - 祈使 右邊 DM

2　B: ..iq.
　　是的

A：放在右邊，對吧。

B：是的。

接下來要討論的是，表處所用法的 hiya 跟確認用法的 hiya 有什麼不同？前文提及到，hiya「那裡」表示狀語性指示詞用法時具有指示的概念，在句法位置上，常常出現在名詞之後，也常位於句末或語段末的位置，也就是說，跟確認用法的 hiya 似乎有可能會出現一樣的結構，對此，筆者觀察到兩者有一個最明顯的差異，就是「hiya 是否參與句子音節重組」或是「hiya 之前的詞彙是否自帶重音（或重讀）」。根據李佩容、許韋晟（2018）提到的重音節規則，在太魯閣語中，一般重音落在倒數第二音節位置。如果為一個完整的句子，音節也會落在到倒數第二的位置，其他詞彙通常會輕讀，試比較例 (127)：

(127) a. A: Psaun ta inu?

B: Ida powha, ida powha kiyig na hiya.

1　A: ..powsa-un=ta　inu
　　放 - 受事焦點 = 咱們　哪裡

→ **2**　B: ..ida powha,　ida　powha
　　就 放 . 主事焦點　就　放 . 主事焦點

kiyig=na **híya.** ↓
旁邊 = 他 . 屬格 **那裡**
A：我們要放哪裡？
B：就放在他的旁邊那裡。

b. A: Hndu da, hiya.
B: Iq o.

→ 1 A: ..h<n>dú da, híya ↓.
< 完成貌 > 完成 助詞 DM

2 B: ..iq o
好的 助詞
A：完成了對吧？
B：是的。

在 (127a) 中，句子的音節落在倒數第二音節的 híya 上，且可以看到，其前面的 kiyig na「他的旁邊」並沒有自帶重音或重讀。然而，在 (127b) 中，句尾的 híya 仍然帶有倒數第二音節位置的重音，不同於 (127a)，hiya 並沒有參與整個句子的音節重整，所以其前面的詞彙 hndú da「完成了」有自己的重音。也就是說，只要 hiya 出現於句尾，而且之前的詞彙帶有重音或重讀，通常就表示這裡的 hiya 是屬於確認用法。

4.2.6.2 填補詞

就目前遊戲對話設計的語料呈現，kiya/ki 以及 hiya- 詞串都具有填補詞的言談功能，除了在言談中通常有明顯的猶豫或遲疑信號外，跟「口語敘事」的情況類似，說話者一時想不到確切的詞彙，因此在第 3 行的地方使用了 hnu kiya，在這裡是當作佔位符號（placeholder）的用法，如 (128)。

(128) (遊戲設計對話— 024)

A: Hida ni bhgay ey,
haya o 旁邊 na o hnu kiya, ey, ima binaw, hana.
B: Haw.

1	A: ..hiya.da	ni	bhgay	ey= (1.0)		
	那裡 . 了	連接詞	白色	FILL		
2	..haya	o	<L2pangpyanL2>=na		o	
	車子	主題	旁邊 [華語]= 他 . 屬格		主題	
→ 3	hnu	**kiya** (0.5),				
	FILL	**FILL**				
4	..ey=(1.0),	ima	binaw,	hana.		
	FILL	誰	助詞	花		
5	B: ..<L2hawL2>.					
	好 [華語]					

A：接著是白色，車子旁邊，**那個什麼**，是什麼呢，花。

B：好

在 (128) 中，這段對話是兩位說話者要藉著聽和說，擺放出正確的位置。在第 3 行的地方，說話者 A 在下指令的時候，指示詞 kiya 前面出現了一個似乎具有指涉意義的詞彙 hnu「這個 / 那個（類似填補詞用法）」。然後，kiya 停頓了一下之後，緊跟著又出現了表示感嘆猶豫用法的填補詞 ey 以及 ima binaw「是什麼呢（這裡指涉對象為物品）」，最後出現了正確的物品名稱 hana「花」。這樣的現象顯示說話者透過佔位符號指示詞以及其他填補詞，讓自己有時間去思考、尋找正確的名稱，再加上它們也呈現停頓的情況，因此筆者認為這裡的 kiya 是很典型的指示詞佔位符號用法。

值得一提的是，詞彙 hnu 在言談中也常使用，其後常常會有停頓，也類似填補詞的用法。在語意上則代表某個指涉的對象，但在上下文中不一定會出現，類似於前面提到的識別用法，如例 (129)，這裡的 hnu 是句中主語，代表某個指涉的對象，說話者預期聽話者能了解或辨識出所指對象，如果沒有共享的背景知識，聽到這句話時，通常無法知道說話者想要指涉的對象是什麼。[86]

(129) Wada su smluun ka hnu da?

wada=su	smluun	ka
完成貌 . 助動 = 你 . 屬格	製造 . 受事焦點	主格

[86] 這裡的 hnu 是個可以指涉某個東西的填補詞用法，在本書並沒有特別談論它的用法，因為它在書面語資料幾乎很少出現，而且並不像其他五組指示詞，可表示空間的遠近或可見性的差別，也就是說，根據 Himmelmann（1996）對指示詞的定義，hnu 應該不屬於指示詞的類別。但就目前的觀察，它在言談中的確有指涉用法，推測可能類似指示詞的識別用法；另外當說話者有猶豫或找詞的時候，它也會跟著出現，類似某種佔位符號用法。

hnu da

那個 助詞

那個東西你已經做好了嗎？

（語料引自秀林鄉版太魯閣語字典）

hiya- 詞串在言談中也有填補詞用法，如例 (130)，出現在第 3 行的 hido，隨後停頓了約 2 秒，結束了擺放上一個物品後，接下來說話人 A 似乎正在思考要換哪一個物品，同時也在思考該物品的確切名稱，隨後講出了 puurung bilaq「小貓頭鷹」，但在第 4 行又出現了猶豫填補詞 ey，隨後在第 5 行則講出了完整的名稱 puurung embanah bilaq「小的紅色貓頭鷹」。之所以會有這樣的情況，主要是因為擺放的物品中，有另外一個一模一樣的小貓頭鷹，但是是綠色的，所以說話人 A 為了要清楚且明確地說出擺放的物品，就透過了 hido 呈現佔位符號的用法。

(130) (遊戲設計對話— 007)

A: Wihi, wihi da ha.

B: Em…

A: Hido…puurung bilaq.

Puurung ey…puurung embanah bilaq.

B: Iq.

---

1 A: ..wihi (2.0), wihi da ha.

湯匙 湯匙 助詞 助詞

2	B: ..em=(1.0)			
	BC			
→ 3	A: ..hiya.do= (2.0),	puurung	bilaq,	
	FILL	貓頭鷹	小	
4	..puurung	ey (0.5),		
	貓頭鷹	FILL		
5	..puurung	embanah	bilaq.	
	貓頭鷹	紅色	小	
6	B: ..iq			
	好			

A：湯匙，湯匙了。

B：嗯…

A：然後，小貓頭鷹，貓頭鷹，小的紅色貓頭鷹。

B：好的。

4.2.6.3 語尾助詞用法

指示詞在言談中呈現語尾助詞用法的主要出現於 ga，在上一章中提及，語音縮減後的 ga，僅能出現在某些特定環境中，原本具有指示功能的，已經逐漸地弱化或是完全失去指示作用，在言談中，它出現的位置非常受限，典型是出現在 IU 的末端，常會帶有強調或疑問的語氣，且語調上也有所不同。

(131) (遊戲設計對話— 024)

A: Saw embanah niqan ey, qurug kaji ki ga, qbhni ki ga.

B: Iq.

A: Psai narat kiya.

1	A: ..saw	embanah		niqan	ey= (1.0)	
	好像	紅色		有	FILL	
→ 2	..qurug	kaji	kiya	**ga.**↑ (1.0)		qbhni
	圓形	繩子	那	**助詞**		鳥
	kiya	**ga.** ↑				
	那	**助詞**				
3	B:	[iq]				
		好				
4	A: ..powsa-i	narat	kiya			
	放 - 祈使	右邊	那			

A：好像是紅色的，有那個圓形有繩子的，是那個鳥。

B：好的。

A：那個放右邊。

例 (131) 中，kaji「繩子」後面出現了兩個看似指示詞形式的 ki 和 ga，前文已經討論過，目前在此結構中，筆者是分析前面的成分 ki 為指示詞，後面的 ga 則為某種強調作用的助詞功能。語尾助詞的主要功能可用來表現語氣、情態和疑問等等，我們也進一步發現到，當言談內容和疑問詞 manu「什麼」或否定詞 uxay/hay 一起出現時，出現在語尾 ga 則清楚表示疑問的語氣，如 (132) 中，總共出現了兩次 ga，在第一行中，ga 出現在「黃黃」的後面，這裡是類似主題標記的用法，整句話的意思是說「黃黃啊，我不知道國語的話」，第二個 ga 出現在第二行的最後，在第二行中以疑問詞 manu「什麼」開頭，而最後以 ga 結尾，表示疑問的用法。

(132) (遊戲設計對話— 021)

A: Hwang Hwang ga, aji ku kla kari koyu.
Manu Hwang Hwang ga?

B: Empurah, empurah.

---

1 A: ..<L2Hwang HwangL2> ga, aji=ku
黃黃 [華語] 主題標記 否定詞 = 我 . 主格
kla kari <L2koyuL2>
知道 語言 國語 [華語]

→ 2 **..manu** <L2Hwang HwangL2> **ga**?
什麼 黃黃 [華語] **DM**

3 B: empurah, empurah.
黃色 黃色

A：黃黃啊，我不知道國語的話，什麼是黃黃呢？

B：黃色，黃色。

4.2.7 小結

本節從「遊戲設計對話」中的材料檢視指示詞在言談中的功能，筆者發現，在遊戲設計對話中，有一些現象是明顯不同於口語敘事語料，例如，屬於言談標記用法的話題接續、話題轉換等都未出現。主要的原因可能在於該類語料並非日常一般對話或口語敘事，說話者的注意力都集中在如何完成遊戲過程，因此通常不會有新的話題產生，也不會有話題改變的情況，此外，說話者也不會提供過多訊息連貫或銜接前後的語段，所以關聯詞用法的使用也非常少。

再者，較令人感到意外的是，在第三章談到 kiya 的應答用法應該會更容易出現在口語中，但是筆者在「遊戲設計對話」中卻沒有發現任何一筆，會有這樣的結果，推測主要是因為這個遊戲過程需要兩位言談交際者盡快確認物品放置的方位，以利遊戲順利完成，因此說話者和聽話者都不會提供過多的訊息，聽話者也沒有過多的時間聽取對方的指令。相對的，遊戲設計對話中的語料，在言談中產生的確認用法就明顯的增加了，這應該是因為這類的言談模式需要很即時的互動性，需要兩方不斷地進行確認與詢問，才能有效率及正確的完成遊戲。

4.3 太魯閣語指示詞在「節目訪談對話」中的言談語用功能

「節目訪談對話」的言談模式，介於一般日常對話和口語敘事之間，有較長的時間是節目來賓進行敘事表達，少數時間則是主持人進行開場、回應或是話語權的掌控，因此，可以觀察到指示詞的語用功能在此類型中有比較特別的用法，例如，每個來賓回應問題時通常都會因為自身的背景和經驗，而顯現出自己的立場與態度，也就是說，在闡述或解釋說明時明顯呈現出說話者的主觀態度。這樣的現象，Traugott（2003, 2010）稱之為主觀性（subejectivity），指說話者對事情的信念、態度和價值的判斷。因為對話類型的關係，這樣的語用功能在另外兩類中則鮮少出現。又如，主持人為了要掌控時間或是聚焦討論主題，當發現來賓的言談話題有準備結束的情況時，會適時的發言，取得發話權，也就是說，主持人可能使用某種言談功能，在言談中產生引發話輪的作用。

在「節目訪談對話」中，指示詞的語用功能包括文外照應（情境用法）、篇章指示、文內照應（回指和後指）、識別用法、關聯詞用法等，亦包括言談標記用法，可進一步區分成主題標記、強調用法、確認用法、應答用法、話題接續、話題轉換、話題結束、話題再開、填補詞、語尾助詞等。下表是指示詞於節目訪談對話中的出現頻率：

表 4- 5：指示詞在「節目訪談對話」中的言談語用功能

言談語用功能＼指示詞			nii	gaga	ga	kiya/ki	hini	hiya/hi	kiya-詞串	hiya-詞串
文外照應(情境用法)			7 (5.2%)				34 (68.0%)			
篇章指示			50 (37.3%)		6 (3.5%)	12 (41.4%)		2 (4.4%)	5 (3.5%)	
文內照應(回指和後指)			71 (53.0%)		7 (4.1%)	10 (34.5%)	16 (32.0%)	36 (80.0%)		
識別用法			2 (1.5%)		2 (1.2%)					
關聯詞用法									47 (33.1%)	3 (100.0%)
言談標記	主題標記				94 (55.3%)					
	強調用法								38 (26.8%)	
	確認用法	要求確認								
		自我確認						7 (15.6%)		
	應答用法					5 (17.2%)				
	話題接續								43 (30.3%)	
	話題結束		4 (3.0%)			1 (3.4%)				
	話題轉換								5 (3.5%)	
	話題再開								2 (1.4%)	
	填補詞					1 (3.4%)			2 (1.4%)	
	語尾助詞				61 (35.9%)					
合計			134 (100%)	0 (100%)	170 (100%)	29 (100%)	50 (100%)	45 (100%)	142 (100%)	3 (100%)

在上表中，幾點觀察呈現如下，首先，表示遠指 gaga「那」的言談功能出現頻率是 0 筆，對照「口語敘事」也是 0 筆，「遊

戲設計對話」有 1 筆，這樣的數據在口語中顯示出，指示詞 gaga 似乎不具有言談的功能。在「節目訪談對話」中，這五組指示詞則有使用上的偏好，以 nii「這」和 kiya/ki「那」來說，篇章指示和文內照應是它們主要的用法；以 ga「那」來說，主題標記和語尾助詞是兩個主要的用法；以 hini「這裡」來說，因為節目現場的關係，來賓也常帶著手勢，多為指涉當下的情境，所以情境用法是主要的用法；以 hiya「那裡」來說，則是以文內照應用法為主。再來看 kiya- 詞串和 hiya- 詞串的情況，後者用法少，皆呈現關聯詞用法，而 kiya- 詞串主要包括關聯詞、強調以及話題接續用法為主。第三，「節目訪談對話」是呈現用法最多的言談模式，推測是因為類型的關係，同時包含了敘事和會話的特性，因此呈現出指示詞更多面向的用法。

4.3.1 文外照應（情境用法）

在「節目訪談對話」中，呈現文外照應用法用法的有 nii「這」和 hini「這裡」，對照前面兩種言談模式，文外照應的用法大約都不超過 10%，但是表處所近指的 hini「這裡」出現了 34 筆，佔 hini 用法的 68%，關於這個情況，筆者認為是節目訪談對話的特性影響的，因為節目訪談是在攝影棚內錄影，所以包括主持人或來賓們，在分享彼此的經驗時，都是環繞在這個空間，有時候主持人串場時會介紹來賓或謝謝來賓等，常常都會出現 hini，即指當下的環境，因此這類用法都會歸類在文外照應。此外，這些用法主要也時常使用手勢進行指示，如下面的例句，來賓 Lowsi 在節目中介紹太魯閣族的遷徙和傳統領域時，對著筆記型電腦使用了明確的手勢。

(133) (節目訪談對話—開會了第 15 集，來賓 Lowsi)

L: Qtai binaw, embanah mataru alang nii o

Teuda kana kiya ha.

→ **1**	L: ..qita-i	binaw,	embanah		mataru
	看 - 祈使	嘗試	紅色 . 主事焦點		六
	alang	**nii**	o		
	部落	**這**	助詞		
2	..teuda	kana	kiya	ha	
	族群名	全部	那	助詞	

L：請看地圖紅色的 6 個部落，全都是 Teuda 的族人。（右手指著筆記型電腦螢幕）

前面提到，表達處所指示用法的 hini「這裡」，在出現的 50 次裡面，文外照應用法超過一半以上，共有 34 次，雖然多數例子並沒有伴隨著明確的手勢，但仍能清楚知道說話者是指示著當下說話的情境或是對象，如下例。

(134) (節目訪談對話—開會了第 15 集，主持人 Surang)

S: Sayang muda ta pseupu empprngaw hini ni pgkla, seupu ta

lmnglung hini sayang.

1	S: ..sayang	m-uda=ta	p-seupu	
	現在	主事焦點 - 經過 = 咱們 . 主格	使役 - 一起	
→	em-p~p-rngaw		**hini**	ni
	主事焦點 . 未來 - 重疊 ~ 使役 - 講話		**這裡**	和
	p-g-kla,			
	使役 - 動詞化 - 知道			
→ 2	..seupu=ta	l<m>nglung	**hini**	sayang.
	一起 = 咱們 . 主格	<主事焦點>想	**這裡**	現在

S：現在讓我們一起來討論和認識，一起在這裡思考。

例 (134) 中，主持人 Surang 開場白中第一個 IU 和第二個 IU 各說了一次 hini，都是明確的指當下節目錄影的情境，所指是立即可見的，因此屬於情境用法。相較於同樣表示處所用法的遠指處所詞 hiya「那裡」則有很不一樣的情況，hiya 在這裡共出現了 45 次，其中 36 次是回指用法，並沒有文外照應的用法。筆者認為，這個情況跟談論對象或事件與指示中心（deictic center）的距離關係有關（Lyons, 1977），其言談的情境就是相對於指示中心。當主持人或來賓談論的對象與事件為現場或當下情境時，關於處所方位的描述會傾向使用 hini「這裡」，而討論的對象或事件不在當下言談情境時，則會傾向使用 hiya「那裡」。

4.3.2 篇章指示用法

如同前面兩個言談模式，「節目訪談對話」中的指示詞也有篇章指示的用法，但是出現的頻率上也有明顯的差異，例如，指示詞 nii「這」在「口語敘事」中僅出現 2 筆（佔 1.0%），而在「節目訪談對話」中則出現 50 筆（佔 37.3%），最大的差別在於口語敘事主要聚焦在描述故事的內容，不需要有太多故事外的經驗或背景知識，但在節目訪談對話中，當來賓在討論一個議題時，常常需要以自身或周遭經驗提出舉例，於是 saw nii 的用法就時常被使用到。

如例 (135) 中，在第 4 行出現的指示詞 kiya，用來回指的是祖先在山林生活的各種知識和智慧，也就是 kiya 之前的言談內容，指涉的是一整個段落，而不是單一名詞（組），因此是篇章指示的用法。

(135) (節目訪談對話—開會了第 15 集，來賓 Lowsi)

L: Knkla ta rudan sbiyaw ka ana mnmanu ka nniqan bbuyu ni nniqan ta dgiyaq ga. Ini ta tduwa laxan. Ida ta preegun. Kiya uri ga, ini tduwa slhayan nini.

---

1 L: ..k-n-kla=ta rudan sbiyaw ka

靜態 - 名物化 - 知道 = 咱們 . 屬格 老人 以前 主格

ana

無定詞

mn~manu ka n-eniq-an
重疊 ~ 什麼 KA 完成貌 - 住 - 處所焦點
b~buyu ni
重疊 ~ 雜草 連接詞
nniqan=ta dgiyaq ga↓.
住的地方 = 咱們 . 屬格 山上 助詞

2 .. (1.0) ini=ta tduwa alax-an.
否定詞 = 咱們 . 屬格 可以 放棄 - 處所焦點

3 ..ida=ta purug-un.
一定 = 咱們 . 屬格 模仿 - 受事焦點

→ **4** **..kiya** uri ga (1.0), ini tduwa
那 也 主題標記 否定詞 可以
sluhay-an nii.ni
學習 - 處所焦點 這 . 助詞

L：昔時祖先們對曾使用過的各種什麼，如居住過的山林土地，他們絕不會任意放棄的，我們應該要學習並照著做，因為像這些山林的智慧是學不到的。

4.3.3 文內照應（回指和後指）

在節目訪談對話中，呈現的豐富的文內照應用法，尤其又以 nii「這」和 hiya「那裡」頻率較高。在這裡的典型回指用法都是指涉單一名詞組，其他還有第一次提及後的回指性指示詞用法，

如例 (136) 呈現。

(136) (節目訪談對話—開會了第 15 集，主持人 Surang)

S: Seupu ta qmita ’a’iyalaeho: seupu ta empprngaw.

’a’iyalaeho: nii o kari saisyat juku ka nii.

---

1 S: seupu=ta q<m>ita <L2’a’iyalaeho:L2>,

一起 = 咱們 . 主格 < 主事焦點 > 看 開會 [賽夏語]

seupu=ta em-p~p-rngaw.

一起 = 咱們 . 主格 主事焦點 . 未來 - 重疊 ~ 使役 - 講話

→ **2** <L2’a’iyalaeho:L2> **nii** o kari saisyat juku

開會 [賽夏語] **這** 主題 話 賽夏 族群

ka **nii.**

主格 **這**

S：讓我們收看 ’a’iyalaeho: 開會了一起來討論吧。這個 ’a’iyalaeho: 是賽夏族群的語言。

在例 (136) 中，主持人 Surang 一開始就提到節目名稱 ’a’iyalaeho:「開會 [賽夏語]」，在第 2 行的地方，主題句的前後各出現了一次 nii，第一個 nii 用來限定前面的名詞 ’a’iyalaeho:，這是第一次提及後的回指性指示詞用法，用來聚焦觀眾的注意力，建立新的言談主題；而第二個 nii 出現在主格標記之後，則是很典型的回指用法，清楚地回指第 1 行出現過的節目名稱 ’a’iyalaeho:。

4.3.4 識別用法

在「節目訪談對話」中，識別用法跟「口語敘事」一樣，出現的頻率都很低，nii 有 2 筆（佔 1.5%）、ga 有 2 筆（1.2%）。前文提及，指示詞的識別用法常見於言談中，透過言談交際者之前擁有特定的、共享的背景知識或個人經驗，用來辨別指涉的對象。也就是說，說話者會預期聽話者能夠過這樣的共享知識來理解指涉的對象。為什麼識別用法在節目訪談對話中比例會這麼低，可能是因為不論是來賓或主持人，在談話中要盡可能的說清楚講明白，否則可能會造成現場來賓獲觀眾誤會或混淆所指對象。

(137) (節目訪談對話—開會了第 15 集，來賓 Lowsi)

情境說明：在下面這段談話中，來賓 Lowking 主要在談論製作傳統領域勘查的困難，他談到最大的困難就是指有兩個部落已經完成，但是有更多族人不關心此事，包括沒有成立部落會議，沒有把傳統領域登記在族人名下等問題，雖然口口聲聲說這是祖先留下來的土地，但是沒有登記或公告，都還是屬於國家的，於是接著說…

L: Saw ka ita empklawa alang ni, ga qmpah, qita ka... qita ka...ey, hnu, qpahan alang nii ni. Qbahang bi kari mu sayang. Enduwa dmudug ka alang.

1	L: ..saw	ka	ita	emp-klawa
	像	補語連詞	咱們 . 主格	主事焦點 . 未來 - 管理

	alang	ni,			
	部落	和			
2	..ga	qmpah= (0.5),	qita	ka= (0.5),	
	進行貌 . 助動	工作 . 主事焦點	看	主格	
	qita	ka= (0.5)			
	看	主格			
3	..ey(0.5),	hnu(0.5),			
	FILL	FILL			
→ **4**	..qpahan	alang	**nii**	ni	
	工作 . 名物化	部落	**這**	助詞	
5	.. (1.0) qbahang	bi	kari=mu	sayang	
	聽	很	話 = 我 . 屬格	現在	
6	..(0.5) enduwa	d<m>udul	ka	alang	
	好好地	< 主事焦點 > 帶領	KA[87]	部落	

[87] 本文第一章有提到，KA 標記在太魯閣語具有多重用法，但是在這個句子中，KA 出現於動詞和賓語之間，很像是一個典型的斜格標記會出現的位置，第一個動詞 enduwa 是主事焦點形式，而 endwa-i 是受事焦點祈使句形式。但問題是，過去研究賽德克語或太魯閣語的文獻中，都沒有提到KA具有斜格標記的用法，實際上，筆者調查的語料中也幾乎很少，目前唯一有調查到的例子是出現在一個連動結構中，跟這裡的結構似乎是一樣的，例句如下：

i. Prajing ku mita（ka）patas nii.

prajing=ku	q<m>ita	（ka）	patas	nii
開始 = 我 . 主格	< 主事焦點 > 看	KA	書	這

我剛開始看這本書。

ii. Watan nii o prajing mita（ka）patas nii uri da.

watan	nii	o	prajing	q<m>ita	（ka）	patas
人名	這	主題	開始	< 主事焦點 > 看	KA	書

L：像現在我們太魯閣族地方官和行政人員，就像是那個，那個，在部落公部門工作的人。請聽我現在說的話，請務必好好帶領（教導說明）給所有族人。

在例 (137) 中，第 4 行的指示詞 nii 出現在名詞 qpahan alang「部落的公部門」之後，該名詞組在之前的言談中並未出現過，是第一次出現，由於之前的對話內容在討論執行傳統領域劃設最大的困難處，討論來賓 Lowsi 提到制度、法令、政策上面的缺失，還有部落的人不重視、未成立部落會議等問題，其他聽話者因為生活在部落的經驗，可能可以從這樣的言談內容連結到所指涉的對象，但是更重要的訊息連結應該是出現在第 1 行的 empklawa alang「管理部落的人」，和第 2 行的 qmpah「工作」，聽話者可根據這些背景知識，以及自身的部落經驗，來了解 qpahan alang「部落的公部門」的指涉，因此筆者認為這應該是一種識別用法。

4.3.5 關聯詞用法

除了在「遊戲設計對話」的言談模式外，「口語敘事」和「節

---

nii	uri	da
這	也	助詞

Watan 也開始看這本書了。

仔細觀看上面兩個例子，它們都是連動結構，第一個動詞是主事焦點形式，所以我們可以推測 KA 不會是主格標記，而 KA 出現的位置，的確是很像斜格標記。類似的例子也出現過第三章內，是 dhuq ka dgiyaq kiyig「到達隔壁山」。關於這個現象的發現，要特別感謝黃宣範教授指出，並給予分析的意見，也謝謝張永利教授協助釐清相關的語言材料。由於這不是本文的重點因此不再詳述，若未來有機會，或許可嘗試將太魯閣語所有 KA 標記的功能都重新整理分析，可再深入討論。

目訪談對話」中都有較多關聯詞的用法，尤其是 kiya- 詞串，在前者的言談模式中出現了 23 筆（佔 43.4%）、後者則出現了 47 筆（佔 33.1%）。如前文所提，kiya- 詞串和 hiya- 詞串都有豐富的關聯詞用法，尤其是 kiya- 詞串，kiya 可以和多種不同的語法成分組合，其中也發生了語音縮減和融合的形式。而例 (138) 中的 kiya do，是 kiya 和時間連接詞 do 的組合，在這裡呈現因果關係的用法。

(138) (節目訪談對話—開會了第 15 集，來賓 Aki)
關聯詞用法—表因果關係

A: Saw kiya kana ka dkuyuh Truku sexual. Ini kmtaqi keeman ni tminun, kiya do lala ka qabang uri do, speadas dha nasi niqan ka laqi wada yahan mangal seejiq.

1	A: ..saw	kiya	kana	ka	d-kuyuh	truku	seuxal.	
	像	那	全部	主格	複數 - 女人	太魯閣族	以前	
2	..ini	km-taqi	keeman	ni				
	否定詞	想 - 睡覺	晚上	連接詞				
	c<m>inun,							
	< 主事焦點 > 織布							
→ **3**	**..kiya**	**do**	lala	ka	qabang	uri	do,	
	那	**時間連接詞**	多	主格	棉被	也	時間連接詞	
4	..s-pe-adas=dha			nasi	niqan			
	受惠 - 使役 - 帶 = 他們 . 屬格			如果	有			

ka	laqi		
主格	小孩		
wada	iyah-an	m-angal	seejiq.
完成貌 . 助動	來 - 處所焦點	主事焦點 - 拿	人

A：以前太魯閣族的女人就是像那樣（意旨做很多的家務事），晚上不想睡覺的時候會織布，所以會有很多的棉被，之後，如果有小孩要準備出嫁的時候也能夠帶去（即嫁妝使用）。

在上例中，關聯詞 kiya do 之前的言談語段，也就是 IU 1 和 IU 2，在講述原因，以前太魯閣族女人晚上睡不著覺的時候就會織布，IU 3 出現 kiya do 之後，後面的言談語段則是表結果，所以家裡會有很多的棉被。

hiya- 詞串也呈現關聯詞用法，主要用於時間上的承接關係，如例(139)，bukuy na hido 表示「（在此）之後」，bukuy na 是「之後」的意思，原本是指處所用法，亦可指抽象的時間單位。hido 則由處所指示詞 hiya「那裡」以及時間連接詞 do 所組合，如下例的第 1 行在講 500 年前的事情，出現第 2 行的 hido 後，提到 400 年前因為人數越來越多而再度開始遷徙，因此這裡的 hiya do 應為時間接續用法。

(139) (節目訪談對話—開會了第 15 集，來賓 Lowsi)

L: Rima kbkuy hngkawas siida do ida ta niqan ka kucyakungywan nii da ga. Bukuy na hido paah spat kbkuy hngkawas do wada mrana da, mrana hbaeaw da ni hmjiyal quri saw Swasal hiya ni bitaq saw Skadang.

---

1 L: ..rima kbkuy hngkawas siida do
五 百 年 時候 連接詞
ida=ta eniq-an ka
就 = 咱們 . 屬格 居住 - 處所焦點 主格
<L2ucyakungywanL2> nii da ga.
國家公園 [華語] 這 助詞 助詞

→ **2** ..bukuy=na **hiya.do**
後面 = 他 . 屬格 **那裡 . 連接詞**

3 ..(0.5) paah spat kbkuy hngkawas do
從 四 百 年 連接詞

4 ..wada m-rana da,
完成貌 . 助動 主事焦點 - 增加 助詞
m-rana hbaraw da ni
主事焦點 - 增加 多 助詞 連接詞

5 ..h<m>jiyal quri saw swasal hiya ni
< 主事焦點 > 遷徙 朝向 像 地名 那裡 連接詞

6 ..bitaq saw skadang
到達 像 地名

L：在五百年前，我們早就生活在國家公園內了。之後，從四百年前的時候，族人人數增加，越來越多人，就往 Swasal 和 Skadang 部落遷徙了。

4.3.6 言談標記用法

指示詞在節目訪談對話中的言談標記用法，相較其他兩類言談模式又更為多類，可進一步區分成主題標記、強調用法、確認用法、應答用法、話題接續、話題轉換、話題再開、填補詞以及語尾助詞等。以下針對這些用法進行討論。

4.3.6.1 強調用法

強調用法在前面兩種言談模式中都沒有出現過，在「節目訪談對話」中則出現了 38 筆（佔 26.8%）。在這類用法中，主要是針對前面的訊息進行強調說明，可能是強調事情的結果、或是做簡短的結論，出現其後的訊息可以是名詞（組）或子句，目前僅出現於 kika（kiya- 詞串），類似於「那就是」。例句呈現如下：

(140) (節目訪談對話—開會了第 15 集 , 來賓 Lowsi)

L: Qbahang balay ha, kana rudan Truku nii ni laqi namu tgsai bi kari Truku.

Kika mha balay bi niqan ni mha mrana ka bunka ta Truku hici.

Kika kari mu da.

1 L: ..qbahang balay ha.

注意 很 助詞

2 ..kana rudan truku nii ni

全部 長者 太魯閣族 這 連接詞

laqi=namu

小孩 = 我們 . 屬格

tgsa-i bi kari truku.

教 - 祈使 很 語言 太魯閣族

→ 3 .. (0.5) **kiya.ka** mha balay bi

那 . 補語連詞 將 . 助動 非常 很

eniq-an ni mha m-rana

居住 - 處所焦點 連接詞 將 . 助動 主事焦點 - 增加

ka <L2bunkaL2>=ta truku hici.

主格 文化 [日語]= 咱們 . 屬格 太魯閣族 未來

→ 4 ..(0.5) **kiya.ka** kari=mu da

那 .KA 語言 = 我 . 屬格 助詞

L：請注意聽，所有太魯閣族的長輩，家裡的小孩一定要教他們講族語，這樣以後他們才會有好的生活，我們的文化也能傳承下去。這就是我要說的。

在 (140) 中，第 3 行和第 4 行的開頭都出現了 kika，但是它們的用法不太一樣，在第 1 和第 2 行中，來賓 Lowsi 請各位族人長輩要注意，在家裡要教自己的小孩講族語，這樣的話，他們才會有好的未來，我們太魯閣族的文化也能繼續傳承，由此可知，第3行的kika，指涉先前言談語段的訊息，也就是要好好教小孩講族語這樣的行為，因此這是一種篇章指示的用法。接著第4行，也是由kika開頭，提到這些就是我要說的話，也就是說，這裡的kika看起來是要做總結或收尾，並強調之前言談中所談的內容，而且能夠吸引聽話人的注意力，因此筆者認為是一種強調用法。

4.3.6.2 確認用法：自我確認

在前兩節中提到指示詞的確認用法，一般來說可分成兩類，一類是發生於對話中的確認標記，另一類是在口語敘事中的自我確認標記。在節目訪談對話中，共出現了7次的自我確認標記，這7次全部都發生在主持人Surang的話輪中，當主持人在進行開場或是總結來賓的論點時，有時還會加入自己的觀點，然後再進行自我確認。有趣的是，其中1次似乎看起來是要求確認用法，因為來賓Masaw有給予回應，但筆者推測這主要是因為前段內容正好提到了來賓Masaw部落的例子，因此讓他順勢的回應，但實際上主持人Surang並沒有預期會有來賓給予回應，請看下面的例子。

(141) (節目訪談對話—開會了第15集，主持人Surang和來賓Masaw)

S: Saw ka yamu Dowmung ni Tpuqu wada muda da ga. saw nii ni nasi tduwa muda mksa kngkingal alang, paah Kinibu ida bitaq

Towsay gaing, hiya.

Nasi dhuq saw nii do ida bi mha malu, hiya.

M: Malu bi kido.

1	S: ..saw	ka	yamu	dowmung				
	好像	補語連詞	你們 . 主格	部落名				
	ni	tpuqu						
	連接詞	部落名						
	wada	m-uda	da,					
	完成貌 . 助動	主事焦點 - 經過	助詞					
2	..saw	nii	ni	nasi	tduwa	m-uda		
	像	這	連接詞	如果	可以	主事焦點 - 經過		
	m-ksa	kng~kingal	alang,					
	主事焦點 - 走路	重疊 ~ 一	部落					
→ **3**	..paah	kinibu	ida	bitaq	towsay	gaing,	**hiya**(0.5)	
	從	部落名	就	到達	部落名	遠	**DM**	
4	..nasi	dhuq	saw	nii	do (0.5)			
	如果	到達	像	這	時間連接詞			
→ **5**	..ida	bi	mha	malu,	**hiya** (1.0)			
	一定	很	將 . 助動詞	好	**DM**			
6	M:	[malu	bi	kiya.do]				
		好	很	那 . 時間連接詞				

S：好像只有銅門和民有部落做得非常成功，是否能請你們義務性地到其他部落做宣導，從北部的和平到南邊的道賽部落，若能如此應該會有正面的效果。

M：那樣就太好了。

例 (141) 中，第 3 行及第 5 行的最後都出現了 hiya，當作確認的用法，但兩者看似有些微的不同，在第 3 行的 hiya，針對來賓剛剛談論的內容進行總結後重述，並進行確認，實質上，他並沒有要求來賓一定要進行回應（除非重述有錯，言談過程才可能被打斷，但是在這一集的節目中，不曾發生過發言中途被打斷的情況），主要還是在加入自我觀點後，重新確認並肯定自己的說法。然而，第 5 行中，主持人 Surang 講出 hiya 後，來賓馬上在第 6 行的地方給予正面的回應，筆者推測可能是因為前面正好提到了來賓 Masaw 的部落 Dowmung，因此讓他順勢的回應，認同主持人所說的，但實際上，這應該還是屬於自我確認的用法。因此，這裡呈現出的自我確認用法跟「遊戲設計對話」中的要求確認用法還是有明顯的差別。

4.3.6.3 應答用法

應答用法的定義，主要是指在言談交際過程中，在說話者的話輪中，聽話者會發出簡短的訊息或訊號或其他非動作的行為，這樣的現象就可稱為應答用法表達（Maynard, 1990: 402），典型的例子像是日語的 aizuchi 和 hai、美國英語的 uh-huh 和 yeah、漢語的「對」等，這些應答用法通常都比較短，而且不會要求話輪的轉換。

如同第三章所提，言談中某些指示詞具有應答用法，因為應答用法需要很高的會話互動性，所以筆者在書面語材料、口語敘事語料，甚至是遊戲設計對話中都沒有發現典型的用法。然而，在節目訪談對話中，出現了幾次典型的應答用法，發生於主持人與來賓的對談中，例句如下：

(142) (節目訪談對話—開會了第15集，主持人 Surang 和來賓 Masaw)

M: Aji uri o saan nami maduk ka sayang da,

S: Em.

M: ida nami lyawteyan quri saw rudan ta ka sayang, musa ta yama ga.

S: Em, kiya.

M: Kika bsiyaq meudus ta o.

S: Em.

---

1 M: aji uri o usa-an=nami m-aduk

或者 去-處所焦點=我們.屬格 主事焦點-打獵

ka sayang da,

KA 現在 助詞

2 S: [em]

BC

3 M: ida=nami <L2lyawteyanL2> quri saw
就 = 我們 . 主格 聊天 [華語] 朝向 好像
rudan=ta ka sayang,
老人 = 咱們 . 屬格 KA 現在
m-usa=ta <L2yamaL2> ga.
主事焦點 - 去 = 咱們 . 主格 山上 [日語] 助詞

→ **4** S: [em, **kiya**] [em]
BC **BC** BC

5 M: kiya.ka bsiyaq me-udus=ta o.
那 . 補語連詞 久 主事焦點 - 活 = 我們 . 主格 助詞

6 S: em.
BC

M：或者是說，我們現在去山上打獵，

S：嗯。

M：我們現在就像是現在我們到山上的時候，跟老人家聊天一樣。

S：嗯，**對**。

M：這樣我們才能活得久。

S：嗯。

在 (142) 中，當來賓 Masaw 在談論時，主持人會適時的應答用法進行回應，包括第 2 行、第 5 行以及第 6 行的 em「嗯」，這是典型的應答用法，其中在第 4 行的地方，主持人 Surang 連續發出 em, kiya「嗯，對」，然後並持續聽來賓 Masaw 繼續談話，因此筆者認為這裡的 kiya 也是典型的應答用法，因為它符合了訊息簡短、不要求話輪等特性。

4.3.6.4 話題接續

前幾節中談論到，話輪延續是針對第一個單位所提及的進行詳細說明或是進一步的發展（Biq, 1990），包括言談訊息補充說明、解釋、舉例或說話者的立場態度等，主要出現在 kiya- 詞串，其中又以 kiya ni 和 kiya do 兩類為主。請看以下的例子：

(143) (節目訪談對話—開會了第 15 集，主持人 Surang)

S: Ana rabang, wada saw nii pgkla ka tru ita mnswayi hini sayang. Kiya ni niqan kingal ka kari, saw nii ka kari dha, kari ta nanak nii o mdka kari bubu ksun, kair eygu o “Mother tongue”.

---

1 S: ..ana rabang (0.5),

難得、值得

2 ..wada saw nii p-g-kla

完成貌 . 助動 像 這 使役 - 動詞化 - 知道

ka tru ita

主格 三 咱們 . 主格

mnswayi hini sayang.
兄弟姊妹 這裡 現在

→ **3** **..kiya** **ni** niqan kingal ka kari,
那 **連接詞** 有 一 主格 話

4 ..saw nii ka kari=dha.
像 這 主格 話 = 他們 . 屬格

5 ..kari=ta nanak nii o mdka
話 = 咱們 . 屬格 自己 這 主題 一樣 . 主事焦點

kari bubu ksun,
話 媽媽 稱作

6 ..kari <L2eygoL2> o <L2mother tongueL2>
話 英語 [日語] 主題 母語 [英語]

S：真好，我們現在已經了解到三位耆老們在這裡的分享。那麼，有這麼一句話是這樣表達的，族語是咱們自己的語言，就像媽媽的話，英文叫“Mother tongue”

在上面的例子中，主持人 Surang 先謝謝三位來賓提供了很多經驗分享，在第3行，以kiya ni開頭，後面接著補充了自己的看法，並提供進一步的說明。

接下來，在一段訪談中，來賓 Lowsi 要進行最後的總結，似乎帶入了較強烈的主觀態度和立場，如 (144) 呈現。

(144) (節目訪談對話—開會了第 15 集，來賓 Lowsi)

闡述用法：附加說明 - 表明總結或結論

L: Ana asi iyah bbuyu ka pslhayan 山林救難大隊 , ini ku kla mha bitaq inu knkla dha ka dhiya. Uxay ka msa ku naqih kiya ga, kiya do Truku ka slhai duma, ma wana seejiq mniq breenux da. Kika lnglungan mu yaku ha.

1 L: ..ana asi iyah b~buyu ka
雖然 一定 來 重疊 ~ 雜草 主格
p-sluhay-an <L2sanlincyunantaduyL2>.
使役 - 學習 - 名物化 山林救難大隊 [華語]

2 ..ini=ku kla mha bitaq
否定詞 = 我 . 主格 知道 將 . 助動詞 到達
inu k-n-kla=dha ka
哪裡 靜態 - 名物化 - 知道 = 他們 . 屬格 主格
dhiya
他們 . 主格

3 ..uxay ka msa=ku
不是 補語連詞 說 . 主事焦點 = 我 . 主格
naqih kiya ga,
不好 那 助詞

→ **4** **..kiya** **do** truku ka
那 **時間連接詞** 太魯閣族 補語連詞
sluhay-i duma,
學習 - 祈使 有些

5	ma	wana	seejiq	m-eniq	
	為什麼	只有	人	主事焦點 - 住	
	breenux	da.			
	平地	助詞			
6	kiya.ka	lnglung-an=mu		yaku	ha
	那 .KA	想 - 名物化 = 我 . 屬格		我 . 主格	助詞

L：雖然「山林救難大隊」有受過特別訓練，但我不知道他們對陌生的山林認知有多少。並不是說他們的訓練是沒有用處的，應該給部分太魯閣族人有機會參與和訓練，而不是只有不熟悉山林的平地人來擔綱。 這是我的建議和想法啦。

在例 (144) 中，來賓 Lowsi 分享了在山林中遇過協助山難的事情，他先前提到在地的太魯閣族人最了解地形，耆老們都會教導下一代這些知識，不過常常救難首要的都是由山林救難大隊擔綱，但有時候效果不如預期或進度緩慢，因此針對這樣的現象，他在第 4 行開始，使用 kiya do 之後做了補充說明，首先提到山林救難大隊對山林認知是不足夠的，且進一步認為應該要訓練當地的太魯閣族人，可以觀察到，來賓 Lowsi 因為有數十年的打獵和山林經驗，所以他的總結中帶有較強烈的主觀態度。

4.3.6.5 話題轉換

在 Biq（1990: 187）文章中指出，中文的「那 na」在口語對話中有三種功能，最主要為主題接續（77.6%），其次是條件關係（18.7%）以及主題改變（topic change）（0.7%），其中主題改變是指某種新的主題可出現在會話中的開端，並進一步提到會話中出現標記主題改變的「那（na）」，可以讓主題間轉換的過程不至於顯得這麼突兀。胡萃苹（2011：91）也提到，漢語中的「那個」也有轉換話題的功能，並指出，轉換話題的「那個」重點在於說話者自為主導，不會考慮到聽者感受，一般來說不會出現在話輪首的位置。

在太魯閣語中，筆者也觀察到 kiya- 詞串具有話題轉換或主題改變的功能，目前看到的例子主要是以 kiya ni 作為話題轉換間的銜接，如下例。

(145) (節目訪談對話—開會了第 15 集，來賓 Lowsi 和主持人 Surang)

情境說明：前面的言談內容是由來賓 Lowsi 在談論傳統領域調查的時間與經驗，然後…

L: Aji kantang ka nuda nii o. Maxal hngkawas endaan nii.

S: Mhuway su balay. Rahuq dxgal, kiya ni siling ku munan sayang, quri kari ta nanak Truku.

1 L: aji <L2kantangL2> ka n-uda
否定詞 簡單 [日語] 主格 名物化 - 經過
nii o.
這 助詞

2 ..maxal hngkawas en-uda-an nii.
十 年 名物化 - 經過 - 名物化 這

3 [m-huway=su balay.]
主事焦點 - 慷慨 = 你 . 主格 非常

→ **4** S: ..(1.0) ey (0.5), rahuq dxgal (0.5), **kiya ni**
FILL 除了 土地 **那 連接詞**

5 ..(0.5) siling=ku munan sayang,
詢問 = 我 . 主格 你們 . 斜格 現在

6 ..(0.5) quri kari=ta nanak truku
關於 語言 = 咱們 . 屬格 自己 太魯閣族

L：真的很不簡單，這 10 年所經歷的時光與經驗。

S：真的謝謝你的分享，除了傳統領域以外我想要請教你們，有關太魯閣族母語的問題。

在 (145) 中，該段談話由來賓 Lowsi 講述傳統領域調查的經驗與歷程，最後在話題結束後，在第 4 行的地方，主持人就謝謝他並馬上開啟新的話題，要請教三位來賓關於太魯閣族語的問題，因此可以看到這裡由 kiya ni 來銜接兩個話題間的轉換，而且 kiya ni 並非出現在話輪首的位置。

4.3.6.6 話題結束

話題結束的用法，常常出現在整個故事或對話的最後，表示話題將結束，目前在口語敘事和節目訪談對話中，此種用法主要是以 saw nii 為主，而似乎 kiya 也有相似的用法，如下面例子呈現。

(146) (節目訪談對話—開會了第 15 集，來賓 Lowsi 和主持人 Surang)

L: Ga inu ka pusu lnglungan namu? Peeniq hini ka lnglungan namu.

Iya psai isil, (1.0) kiya.

S: Mhuway namu bi balay.

1	L: ..ga	inu	ka	pusu	lnglung-an=namu?
	在	哪裡	主格	主要	想 - 名物化 = 你們 . 屬格
2	..pe-eniq		hini		ka
	使役 - 位於		這裡		主格
	lnglung-an=namu.				
	想 - 名物化 = 你們 . 屬格				
3	..iya		powsa-i		isil (1.0)!
	否定詞		放 - 祈使		外地

→ 4		**..kiya. ↓**		
		那		
5	S:	.. m-huway=namu	bi	balay.
		主事焦點 - 慷慨 = 你們 . 主格	很	非常

L：你們的心定位在哪裡？要重新拾回認同太魯閣族群的心。
不要繼續迷失在異鄉！是的（就是那樣）。
S：再次非常謝謝妳們三位

在 (146) 中，這是節目最後一段的尾聲，由每個來賓發表最後的感想，來賓 Lowsi 提到政府官員應該要幫助部落族人，教導他們族群文化習俗，讓他們重拾認同群族的心，講完之後，最後在第 4 行以 kiya 做結尾，表示話題已結束，然後主持人 Surang 就接著謝謝三位來賓的參與。不過要注意的是，這個例子中的 kiya 用法，也可能分析成篇章指示的用法，表示「就是那樣」，類似前文提到的 kiya da 或 kida 的用法。

4.3.6.7 話題再開

Huang（1999, 2013）就指出，言談標記用法主要是在言談中標記一個界線，可用來開啟一個會話、標記話題的結束、標記舊話題的再生（resumption of the old topic）。根據 Wang and Huang（2006）和黃建銘（2014）的研究，他們發現漢語的「然後」在會話中具有話題再開的功能，是言談標記的一種。它們在言談中的功能不是建立連續關係或承接關係，而是把舊話題再重新提及或談論。筆者發現，指示詞單用時，在太魯閣語中沒有話題再開（resumptive opener）的功能，但是和其他成分組合後，如（manu saw）kiya do 在言談中則有觀察到類似的用法。相關例句請見下方。

(147) (節目訪談對話—開會了第 15 集，來賓 Masaw)

M: Uuda 部落會議 o uxay msleexan, sayang do empitu hngkawas ka sayang da.Paah prjingan bitaq sayang, ana kingal pila ini dayaw ka 公部門 pila nami nanak kana. Yaasa mseupu bi ka seejiq Dowmung, kingal bi lnglungan dha.

Dxgal pngksiyuk Utux Baraw, endwaun ta dmuuy, hciyun ta laqi hici msa ka yami. Manu saw kiya do lala ka 部落會議主席 ga geegan kana alang, kalun mu balay aji pkla ana manu.

→ 1	M: ..u~uda		**<L2purowhweyiL2>**		o
	重疊 ~ 經過		**部落會議 [華語]**		主題
	uxay	m-sleexan,			
	否定詞	主事焦點 - 容易			
2	..sayang	do	empitu	hngkawas	
	現在	連接詞	七	年	

ka sayang da.
主格 現在 助詞

3 ..paah prajing-an bitaq sayang,
從 開始 - 名物化 到達 現在

4 ..ana kingal pila ini dayaw ka
無定詞 一 錢 否定詞 幫忙 主格
<L2kungpumenL2>
公部門 [華語]

5 ..pila=nami nanak kana.
錢 = 我們 . 屬格 自己 全部

6 ..yaasa m-seupu bi ka seejiq
因為 主事焦點 - 一起 很 主格 人
dowmung (0.5)
部落名

7 ..kingal bi lnglung-an=dha.
一 很 想 - 名物化 = 他們 . 屬格

8 ..dxgal p-n-ksiyuk Utux Baraw,
土地 使役 - 名物化 - 回應 上帝

9 ..enduwa-un=ta d<m>uuy,
好好地 - 受事焦點 = 咱們 . 屬格 < 主事焦點 > 使用

10 ..hici-un=ta laqi hici
未來 - 受事焦點 = 咱們 . 屬格 小孩 未來
msa ka yami.

	說.主事焦點	主格		我們.主格		
→ **11**	**..manu**	**saw**	**kiya**	do	lala	ka
	什麼	**像**	**那**	連接詞	多	主格
	<L2purowhweyicusiL2>					
	部落會議主席 [華語]					
12	..ga	gaaw-an		kana	alang,	
	在	選-名物化		全部	部落	
13	..<L2wowkanpawcenL2>	aji	kla	ana	manu.	
	我敢保證 [華語]	否定詞	知道	無定詞	什麼	

→ M：**部落會議**的運作過程實在不容易，成立到現在已經 7 年了。從開始到現在，公部門連一塊錢也不補助，都是族人自掏腰包。因為銅門部落的族人都很團結，大家都一心一意。上帝託付於我們的土地，我們都非常珍惜並善加利用，將上帝恩賜的土地一代代傳給子孫。然而，現在所有被選為部落會議主席的族人，我敢保證絕大多數都不知道要做什麼。

例 (147) 中，來賓 Masaw 一開始在談論部落會議的運作過程及經歷，「部落會議」出現在第 1 行，一直到第 7 行都還是環繞在這個議題，然而，從第 8 行到第 10 行之間，話題內容已經有點偏離部落會議，轉變成很感恩上帝賜給我們的土地，我們會好好的珍惜並傳給子孫。然後在第 11 行的地方，又把話題拉回到了部落會議相關的訊息，因此，可以觀察到舊話題似乎慢慢地偏離主題後，說話者利用 manu saw kiya do 來標示主題的再現，避免討論的話題再次偏離不相關的內容。

4.4 指示詞在不同言談模式中的功能比較

經過前三節的討論後發現，不同的言談模式會呈現不一樣的指示詞用法，同時也能從出現的頻率觀察到文本類型的偏好。舉例來說，目前所使用的口語敘事資料，由於主要是一個人在描述故事，人際互動性就會降低許多，所以屬於言談互動性高的要求確認用法，就沒有在口語敘事中出現，而是出現了敘事中常見的自我確認用法；相對的，在遊戲設計對話中，因為遊戲設計的關係，過程需要說話者和聽話者不斷地確認物品的描述以及相關的位置方向，所以要求確認用法的頻率就出現較高的情況。

此外，筆者也發現說話者和聽話者的目的都是希望能順利完成遊戲任務，對話內容主要都聚焦在遊戲內，因此並沒有使用過多的訊息去描述事件或提起新話題，所以在這類口語會話中並沒有出現話題接續、話題轉換、話題再開等標記言談邊界用法；在節目訪談對話中，有較長的時間是節目來賓進行敘事表達，少數時間則是主持人進行開場、回應或是話語權的掌控，此外，來賓回應問題時通常都會根據自身的經驗，顯現出自己的立場與態度，也就是說，在闡述或解釋說明時明顯呈現出說話者的主觀態度，這樣的情況在其他兩類語境中則不太明顯。

下面的節次將針對兩部分進行討論與比較，第一部分是指示詞單用和指示詞詞串的用法比較，如 kiya 和 kiya- 詞串以及 hiya 和 hiya- 詞串的討論；第二部分是從言談功能的角度進行比較，不同指示詞能呈現相似的言談功能時，其異同處和使用的機制是什麼，如確認用法可以用 kiya 也可以用 hiya、填補詞可以用 kiya/ki、kiya- 詞串及 hiya- 詞串等問題。

4.4.1 指示詞單用和指示詞詞串的用法比較

經過前面章節的討論後，筆者發現指示詞單用和指示詞詞串的言談功能有明顯的差異，指示詞加上其他語法成分後，功能上有增加的傾向，有些甚至能看到功能上分工的情況。下面將針對 kiya 和 kiya- 詞串以及 hiya 和 hiya- 詞串進行個別的討論與分析。

4.4.1.1 kiya 和 kiya- 詞串

指示詞 kiya 具有多功能的用法，除了指示詞基本用法外，還有時間用法（表未來「等一下」）、表肯定用法 / 應答用法等延伸功能。在語用上，也呈現多種言談功能，如回指、篇章用法、識別用法、應答用法等。加上其他語法成分之後，可表達的用法有增有減，亦可說有明顯的分工情況，如表 4-6 呈現。

從表 4-6 中可以看到幾個重點，在表中用顏色網底標註的地方，似乎正好呈現 kiya 和 kiya- 詞串的用法差別。首先，我們可以看到關聯詞用法的地方，kiya 僅在口語敘事中出現過 4 次，但是

表 4- 6：kiya 和 kiya- 詞串在口語中的用法比較

言談語用功能 \ 指示詞			**kiya/ki**			**kiya-** 詞串		
			口語 敘事	遊戲設 計對話	節目訪 談對話	口語 敘事	遊戲設 計對話	節目訪 談對話
文外照應 (情境用法)			1 (4.5%)	1 (1.1%)			4 (8.0%)	
篇章指示				44 (46.3%)	12 (41.4%)		18 (36.0%)	5 (3.5%)
文內照應 (回指和後指)			14 (63.6%)	8 (8.4%)	10 (34.5%)	2 (3.8%)	28 (56.0%)	
識別用法				22 (23.2%)				
關聯詞用法			4 (18.2%)			23 (44.2%)		47 (33.1%)
言談標記	主題標記							
	強調用法							38 (26.8%)
	確認用法	要求確認		16 (16.8%)				
		自我確認						
	應答用法				5 (17.2%)			
	話題接續					19 (36.5%)		43 (30.3%)
	話題結束				1 (3.4%)			
	話題轉換							5 (3.5%)
	話題再開							2 (1.4%)
	填補詞		3 (13.6%)	4 (4.2%)	1 (3.4%)	8 (15.4%)		2 (1.4%)
	語尾助詞							
合計			22 (100%)	95 (100%)	29 (100%)	52 (100%)	50 (100%)	142 (100%)

kiya- 詞串的用法則大量增加，在口語敘事出現 23 次、在節目訪談對話出現 47 次，關於這樣的情況，筆者認為跟 kiya 本身具有指涉及回指作用有很大的關係，所以它出現很多回指和篇章指示的用法；此外，kiya- 詞串是由 kiya 加上其他語法成分組合，而這些成分本身就有連接子句的作用，如對等連接詞 ni，可以連接名詞組、動詞組或是子句，再如時間連接詞 do，可以連接兩個子句或命題表達時間或承接關係，也就是說，表示回指或篇章指示用法的 kiya，加上這些語法成分後，會讓整個言談結構更加緊密，可以更清楚知道所要表達的用法，此外，kiya- 詞串的關聯詞用法，往往都會發生停頓的現象，還可以吸引聽話者的注意力或是凸顯話語的重點，有時也用來維持話語權或是用來思考填詞等。

相對於指示詞 gaga，從上一節的出現頻率可以得知，gaga 幾乎不具有言談的功能，甚至在言談中用來表達定語性指示詞或代名詞性指示詞的用法都非常非常少，這也能解釋為什麼我們在言談中不會出現 gaga- 詞串的現象。另一個相關的問題是，指示詞 nii 也有豐富的篇章指示和回指用法，但為什麼我們卻不見 nii- 詞串的出現？筆者推測，這可能跟指示詞具有可見性有關，一般來說，nii 除了在距離上是離說話人較近之外，也必須是可見的，而 kiya 則是不分距離也不分可見性。

接著，我們看到闡述用法、強調用法、話題接續、話題轉換及話題再開等用法，表格中清楚呈現，指示詞 kiya 在言談中基本上都不具備這些用法，透過和語法成分組合後，進而產生上述標記言談邊界的功能，然而，這是否暗示著這些言談功能其實都是來自附加上的語法成分，實際上跟 kiya 無關呢？筆者認為應該不是這樣的，或許我們可以更精確地說，因為指示詞 kiya 本身具有回指和篇章指示的用法，再加上這些語法成分後，語意與功能的疊加後更加強化了 kiya- 詞串在言談中的作用，目的是讓整個言談過程能更加順暢。此外畢永峨（2007：136）也提到，詞串的產生，因語言成分越相互聚集，就越有可能結合語音上的弱化節縮以至融合，隨後產生的語意延伸，多多少少還是與原來語言組成份子的原始語意相關。

最後，我們看到的是確認用法和應答用法，這兩種用法只出現在 kiya，卻完全不使用於 kiya- 詞串，這個情況跟上面應該是相對的，如確認用法一般使用上會翻譯成「是的；對的」，但其實在某種程度上，尤其是言談互動中，我們可以理解成「是這樣的；是那樣的」，這就跟原本 kiya 的篇章指示用法是相符合的概念。此外，這也能解釋為什麼加上其他語法成分後反而不能表示確認用法或應答用法，可能是因為這些語法成分本身就具有連接或銜接的作用，例如連接詞 ni 本身可用來連接名詞（組）、動詞（組）或子句，而連接子句時能表示連續關係、因果關係等用法，也就是說，無論是 ni 或 kiya ni，常出現的位置是兩個命題或兩個語調單位的中間，此外，形成詞串後，常常會帶有些微停頓，也具有吸引聽話者注意力的功能；相較之下，典型的應答用法通常都比較短，而且不會要求話輪的轉換，一般用於回應或反饋，如漢語的「對」（Clancy et al., 1996），所以它們在言談功能上是不同的取向。此外，倘若使用 kiya- 詞串表示確認用法或應答用法，反而會覺得是累贅多餘的，所以在形成詞串後，就沒有保留原本的言談用法，進而發展出更多的話題組織功能（如話題接續、話題結束等）。

4.4.1.2 hiya 和 hiya- 詞串

就前文的討論中，hiya 的縮減形式為 hi，兩者在用法上沒有明顯的差別，語音縮減後的形式 hi，也可表示處所用法，也可表示第三人稱單數代名詞用法。而在言談功能中，hiya/hi 主要是延伸出確認用法和填補詞用法，其中確認用法跟 kiya 的確認用法有些不同之處，下文會有深入討論。下表呈現 hiya 和 hiya- 詞串的用法比較。

從表 4-7 中可以發現很有趣的現象，hiya/hi 和 hiya- 詞串的用法幾乎是互補的情況，hiya/hi 有文外照應、篇章指示、文內照應、識別用法、以及確認用法等，但是 hiya- 詞串則剛好都沒有；而

表 4- 7：hiya 和 hiya- 詞串在口語中的用法比較

指示詞 / 言談語用功能			hiya/hi			hiya- 詞串		
			口語敘事	遊戲設計對話	節目訪談對話	口語敘事	遊戲設計對話	節目訪談對話
文外照應 (情境用法)				2 (2.5%)				
篇章指示					2 (4.4%)			
文內照應 (回指和後指)			27 (90.0%)	2 (2.5%)	36 (80.0%)			

識別用法				40 (50.6%)				
關聯詞用法						1 (16.7%)	12 (85.7%)	3 (100.0%)
言談標記	主題標記							
	強調用法							
	確認用法	要求確認		35 (44.3%)				
		自我確認	3 (10.0%)		7 (15.6%)			
	應答用法							
	話題接續					3 (50.0%)		
	話題結束							
	話題轉換							
	話題再開							
	填補詞					2 (33.3%)	2 (14.3%)	
	語尾助詞							
合計			30 (100%)	79 (100%)	45 (100%)	6 (100%)	14 (100%)	3 (100%)

hiya- 詞串有關聯詞用法和填補詞用法，hiya/hi 也剛好都沒出現。為什麼會剛好有這樣的對比情況呢？

首先我們提供一個重要的訊息，hiya- 詞串跟 kiya- 詞串不同的地方在於，kiya 可以和多個語法成分組合，如對等連接詞 ni、時間連接詞 do、主格 / 補語連詞 ka 等，但就目前的語料呈現，出現在口語語料的 23 筆 hiya- 詞串中，全部都是和時間連接詞組合，產生 hiya do 或 hido 的形式，也因此，其中的 16 筆關聯詞用法，幾乎都是表示時間承接或連續關係，所以 hiya 和 do 組合之後，產生了銜接篇章的功能，自然就不會有其他篇章指示或回指用法，應該也是很合理的。

第二，從表中也能發現，hiya- 詞串的言談用法比 kiya- 詞串少很多，這可能是因為指示詞 kiya 本身的多重用法就比 hiya 還多的關係，延伸的用法也相較為少；若從語法化的角度來看，也許是因為 kiya- 詞串更高頻率的使用（在三個言談模式中，kiya- 詞串共出現 245 筆，而 hiya- 詞串共出現 23 筆），所以能搭配的語法成分較多，呈現的用法也較為多樣，所以 kiya- 詞串可能也較容易發生語法化的階段。

第三，hiya 在言談中產生了豐富的確認用法，包括要求確認和自我確認兩類，其中要求確認出現的頻率甚至比 kiya 還要高，在「遊戲設計對話」中，hiya 出現的頻率為 35 筆（佔 44.3%）、kiya 出現 16 筆（佔 16.8%），也就是說，在言談中，hiya 延伸出來的確認用法比 kiya 延伸的確認用法還要高。此外，更奇怪的是，當我們詢問族人，kiya 是什麼意思的時候，約有九成以上的人會回答「對；正確」，也就是肯定用法 / 應答用法，而詢問 hiya 是什麼意思的時候，約有九成以上的人會回答「他」或「那裡」。關於一個詞的核心意義要如何判斷？ Dirven & Verspoor（2004: 30）提出三種可以幫助我們確定一個詞的「中心意義」的方法：（1）如果看到某個詞彙時，心理首先會想到的意義；（2）可以用統計的方式，找出使用頻率最高的意義；（3）透過延伸出的意義來推斷的更為基本的意義。根據這三個方式，解釋 hiya 的情況應該是沒問題，就以第一個和第二個方式，「那裡」常常是首先會想到的詞意，而且在三個言談模式中出現頻率上也都是較高的，就第三個方式來看，從跨語言的證據指出，第三人稱代名詞常常源自於指示詞，而我們也可以推斷表確認的用法是延伸出來的。然而，這樣可能還是無法清楚解釋為什麼表確認用法的 hiya 出現頻率會比 kiya 還高。

關於 hiya 為什麼會延伸出確認用法，目前提出有兩個可能的原因，第一個是因為 hiya 本身是遠指的指示詞，演變成第三人稱代名詞，它們距離說話者都是比較遠的，也就是有距離性的，因此，演變成確認用法後，並非單純的確認，說話者內心會有預設的可能答案，但是又仍帶有不確定性（下面有確認用法 kiya 和 hiya 的詳細比較），也許因為 hiya 本身就是遠指以及有距離性的關係，所以演變成帶有不確定性的確認用法。類似的情況也出現在漢語的「那」，根據畢永峨（2007：136），漢語「那」的遠指功能提供了「遠距」的語意基礎，在此之後才發展出「不確定」或「疏離」的意義，如「那種」的語意演變，用來表模糊認定與不確定立場。

另外，在句法位置上，表示處所用法的 hiya 和表確認用法的 hiya 常常都出現在句子最後，有可能是句法結構及用法上發生了變化，進而延伸出新的用法，請看下面例子的比較：

(148) (口語敘事—青蛙的故事 003)

a. Lala bi qhuni ka dgiyaq hiya.

lala bi qhuni ka dgiyaq **hiya.** ↓

多　　很　　樹木　主格　山　　那裡

山裡有很多樹木。

b. Lala bi qhuni ka dgiyaq hiya?

lala　bi　qhuni　ka　dgiyaq　**hiya? ↑**

多　　很　　樹木　主格　山　　那裡

山裡有很多樹木？

c. Lala bi qhuni ka dgiyaq, hiya.

lala　bi　qhuni　ka　**dgiyaq ↓**,　**hiya? ↓**

多　　很　　樹木　主格　山　　那裡

山有很多樹木，是吧 / 是那裡吧 / 是那樣吧？

在 (148) 中，筆者從青蛙的故事裡擷取出一個句子，如 (148a)，hiya 出現在句尾，用來限定前面的名詞 dgiyaq「山」，這是一般的直述句，語調為下降調；在 (148b) 是直述句變成是非問句的用法，將句尾語調改成上升調，不需要加上其他標記，句中詞彙的位置也都沒有任何改變，此時的 hiya 仍然是作為限定前面的名詞使用；然而，(148c) 中，句中詞彙的位置也沒有任何改變，但是句法結構可能經重新分析後，使得功能上和詞彙範疇上也發生了變化，其變化如下呈現：

(149) a. [名詞謂語] [ka [dgiyaq hiya]]　（直述句）(148a)

b. [名詞謂語] [ka [dgiyaq hiya]]　（是非問句）(148b)

c. [名詞謂語] [ka [dgiyaq]], [hiya]　（附加問句）(148c)

在 (149a) 和 (149b) 中，句子的結構沒有任何變化，而是透過句子語調的改變，從直述句用法變成了是非問句用法，但指示詞 hiya 本身的用法尚未改變，進一步演變後，經過重新分析後，dgiyaq「山」和 hiya「那裡」變成獨立的單位，似乎也能解釋為什麼它們會各自帶上重音，重新分析後的 hiya，經語意虛化後變成帶有不明確的意思，也從是非問句變成了附加問句用法，但它們的主要用法都是用來詢問且希望得到回應，在這樣語法化的過程，也朝向主觀化的方向，因為 hiya 的確認用法常常會帶有說話者自身的立場和態度。[88]

4.4.2 同一種言談功能中不同詞彙形式的用法比較

就目前的分析，指示詞可延伸出多種言談功能，其中有些言談功能是特定指示詞才會發生，例如 ga 延伸出主題標記用法和語尾助詞用法、kiya 延伸出應答用法等，然而，有些言談功能則出現在不同的指示詞形式中，因此本小節將針對這些現象進行討論。

4.4.2.1 確認用法：kiya 和 hiya 的比較

經前文的討論可知，太魯閣語的 kiya「那」和 hiya「那裡」在口語中都呈現表確認的言談功能，但是，兩者間在句法和語用

[88] 在泰雅語中，第三人稱單數代名詞 hya' 在特殊結構中，在言談中演變成某種立場標記（stance marking）（Yeh and Huang, 2013），用來表達說話者的立場和態度，在 hya' 結構裡，說話者透過 hya' 得以將立場受詞定位為第三人稱事物，並進一步地在評論子句裡評價或是討論此一事物。但是，這個演變情況並沒有太魯閣語在發生，也沒有觀察到類似的現象。

上卻有一些明顯的異同之處，如下呈現。

相同處：

(1) 出現位置皆為語尾，但不一定在話輪尾

(2) 可以用來跟聽話者確認

(3) 其後通常會帶有停頓

相異處：

(1) kiya 可以用來確認和回應；hiya 只能用來確認

(2) 確認用法的 kiya 沒有語音縮減形式；而確認用法的 hiya 有語音縮減形式 hi

(3) 說話者自身帶有的立場和態度不太一樣

根據上述的幾點區分，可以發現 kiya 和 hiya 確實有不同之處，下面用實際的例子呈現，並進一步說明與討論。

(150) a. 一般日常對話（筆者自己調查的語料）

A: Mnkan su nhapuy da, kiya?

B: Kiya o.

→ **1**	A: m-n-kan=su		nhapuy	da,
	主事焦點 - 完成貌 - 吃 = 你 . 主格		餐點	助詞
	kiya ↓			
	DM			
2	B: kiya	o		
	BC	助詞		

A：你吃過飯了，對嗎？（說話者不確定聽話者是否吃過了）

B：對的。

b. A: Mnkan su nhapuy da, hiya?

B: Kiya o. / * hiya o.

→ **1**	A: m-n-kan=su		nhapuy	da,
	主事焦點 - 完成貌 - 吃 = 你 . 主格		餐點	助詞
	hiya ↓			
	DM			
2	B: kiya	o		
	BC	助詞		

A：你吃過飯了，對吧？（說話者預期聽話者應該吃過了）

B：對的。

在 (150a) 中，說話者 A 使用 kiya 跟對方確認前面提到的事情，通常說話者是不確定且不帶立場的詢問，也就是說不確定性較高；在 (150b) 中，第 1 行中說話者 A 使用了 hiya 跟對方進行確認，不同的是，使用 hiya 的時候通常是說話者已經有自己的想法、立場或態度，已經有較高的確定性（但仍帶有不確定性），然後再透過 hiya 跟聽話者進行再次確認。如同前文所提，kiya 可以用於回應，而且可以重複出現多次，表示強調確認的事情，而 hiya 無法用於回應，所以 (150b) 中的第 2 行對話若使用 hiya 是不合語法的。

此外，kiya 和 hiya 可以一起組合使用，而且都各自帶有重音，順序是 kiya 在前、hiya 在後，反之則不行。kiya 和 hiya 一起使用，若用於確認時，有加強和強調的作用，組合後則可以用於回應，如例 (151) 呈現。

(151) 一般日常對話（筆者自己調查的語料）

a. Watan, mha su saman uri, kiya hiya.

watan, mha=su saman uri, **kiya ↓,**
人名 將 . 去 = 你 . 主格 明天 也 **那**
hiya ↓.
DM
Watan，你明天也要去，對厚。

b. A: Ququ bi mimah qsiya, kika ini knarux da ni mha malu ka hiyi su da.

B: Han, kiya hiya.

1 A: ququ bi m-imah qsiya, kiya.ka ini
盡量 很 主事焦點 - 喝 水 那 .KA 否定詞
k-narux da ni mha malu ka
靜態 - 生病 助詞 連接詞 將 . 助動 好 主格
hiyi=su da
身體 = 你 . 屬格 助詞

→ 2 B: han, **kiya ↓**, **hiya ↓** .
BC **那** **DM**

A：盡量多喝水，才不會生病，身體會比較快好。

B：喔，是厚。

4.4.2.2 填補詞的比較

到目前為止的討論，在口語語料中發現了太魯閣語指示詞用來當作填補詞的用法，通常隨後都會發生停頓的情況，有的是當作佔位符號用法，有的則是當作感嘆猶豫用法。就目前的發現，指示詞在言談中可當作填補詞用法的包括 kiya/ki、kiya- 詞串以及 hiya- 詞串，其出現頻率整理如下：

表 4- 8：填補詞在口語語料中出現的頻率

	kiya/ki	kiya- 詞串	hiya- 詞串
口語敘事	3	8	2
遊戲設計對話	4	0	2
節目訪談對話	1	2	0
合計	8	10	4

表中表示口語語料中，出現了指示詞當作填補詞用法的數量，共有 22 筆。指示詞 kiya/ki 當作填補詞使用的情況，通常後面會出現停頓或是出現感嘆猶豫用法的填補詞 ey，這是一個用來表示猶豫的無意義詞語（non-words），其前面則常常伴隨著疑問詞

manu「什麼」或 hnu「這個 / 那個（填補詞用法）」一起出現，如 manu ki「什麼 + 那」共有 5 筆、hnu kiya「這個 / 那個（填補詞用法）」共有 2 筆，kiya 單獨用表示填補詞用法則有 1 筆，相關例句如下：

(152) (口語敘事—梨子的故事 004)

A: Asi lu sriyu hiya ka, manu ki, puurung, puurung da, asi lu sriyu "bah", msa sriyu ka puurung o tayal skluwi ka Jiru nii.

1	A: ..asi lu	sriyu	hiya	ka (1.5),		
	突然	出現	那裡	主格		
→ 2	**..manu**	**ki** (0.5),				
	什麼	**那**				
3	..puurung,	puurung		da.		
	貓頭鷹	貓頭鷹		助詞		
4	..asi lu	sriyu	bah,	msa		sriyu
	突然	出現	擬聲詞	說 . 主事焦點		出現
	ka	puurung		o	tayal	
	主格	貓頭鷹		主題	非常	
	skluwi	ka	jiru	nii		
	驚嚇	主格	人名	這		

A：突然出現在那裡，那個什麼？貓頭鷹，是貓頭鷹。突然出現 bah 的聲音，這個 Jiru 非常的驚嚇。

在 (152) 中，出現在第 2 行的 ki，伴隨前面的 manu 一起出現，出現在主格標記之後，並帶著 0.5 秒的停頓，可見說話者這時候一時忘記突然出現的這個動物是什麼名稱，其後，第 3 行的地方出現了這個確切的主語 puurung「貓頭鷹」，因此這裡的指示詞 ki 和 manu 一起出現後，有佔位符號用法，類似中文的「那個什麼」（Huang, 1999, 2013）。

hiya- 詞串出現在遊戲設計對話中，只有 2 筆填補詞用法，hida ni「那裡 . 了 + 對等連接詞」，但這裡的 hida ni 跟前面表示關聯詞的 12 筆語料不一樣，前面提到指示詞佔位符號的用法之一，是為了找尋更精確的詞彙，有時也可作為一種修復（repair）（Fox Tree, 2010; Hayashi and Yoon, 2006），而這種修復跟說話者和聽話者之間在言談中的互動相關聯。相關例句如下：

(153) (遊戲設計對話— 004)

填補詞用法

A: Bilang puurung, embanah puurung.

B: Kiyig hana, hiya.

A: Kiyig hana. Hida ni suhi?

B: Kalu?

A: Kalu, kida.

1	A: ..bilang	puurung,	em-banah	puurung.
	小	貓頭鷹	主事焦點 - 紅	貓頭鷹
2	B: ..kiyig	hana, hiya ↓		

	旁邊	花	DM	
3	A: ..kiyig	hana. (0.5)		
	旁邊	花		
→ 4	**..hiya.da**		**ni** (1.0),	**suhi**
	那裡.助詞		**連接詞**	XX
5	B: ..(1.5)	kalu.		
		梳子		
6	A: ..kalu,	kiya.da. (hhh)		
	梳子	那.助詞		

A：小的貓頭鷹，紅色的貓頭鷹。

B：花旁邊，對吧

A：花旁邊。然後，suhi ？

B：梳子。

A：梳子，就是這樣了。

在 (153) 中，兩個人正在進行擺放遊戲的對話，前面 3 行要擺放紅色的貓頭鷹，說話人 B 也順利完成擺放，接著說話人 A 在第 4 行的地方要下指令擺放最後一個物品，此時他講了 hida ni，然後停頓了 1.0 秒後，講出了該物品的名稱 suhi，但實際上，這是一個錯誤的名稱，但由於是最後一個物品，說話人 B 知道對方講錯了，於是在第 5 行告知正確的物品名稱 kalu「梳子」，隨後第 6 行，說話人 A 也重複正確的物品名稱，並完成最後的遊戲。因此可以發現，這裡的 hida ni 跟前面的佔位符號填補詞不太一樣，第一次講錯了詞彙，之後則透過對話互動進行了修正。

4.5 小結

本章中筆者從三種不同的語境類型討論指示詞的分佈與用法，包括口語敘事、遊戲設計對話以及節目訪談對話，在進行比較後發現，不同類型呈現了各自的特殊性以及彼此的異同性。口語敘事因為較少互動性，因此屬於高互動性的應答用法和確認用法就幾乎不出現在這個語境內；遊戲設計對話因為屬於即時性的互動，是有目的性的要完成遊戲，因此交談者並不會有過多的訊息描述，所以篇章回指、闡述用法、話題轉換等就不使用於此類型中。然而，由於筆者的時間及能力有限，本書的不足之處，包括沒有足夠的口語語料資料以及缺乏一般自然對話語料，期待此部分能在未來繼續完成。

口語語料確實有助於我們更了解太魯閣語指示詞的使用情況，在言談中使用的各種言談功能，其實還是跟指示詞本身的指涉用法有很大的關聯，甚至也甚及到說話者與聽話者之間的心理距離的部分。例如，筆者發現當說話者描述的事情是在當下情境或是跟自身周遭事物相關時，在最後話題結束時，會傾向使用 saw nii，相對地，描述的事情並非在當下情境，或是這些事情跟聽話者沒有密切或直接相關性時，反而會傾向使用 saw kiya（日常生活時常聽到，但是本書這次蒐集的語料未出現話題結束用法）。也就是說，這樣的差異還是多少能反映在指示詞原本的空間指涉用法（畢永峨，2007）。

在正式結束本章討論之前，筆者想要進一步討論指示詞 gaga「那」的情況，在第三章中，gaga 出現在書面語的頻率很高（如表 3-2 呈現），指示詞的句法功能很明確，以定語性代名詞為主要用法。但是，在口語語料中，卻發現 gaga 僅出現了 1 筆，意思是它幾乎不具有言談功能，相較於 nii 和 kiya 在言談中的用法，呈現很大的落差。造成這樣的原因是什麼呢？筆者在此提出可能的兩種原因：

a. 第一，gaga 具有可見性的特徵，通常使用於看得見的人事物，但是在言談及篇章中，說話者談論的事情往往是過去發生且不出現在說話現場的，如果真要指涉前文出現的某個人事物，通常會傾向使用指示詞 nii 或 kiya；
b. 第二，這可能跟語用原則有關，Brown and Levinson（1987: 121）提到了一種指示中心發生空間轉移（place switch）的情況，他們指出在英語中，說話者若改變了空間中的指示中心，似乎與其涉入的移情作用或同理心（involvement or empathy）有關，近指指示詞會比遠指指示詞還來的高（here, this rather than there, that），例句如下呈現：

(154) a. (on saying goodbye): {This / ?That} was a lovely party.
b. (in reference): {This / Here} is a man I could trust.

c. (versus): {That / There} is a man I could trust.

(Brown and Levinson, 1987: 121)

根據這樣的觀點，我們似乎也可以解釋為什麼語料中會出現 saw + (NP) + nii 的結構，但是卻沒有 saw + (NP) + gaga 的結構，甚至 gaga 都不被使用於言談之中，這可能就是因為說話者希望能引起聽話者的共鳴與注意，因此情感上會偏好使用 nii 而不是 gaga。關於這樣的現象，在「節目訪談對話」中似乎呈現了一個很相符的情況：

(155) (節目訪談對話—開會了第 15 集，主持人 Suang，來賓 Aki)

情境說明：主持人和三位來賓都是男性，在主持人提出這段話之前，都是在討論遷徙、土地、傳統領域等議題，都跟男人的生活相關，於是…

S: Quri kuyuh ga, mdka saw snaw hari ka srngaw su.

A: Kiya, quri kuyuh do empgmkay sapah kiya ga. Tai ka dhiya nii do mhuma krig ni tmkrig ni tminun qabang ni msalu lukus laqi. Saw kiya kana ka dkuyuh Truku sexual.

1	S: ..quri	kuyuh	ga (1.0),			
	關於	女人	主題標記			
2	..mdka		saw	snaw	hari	ka
	一樣 . 主事焦點		好像	男人	稍微	主格

s-rngaw=su
S- 講話 = 你 . 屬格

3 A: ..kiya, (0.5)
是

4 ..quri kuyuh do emp-gmkay sapah
關於 女人 連接詞 將 - 做家事 家裡
kiya ga.
那 助詞

5 ..qita-i ka dhiya nii do
看 - 祈使 主格 他們 . 主格 這 連接詞

6 ..m-huma krig ni
主事焦點 - 種 苧麻 連接詞
t-m-krig ni
動詞化 - 主事焦點 - 苧麻 連接詞

7 ..t<m>inun qabang ni
< 主事焦點 > 織布 棉被 連接詞
m-salu lukus laqi.
主事焦點 - 製作 衣服 小孩

→ 8 **..saw** **kiya** kana ka d-kuyuh
像 **那** 全部 主格 複數 - 女人
truku seuxal
太魯閣族 以前

S：婦女呢？就像你剛剛談到男人的事情一樣嗎。

A：是的，婦女大都以家務事為主，她們種植苧麻處理苧麻，以及編織毯子和孩子的衣物。古時的太魯閣族的婦女**就是這樣**。

在 (155) 中，這是一個很有趣的現象，該集節目有一個主持人和三個來賓，剛好都是男性，在這段內容之前，大家主要都在討論土地、打獵、遷徙等議題，幾乎都環繞在男人的話題。於是，在第 1 行和第 2 行，主持人就請教來賓 Aki，之前都是討論男人，那女人的工作呢，是否也一樣呢？從第 3 行到第 7 行間，來賓 Aki 針對這問題提出了說明和解釋，在最後第 8 行的時候，以 saw kiya 開頭，說明上述這些都是以前太魯閣族女性的全部工作，這是篇章指示的用法。在這個例子中，筆者認為使用 saw kiya 跟上述提到的移情作用或同理心相關，有可能是因為對他來說，那是女人的事情，再加上現場也沒有女性來賓，所以這些談論的事情就大概是這樣（心理上有距離感）。然而，當主持人和來賓談到的言談內容擴及整個太魯閣族歷史、語言、遷徙等議題時，則是偏好使用 saw nii。

第五章　指示詞的語法化現象

在第三章和第四章中，本書分別從書面語和口語的材料檢視指示詞的分佈與功能，發現到太魯閣語五組指示詞除了基本指示詞用法外，也有多種延伸用法，它們都有語意及功能上的改變，有些指示詞也發生了音韻變化或融合的情況，每個指示詞發生了不同程度的語法化情況。在本章中，筆者從語法化的角度分析每一組指示詞的現象，並嘗試提出發生語法化的機制、動因以及相關的演變途徑之間的關聯性。

關於語法化（grammaticalization）的相關研究，過去已有很多的文獻討論，在定義上，語法化一詞最早是由法國語言學家Antoine Meillet在1912年所提出，他描述到新的語法形式主要是透過兩個過程產生，一個是類推法（analogy），因為和原有範例模式（paradigms）上的相似而產生新的範例模式；另一個就是經由語法化（grammaticalization），指獨立的詞彙（autonomous word）轉向語法成分角色的過程（引自Hopper and Traugott, 2003: 22）。[89]關於Meillet提出的論點對後來的研究有很大的貢獻，如類推被認為是語法化發生階段最重要的兩個機制之一（Hopper and

[89] Hopper and Traugott（2003: 64）解釋到，Meillet（1912）當時提到的語法化過程，其實就是現在稱為重新分析所造成的結果，新結構取代舊結構後，詞彙的語法功能或特徵也隨著增強。

Traugott, 2003）。Bybee et al.（1994）從跨語言和歷時的角度研究，他們認為語法化的過程涉及到語意的演變，其演變方向是由具體意義發展成抽象的意義。沈家煊（1994）也有類似的看法：「語法化是指意義實在的詞轉化為無實在意義，標示功能的成分的過程或現象。」Hopper and Traugott（2003: 4）認為：「當一個實詞呈現出功能詞的語法特徵時，便可稱之為經過語法化的詞。」並進一步指出：「語法化指的是，當詞彙項和結構進入某種特定的語言環境去提供語法功能，而且語法化後繼續發展出新的語法功能（2003: 232）。」這裡提到了特定的語言環境或結構，意思是當一個詞發生了語法化，常常是因為語境搭配或結構改變等因素造成語意的改變，如重新分析、語用推理、隱喻、轉喻等機制的發生，關於這樣的看法，Himmelmann（2004: 32-33）就指出，語法化並非發生於單一詞彙項，而是某個特定的句法環境或結構，本質上是語境擴展（context-expansion）的過程，並進一步區分成三種層次：（1）寄主類別的擴展（host-class expansion），指的是內部結構的擴展，如指示詞語法化成定冠詞時，會開始規律地和專有名詞或唯一的名詞（sun, sky, queen 等）組合，也就是名詞性詞彙，如果當指示詞和其他成分搭配時，則可能語法化成其他語法的類別，也就是說，語法化會涉及搭配詞彙類別的擴展；（2）句法環境的擴展（syntactic context expansion），如一個語法項可出現在典型的核心論元位置（如主語或賓語），它可能擴展到其他幾乎不出現的句法環境中（如介詞表達式），所以語法化的發生可能涉及句法環境的擴展；（3）語意及語用環境的擴展（semantic-pragmatic context expansion），如代名詞性指示詞僅用於涉及到指示、回指或識別指的指涉情境，但語法化成定冠詞的使用環境則沒有這樣的限制，因此在語意和語用上也會發生擴展。此外 Himmelmann（2004: 33）認為在語法化的過程中，這三種層次是同時發生的，其中又以語意及語用環境的擴展最為重要。

Diessel（1999: 115）提到：「跨語言中，指示詞提供了廣泛多樣的語法項目的歷史來源，例如定冠詞、關係代名詞、第三人稱代名詞、繫詞、句子關聯詞、補語連詞、數標記以及所有格標記等」。他在書中第六章從語法化的觀點分析指示詞，從跨語言的材料發現，指示詞可以語法化為各種不同的語法標記，並且認為指示詞不是由詞彙成分語法化而來，而是屬於語言中的基本詞彙，是許多語法標記的來源項。

本章主要根據 Diessel（1999）和 Hopper（1991）等人提出的語法化判斷準則進行分析，檢視太魯閣語這五組指示詞語法化的情況。在正式討論之前，筆者要先討論語法化中重要的機制（mechanisms）以及相關的概念。

5.1 語法化的機制

在過去的研究中，多數學者都認為隱喻（metaphor）和轉喻（metonymy）是語法化過程中重要的兩個機制（Heine et al. ,

1991; Hopper and Traugott, 2003）。Heine et al.（1991: 160）提到，隱喻延伸可以解釋語意變化的現象，因為隱喻可以使一個詞彙的實詞意義延伸出其他的意義，進而產生語意的虛化，所謂詞彙意義的延伸，可看作是某種認知域的轉移，語法化就可看作是多個認知域之間的投射（mapping），他們也進一步提出，在語法化的過程中，語意演變會形成具體到抽象的規律，遵循以下的途徑：

(156) 人 > 物 > 事 > 空間 > 時間 > 性質
(person > object > activity > space > time > quality)
Heine et al. (1991: 160)

Hopper and Traugott（2003: 84-92）提到隱喻和轉喻是語用推理（pragmatic inferencing）最重要的兩個類型，提到隱喻透過一種事物來瞭解另一種事物，在方向上通常都是從基本的、具體的意義轉向更為抽象的意義；轉喻主要是因鄰近（contiguity）或聯想（association）而形成的手法。在語用層面上，隱喻推理和轉喻推理是互補的，隱喻推理主要跟類推（analogy）機制相關，轉喻推理主要跟重新分析（reanalysis）相關，而語法化大都由轉喻和隱喻所引發，主要就是用來解決問題。筆者將書中提到兩者的異同性整理如表 5-1。

Hopper and Traugott（2003: 39-40）提到語法化中最普遍也最重要的兩個機制，首先是重新分析，其次才是類推。其中類推會影響語言系統的內部規則，但它本身並不會造成規則上 / 限制上的演變。以下為兩種機制的基本差異：

表 5- 1：隱喻和轉喻的在解決問題上的相異處
（整理自 Hopper and Traugott 2003: 92-93）

<table>
<tr><th></th><th>隱喻</th><th>轉喻 / 會話意義的語義化</th></tr>
<tr><td rowspan="2">相同點</td><td colspan="2">解決問題的方向：提高訊息量</td></tr>
<tr><td colspan="2">兩者的推理是互補的</td></tr>
<tr><td rowspan="3">相異點</td><td>從「不在語境中」出發</td><td>從「語境中」出發</td></tr>
<tr><td>解決表達上的問題</td><td>解決說話者態度上的問題</td></tr>
<tr><td>機制：類推</td><td>機制：重新分析</td></tr>
</table>

(157) a. 重新分析（古英語）

1. cild「小孩」+ had「人；狀況；階級」→ cildhad「童年」。

2. biscop「主教」+ had → biscophad「主教身分」。

b. 類推（中古英語）

-hood「狀態、性質（本用於人）」，falsehood「謬誤（擴展到非人）」。

在 (157a) 中，原本 cild 和 had 在古英語中是兩個獨立的名詞，後來演變成複合詞，然後 had 慢慢被當作一種衍生詞素用來表達抽象的狀態（語意和構詞的改變），這是重新分析的典型例子；(157b) 的 -hood，在中古英語中原本用於指示人的存在關係，擴展到新的語境之後，可用來指抽象概念的形容詞（即用於非人的語境），這是類推的情況。

Hopper and Traugott（2003: 49）也進一步提到，發生語法化的過程中，重新分析後通常會經歷一個過渡階段，也就是新舊形式共存的情況。如例 (158)：

(158)

$$A > \left\{\begin{matrix} B \\ \\ A \end{matrix}\right\} > B$$

Langacker（1977: 88）對重新分析的定義也提供了清楚的解釋：「出現在某個或某類表達結構中的演變，但這種演變的表面形式並未涉及任何直接或間接的調整。」根據這樣的觀點，重新分析就涉及到成分結構（constituency）、層級結構（hierarchical structure）、範疇類型（category labels）、語法關係（grammatical relations）」、邊界類型的聚合程度（cohesion type of boundary）等五種特徵的改變（Harris and Campbell, 1995: 61；轉引自 Hopper and Traugott (2003: 50)）。一個很清楚的例子呈現如 (159)：

(159) a. [[back] of the barn] [[後面] 倉庫的] >
b. [back of [the barn]] [在後面的 [倉庫]]

Hopper and Traugott (2003: 50)

在 (159) 中，這個例子符合了成分結構、層級結構以及範疇類型的改變，在成分結構上，括號的重新分析（rebracketing）表示成分結構發生了變化，但表面形式上並無任何調整；中心語地位（the head noun status）的改變則表示層級結構發生變化；名詞 back 重新理解成介詞（adposition），這是範疇類型演變的情形。

然而，因為重新分析後會有共存階段，所以某些情境下，兩種分析都是可能的，也就是說，可能會有歧異或不透明性（ambiguity or opacity）的出現。而這樣的結構可看成是 (A, B), C，經重新分析後變成了 A, (B, C) 的結構。

在語意的層面上，語法化還會涉及到語意的淡化或褪色（semantic bleaching or fading）的過程，指詞彙項在語意上變得沒那麼具體，在語用上沒那麼顯著，同一時間，可能就會獲得新的語法功能或意義（Diessel, 1999: 118）。Traugott（1989）指出當一個詞彙語法化後，該詞彙的信息會變成更主觀，其詞彙意義時常會帶著說話者的主觀信念或態度。所謂主觀化（subjectfication）就是語言從明白表明到無明顯標明，經歷淡化的客觀意義，最後只剩下主觀意義的過程（蘇以文，2010：132）。Traugott 也認為，在語法化初期，主觀性扮演一個很重要的角色，說話者經由語用強化（pragmatic strengthening），在語言中加入更多的個人態度，語言也趨向主觀（引自蘇以文，2010：133）。此外，Traugott（1995: 48）將主觀化的概念進一步的擴充，並提出交互主觀化（intersubjectification）的概念，他認為，主觀化體現說話者對事情的主觀信念或態度，而交互主觀化則同時關注了聽話者，也就是說，在言談交際過程中，說話者除了表達自我的態度外，還會關注聽話者的態度、情感、立場等行為，即稱為交互主觀化。Traugott and Dasher（2004）探討語法化中語意演變的規律，書中提到（交互）主觀性在語意演變中扮演非常重要的角色，並提到在共時上，主觀性是以交互主觀性的概念為前提，而在歷時上，主觀性是先發生於交互主觀性的（Traugott and Dasher, 2004: 22）。

另外，頻率（frequency）在語法化中也扮演重要的角色。Bybee（2003: 604-605）提到計算頻率有兩種常見的方法，一個是出現頻率（token frequency），表示一個發話單位（常常是詞彙或語素）在文本中出現頻率，例如英語的 broken（break 的過去式）在同一個語料庫中，每百萬詞詞彙會發生 66 次，而過去式動詞 damaged 只出現 5 次，所以頻率上是 broken 高於 damaged。第二種是類型頻率（type frequency），指某種特殊形式使用的頻率，如重音或詞綴等，例如英語的過去式形式，最高類型頻率是在動詞後加上 -ed，如 damaged，而我們稱之不規則動詞的 broken 這類型的頻率則是相對低很多。而 Bybee 也指出，頻率不僅僅是語法化的結果，它也是這個過程中主要的貢獻者，造成語法化發生變化的積極力量（Bybee, 2003: 605）。此外，高頻率的詞彙也比較容易發生語音融合（phonological fusion）或語音弱化（phonological reduction）的情況，例如英語口語中的 I don't know, I don't think, I don't like 等，其中的 don't 會有央元音弱化的情況，這是由於高頻率發生造成的（Bybee, 2003: 617; Bybee and Scheibman, 1999）。

因此，從上面提到的幾個語法化機制來看，最主要的是重新分析和類推，在語法化歷程中，隱喻和轉喻、語意的淡化、（交互）主觀性以及詞頻等也扮演重要的角色，由此可見，語法化涉及了很多不同的層面，包括語音、音韻、語意、以及語用等，到目前為止，筆者也觀察到太魯閣語這五組指示詞的語意改變及用法延伸，和上述這些因素都具有相關性。

5.2 指示詞語法化的準則

關於語法化的準則，Hopper（1991: 22）提出了語法化過程中五個重要的參考準則，列點如下說明：

（1）共存（Layering）：在一個廣泛的功能範疇中，出現新層次的時候，舊層次不一定會被棄用，而可能會和新層次一起共存，並相互影響，也就是說，在共時上，一種語法功能可能同時有多個語法形式來表示。

（2）分歧（Divergence）：當一個詞彙形式經歷語法化後變成了依附詞或詞綴時，原本的詞彙可能保有原本的意義，並且跟一般詞彙一樣經歷相同的變化。

（3）限定（Specialization）：在一個功能範疇中，在某個階段中，多個詞彙形式相同但語意有些微不同的情況是存在的，待語法化發生後，其詞彙數量會變少，也表示它們扮演的語法功能會增加。

（4）保持（Persistence）：當一個詞彙語法化之後，仍會傾向保留原本意義的一部分，所以可以從新的用法中找到原本的用法，詞彙歷史也可反映在句法分布結構中。

（5）去範疇化（De-categorialization）：詞彙形式經語法化後，會失去原有詞類的構詞標記或句法特點，因此語法化常常會伴隨著去範疇化的發生，從主要詞類變成次要詞類。

根據上面提到的五個參考準則，不一定會同時發生，筆者在太魯閣語指示詞現象中發現若干痕跡，有些指示詞能觀察到共存的情況，有些則有明顯的去範疇化發生，這些相關的現象將會在下文中討論說明之。

接著，Diessel（1999）使用了 85 種語言材料，進行大規模跨語言的指示詞研究，書中共分成兩大部分，第一部分是針對指示詞進行共時的研究，分別從構詞、語意、句法和語用的角度切入討論；第二部分則是歷時研究，從語法化的觀點分析指示詞，他認為跨語言的材料發現，指示詞可以語法化為各種不同的語法標記，是很多語法項的來源。

Diessel（1999, ch6）針對指示詞語法化提出了八個判斷準則，這些準則可以用來決定一個指示詞受到多大程度的語法化，如下呈現：

(160) 功能的變化（functional changes）

1. 從指示詞發展出的語法項目，不再被用於提示聽話者對於外在事物的關注（即失去了外指功能）。
2. 它們在指示上是非對比的（non-contrastive）。

句法的變化（syntactic changes）

3. 出現的情況時常會受限於特定的句法環境。
4. 有時必要會形成某種句法結構。

構詞的變化（morphological changes）

5. 常發生於表遠指的形式，近指形式頻率較低。

6. 可能會失去屈折變化能力。

音韻的變化（phonological changes）

7. 可能發生語音縮減或弱化的情況。

8. 可能和其他自由形式發生融合。

Diessel（1999: 118-119）針對這八個判斷準則也提出進一步說明，首先他認為，準則 1 和 2 是幾乎所有指示詞都會經歷的語法化過程，不再被用於提示聽話者對於外在事物的關注，而且失去了指示功能上的對比。其他的準則不一定會發生，這樣取決於語法化的途徑、來源詞項的特性以及新產生的語法標記可能到達的語法化階段。他也指出，文內照應的三種類別，回指（anaphoric）、篇章指示（discourse deitic）、以及識別用法（recognitional）都已經歷某種程度的語法化，因為它們應視為語言內部的功能而且都是非對比的，其語法化演變途徑如下呈現：

(161)

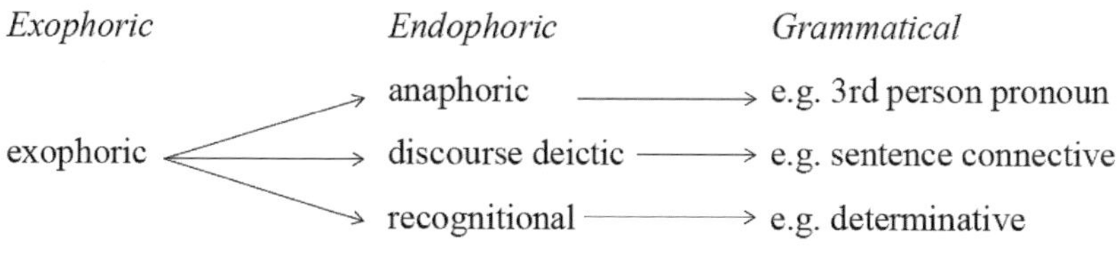

圖 5- 1：指示詞的語法化途徑（Diessel, 1999: 113）

由於 Diessel（1999）的研究是針對指示詞進行跨語言的調查與分析，具有類型學上的重要參考依據，因此本書將根據他提出的這八個語法化判斷準則，針對太魯閣語五組指示詞進行檢視、討論與分析。

5.2.1 指示詞 nii「這」的語法化情況

根據目前的語料顯示，作為指示詞功能的 nii，在句法的功能上，除了具有指示詞基本的代名詞性指示詞及定語性指示詞用法外，還有延伸的方位動詞和動貌助動詞，在語用言談的功能中，具有文外照應、篇章指示、文內照應、識別用法以及言談標記的用法，在較長的篇章或言談中，定語性指示詞 nii 甚至發展出定冠詞的用法（如第四章所討論）。

在「功能的變化」上，除了指示詞的基本的文外照應用法外，篇章指示、文內照應、識別用法等用法即符合 Diessel 所說的，它們其實都經歷了某種程度的語法化，例如，指示詞 nii 在篇章或言談中都具有篇章指示的用法，仍然有明顯的指示功能，可用來回指前面談論的事件或後指接下來要發生的行為事件，但此用法已經屬於非對比性的功能。[90] 而最後一種是言談標記用法，言談中表示話題的結束，主要出現在語段末的地方，這可以看作是一種篇章指示的延伸用法，除了指涉上下文的行為、事件等之外，還帶

[90] 根據 Diessel（1999: 166）的補充，篇章指示指示詞雖然能表示前指或後指的指涉，但是它們並沒有用來表示兩個不同位置在距離上的差異，因此功能上是非對比性的。

有說話者自身對談話內容的態度、情感或立場，如例 (162)（例句 (112) 重現於此）。

(162) 表話題結束

(口語敘事—梨子的故事 005)

A: Nangal na inu kida hug? msa lmnglung. Na, ida wada tqqaras wada ka dhiya, a, saw nii.

---

1 A: ..n-angal=na inu kiya.da hug (0.3),

完成貌 - 拿 = 他 . 屬格 哪裡 那 . 助詞 助詞

msa l<m>nglung.

說 . 主事焦點 < 主事焦點 > 想

2 ..na(0.5), ida wada t-q~qaras

?? 一定 完成貌 . 助動 互相 - 重疊 ~ 高興

wada

完成貌 . 去

ka dhiya,

主格 他們 . 主格

→ 3 ..a (0.3), **saw** **nii**

FILL **像** **這**

A：（工人）一直在想，他們到底從哪裡拿到（水果）的呢？他們就很高興的離開了，**就是這樣**。（故事到此結束）

在例 (162) 中，出現於第 3 行的 saw nii 是整個敘事內容的最後一段話，表示故事的結束，也表示說話者敘事的結束。如同第四章結語所提，敘事者使用的是 saw nii 而不是 saw kiya，很可能是因為敘事者講完後，希望能引起聽話者的移情作用或同理心，並拉近彼此心裡空間上的距離，因此偏好使用近指指示詞 nii，原本指涉空間距離的用法，在這裡的 saw nii 用法就延伸到人際互動中的層面。

如第三章所討論，在延伸的功能上，太魯閣語的 nii 還可以當作方位動詞使用，具有指涉的功能，表示「在…（離說話者距離接近處）」，形成「在 +NP」結構。在台灣南島語言中，有多個語言的方位用法也是延伸自指示代名詞，如南王卑南語、賽德克語、太魯閣語等（Zeitoun et al., 1999: 4）。表示方位動詞的 nii，後面主要都是出現名詞性成分，如例 (33) 的 Nii hini.「在這裡」或 Nii dxgal ka aba su.「你的背包在地上」，這兩句的 hini「這裡」和 dxgal「地」都是名詞。

nii 的延伸用法也能當作動貌助動詞，表示「進行貌」，這現象在跨台灣南島語言中，方位動詞延伸出動貌用法是常見的，如泰雅語（Huang, 2008）、噶瑪蘭語（Jiang, 2009），原本表示具體空間的用法，經語法化後變成抽象的時貌用法。nii 的動貌用法除了在功能上有明顯改變外，它搭配的詞彙範疇也跟著改變，後面主要都是動詞性成分，形成「nii +（附著式代名詞）+ 動詞」的結構，如例 (35a) 的 Nii dmanga laqi rbnaw ka bubu.「媽媽在餵食嬰孩」和例 (35b) 的 Nii ku midaw masu dhquy.「我正在煮糯米小米飯」，在這兩句中，nii 後面的 dmanga「餵養 . 主事焦點」和 midaw「煮飯 . 主事焦點」皆為動詞性成分，因此功能上已經不再表示方位動詞用法，而是表示進行貌的用法，例句重現於例 (163)：

(163) a. 辭典：dmanga (p.144)

Nii dmanga laqi rbnaw ka bubu.

<u>nii</u>	**<u>d<m>anga</u>**	laqi
進行貌 . 助動	< 主事焦點 > 餵食	小孩

rbnaw	ka	bubu
嬰兒	主格	媽媽

媽媽在餵食嬰孩。

b. 辭典：midaw (p.314)

Nii ku midaw masu dhquy.

<u>nii=ku</u>	**<u>m-idaw</u>**	masu	dhquy
進行貌 . 助動 = 我 . 主格	主事焦點 - 飯	小米	糯米

我正在煮小米糯米飯。

接著，透過第四章的討論，本書發現定語性指示詞 nii 在篇章和言談中，已經發展出定冠詞的用法，用來限定前文或先前語段已經出現過的名詞（組）。Matthew（2013）就指出，在跨語言類型中，指示詞可能發展出定指性的標記（如定冠詞）；Diessel（1999: 98）提到當一個言談參與者已經被建立為話題，它常常可以透過第三人稱代名詞、零回指、定冠詞、動詞上的代名詞性詞綴等示蹤出來，而跨語言中定語性指示詞也可能發展出定冠詞的用法；

Huang（1999）提到漢語的遠指指示詞 naga「那個」已經語法化成定冠詞的功能。就太魯閣語 nii 的情況來看，它本身具有定語性指示詞的用法，不只用來第二次提及而使用，在整篇敘事或言談內容中針對同一個話題對象也可以多次出現，基本上符合定冠詞的典型用法，例句如下呈現：

(164) nii 的定冠詞用法

(口語敘事—青蛙的故事 003)

A: Prngaw ku endaan rudan seuxal. Tanah ka ngahan tama na, niqan kingal laqi na, watan. Tmabug kingal huling ni hnjyalan kingal qpatur, spowsa na ska lungaw ka qpatur nii. Kingal jiyax siida o keman da, tmabug qpatur siida o mqaras bi ka huling na ni laqi nii. Niqan kingal rabi, mtaqi da. Watan ni huling na nii, msupu mtaqi.

---

1 A: ..emp-rngaw=ku en-uda-an
將 . 主事焦點 - 講 = 我 . 主格 名物化 - 經歷 - 名物化
rudan seuxal.
老人 以前

2 (3.0) ..tanah ka ngahan tama=na,
人名 主格 名字 爸爸 = 他 . 屬格

3 .. niqan kingal laqi=na, (0.5) watan.

有 一 小孩 = 他 . 屬格 人名

4 ..t<m>abug kingal huling ni

< 主事焦點 > 飼養 一 狗 連接詞

h<n>jiyal-an

< 完成貌 > 找到 - 處所焦點

kingal qpatur.

一 青蛙

→ **5** ..s-powsa=na ska lungaw ka

參考焦點 - 放 = 他 . 屬格 中間 瓶子 主格

qpatur nii

青蛙 這

6 (3.0) ..kingal jiyax siida o keeman da.

一 日子 時候 主題 晚上 助詞

7 ..t<m>abug kingal qpatur siida o (1.0)

< 主事焦點 > 飼養 一 青蛙 時候 主題

→ **8** ..m-qaras bi ka **huling=na**

主事焦點 - 快樂 很 主格 狗 = 他 . 屬格

ni laqi nii.

連接詞 小孩 這

9 (2.0) ..niqan kingal rabi, m-taqi da.

有 一 晚上 主事焦點 - 睡覺 助詞

→ 10 **..watan ni huling=na nii,**

人名　　　連接詞　狗＝他．屬格　　　這
m-seupu　　　　m-taqi.
主事焦點－一起　主事焦點－睡覺

A：我要講以前祖先說的故事。有一個小孩 Watan，他養了一隻狗並找到了一隻青蛙，他把這隻青蛙放在瓶子裡。有一天，已經晚上，他在養這隻青蛙的時候，小孩和他的狗都很高興。到了半夜，Watan 和他的狗都一起睡覺了。

例 (164) 中，這是一個青蛙的故事，1 到 4 行在講述這個故事中出現的對象，包括第 3 行的 laqi「小孩」，名字叫做 Watan，還有第 4 行的 huling「狗」和 qpatur「青蛙」，他們都是第一次出現。在第 5 行的地方，第二次出現了 qpatur「青蛙」，這時已接著出現了 nii，形成 qpatur nii「這青蛙」，隨後在第 8 行的地方，提到養一隻青蛙，小孩的狗和小孩都很高興，此時 huling「狗」和 laqi「小孩」都是第二次出現，形成一個詞組 huling=na ni laqi「他的狗和小孩」，其後也出現了 nii，在第 10 行的地方，出現了 watan「人名」，也就是這個小孩，以及 huling=na「他的狗」，這時已經是第三次出現了，其後也出現了 nii，甚至在這個段落之後出現的這幾個名詞（laqi, Watan, huling, qpatur 等），其後幾乎都會搭配 nii 一起出現 nii，尤其是當這些名詞出現在主語位置時，因此，本書認為 nii 已經發展出定冠詞的用法了。

根據上面的討論可發現，在功能的變化上，就現有的共時材料，本書認為指示詞用法的 nii，已經發生了明顯的語法化現象，可延伸出方位動詞、動貌助動詞、定冠詞用法以及言談標記用法的情況。

接著，要檢視 nii 在「句法的變化」上，nii 的基本用法是當作代名詞性指示詞和定語性指示詞，前者出現位置較自由，可出現於主語、賓語、名詞謂語、主題等處，而後者都會固定出現在名詞（組）、代名詞或名詞性成分之後；當出現動詞 saw「像；如此」的時候，指示詞 nii 常常會緊跟在後，後面可能出現名詞（組）或整個子句，也可以直接出現主題標記 o 或 ka 標記，也就是說，會形成某種固定的句法結構「saw nii +(ka/o)+ 名詞（組）/ 子句」，這是一種延伸出的篇章指示用法，如例 (165) 中的「saw nii + o + 子句」，該句的 saw nii 指的是前文出現的多個行為，這些行為都會產生灰燼，包括 mhapuy「煮飯」、malah「烤火」、muduh「燻烤」、smaruk「燒烤」等：

(165) 訪談語料彙集：p.25

Qbulit o pnaah qhuni pntahu ga, kiya o mhapuy uri, malah uri, muduh ni

smaruk kana saw nii o niqan hnici na qbulit.

qbulit	o	p<n>aah	qhuni	p<n>tahu	ga,
灰燼	主題	＜完成貌＞從	樹木	＜完成貌＞起火	助詞
kiya	o	m-hapuy	uri,	m-alah	

那　主題　主事焦點 - 煮　也　主事焦點 - 烤火

uri,　m-uduh

也　主事焦點 - 烤

ni　s<m>aruk,　kana　**saw　nii　o**　niqan

和　< 主事焦點 > 燒烤　全部　像　這　主題　有

h<n>ici=na　qbulit

< 完成貌 > 留下 = 他 . 屬格　灰燼

灰燼是從煮飯也好、烤火也好、炭烤和火燒用的木材，這全部都會留下它的灰燼來。

下面出現的例 (166) 也有類似的情況，當 saw 跟 nii 一起出現後，形成一個固定的結構，使句法的位置和和功能皆發生變化，如第 2 行的「saw nii + 子句」，由於主持人在此進行該主題的總結，因此可以推論出，這裡的 saw nii 指的是更早之前由三位來賓共同談論的談話內容，屬於回指的篇章指示用法；在第 4 行的「saw nii + ka + 名詞組」中，這裡的 saw nii 是屬於後指的篇章指示用法，所指對象出現於下文，指一小段話「族語是咱們自己的語言，就像媽媽的話」（例句 (143) 重現於此）。

(166)　(節目訪談對話—開會了第 15 集，主持人 Surang)

主持人 Surang 在聽完三位來賓各自講述的經驗之後，將針對該主題進行總結，於是出現了下面的言談內容。

S: Ana rabang, wada saw nii pgkla ka tru ita mnswayi hini sayang.

Kiya ni niqan kingal ka kari, saw nii ka kari dha, kari ta nanak nii o mdka kari bubu ksun, kair eygu o “Mother tongue”.

---

1 S: ..ana rabang (0.5),
難得；值得

→ **2** ..wada **<u>saw nii</u>** p-g-kla ka
完成貌 . 助動 像 這 使役 - 動詞化 - 知道 主格
tru ita mnswayi hini sayang.
三 咱們 . 主格 兄弟姊妹 這裡 現在

3 ..kiya ni, niqan kingal ka kari,
那 連接詞 有 一 主格 話

→ **4** ..**<u>saw nii ka</u>** kari=dha.
像 這 主格 話 = 他們 . 屬格

5 .. kari=ta nanak nii o mdka
話 = 咱們 . 屬格 自己 這 主題 一樣 . 主事焦點
kari bubu ksun,
話 媽媽 稱作

6 ..kari <L2eygoL2> o <L2mother tongueL2>
話 英語 [日語] 主題 母語 [英語]

S：真好，我們已經了解到三位耆老們在這裡的經驗分享。那麼，有這麼一句話是這樣表達的，族語是咱們自己的語言，就像媽媽的話，英文叫做“Mother tongue”

此外，在句法的變化上，方位動詞和動貌助動詞都有特定的句法環境，如方位動詞後面通常只能出現處所名詞，形成「nii + NP」的結構，但可搭配的名詞裡，可包括具體的處所名詞，亦可包括抽象的名詞，如 Nii lnglungan mu bitaq knuwan.「永遠在我的心中」，lnglungan「心；想法；性格」是一個抽象名詞；而動貌助動詞後面通常只能出現動詞（組），形成「nii + VP」的結構，這裡的動詞組 VP，也包括動態性高的動態動詞和表狀態的靜態動詞，如 Nii ku matas.「我在讀書」中的 matas「讀書 . 主事焦點」是動態動詞，而 Nii mcilux ka karat sayang.「現在天氣（正）在炎熱中」的 mcilux 是靜態動詞，表示現在天氣的狀態，從這樣的語意演變來看，涉及了隱喻作用的發生，nii 從一開始的方位動詞用法，只能搭配實體處所名詞，由於使用頻繁的使用頻率，擴展到抽象名詞，從「空間」域投射到「性質」域，語意也逐漸的抽象和泛化，這也符合 Heine et al.（1991）提到一個詞彙從具體到抽象的語法化規律。關於定冠詞用法的分佈位置也很受限，由於從跨語言的類型學來看，定冠詞常常是從定語性指示詞發展而來，也就是說，定冠詞用法在太魯閣語中只能出現於名詞之後的位置。因此，相較於原本指示詞基本用法的句法分佈位置來說，方位動詞、動貌助動詞和定冠詞用法可出現的句法環境則受限許多。

在「構詞的變化」，nii 並沒有明顯的改變。不過，如 3.7 節中的討論，指示詞 nii 本身並無區分單複數形式，但可以另外加上表示複數的前綴 d-「表複數」，變成 d-nii「這些」；nii 也可以和前綴 s-「表過去時間」一起出現，變成時間用法的 s-nii「最近（過去的時間）」，隨著構詞的改變，產生的語意也從原本具體人事物的認知域投射到表抽象的時間域。

在「音韻的變化」上，目前僅觀察到可以和語尾助詞 ni 合併，變成另一個表近指的指示詞 nini「這」，要特別注意的是，原本的 nii 是有重音，且明顯在倒數第二音節位置，但是合併後的詞彙則沒有明顯的重音，而此時語調為平升調，如例 (167)，nini 亦常常輕讀，呈現低平調。

(167) (口語敘事—梨子的故事 005)

A:Lala balay lnamu na, dha rawa da, lnamu nini.

1	A: ..lala	balay	l<n>amu=na,		
	多	很	<名物化>摘=他.屬格		
2	..(1.0)	dha	rawa	da,	l<n>amu
		二	籃子	助詞	<名物化>摘
	nii.ni				
	這.助詞				

A：他摘得很多，已經兩籃了，這些摘的（水果）。

此外，就目前的語料發現，語音上融合後指示詞 nini 常常出現於名詞之後，作為定語性指示詞的用法，如在口語敘事的語料中，共出現 61 筆，其中 52 筆為定語性代名詞用法（約佔 85%），其他則為代名詞性指示詞用法。但是要注意的是，因為目前尚未看到「ka + nini」或「nini + o」的出現環境，因此 nini 有可能無法直接出現在主語和主題位置，此點則跟 nii 有明顯的差異。

透過這八個語法化準則檢視完指示詞 nii 的各種現象後，可以發現在功能、句法、構詞以及音韻上都有些微的變化，尤其在功能和句法的變化上最為明顯，也看到多種語意的演變，而 nii 語法化的情況可從表 5-2 中呈現。

表 5-2：指示詞 nii 的語法化程度

改變的類型	判斷準則	指示詞 nii
功能改變	1. 從指示詞發展出的語法項目，不再被用於提示聽話者對於外在事物的關注 (即失去了外指功能)。	√[91]
	2. 它們在指示上是非對比的	√ / x
句法改變	3. 出現的情況時常會受限於特定的句法環境。	√
	4. 有時必要會形成某種句法結構。	√
構詞改變	5. 常發生於表遠指的形式，近指形式頻率較低。	x
	6. 可能會失去屈折變化能力。	(√)
音韻改變	7. 可能發生語音縮減或弱化的情況。	x
	8. 可能和其他自由形式發生融合。	√

5.2.2 指示詞 gaga/ga「那」的語法化情況

根據目前的語料呈現，作為指示詞功能的 gaga/ga，類似於指示詞 nii，在句法功能上，除了具有指示詞基本的代名詞性指示詞

[91] 表格中出現的三種符號，√ 表示有發生該類的變化，x 表示沒有發生該類變化，(√) 表示有發生該類變化，但是很不明顯，√ / x 則表示有些延伸用法有發生變化、有些則沒有。

及定語性指示詞用法外，也延伸出方位動詞和動貌助動詞。但是，在語用言談的功能中卻存在著很大的差異，因為指示詞 gaga 很少用於口語中，在整個口語語料中僅出現 1 筆文外照應用法，幾乎是不具有語用或言談的功能；而語音縮減後的 ga，則具有文外照應、篇章指示、文內照應、識別用法以及言談標記的用法，其中包括出現在子句間的主題標記用法，具有強調或突顯的作用，也發展出語意更為虛化的語尾助詞用法。

在「功能的變化」上，指示詞 gaga/ga 的基本用法包括代名詞性指示詞用法和定語性指示詞用法，延伸用法則有方位動詞用法和動貌用法，這些基本用法和延伸用法都跟 nii 的語意演變很相像，主要的差別是，方位動詞 gaga/ga 表示「在…（接近聽話者，即離說話者較遠）」，跟指示詞 nii 有距離上的對比。此外，指示詞 nii「這」和 gaga「那」有距離上的對比，延伸出方位動詞和動貌助動詞後，仍具有明顯的對比，在此功能的變化上，也符合了 Hopper（1991）提到的保持準則，在指示詞用法中，nii 表示近指而 gaga 表示遠指，演變成方位動詞用法和動貌助動詞後，仍有近指和遠指的對比，如下呈現。

(168) nii 和 gaga 的用法比較

a. 代名詞性指示詞用法

Huling mu ka nii.

huling=mu	ka	**nii/*gaga**
狗 = 我 . 屬格	主格	這

這是我的狗。（接近或靠近說話者的情況）

a’. Huling mu ka gaga.

huling=mu	ka	**gaga**
狗 = 我 . 屬格	主格	那

那是我的狗。（接近聽話者或同時遠離說話者和聽話者的情況）

b. 方位動詞用法

Nii sapah hini ka huling mu.

nii	sapah	hini	ka	huling=mu.
在	家	這裡	主格	狗 = 我 . 屬格

我的狗在這裡的房子。（接近或靠近說話者的情況）

b’. Gaga sapah hiya ka huling mu.

gaga	sapah	hiya	ka	huling=mu.
在	家	那裡	主格	狗 = 我 . 屬格

我的狗在那裡的房子。（接近聽話者或同時遠離說話者和聽話者的情況）

c. 動貌助動詞

Nii su hmuya?

nii=su	h<m>uya
進行貌 . 助動 = 你 . 主格	< 主事焦點 > 如何

你在做什麼？（說話者必須是看得到聽話者，且距離必須是相近的）

c’. Gaga su hmuya?

gaga=su	h<m>uya

進行貌 . 助動 = 你 . 主格 <主事焦點>如何

你在做什麼？（說話者不一定要看得到聽話者，可以處於同一空間、不同空間、距離遙遠、電話中等，通常是距離稍遠，但是距離近亦可）

例 (168) 中，代名詞性指示詞用法、方位動詞、動貌助動詞等都存在對比性，尤其是代名詞性指示詞用法，在本書的發音人中，當指涉對象位於說話者身上或接近處時，全部的人都是使用近指的 nii，沒有一個人使用 gaga，也就是說，在距離對比上，nii 是很明確的必須接近或靠近說話者，如 (168a)，而 gaga 則不用於接近或靠近說話者，如 (168a')。然而，在方位動詞和動貌助動詞中，nii 基本上沒有變化，僅用於接近或靠近說話者使用，但是 gaga 卻明顯發生了語意泛化的情況，造成 gaga 也能用於近指的方位動詞，也能用於近指時使用的動貌助動詞，所以在 (168b) 和 (168c) 的語境中，nii 都可以替換成 gaga。

討論完指示詞 gaga 的情況後，本書也在語料中發現，當 gaga 發生了語音縮減情況，變成單音節詞的 ga 之後，也發生了明顯的功能改變，ga 除了原有的指示詞用法、方位動詞用法以及動貌助動詞外，還延伸出連貫前後主題的主題標記或是出現在句尾的語尾助詞的功用。在第三章的討論中，筆者提到太魯閣語原本就存在一個主題標記 o，當指示詞 gaga 語音縮減成 ga 之後，產生了主題標記的作用，筆者也將兩者的用法和分布進行了對比，其中特別提到，在一模一樣的情境中，主題標記 o 和 ga 也有些微的差異，當使用主題標記 ga 的句子，具有更明確地強調作用，限定的程度也更高，ga 的語調也較為加重，如下例的對比（例句 (51) 重現）：

(169) a. Laqi ku siida o musa ku daya kdjiyax.

laqi=ku siida **o**
小孩 = 我 . 主格 時候 主題
m-usa=ku daya
主事焦點 - 去 = 我 . 主格 山上
kdjiyax
常常
我小的時候啊，我每天都去山上。

b. Laqi ku siida ga, musa ku daya kdjiyax

laqi=ku siida **ga,**
小孩 = 我 . 主格 時候 主題
m-usa=ku daya
主事焦點 - 去 = 我 . 主格 山上
kdjiyax
常常
（就是在）我小的時候啊，我每天都去山上。

當 gaga 發生了語法化變成 ga 之後，也進一步產生了新的用法，包括主題標記和語尾助詞用法。在指示詞用法 ga 發展出語尾助詞用法的過程中，基本上也能看到語意逐漸虛化的過程，如下例呈現（例 (46) 部分例句重現於此）：

(170) 定語性代名詞 ga > 語尾助詞 ga

a. Naku ka patas ga.

naku	ka	patas	**gaga**
我 . 所有格	主格	書	那

那本書是我的。

b. 辭典：empmeenu (p.142)

Empmeenu su hici, saw nii nuda su ga?

emp-meenu=su	hici,	saw	nii
將 - 如何 = 你 . 主格	未來	像	這

n-uda=su	**gaga** ↑
名物化 - 經歷 = 你 . 屬格	那 / 助詞

你這樣做將來怎麼辦？

c. 辭典：hay (p.163)

Mnsa su hiya ka shiga, hay ga?

m-n-usa=su	hiya	ka
主事焦點 - 完成貌 - 去 = 你 . 主格	那裡	附加語

shiga,	hay	**gaga** ↓
昨天	不是	助詞

你昨天去過那裡，不是嗎？

d. Embiyax ku balay, isu ga?

em-biyax=ku	balay,	isu	**gaga** ↑
主事焦點 - 力氣 = 我 . 主格	非常	你	助詞

我很健康（我很好），你呢？

在例(170)中，ga出現的環境都是在整個句子的最後。例(170a)是ga典型的定語性指示詞用法，用來限定前面的名詞patas「書」；例(170b)中的ga可能有兩種解讀，一種是定語性指示詞用法，可用於限定前面的nuda su「你所做過的事情」，另一種可理解成助詞用法，表示疑問用法，指示功能不再那麼明確了，所以省略也不會造成理解錯誤。例(170c)和例(170d)中，出現於句尾的ga幾乎失去了指示詞的意義與用法，轉變成語尾的疑問助詞用法。

根據Hopper（1991）提出的五個語法化準則，在語法化演變的過程中，主題標記用法的ga呈現了保存原則，仍具有限定前面主題的作用；而出現在語尾的語尾助詞ga，則是明顯發生了去範疇化的情況，從原本的主要詞類指示詞變成了次要詞類語尾助詞，即從實詞發展成虛詞的情況。此外，當gaga變成ga的過程中，也呈現了分歧的原則，從指示詞演變成主題標記和語尾助詞，應該是兩條不同的演變路徑。

在「句法的變化」上，gaga/ga除了定語性指示詞和代名詞性指示詞外，其語意演變的情況跟nii很像，也能延伸出方位動詞和動貌助動詞，其中方位動詞用法的主要句法結構為「gaga/ga + NP」，動貌助動詞的主要句法結構為「gaga/ga + VP」。不同的是，前文提到nii會和動詞saw形成某種固定的句法結構「saw nii +(ka/o)+名詞（組）/子句」，延伸出言談的篇章指示用法，甚至進一步延伸出言談標記用法，表示話題的結束，然而，在本書蒐集的所有語料中，雖然有出現2筆saw gaga/ga的結構，但並不是指該類用法，而且，句法結構的內部成分其實也不一樣，如下面的比較：

(171) saw nii 和 saw gaga 的比較

a. 字典：jima (p.320)

Jima mkla ka dhiya da, saw nii ka qnpah su.

jima	m-kla	ka	dhiya	da,
已經	主事焦點 - 知道	主格	他們 . 主格	助詞

saw	**nii**	ka	q<n>pah=su
像	這	主格	< 名物化 > 工作 = 你 . 屬格

他們已經知道你所作的事。

b. 繪本：小王子

Yaasa gaga ku mhulis babaw pngrah hiya, quri isu o mdka saw gaga mhulis kana ka pngrah.

yaasa	gaga=ku	m-hulis
因為	進行貌 . 助動 = 我 . 主格	主事焦點 - 笑

babaw	pngrah	hiya,
上	星星	那裡

quri	isu	o	mdka	**saw**
關於	你 . 主格	主題	一樣 . 主事焦點	像

gaga	m-hulis	kana	ka	pngrah.
進行貌 . 助動	主事焦點 - 笑	全部	主格	星星

因為我在那顆星星上笑著，那麼對你來說，就好像所有的星星都在笑。

c. 繪本：我遺忘了什麼呢

這個女生的媽媽叫做 Rowbiq，已經過世了，每次被別人問到是不是 Rowbiq 的女兒時，她都會回答沒錯，而人們總是會回應說，你看起來很像妳的媽媽，於是…

Saw nii smiiling knan ka seejiq o, mdka saw nii mniq siyaw mu ka Bubu mu.

saw	nii	s<m>iling	knan	ka
像	這	<主事焦點>問	我.斜格	主格

seejiq	o,
人	主題

mdka	**saw**	**nii**	m-eniq
一樣.主事焦點	像	這	主事焦點-住在

siyaw=mu	ka	bubu=mu
旁邊=我.屬格	主格	媽媽=我.屬格

每當人們這樣問我，彷彿我的母親就在我身旁似的。

例 (171a) 是 saw nii 常見的結構，「saw nii +(ka/o)+ 名詞（組）/ 子句」，這裡的 nii 指下文出現的 qnpah「所做的事情」；在例 (171b) 中，雖然出現 saw gaga，但是它後面出現的是動詞 mhulis「笑.主事焦點」，而不是名詞或子句，而且在 saw gaga 前面出現了另一個動詞 mdka「一樣.主事焦點」，這裡呈現的內部結構應該是 [mdka saw] [gaga mhulis]，因此，這裡的 gaga 並不是指示詞用法，而是動貌用法，也就是說，表面上雖然連續出現，但內部成分其實是分開的；例 (171c) 呈現了更明顯的對比，段落中出現了兩次 saw nii，而且後面都接著出現動詞組，但是第一次出現的 saw nii 是篇章指示用法，指段落之前提到發生的事件過程，呈現的內部結構為 [saw nii] + [VP]，而第二次出現的 saw nii，類似例 (171b)，這裡的 saw 是跟前面的 mdka 一起的，而 nii 其實是動貌用法，其結構應為 [mdka saw] + [nii VP]。

gaga 當作定語性指示詞時，都會固定出現在名詞（組）或代名詞之後。值得注意的是，主題標記用法的 ga，也能出現在名詞（組）或代名詞之後，但它出現的句法位置更受限於兩個子句之間，即第一個子句的最後，主要的功用是銜接與連貫；而語尾助詞的 ga，也能出現於名詞和代名詞之後，甚至也能出現在指示代名詞之後，不過，它們的句法位置很受限，只能出現在語尾的位置，而且會有不同的語調。也就是說，gaga/ga 當作指示詞用法時，可出現的位置較廣泛，經語法化後產生的新用法，僅能出現於特定的環境中，但是，這些用法仍然保有相同的環境，即位於名詞（組）或子句之後。

在「構詞的變化」，gaga 本身幾乎很少加綴形式，筆者蒐集的語料中並沒有出現任何加綴的例子，在秀林鄉太魯閣語辭典中則可以加上前綴 d-「表複數」，變成 d-gaga「那些」。

在「音韻的變化」上，gaga 可以和語尾助詞 ni 合併，變成表遠指用法的 gani「那」，跟表近指用法的 nini「這」很類似，融合後有較多的限制，例如 gani 也不能直接出現在主題或是主格標記 ka 之後，在語音上沒有明顯重音，且常常以輕讀方式出現。此外，無論是 nini 或 gani，它們都是出現在語尾位置，其後不在出現任何成分，如 da「助詞 (了)」、hug「助詞 (嗎)」等。

語音縮減後的 ga 可以和助詞 da「助詞 (了)」合併，變成 dga，用法跟未合併前的 ga 一樣，一是作為語尾助詞，如 (172a)，二是作為連貫前後主題的標記，主要差別在於語音融合後會有時貌語氣的加入，如 (172b)，例句如下呈現：

(172)

a. 訪談語料彙集：p.3

Yaasa ini siyus, yaasa ini buway bari rudan rdrudan. Manu kiya tmbrian ka laqi dga.

yaasa	ini	siyus,	yaasa	ini	buway	bari	rudan
因為	否定詞	獻祭	因為	否定詞	給	祭品	老人

rd~rudan.	manu kiya	t<n>bri-an
重疊 ~ 老人	什麼 那	< 完成貌 > 吐 - 處所焦點

ka	laqi	**da.ga.**
主格	小孩	了 . 助詞

因為不獻祭，不給祭品給祖先，所以，小孩生病了。

b. 字典：pqlupan (p.655)

Pqlupan su ka tnbgan dga, mgraaw balay tnabug su.

p-qlupan=su	ka
使役 - 老處女 = 你 . 屬格	主格

t<n>abug-an	**da.ga,**
< 名物化 > 飼養 - 名物化	了 . 主題標記

m-graaw	balay	t<n>abug=su.

主事焦點 - 枉費　　非常　<名物化>= 你 . 屬格
你讓飼養的家畜沒有繼續繁殖，是很可惜的。（例 (50) 重現於此）

透過這八個語法化準則檢視了指示詞 gaga/ga 的情況，在功能、句法及音韻上都有比較大的變化，尤其是發生語音縮減情況後，才進一步發展出新的用法，其句法上也有明顯的變化與限制。值得注意的是，本書發現指示詞 gaga 本身似乎沒有發展出任何的言談功能，在口語語料中幾乎不被使用，而語音縮減後的 ga，則產生了篇章和言談的功能，如主題標記和語尾助詞用法。

表 5- 3：指示詞 gaga/ga 的語法化程度

改變的類型	判斷準則	指示詞 gaga/ga
功能改變	1. 從指示詞發展出的語法項目，不再被用於提示聽話者對於外在事物的關注（即失去了外指功能）。	√
	2. 它們在指示上是非對比的	√ / x
句法改變	3. 出現的情況時常會受限於特定的句法環境。	√
	4. 有時必要會形成某種句法結構。	√
構詞改變	5. 常發生於表遠指的形式，近指形式頻率較低。	(√)
	6. 可能會失去屈折變化能力。	x
音韻改變	7. 可能發生語音縮減或弱化的情況。	√
	8. 可能和其他自由形式發生融合。	√

5.2.3 指示詞 kiya/ki「那」的語法化情況

根據前文的討論，太魯閣語的指示詞 kiya 呈現更多樣的用法，除了指示詞的基本用法代名詞性指示詞和定語性指示詞之外，它還延伸出其他用法，如未來的時間用法「等一下」、表肯定用法 / 應答用法等，但不同於指示詞 nii 和 gaga，kiya/ki 並沒有延伸出方位動詞和動貌助動詞。以下根據這八個語法化準則來檢視指示詞 kiya/ki 的情況。

在「功能的變化」上，kiya 基本的功能包括代名詞性指示詞和定語性指示詞用法，另外也延伸出屬於語用言談功能的篇章指示用法，呈現的方式大概可分成三小類，第一類類似於 saw nii 的結構，saw「像」也能跟 kiya 組合，形成 saw kiya 結構，用來指上下文出現的行為、事件等更大的段落，在言談中，似乎也能延伸出表話題結束的言談功能；[92] 第二類是使用 kiya 和助詞組合成 kiya da，或是語音融合成 kida，表示「就是那樣了」，如例 (120) 和例 (121)；第三類是 kiya 單獨使用，即能指示整個段落的言談內容，如例 (135)。

kiya 具有未來時間用法，表示「等一下；待會」，且常常由 ka 標記引介，此種時間用法並未出現在其他四組指示詞。在跨語言中，狀語性指示詞常會語法化成「時間副詞」的用法，例如：‘right

[92] 事實上，在日常生活中，當一個人在描述一件事情時，敘事完成後時常會以 saw kiya 結尾，表示「就是那樣」的意思，代表敘事內容結束了。但是，本文這次蒐集的語料並未出現該種話題結束用法，在第四章中，則有出現以 kiya 單獨使用作為話題結束的情況，如例 (146)。

here' 轉變成 'right now, today'、'from there (near)' 轉變成 'from then (recent)' 等（Diessel, 1999: 140）。雖然 kiya 並不是真正的狀語性指示詞，但本書從句法結構中觀察到可能發生了重新分析的情況（如下的討論），因此仍認為表「待會；等一下」用法的 kiya 應該是從指示詞 kiya 經語法化演變而來。

kiya 也具有表示肯定或確認的用法，尤其在言談中，進一步發展出應答用法（backchannel），[93] 主要用來告知說話者：「我同意你的看法、我有在聽你繼續說」，類似賽夏語的 ma' 'isa:a'「也＋那」（Yeh, 2015），指示詞在言談中都進一步發展成應答用法，而且，也都是由遠指指示詞演變而來。關於應答用法的延伸，目前僅出現在 kiya，其他四組指示詞都沒有延伸類似的用法。

此外，kiya 可以和其他語法成分組合，如 ni「對等連接詞」、do「時間連接詞」等，在篇章言談中表示銜接和連貫上下文的關聯詞用法，呈現豐富的現象與用法，可表示句子命題間的附加關係、轉折關係、因果關係、時間關係等，並進一步延伸出多種標記言談邊界的用法，如強調用法、話題接續、話題轉換等，都已完整地呈現在前面的章節中。在這裡將以 kiya do「那＋時間連接

[93] 表肯定用法 / 應答用法的 kiya 和指示詞 kiya 的關係究竟要當成是同音詞還是多義詞，目前還沒有找到非常多的證據支持。在漢語中，關於 shi「是」的來源考究已經有非常多的討論，普遍都認為表示係詞用法的「是」是來自於古漢語指示代詞的用法，近年也有中國的學者針對「是」的來源做了系統性的整理與討論，其中，漢語的「是」也具有確認、肯定或判斷的用法，有些學者認為其來源可能是來自指示代詞，也有些學者認為語法和功能差距過大因此是不同的來源（詳細討論請參見梁銀峰，2018）。針對古漢語的現象，本書不多做討論，但至少從文獻上可得知，指示代詞變成表示確認、肯定用法的演變途徑是有可能的。

詞」為例，呈現命題到篇章再到人際互動的情感功能，例句如下：

(173)

a. 命題層次：kiya 用來限定實體名詞

(口語敘事—梨子的故事 001)

Lmamu ni psaan na ruwan rawa kana duri ka hiyi qhuni kiya.

l<m>amu	ni	powsa-an=na
< 主事焦點 > 撿	連接詞	放 - 處所焦點 = 他 . 屬格

ruwan	rawa	kana
裡面	籃子	全部

duri	ka	hiyi	qhuni	**kiya.**
再	主格	肉	樹	那

（這個小孩）他把所有的水果都撿起來並放到籃子裡。

a’. 命題層次：kiya 用來限定抽象名詞

Naqih hari ka lnglungan su kiya o.

naqih	hari	ka	lnglung-an=su	kiya	o.
不好	稍微	主格	想 - 名物化 = 你 . 屬格	那	助詞

你的那個想法不是很好喔。

b. 篇章層次：kiya do 用來表示時間接續關係

繪本：小王子

Lmnglung ni kiya do tgtapaq babaw spriq ka hiya ni lmingis da.

l<m>nglung	ni	**kiya**	**do**
想 < 主事焦點 >	連接詞	那	時間連接詞

tgtapaq　babaw　spriq

趴著　上　草

ka　hiya　ni　l<m>ingis　da

主格　他 . 主格　連接詞　< 主事焦點 > 哭　助詞

想著想著，然後他就趴在草地上哭了起來。（例 (58b) 重現於此）

c.　表達情感功能層次：kiya do 用來表示說話者的態度

(節目訪談對話—開會了第 15 集，來賓 Lowsi)

L:　Ana asi iyah bbuyu ka pslhayan 山林救難大隊 , ini ku kla mha bitaq inu knkla dha ka dhiya. Uxay ka msa ku naqih kiya ga, kiya do Truku ka slhai duma, ma wana seejiq mniq breenux da. Kika lnglungan mu yaku ha.

1　L: ..ana　asi　iyah　b~buyu　ka

雖然　一定　來　重疊 ~ 雜草　主格

p-sluhay-an

使役 - 學習 - 名物化

<L2sanlincyunantaduyL2>.

山林救難大隊 [華語]

2　..ini=ku　kla　mha　bitaq　inu

否定詞 = 我 . 主格　知道　將 . 助動詞　到達　哪裡

k-n-kla=dha　ka　dhiya

靜態 - 名物化 - 知道 = 他們 . 屬格　主格　他們 . 主格

3　..uxay　ka　msa=ku

不是 補語連詞 說 . 主事焦點 = 我 . 主格
naqih kiya ga,
不好 那 助詞
→ 4 ..**kiya do** truku ka
那 時間連接詞 太魯閣族 補語連詞
sluhay-i duma,
學習 - 祈使 有些
5 ma wana seejiq m-eniq
為什麼 只有 人 主事焦點 - 住
breenux da.
平地 助詞
6 kiya.ka lnglung-an=mu yaku ha
那 . 補語連詞 想 - 名物化 = 我 . 屬格 我 . 主格 助詞
L：雖然「山林救難大隊」有受過特別訓練，但我不知道他們對陌生的山林認知有多少。並不是說他們的訓練是沒有用處的，應該給部分太魯閣族人有機會參與和訓練，而不是只有不熟悉山林的平地人來擔綱。這是我的建議和想法啦。（例 (144) 重現於此）

例 (173a) 和 (173a')，是指示詞 kiya 用來表示命題內容的用法，從實體名詞的指示轉移到抽象名詞，屬於命題層次；而 (173b)，kiya 和時間連接詞 do 一起組合，出現在兩個命題之間，用來表示命題的時間順序關係，屬於篇章層次；在 (173c) 中，出現在第

4 行的 kiya do，不再是指命題間的語意關係，而是進一步表達說話人的心理上的情感、態度或立場，主觀性也越來越強，說話人 Lowsi 提出自己的看法，並建議像這種訓練應該是至少有一部人是太魯閣族比較好，此時的 kiya do 表達出明顯的主觀性，已經到了情感功能表達的層次。

在「句法的變化」上，kiya 當作定語性指示詞時，都會固定出現在名詞或代名詞之後，當作代名詞性指示詞時則可出現在主語、賓語、主題等位置，這些句法分佈在第三章中都有完整的討論。然而，表示未來時間用法的 kiya 常常出現在動詞（組）之後，或是在特定情境中出現在句尾，由特殊的附加語 ka 標記引介，也就是說，它常出現的位置確實有受限，但還是跟指示代名詞用法的位置有重疊的部分。

前一節中提到語法化重要的機制包括重新分析和類推，其中提到重新分析表示表層形式的結構沒有經過變化，但內部結構發生了改變，如結構 (A, B), C，經重新分析後變成了 A, (B, C) 的結構，請看下面例子，似乎能呈現兩種用法經重新分析後的結構變化：

(174) a. 字典：madas (p.3)

Madas hlama kiya da, bubu mu.

m-adas	hlama	kiya	da,
主事焦點 - 帶	糕餅	等一下	助詞

bubu=mu

媽媽 = 我 . 屬格

我媽媽等一下會帶糯米餅來。

b. [[**madas** **hlama**] kiya] [[要帶糕餅] **等一下**]

c. [madas [**hlama kiya**]] [要帶 [**那個**糕餅]]

d. [madas [**hlama kiya**]] > [[**madas** **hlama**] kiya]

(174a) 的結構可以分析成 (174b)，因為這裡的 kiya 當作未來時間用法，所以 madas hlama「帶糕餅」可分析成一個動詞組，筆者認為，(174a) 原本的結構或許能分析成 (174c)，這裡的 kiya 是定語性代名詞用法，限定前面的 hlama「糕餅」，經重新分析後發生了內部結構的變化，但表現形式上並無任何調整，從定語性代名詞用法轉變成表未來時間用法，如 (174d)，因此我們似乎還能看到語法化過程中的共存階段，語意改變也從具體變成抽象的時間概念。[94]

相較於其他四組指示詞，kiya 發生的句法變化更為明顯，它可以和不同的詞彙組成特定的結構，或說已成為固定詞組用法，本書稱之為 kiya- 詞串，進一步發展出多種篇章和言談的功能，例如：如關聯詞、言談標記、填補詞等。而且，這些固定詞組中的 kiya，都不能換成其他指示詞（如 nii 和 gaga），否則句子會變得

[94] 關於這個例句，首先有兩個問題要提出，第一個是，多數的發音人都認為這裡的 da 可能是誤植，雖然也可理解整句意義，但如改為主格標記 ka 會使整個句子更加通順；第二個是，因為語料出自辭典，上下文情境並不是非常的明確，經幾位發音人確認後發現，幾乎所有人都把這句的 kiya 理解成「等一下」，如果將這句話的情境擴大成對話，有少數發音人認為的確也能理解成定語性指示詞用法或回指用法。

不順或語意不清楚。就句法位置來看，kiya- 詞串的位置基本上比較受限，主要是發生在「S1. + kiya- 詞串 + S2」或「S1, + kiya- 詞串 + S2」這兩個位置，少數情況則可發生在語段首或語段尾的位置。同樣地，筆者發現指示詞 kiya 伴隨著新用法的衍生，和其他成分組合之後，成分結構可能也跟著經歷了重新分析階段，進而變成銜接和連貫功能的關聯詞用法，請比較下面句子的結構：

(175)

a. 繪本：酒醉的山豬

Lmnglung pnsdhug dha bru bowyak stghuy mrawa ka rhu, kiya ni tmalang miyah miying bru bowyak

l<m>nglung　p-n-sdhuq　dha
< 主事焦點 > 想　使役 - 完成貌 - 約定　伴同格

bru　bowyak
小豬　山豬

stghuy　m-rawa　ka　**rhu,**　**kiya**　ni
一起　主事焦點 - 玩　主格　**老鷹**　**那**　**連接詞**

t<m>alang　miying　bru　bowyak.
< 主事焦點 > 跑步　主事焦點 . 尋找　小豬　山豬

老鷹想起和小山豬約好一起玩，於是老鷹跑來找小山豬。

b. [[…ka rhu], [kiya ni …]]　[[…老鷹], [**因果關係**…]]

c. [[…ka rhu kiya], [ni …]]　[[…**那個**老鷹], [對等連接詞…]]

d. [[…ka **rhu kiya**], [ni …]] > [[…ka rhu], [**kiya ni** …]]

在 (175a) 中可以看到指示詞 kiya 和對等連接詞 ni 組合後形成 kiya ni，用來表示句中的因果關係，kiya ni 之前表示原因，之後則表示結果，其結構可以分析成 (175b)。在第三章中也曾討論過，對等連接詞ni主要的功能是用來連接兩個名詞（組）和動詞（組），亦能用於銜接兩個連續的子句，表示對等關係、因果關係、時間承接關係等，甚至在口語中或是特殊語境中，對等連接詞 ni 即使不出現，也能表示子句間的語意關係。在此，本書認為定語性指示詞用法和關聯詞用法的 kiya 仍處於共存階段，如 (175c)，理解為「老鷹想起和那個小山豬約好一起玩，於是老鷹跑來找小山豬」，原本的結構可看成是 kiya 用來限定前面的名詞 rhu「老鷹」，而對等連接詞 ni 用來銜接子句，其定語性指示詞用法經結構重新分析後變成了 (175b)，成為關聯詞的用法，因此，經重新分析後的結構可由 (175d) 表示，理解為「老鷹想起和小山豬約好一起玩，於是老鷹跑來找小山豬」。

根據筆者的觀察，當句子以連接詞 ni 銜接時，時常會以輕讀的方式出現，甚至有時就直接省略，因此，當 kiya 和前面的名詞不再那麼緊密時，且頻繁的發生與使用後，反而轉向逐漸跟後面的連接詞 ni 較為緊密，經過重新分析後，進而產生了新的用法。藉著和 kiya 的結合，除了可以讓連接詞 ni 不會輕讀外，也能藉此吸引聽話者的注意，還能讓前後子句的關係更為緊密。

在「構詞的變化」上，kiya 的加綴形式也很少，目前在語料中只發現一種使用情況，可以加上完成貌前綴 n- 變成 nkiya，表示「原本是那樣」的意思，其他加綴情況未見於語料中，所以 kiya 在構詞上基本上沒有明顯的變化。

在「音韻的變化」上，kiya 在口語或言談中很容易會語音縮減成單音節 ki，且仍然帶有指示詞的用法，ki 可以作為定語性指示詞，但是不曾出現在主格標記之後，在延伸用法中，僅有關聯詞用法，可用來表示因果關係和條件關，並沒有包括表未來時間的用法以及表應答用法。此外，kiya 常常與其他語法成分發生融合，這種情況在其他指示詞中相對地更為少見，例如，kiya ka（kiya + 主格標記 / 補語連詞）> kika「因此；就是」、kiya do（kiya+ 連接詞）> kido「接下來；這樣的話；然後」、kiya na（kiya+ 還）> kina「還是如此、依舊這樣」等，而有些融合形式在言談中也具有標記言談邊界的用法。此外，指示詞 kiya 在言談中是屬於高頻率的詞彙，尤其是言談中用於回指或篇章指示用法時，因此，它可能比其他指示詞更容易發生語音融合（phonological fusion）或語音弱化（phonological reduction）的情況（Bybee, 2003: 617; Bybee and Scheibman, 1999）。此外，在類型的頻率上，kiya 也比其他指示詞出現組合的類型頻率更高，例如，kiya 可和其他語法成分組合，甚至進一步發生融合情況，這種組合類型的頻率在其他組指示詞中是很少見的。

簡言之，本書發現從這八個語法化準則檢視指示詞 kiya 的情況後，構詞上僅呈現很少的改變，而功能、句法及音韻上則發生了很多的變化，本書也從共時的語料中觀察到，指示詞用法的

kiya 經重新分析後轉變成表未來時間的用法，或是銜接句子的關聯詞用法，透過隱喻機制的誘發，kiya 和 kiya- 詞串產生的用法增加，指示的用法也變得抽象和模糊，可用來表達更多情感和態度，其主觀性也越來越高，因此，語法化的程度也比其他指示詞還要更深。

表 5- 4：指示詞 kiya/ki 的語法化程度

改變的類型	判斷準則	指示詞 kiya/ki
功能改變	1. 從指示詞發展出的語法項目，不再被用於提示聽話者對於外在事物的關注（即失去了外指功能）。	√
	2. 它們在指示上是非對比的	√
句法改變	3. 出現的情況時常會受限於特定的句法環境。	√
	4. 有時必要會形成某種句法結構。	√
構詞改變	5. 常發生於表遠指的形式，近指形式頻率較低。	(√)
	6. 可能會失去屈折變化能力。	x
音韻改變	7. 可能發生語音縮減或弱化的情況。	√
	8. 可能和其他自由形式發生融合。	√

5.2.4 指示詞 hini「這裡」的語法化情況

指示詞 hini 的用法中，幾乎都是指示處所的功能，少部分用法則透過隱喻的機制變成抽象的時間用法。在「功能的變化」和「句法的變化」上，就目前的語料來看，狀語性指示詞 hini 沒有很大的改變，仍具有明顯的指示作用，而且常常僅限於近指使用。

要注意的是，太魯閣語表示處所的指示詞，其表現跟英語的處所副詞 'here' 不大相同，其句法表現常常更像是名詞的特性，例如可以出現在主語和主題的位置，可以重疊或加綴，不過就目前的語料呈現，hini「這裡」沒辦法和其他指示詞連用。另外，像是表示處所的方位詞彙也是很類似，它們的表現是不同於英語的介系詞用法（Huang et al., 2003），如太魯閣語的baraw「上面」、truma「下面」、brah「胸；前面」、bukuy「背；後面」等，都更像是名詞的特性（許韋晟，2014）。

此外，在「構詞的變化上」，近指處所 hini 也跟典型的副詞特性不大相同，因為它可以進行加綴，加上完成貌標記 n-，形成 n-hini，表示「曾經屬於這裡」的意思。「音韻的變化」上，目前為止沒有發現任何語音縮減或是融合的情況。

也就是說，就目前的這些語法化準則來檢視後，hini「這裡」應該是這五組指示詞裡面語法化程度最低的，因為除了在特定語境中可以表示抽象的時間用法外，幾乎沒有其他延伸用法產生了。

表 5- 5：指示詞 hini 的語法化程度

改變的類型	判斷準則	指示詞 hini
功能改變	1. 從指示詞發展出的語法項目，不再被用於提示聽話者對於外在事物的關注 (即失去了外指功能)。	√
	2. 它們在指示上是非對比的	(√)
句法改變	3. 出現的情況時常會受限於特定的句法環境。	(√)
	4. 有時必要會形成某種句法結構。	x

構詞改變	5. 常發生於表遠指的形式，近指形式頻率較低。	x
	6. 可能會失去屈折變化能力。	x
音韻改變	7. 可能發生語音縮減或弱化的情況。	x
	8. 可能和其他自由形式發生融合。	x

5.2.5 指示詞 hiya/hi「那裡」的語法化情況

指示詞 hiya 有多種不同用法，最主要的用法是表示遠指處所，具有狀語性的用法，常常修飾前面出現的動詞（組），跟前面談到的 hini 具有對比性。延伸用法包括了第三人稱單數代名詞，在跨語言中很普遍，第三人稱代名詞在歷時上時常是源自於代名詞性指示詞（Diessel, 1999: 119-120）。另一種延伸用法是某種確認用法，可分成兩類，一種是自我確認，針對自己在前面說的言談內容進行確認與肯定；另一種是要求確認，希望能得到聽話者的確認或回應，此外，該用法常帶有說話者的預設立場，推測聽話者應該已完成或應該會認同所描述的言談內容。

「功能的變化」中，語料中呈現多數情況是表示遠指處所的功能以及第三人稱單數代名詞用法，很少部分用法則透過隱喻機制變成抽象的時間用法，另外也發現到，在口語對話中也常出現在語段尾的地方，可用來確認自己說過的話，或是用來跟要求聽話者確認所描述的事情，且說話者使用確認用法的 hiya 時，常會帶有自身預設的立場。前文提到，語法化的過程中，（交互）主觀性在語意演變中扮演非常重要的角色，並提到在共時上，主觀性是以交互主觀性的概念為前提（Traugott and Dashcr, 2004: 22），hiya 發展出自我確認的用法，這是一種主觀化的體現，說話者對於先前提到的言談內容表示認同和肯定，這表示說話者對自我的關注，這樣的現象主要發生在本書中的口語敘事語料，以及節目訪談中主持人要做總結或提出自我看法時的談話內容；在言談交際中，hiya 從自我確認用法進一步發展成要求確認用法，且說話者時常帶有推測或預期聽話者同意該談話內容，這表示說話者不再只是對自我的關注，更進一步轉向關注聽話者的態度或立場，這已經是一種交互主觀化的體現。因此，本書認為指示詞 hiya「那裡」所發展出的言談標記用法，用來表示自我確認用法和要求確認用法，其中後者可能已經繼續發展成某種立場標記（stance marker）用法。由於本書在書面語中幾乎沒發現該類用法，在言談互動中則出現頻率大幅提升，除非是在特定的書面語類型（如對話情境），否則應該是幾乎不出限於書面語，因此，其語意演變發展可能跳過了篇章層次，呈現如下：

(176)

指示處所 > 第三人稱代名詞 > 自我確認用法 > 要求確認用法

(主觀化)　　(交互主觀化)

(命題)　　>　(表達情感、態度、立場)

此外，hiya 也能跟其他成分組合形成關聯詞用法，目前的觀察幾乎都是和時間連接詞 do 一起出現，篇章中主要是表示時間承接順序的語意關係。

在「句法的變化」上，指示處所用法的 hiya 和第三人稱代名詞 hiya 都很像名詞的特性，因此句法分布上很相似，可出現於主格標記之後，也能出現於賓語、主題等位置。發展成確認用法後，句法位置非常受限，僅出現在語段尾的地方。本書在語料中也發現，從指示處所轉變到確認用法的過程，可能經歷了以下的重新分析：

(177) 指示處所＞確認用法

a. Lala bi qhuni ka dgiyaq hiya.

lala	bi	qhuni	ka	dgiyaq	**hiya.** ↓
多	很	樹木	主格	山	那裡

山裡有很多樹木。

b. Lala bi qhuni ka dgiyaq hiya?

lala	bi	qhuni	ka	dgiyaq	**hiya?** ↑
多	很	樹木	主格	山	那裡

山裡有很多樹木？

c. [名詞謂語] [ka [dgiyaq **hiya**]] （直述句）（是非問句）

d. Lala bi qhuni ka dgiyaq, hiya.

lala	bi	qhuni	ka	dgiyaq↓,	**hiya?** ↓
多	很	樹木	主格	山	那裡

山有很多樹木，是吧 / 是那裡吧 / 是那樣吧？

e. [名詞謂語] [ka [dgiyaq]], [**hiya**] （附加問句）

在例 (177a) 是直述句，hiya 在這裡用來指示處所，作為定語性指示詞使用，例 (177b) 是是非問句，hiya 在這裡也用來指示處所，作為定語性指示詞使用，兩句的差別僅在於語調的不同，其內部的句法成分結構皆呈現於 (177c)，內部成分是一樣的；然而，在 (177d) 中，這裡的 hiya 已經不用於指示處所，而是作為要求確認用法，呈現附加問句的結構。事實上，可以看到這三個句子的表層結構都是一樣的，但是在 (177d) 中，內部成分經過重新分析後發生改變，如 (177e) 所呈現。這或許也能解釋為什麼表示確認用法的 hiya 僅出現於語段尾的位置，經重新分析後屬於句子最後的一個單位，此外，由於語用言談的關係，主要用來要求聽話者確認前段言談內容，希望能得到聽話者的確認，所以常常會需要發生話輪的轉換，也因此常常出現在語段尾的位置。

在「構詞的變化」上，第三人稱單數代名詞可以加上前綴 d-「表複數」，變成 d-hiya「他們」的意思，也能加上完成貌前綴 n-，形成 n-hiya，表示「屬於他的」或是「曾屬於那裡」的意思，但是指示詞用法本身基本上很少加綴的用法。

在「音韻的變化」上，hiya 在口語中常常會縮減成單音節的 hi，基本上用法跟原本的形式 hiya 是一樣的，也能表示遠指處所用法和第三人稱單數代名詞，此外，hi 也可用於語段尾，表示自我確認用法或要求確認用法。另外，hiya 也可以和其他成分發生融合形式，包括了助詞 da「了」，用於句末的地方，以及時間連接詞 do，作為連接子句的關聯詞用法。

整體來說，本書從這八個語法化準則檢視了指示詞 hiya/hi 的情況，除了構詞上基本上沒有明顯的變化外，在功能、句法及音韻上都發生的改變，本書也從共時的語料中觀察到，指示處所用法的 hiya 經重新分析後轉變成自我確認用法，呈現說話者的主觀性，也進一步再發展成要求確認用法，將關注轉向聽話者身上，是交互主觀性的體現。

表 5- 6：指示詞 hiya/hi 的語法化程度

改變的類型	判斷準則	指示詞 **hiya/hi**
功能改變	1. 從指示詞發展出的語法項目，不再被用於提示聽話者對於外在事物的關注 (即失去了外指功能)。	√
	2. 它們在指示上是非對比的	√
句法改變	3. 出現的情況時常會受限於特定的句法環境。	√
	4. 有時必要會形成某種句法結構。	x
構詞改變	5. 常發生於表遠指的形式，近指形式頻率較低。	(√)
	6. 可能會失去屈折變化能力。	x
音韻改變	7. 可能發生語音縮減或弱化的情況。	√
	8. 可能和其他自由形式發生融合。	√

5.2.6 小結

本節根據 Diessel（1999）提出的指示詞八種語法化準則進行檢視，主要包括功能的變化、句法的變化、構詞的變化以及音韻的變化四類，並呈現了每一組指示詞發生語意演變的情況，也嘗試解釋語意演變的因素和機制，其中重新分析和隱喻是主要的誘發語意演變的機制。

也參考 Hopper（1991）提出的語法化的五種準則，包括共存、分歧、限定、保持、以及去範疇化，結果發現，太魯閣語的五組指示詞，各有不同程度的語法化情況，也經歷了不同的語法化歷程，其中近指處所用法 hini「這裡」是語法化程度最淺的，而 kiya「那」是語法化程度最深的指示詞。筆者首先根據 Diessel（1999）提出的指示詞八種語法化準則，發生於太魯閣語指示詞的情況整理如下：

表 5- 7：指示詞語法化程度的檢視

改變的類型	判斷準則	指示詞 **nii**	指示詞 **gaga/ga**	指示詞 **kiya/ki**	指示詞 **hini**	指示詞 **hiya/hi**
功能改變	1. 從指示詞發展出的語法項目，不再被用於提示聽話者對於外在事物的關注 (即失去了外指功能)。	√	√	√	√	√
	2. 它們在指示上是非對比的	√ / x	√ / x	√	(√)	√
句法改變	3. 出現的情況時常會受限於特定的句法環境。	√	√	√	(√)	√
	4. 有時必要會形成某種句法結構。	√	√	√	x	x
構詞改變	5. 常發生於表遠指的形式，近指形式頻率較低。	x	(√)	(√)	x	(√)
	6. 可能會失去屈折變化能力。	(√)	x	x	x	x

音韻改變	7. 可能發生語音縮減或弱化的情況。	x	√	√	x	√
	8. 可能和其他自由形式發生融合。	√	√	√	x	√

根據上述的討論以及表 5-7 的比較，本書將這五組指示詞語法化的現象整理如下：

（1）就功能的變化上，遠指指示詞（如 gaga/ga、kiya/ki、hiya/hi）衍生出的用法比近指指示詞（如 nii、hini）較高，其中指示詞 kiya/ki 發生最多的功能變化，也就是說，它受到語法化的程度是相對較深的。在第 2 點中，發展出的新用法中基本上在指示上呈現非對比，除了方位動詞和動貌助動詞仍保有指示詞的對比功能（如 nii 和 gaga/ga）。

（2）就句法的變化上，伴隨著語法化的發生，每個從指示詞（除了 hini 之外）衍生出來的用法都有句法上的限制，有的只能出現在句尾或語段尾（如表確認用法的 hiya），有的只能出現在動詞組之前（如表動貌用法的 nii 和 gaga/ga），有的則是常常出現於言談邊界的位置（如 kiya- 詞串、hiya- 詞串）。

（3）在構詞的變化上，本書聚焦的這五組指示詞，其實都沒有非常大的改變，它們都可以加綴但是很有限。Givón（1984）就已經呈現了第三人稱代名詞是來自於指示詞的證據，並可能有這樣的歷時坡度（diachronic cline）：DEM PRO > third person PRO > clitic PRO > verb agreement（指示代名詞 > 第三人稱代名詞 > 依附詞性代名詞 > 動詞呼應標記），就太魯閣語的現象來看，構詞上都僅停留在自由形式，並沒有進一步發展成依附詞或動詞呼應標記。

（4）在音韻的變化上，三個遠指指示詞 gaga/ga、kiya/ki 以及 hiya/hi 最為明顯，它們三個都發生了語音縮減的情形，語音縮減後的形式也可能產生新的語法功能（如 ga 形成主題標記用法）。此外，kiya 和 hiya 這兩組指示詞時常和其他成分組合，進一步產生融合的形式，形成 kiya- 詞串和 hiya- 詞串，詳細的比較也已經在第四章中討論過。

根據 Hopper（1991）提出的語法化的五種準則，本書也檢視了這五組指示詞的情況，整理如下表：

表 5- 8：指示詞在 Hopper（1991）提出五種準則的檢視

指示詞 / 語法化準則	**nii** 這	**gaga/ga** 那	**kiya/ki** 那	**hini** 這裡	**hiya/hi** 那裡
共存		√	√		
分歧		√	√		√
限定					
保持	√	√	√		
去範疇化	√	√	√		√

根據上表的五種語法化準則，「共存原則」僅出現在 gaga/ga 和 kiya/ki，已主題標記這個語法功能來看，原有的主題標記 o，跟語音縮減後的 ga 有共存的情況，兩者在使用頻率有明顯的差異，在主題功能上仍有些微的差異；而關聯詞用法，在本族語中也有原本的形式，如對等連接詞 ni、時間連接詞 do 等都能用來連接子句，表示其命題間的語意關係，目前也跟 kiya- 詞串和 hiya- 詞串產生的關聯詞用法一起並存使用，不過就本書的觀察，由 kiya- 詞串和 hiya- 詞串銜接的關聯詞用法，能夠讓子句間的關係更為緊密。

「分歧原則」通常出現在語意演變較多的指示詞上，目前的觀察主要發生於三組遠指指示詞，以 gaga/ga 來說，語音縮減成 ga 之後，其延伸出的主題標記用法和語尾助詞用法應為不同分歧的途徑，它們出現的句法環境及功能也不盡相同；以 kiya/ki 來看，kiya 的表未來時間用法以及表肯定用法，應該都是直接從指示詞用法分歧出來的，走向不同的演變路徑，但不同的是，kiya 的時間用法仍停留在命題層次，而肯定用法，在言談中進一步發展成應答用法，屬於表達情感功能的層次。

「限定原則」通常是語法化歷程中最後可能發生的結果，指某個階段中，多個詞彙形式相同但語意些許不同的情況，到最後可能只剩下一個詞彙形式存在。不過這種語法化的演變可能需要歷時的證據支持，因此本書尚無法提出足夠的證據解釋指示詞是否有經過這樣的階段。

「保持原則」出現在 nii、gaga/ga 以及 kiya/ki，以 nii 和 gaga 來說，它們原本具有空間上的對比，前者表示離說話者近的，而後者表示離說話者遠的，當它們發展成方位動詞用法之後，仍保有這樣的對比性，nii 表示距離近的方位，而 gaga 表示距離遠的方位；再進一步發展成動貌助動詞後，仍然有這樣的對比性，nii 通常是離說話者近且正在發生的事情，而 gaga 通常是離說話者遠或無法看見且正在發生的事情。

「去範疇化原則」，這是語法化發生歷程常見的原則。除了 hini 之外，其他五組指示詞都有明顯的去範疇化發生，主要原因在於語法化通常是實詞到虛詞的過程，這時候原本的詞類就很可能會變成次要詞類的用法，例如 nii 從指示詞演變成動貌助動詞、gaga/ga 從指示詞演變成語尾助詞用法、kiya/ki 從指示詞變成關聯詞用法、hiya/hi 從指示詞變成確認用法等，這些演變都發生了去範疇化的情況。

5.3 指示詞的來源與語法化路徑

本節將延續先前的討論，聚焦於指示詞語意演變的關聯性及其演變路徑，並以 Diessel（1999）和 Heine and Kuteva（2002）針對指示詞在跨語言中語法化的現象為主要討論。

Diessel（1999: 155）從跨語言的現象整理出指示詞常見的語法化路徑，他認為這是取決於句法環境的不同，而發展出不同類別的語法標記。他將代名詞性指示詞、定語性指示詞、狀語性指示詞以及辨識性指示詞等四類進行討論，最後整理了十八種常見的語法化路徑，如下表。

表 5- 9：指示詞的語法化路徑（該表格重新整理自 Diessel, 1999: 155）

來源意義 (source)	目標意義 (target)
代名詞性指示詞 (pronominal demonstratives)	第三人稱代名詞 (third person pronouns)
	關係代名詞 (relative pronouns)
	補語連詞 (complementizers)
	句子關聯詞 (sentence connectives)
	所有格標記 (possessives)
	定語性限定詞 (adnominal determinatives)
	動詞的數標記 (verbal number markers)
	填充詞 (expletives)
	連繫詞 (linkers)
定語性指示詞 (adnominal demonstratives)	名詞的數標記 (nominal number markers)
	定冠詞 (definite articles)/
	名詞類別標記 (noun class markers)
	連繫詞 (linkers)
	名詞後關係子句的邊界標記的屬性 (boundary markers of postnominal relative clause/attributes)
	代名詞性的限定詞 (pronominal determinatives)
	特定的不定冠詞 (specific indefinite articles)
	關係代名詞 (relative pronouns)
狀語性指示詞 (adverbial demonstratives)	方位性的動詞前綴 (directional preverbs)
	時間副詞 (temporal adverbs)
	填充詞 (expletives)
辨識性指示詞 (identificational demonstratives)	非動詞性的繫詞 (nonverbal copulas)
	焦點標記 (focus markers)
	填充詞 (expletives)

Diessel（2011）的文章，根據超過 300 種的語言提出了更新的指示詞語法化研究，文中提出的語法化來源和路徑有了較大的改變，並沒有刻意區分四類指示詞，且直接將指示詞演變途徑分成五大類，包括定冠詞（Definite article）、第三人稱代名詞（Third person pronoun）、關係代名詞（Relative pronoun）、補語連詞（Complementizer）、以及從屬連接詞（Subordinet conjunction），[95] 其中定冠詞可進一步發展成名詞類別標記（Noun class marker），第三人稱代名詞可發展成呼應詞綴（Agreement affix），關係代名詞可發展成補語連詞，補語連詞可再發展成目的標記（Purposive marker），從屬連接詞可進一步發展成言談標記（Discourse marker），除了上述這些外，還有其他常見的語法化目標項，包括繫詞（Copulas）、連繫冠詞（Linking articles）、焦點標記（Focus markers）、主題標記（Topic markers）、對等連結詞（Coordinate conjunctions）、時間副詞（Temporal adverbs）、方位性的動詞前綴（Directional preverbs）、名詞和動詞數標記（Noun and verbal number markers）、限定詞（Determinatives）、以及特定的不定冠詞（Specific indefinite articles）等，總計有 19 類，筆者將這些整理成圖 5-2。

本書將依據 Diessel（2011）的論點，將指示詞的四種基本用法直接歸為指示詞內部的用法，因它們仍具有明確指涉的對象，

[95] Diessel（1999）的 18 類語法化目標項中，原本是句子關聯詞（sentence connectives），後來的版本則改為從屬連接詞（Diessel, 2011），筆者推測應該是他認為從屬連接詞和對等連接詞應該要分開成不同的目標項，因此後來的版本他也將兩類分開列出。

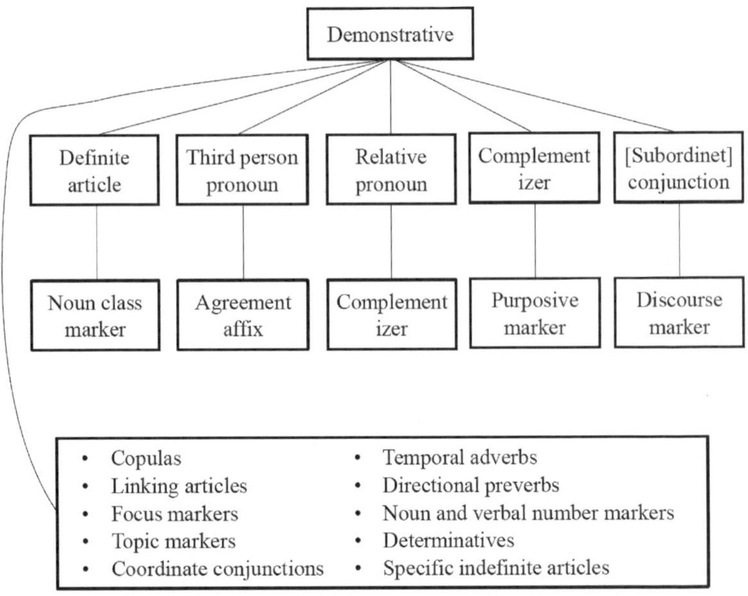

圖 5- 2：指示詞語法化的概述（筆者自繪；整理自 Diessel, 2011: 3）

包括代名詞性指示詞、定語性指示詞、狀語性指示詞以及辨識性指示詞。但要注意的是，如前文所討論，狀語性指示詞（指示副詞）包括表處所的 here「這裡」、there「那裡」，然而這些詞彙分別對應於太魯閣語的 hini 和 hiya，它們呈現的功能是狀語性的，但是就詞類而言，並不像典型的副詞，反而更像是名詞的特性。而辨識性指示詞可能不存在於太魯閣語中，本書並未發現指示詞用於非動詞性的繫詞子句的情況。

Heine and Kuteva（2002）從共時和歷時的角度研究跨語言中語法化的現象，使用的語言材料大約有 500 多種，並利用這些資料提出了 400 多條的語法範疇演變的過程，主要採用語法化理論的觀點進行討論與解釋，在這些語法化路徑中，有十多條是關於指示詞的演變，亦有一些跟指示詞的語意演變有關，都將在下文中討論。本書主軸在於語法化的來源項（source）和目標項（target）之間的關係，具有單向性的發展，但作者也提到，語法化路徑並不是單純兩個兩個比較，還是必須要看成是連續的或鏈條式（chainlike）的發展（Heine and Kuteva, 2002: 6）。

此外，關於這書中所列出這麼多種的語法化路徑，作者有特別指出，雖然過去文獻中已經被證實的語法化路徑很多，但是收錄於書中的僅僅是一小部分，最主要的原因在於，他們強調的是語法演變規則存在於跨語言中的共性，因此主要以跨語言普遍存在的為主（Heine and Kuteva, 2002: 12）。也就是說，有些未被收錄的語言，有可能是未曾被報導過，也有可能是語法化演變證據不夠充足的因素，因此，雖然沒有被他們收錄書中，但是這樣的語法化演變仍然可能存在的，例如，本書提到太魯閣語的指示詞 nii 和 gaga 可發展出方位動詞的用法，這樣的語意演變也存在於噶瑪蘭語（Jiang, 2006, 2009）；再如遠指處所指示詞 hiya 可發展出言談標記用法，甚至進一步變成某種立場標記，這兩種語意演變路徑都未出現於該書中。

比較 Diessel（1999, 2011）和 Heine and Kuteva（2002）的研究，他們都透過大量的語言材料，試著找到跨語言中詞彙語意演變上的共通性，並解釋不同語法意義產生的關聯性。對於指示詞語法化的討論，Diessel（1999, 2011）和 Heine and Kuteva（2002）

的觀點並非完全一致，首先，他們都認同指示詞是很多語法項（grammatical items）的來源，這個看法普遍也都受到多數學者支持；然而，不同的是，Heine and Kuteva（2002）指出，在某些語言中，指示詞可能從其他詞彙演變而來，如動詞「去」可能演變成指示詞（GO > DISTAL DEMONSTRATIVE）、狀語性指示詞可能演變成指示詞（HERE, THERE > DEMONSTRATIVE），而 Diessel（1999）則認為從跨語言材料中顯示，指示詞可能不是由詞彙成分語法化而來，而是屬於語言中的基本詞彙，是許多語法標記的來源項。針對 Heine and Kuteva（2002）提出的論點，Diessel（2011）也進一步指出，他從世界許多主要的語言家族中調查指示詞的現象，超過了 300 多種，這些材料顯示，目前為止尚未有例子表示指示詞可以追朔到一個詞彙來源，如移動動詞（如 go）或其它詞彙項，另外他也指出，處所副詞「這裡」或「那裡」在很多文獻中其實都被歸類在指示詞基本定義中，也就是說，Diessel（1999, 2006, 2011）認為指示詞本身是很多語法項的來源，且沒有證據顯示它們是從其他類詞彙演變而來，因此他主張，語法項的發展應該有兩類主要的來源域，一個是詞彙表達（lexical expressions），另一個就是指示詞，兩者的演變都是單向性的，而且不會互相轉換，如圖 5-3 呈現。

接下來，本書將針對太魯閣語指示詞呈現出的語意演變情況，根據來源項和目標項的語法化路徑進行討論。就目前的結果發現，太魯閣語這五組指示詞的語法化演變情況不太一致，也產生不一樣的演變路徑，以下先列出每組指示詞的用法：

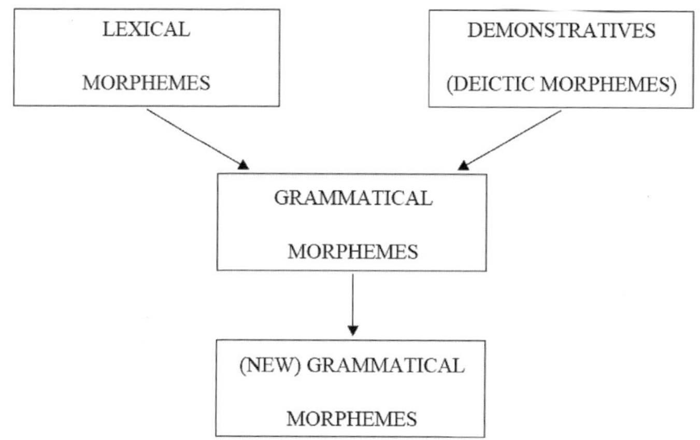

圖 5- 3：語法項的兩種來源域（Diessel, 1999: 153）

（1）nii「這」：指示詞、方位動詞、動貌助動詞、時間用法、定冠詞用法、言談標記。

（2）gaga/ga「那」：指示詞、方位動詞、動貌助動詞、主題標記、言談標記。

（3）kiya/ki「那」：指示詞、時間詞、肯定用法 / 應答用法、關聯詞、言談標記。

（4）hini「這裡」：指示詞、時間。

（5）hiya/hi「那裡」：指示詞、第三人稱單數代名詞、時間、言談標記。

根據上述的這些用法，可以整理出 9 種語法化演變路徑，其中多數是在跨語言中存在的，而少數則是在台灣南島語或太魯閣語中發生，包括「指示詞 > 方位動詞」、「方位動詞 > 動貌助動詞」、「指示詞 > 時間用法」、「指示詞 > 第三人稱代名詞」、「指示詞 > 定冠詞用法」、「指示詞 > 主題標記」、「指示詞 > 關聯詞用法」、「指示詞 > 言談標記用法」、「關聯詞用法 > 言談標記用法」等，以下將依序討論。

5.3.1 指示詞 > 方位動詞

如前幾章的討論，太魯閣語指示詞 nii「這」和 gaga/ga「那」在距離上是近指和遠指的差別，前者用於指涉靠近說話者的參照物、後者用於指涉靠近聽話者的參照物（通常也就是遠離說話者），這種距離的對比是很明確的。當它們同時都發展出方位動詞的用法，出現在句首或子句首的位置，其後出現（處所）名詞組，如 tleengan「椅子」、ayug「小溪」、ptasan=mu「我的學校」等，此外，發展成方位動詞後，它們仍有基本距離上的對比，nii 仍然用於靠近說話者的地方，如 Nii tleengan hini.「在這裡的椅子」，而 gaga 則發生了泛化的情況，除了原本用於靠近聽話者的位置，也能用於靠近說話者的位置，如 Gaga tleengan hini.「在這裡的椅子」和 Gaga tleengan hiya.「在那裡的椅子」。

在台灣南島語中，有多個語言的方位動詞是來自指示代名詞，如南王卑南語、Paran 賽德克語（Zeitoun et al., 1999: 19）、噶瑪蘭語（Jiang, 2006）以及本書討論的太魯閣語。然而，在 Diessel（1999）和 Heine and Kuteva（2002）的跨語言研究中，都沒有明確提到這類的演變路徑，即「指示詞 > 方位動詞」，推測可能的原因是上述這些語言都沒有被收錄其中討論，[96] 因此沒有提及這樣的語意演變路徑。此外，指示詞延伸出方位動詞的用法，僅出現在 nii 和 gaga/ga 這兩組指示詞中。

本書認為，指示詞發展出方位動詞用法應該不是奇怪的現象。根據 Clark（1978）的研究，他發現兒童學習語言的過程中，第一步就是透過手勢（pointing gesture），而不是使用任何詞彙來聚焦聽話者的注意（Clark, 1978），隨後研究兒童語言習得的相關研究也注意到這個問題，如 Özçalışkan et al.（2014）也提到，出生幾個月的小孩在尚未學習到語言之前，就能透過手勢指涉某個具體的人、物或處所，如用手指著一隻狗用來傳達「狗」的意思。類似的概念，當有人詢問某人某物在哪裡時，我們常常（包括嬰幼兒）不透過說話而使用了手勢，指著近的地方或更明確的位置，表示「（在）這裡」，指著遠的地方或更明確的位置，表示「（在）那裡」。本書發現，在某類特定的情境中，當方位名詞沒有出現在指示詞 nii 或 gaga/ga 之後時，該句常常會有歧異的現象，可解讀為代名詞性指示詞用法或方位動詞用法，如下面的例子：

(178)

a. Nii ka lukus su.

nii	ka	lukus=su.
這	主格	衣服 = 你 . 屬格

---

[96] 根據 Heine and Kuteva（2002: 183）一書的語言列表中，台灣南島語僅魯凱語（Rukai）被收錄其中，表示 ITERATIVE（重複）> HABITUAL（習慣性）的演變路徑。而 Diessel（1999）則未收錄任何台灣南島語言。

你的衣服是這個；你的衣服在這裡。

b. Gaga ka lukus su.

gaga ka lukus=su.

那 主格 衣服 = 你 . 屬格

你的衣服是那個；你的衣服在那裡。

c. A: Wada inu ka lukus mu da?

wada inu ka lukus=mu da

完成貌 . 去 哪裡 主格 衣服 = 我 . 屬格 助詞

我的衣服去哪裡了？（A 在找衣服，找很久都沒找到，於是詢問 B 自己的衣服在哪？）

B: Gaga, gaga ka lukus.

gaga, gaga ka lukus=su.

在 (那裡) 在 (那裡) 主格 衣服 = 你 . 屬格

在那裡，你的衣服在那裡。（B 看到衣服放在 A 附近，可能是地上，可能是椅子上）

例 (178) 中，這三個句子的情境都發生於同一個空間或可見範圍內，有時候會伴隨著手勢出現。在 (178a)，nii 可當作代名詞性指示詞，表示「你的衣服是這個」，也能理解成方位動詞用法，表示「你的衣服在這裡」；而 (178b) 的 gaga 也有類似的歧異情況，gaga 可當作代名詞性指示詞，表示「你的衣服是那個」，也能理解成方位動詞用法，表示「你的衣服在那裡」；(178c) 的對話又更加清楚，在這個情境中，A 詢問 B 有沒有看到我的衣服，而 B 看到了在當下情境中明確的地方，因此就用 gaga 回應，表示「在那裡」的意思。

關於指示詞和方位動詞的關係，本書也許沒有提出很合理的解釋其演變關係，但是我們可以觀察到這兩種用法是存在共存的階段，因此 (178) 中可以有兩種解讀，當然，如果 nii 和 gaga 之後出現了方位名詞，這樣的結構就更加清楚，即為方位動詞的用法。

另外值得注意的是，Heine and Kuteva（2002: 22）雖然沒有提到「方位動詞」，但是有提到另一個相似的語法概念「方位繫詞（locative copula）」，解釋為 ‘be at’ 或 ‘be somewhere’，是使用於 ‘X is located at Y’ 形式中介系詞位置的謂語標記（predicate marker），這種用法可以是很多語法項的來源，包括 COPULA, LOCATIVE > CONTINOUS（方位繫詞 > 持續）、COPULA, LOCATIVE > COPULA, EQUATIVE（方位繫詞 > 等同）、COPULA, LOCATIVE > EXIST（方位繫詞 > 存在）、COPULA, LOCATIVE >LOCATIVE（方位繫詞 > 處所介系詞）等的演變路徑。請比較以下的例句：

(179)

a. Chinese (Matisoff, 1991: 416)

Ta	zai	Beijing.
he	**be:at**	Beijing

‘He is in Beijing.’

(語料引自 Diessel, 1999: 98)

b. Burmese (Matisoff, 1991: 416)

θu ʔeɪ˜ nei te.
3:SG house **be:at** PART
'He is at home.'
(語料引自 Diessel, 1999: 98)

c. Gaga/ga sapah ka hiya.
gaga/ga sapah ka hiya.
在 / 在 家 主格 他 . 主格
他在家。

d. Gaga/ga ku sapah.
gaga/ga=ku sapah.
在 / 在 = 我 . 主格 家
我在家。

例 (179a) 是漢語的 zai「在」，表示位於某處，該句是指「他在北京」的意思，類似的用法還包括「他在學校」、「貓咪在椅子上」等，這些「在」都表示位於某處的用法；例 (179b) 是緬甸語的 nei「在」，用法跟漢語很像，明顯差別是緬甸語的 nei 位於名詞之後，而漢語的 zai 位於名詞前；例 (179c) 是太魯閣語的例子，gaga/ga 出現在名詞之前，也是表示「位於某處」的意思，看起來跟漢語及緬甸語有相似的結構，不過，本書認為太魯閣語的 gaga/ga 跟連繫詞是不同的，原因有以下幾點：

（1）典型的連繫詞被認為語意上是空的（semantically empty）（Hegeveld, 1992），但是太魯閣語的 nii 和

gaga/ga 除了具有「位於某處」的意思外，還有距離上的對比和差異。

（2）無論是 nii 或 gaga/ga，表示方位用法時，它們是句中的主要動詞，出現於句首或子句首，而且依附詞一定會緊跟在其後，如例 (179d)，=ku「我 . 主格」一定會出現在句中第二位置。

（3）在跨語言類型中，有些語言不需要使用繫詞，如同屬南島語系的菲律賓 Tagalog 語，有些語言則需要使用繫詞，如英語（Pustet, 2003），而太魯閣語也是屬於不需要使用繫詞的類型。

5.3.2 方位動詞 > 動貌助動詞

上一小節提到指示詞發展成方位動詞僅出現在 nii 和 gaga/ga 這兩組指示詞，其他三組則不存在這樣的語意演變。前面也討論到，太魯閣語的方位動詞發展成動貌助動詞，功能上發生了改變，語意經歷了具體到抽象的過程。表示進行貌或持續貌用法，其原有的距離上對比仍保留在時貌用法的差異上，nii 表示接近說話者、距離接近的動作進行或持續，而 gaga/ga 有泛化的情況，除了原本表接近聽話者或距離較遠的動作進行或持續外，亦能表示近指用法。

在跨語言類型中，這種語法化演變路徑是很常見的，台灣南島語中，如賽考利克泰雅語的 nyux 和 cyux，分別表示近指和遠指的存在 / 領屬 / 處所動詞，後來從動詞演變成助動詞，表示非完成貌（imperfective）的用法，分別表示靠近說話者以及遠離說話者的未實現貌標記（Huang, 2008: 18-21）；汶水泰雅語的 kia' 和 hani'an 也有類似的演變情況，它們在空間或時間上，kia' 表示發生的行為是遠離說話者，而 hani'an 是發生的行為接近說話者，也就是說，kia' 在表示一個物體或人是遠離說話者，而 hani'an 表示一個物體或人是接近說話者（Huang, 1995: 171-172）；噶瑪蘭語的 yau + V「靠近說話者的指示詞 + 動詞」可用來表示進行貌、wi: + V「（wi'u）遠指指示詞 + 動詞」則表示持續貌（Jiang, 2006, 2009）。在其他非南島語言中，也存在類似的演變，如漢語的 zai「在」、緬甸語的 nei「在」、泰語的 jùu「在」等，這些語言的方位動詞 / 方位繫詞等，很可能都是時貌用法最主要的來源，而且主要都是演變成持續貌或進行貌用法（Heine and Kuteva, 2002: 97-99）。太魯閣語的 nii 和 gaga/ga 和噶瑪蘭語的 yau 都符合這樣的演變路徑，此外，這些詞彙又都來自指示詞的演變，也就是說，我們或許能提出一個更完整的語法化路徑：「指示詞 > 方位動詞 > 動貌助動詞（持續貌 / 進行貌）」。[97]

然而，目前僅發現台灣南島語中的太魯閣語和噶瑪蘭語支持這樣的演變路徑，其他非台灣南島語似乎尚未看到（如 Diessel, 1999 和 Heine and Kuteva, 2002 中所調查到的語言），因此我們可能還需要更多的語料來證明這樣的語法化過程。

[97] 胡素華（2003）指出，屬於緬彝語支的涼山彝，主要分布在四川涼山彝族自治州和雲南省北部，詞彙 ko33 本為指示代詞，經語法化後發展出三種功能，一為結構助詞，二為體貌標記，三是用於特定環境中的動詞前綴，其中體貌標記也是用來表示動作的進行或持續。

5.3.3 指示詞 > 時間（詞）用法

指示詞發展出時間（詞）存在兩種不同的形式，第一種是從具體的處所變成抽象的時間概念，從空間域投射到時間域，透過隱喻的機制誘發了語法化的發生，主要發生在處所指示詞 hini「這裡」和 hiya/hi「那裡」，它們延伸出時間的意義，分別可表示「這時、此時」和「那時」（如第三章中的例 (76) 和例 (79)）。從空間域概念投射到時間域，這樣的語法化路徑在跨語言中非常普遍，如狀語性指示詞 > 時間副詞、方位 > 時間、身體部位 > 時間等（Diessel, 1999; Anderson and Keenan, 1985; Heine and Kuteva, 2002 等）。

第二種是發生在指示詞 kiya「那」，演變成時間詞，表示未來時間的「等一下；待會」，其縮減形式 ki 則無此演變。在前一節的討論中，本書認為定語性指示詞 kiya 可能經重新分析後變成時間用法，如例 (174d) 中的 [madas [hlama kiya]] > [[madas hlama] kiya]，即 [要帶 [那個糕餅]] > [要帶糕餅 [待會]]，這樣的分析表示 kiya 應該經歷了「指示詞 > 時間詞（待會）」的語法化演變。

然而，在跨語言類型中，似乎更常見的是「指示詞 > 從屬連接詞」的語法化路徑（如 Diessel, 1999; Heine and Kuteva, 2002），例如 McConvell（2006）發現澳大利亞原住民族語言的指示詞，常常會當作從屬連接詞使用，用來連接兩個獨立的句子，尤其是屬於 Pama-Nyungan 分支的 Ngumpin-Yapa 語，[98] 如 Walmajarri 語的

[98] Ngumpin-Yapa 語主要分布在 Tanami 沙漠、北領地維多利亞區的南部以及西澳的 south Kimberley（McConvell, 2006: 108）。

yangka 和 Jaru 語的 nyangka，原本都是作為指示詞使用，後來在某些語境中發展成連接子句的用法。在目前蒐集的語料中，指示詞 kiya 單獨使用表示從屬連接詞或關聯詞用法的情況並不多，其中有兩個例子是表示「然後；於是；之後」的用法，都出自同一位發音人，在講述青蛙的故事，呈現如下：

(180) (口語敘事—青蛙的故事 001)

在青蛙的故事尾聲，小男孩爬到一棵橫倒的木頭上，突然發現有好多的青蛙，於是…

A: Musa lmnglung da ni 'Ah, maa yaa niqan tama ni bubu na,' Kiya ngalun na ka kingal wawa na, kiya qrapun na ni dsun na sapah ka kingal qpatur da.

1 A: ..m-usa　　l<m>nglung　　da　　ni (0.5)
主事焦點 - 去　　<主事焦點>想　　助詞　　連接詞

2 ..ah,　　maa　　yaa　　niqan　　tama　　ni
嘆詞　　為什麼　　是否　　有　　爸爸　　連接詞
bubu=na (0.5)
媽媽 = 他 . 屬格

→ **3** **..kiya**　　angal-un=na　　ka
那　　拿 - 受事焦點 = 他 . 屬格　　主格
kingal　　wawa=na, (0.5)
一　　幼獸 = 他 . 屬格

→ **4** **..kiya**　　qrak-un=na　　ni

那 抓 - 受事焦點 = 他 . 屬格 連接詞

adas-un=na,(0.5)

帶 - 受事焦點 = 他 . 屬格

5 ..adas-un adas-un=na, (0.5)

帶 - 受事焦點 帶 - 受事焦點 = 他 . 屬格

..sapah ka kingal qpatur da.

家 主格 一 青蛙 助詞

A:（這個小孩）就在想，啊，為什麼會有牠的爸爸和媽媽呢？然後，他就拿走了一隻小青蛙，然後他就抓走了，就把一隻青蛙帶回家了。

在 (180) 中，第 3 行和第 4 行的開頭都以指示詞 kiya 出現，連接連續出現的子句，表示時間順序的關係，我們可以把這第 2 行到第 4 行的結構看成這樣：CP + kiya + CP，要注意的是，這樣的結構很可能是由定語性指示詞用法經重新分析而來，如下比較

(181)

a. [Ah, maa yaa niqan tama ni bubu na,] [kiya [galun na ka kingal wawa na,]

b. [CP], kiya [CP]

c. [Ah, maa yaa niqan tama ni bubu na kiya,] [galun na ka kingal wawa na,]

d. [CP (V+N+kiya)], [CP]

e. [CP (V+N+kiya)], [CP] > [CP(V+N)], kiya [CP]

例 (180) 中第 2 行和第 3 行的結構可呈現於 (181a-b)，這裡的 kiya 用於連接兩個子句，表示前後子句在時間順序上的命題關係，當我們把 kiya 理解成指示詞用法時，其結構可呈現於 (181c-d)，此時的 kiya 是定語性代名詞用法，用來限定前面的名詞組 tama ni bubu=na「他的爸爸和媽媽」，屬於第一個 CP 的一部分，經重新分析後結構可呈現於 (181e)。值得注意的是，Heine and Kuteva（2002）提到兩個很相關的概念，第一，他們將 'LATER(TEMPORAL)' 註解成 'then; thereafter; afterwards; later'，也就是說，在某些表達時間概念的情境中，then 和 later 可以是一樣的時間指涉；第二，在某些語言中，THEN > FUTURE「然後 > 未來時態」的語法化路徑是存在的，如 Bari 語的 dé 'then, afterward, adverb'、Lingala 語的 ndé 'then'，都發展出未來式時貌標記用法（Heine and Kuteva, 2002: 293-294）。此外，在德語歷史的發展中，語氣助詞 denn 也經歷了「指示代名詞 > 方位副詞 > 時間副詞 > 因果連接副詞 > 語氣助詞」的演變（Wegener, 2002: 384）。

綜合上述的討論，本書提出兩種指示詞 kiya 可能發生的重新分析情況，第一種是 [V]+[N+kiya] > [VP]+[kiya]（定語性指示詞 > 表未來時間用法），從指示詞發展出時間用法，第二種是 [CP (V+N+kiya)], [CP] > [CP (V+N)], kiya [CP]（定語性指示詞 > 從屬連接詞 / 關聯詞），從指示詞發展出從屬連接詞 / 關聯詞用法。然而，從屬連接詞 / 關聯詞和表未來時間的演變先後關係其實並不是非常的清楚，尚需更多的語料支持與論證，因此，比較完整的語法化路徑可能會是：「定語性指示詞 > 從屬連接詞 / 關聯詞 > 未來時間（詞）」或「定語性指示詞 > 表未來時間（詞）> 從屬連接詞 / 關聯詞」。

5.3.4 指示詞 > 第三人稱代名詞

如前文所討論，在跨語言類型中，第三人稱代名詞在歷時上是來自指示詞的證據已呈現在許多的語言中，Givón（1984）就提到更完整的語法化路徑：DEM PRO > third person PRO > clitic PRO > verb agreement（指示代名詞 > 第三人稱代名詞 > 依附詞性代名詞 > 動詞呼應標記）。Diessel（1999: 119-120）和 Heine and Kuteva（2002: 112-113）也提到，在很多語言中，第三人稱代名詞在歷時上是源自於代名詞性指示詞。

要特別注意的是，太魯閣語雖然也有類似的情況，第三人稱單數代名詞 hiya 也是源自於指示詞的用法，但在 Heine and Kuteva（2002: 112-113）提到的語言中，都是來自於指示詞「這」或「那」，例如埃及語指示詞 pw「這」的演變是 ‘this, proximal demonstrative’ > ‘he, she, it, they’，早期東澳大利亞的皮欽英語 dat「那」，偶而也會用來表示第三人稱代名詞等。雖然太魯閣語的 hiya 是遠指處所「那裡」的意思，而不是「那」，但 hiya 有時候也能當作定語性指示詞或代名詞性指示詞使用，因此本書仍認為指示詞 hiya 是符合「指示詞 > 第三人稱代名詞」的演變。

5.3.5 指示詞 > 定冠詞用法

Matthew（2013）針對定冠詞（definite article）進行跨語言的類型研究，他發現世界語言中可將定冠詞分成好幾種類型，其中一類是定冠詞或定指標記和指示詞是同一個形式，也就是說，指示詞常常是定冠詞最主要的來源。Diessel（1999: 128-129）認為定冠詞最可能的來源就是回指定語性代名詞（anaphoric adnominal demonstratives），用來表示注意力的聚焦已經轉移到第二次或多次被提到的指涉對象，當這類演變發生時，它的用法就會逐漸從非主題性的先行詞延伸到前文中出現過的各種指涉對象。Diessel（2006: 476）也進一步指出，跨語言中，指示詞對於一些最常見的語法項提供了很普遍的歷史來源，其中包括了定冠詞，而這樣的發展動因在於指示詞在提供了「共享的注意力（joint attention）」，在人際溝通上扮演重要的角色。

在太魯閣語的五組指示詞中，僅 nii「這」和 kiya/ki「那」呈現這樣的語法化演變歷程，尤其是 nii，在同一篇敘事內容中，可以多次出現，也可以用來指涉不同的對象，而 gaga「那」則沒有發展出定冠詞的用法。類似的語法化演變路徑也發生在現代北京話的指示詞「這」（方梅，2002）以及漢語口語中的 na（ge）「那（個）」（Huang, 1999, 2013）。

5.3.6 指示詞 > 主題標記

在太魯閣語的指示詞中，僅語音縮減後的遠指指示詞 ga 發展出主題標記用法，從一些例子中，可以發現指示詞用法的 ga 和主題標記用法的 ga 仍處於共存的階段。第三章也討論了 ga 和原有的主題標記 o 的差別，當它們同時出現在多個連續出現的子句時，主題標記 ga 的語意擴展範圍比 o 還要大，此外，當兩者出現在同一個語境中，ga 的強調與限定程度都比 o 還要更高，也就是說，發展成主題標記用法的 ga，還保存著原本指示空間的特性。

在跨語言中，一些語言也呈現了指示詞可延伸出主題標記用法的情況，如 Vries（1995: 517-518）提到在印尼的 Wampon 語中，[99] 指示詞eve (ev-e) ‘that-CONNECTIVE’ 的功能可用來限定名詞組，也具有回指的功能，當它形成依附詞之後則變成了一種主題標記用法；此外，還能出現從屬子句中，表示條件、結果等關係，如下例呈現：

(182)

a. **ev-e** lan
that-CONN woman
‘That is a woman.’

b. Ev-o kav-**eve** na ... nekhev-e jambolokup
that-CONN man-**that** pause-marker he-CONN ill
‘As for that man, he is ill.’

---

[99] 關於指示詞發展出主題標記用法的相關研究，Margetts（2016）也從跨語言中提出很多證據，在 Papuan 和 Oceanic 的語言中已被證實，基於聽話者的指示詞（addressee-based demonstratives）已發展出主題標記的用法，其來源似乎跟指示詞的回指用法相關。詳細的討論與分析請參見該文。

c. Kikhuve ndetkhekhel-eve **eve** Manggelum
Digul rise.3SG.CONDIT-that **that** Manggelum
konoksiva
go.NEG.1PL.INTENT
'If the Digul river rises, then we do not want to go to Manggelum.'

(Vries, 1995: 517-518)

例 (182a) 是 eve/ev-e 當作指示詞的用法，出現在名詞之前；例 (182b) 的 -eve 出現在兩個子句之間，並依附在名詞之後，其前面出現了另一個指示詞用法 ev-o，因此這裡的 -eve 是當作主題標記用法使用；而例 (182c) 的 eve 呈現了不同的用法，它出現在從屬子句中，連接兩個命題，表達語意的條件關係，接近於「如果…就」的意思。

太魯閣語遠指指示詞 ga 的發展很類似於 Wampon 語，最基本的用法可作為定語性指示詞和代名詞性指示詞使用，進一步發展成主題標記用法後，其主題內容常常為一個名詞組成分，如例 (48b)，重現於例 (183a)；亦能出現在從屬子句中，用來連接兩個命題，其主題內容擴大為一整個子句成分，如例 (48c)，重現於例 (183b)：

(183)

a. ga 為主題標記用法
線上繪本：小米與山麻雀

Seuxal, kingal dmux masu ga, mttuku balay uqun, (kingal hngkawas) kingal ruwan sapah.

seuxal, **kingal dmux masu ga,**

以前 一 粒 小米 主題標記

m-t~tuku

主事焦點 - 重疊 ~ 夠

balay uqun, kingal hngkawas kingal ruwan sapah

非常 吃 . 受事焦點 一 年 一 裡面 家

從前，一粒小米可以足夠全家人一年的糧食。

b. ga 表示條件關係

辭典：npngasuy (p.284)

Npngasuy kana binaw busuq su ga, tai su hmuya.

n-pngasuy kana binaw busuq=su ga,

原本 - 毛毛蟲 全部 嘗試 李子 = 你 . 屬格 主題標記

qtai=su h<m>uya

看 . 祈使 = 你 . 主格 < 主事焦點 > 如何

若你的李子樹有很多毛毛蟲，看你怎麼辦。

5.3.7 指示詞 > 關聯詞用法

在跨語言類型學中，指示詞發展出關聯詞用法或從屬連接詞用法都是很普遍的演變現象（Diessel, 1999, 2011; Heine and Kuteva, 2002 等），如賽夏語（Yeh, 2015）、賽考利克泰雅語（吳新生，2013）、南王卑南語（Teng, 2007）、中文 / 漢語（Biq, 1990;

Huang, 1999; Yang, 1992）、台灣閩南語（Chang and Hsu, 2019）等使用於台灣的語言。

Diessel（1999: 125）提到句子關聯詞常常是由代名詞性指示詞和某種成分組合（如副詞或介系詞），用來表示連接命題間的語意關係。太魯閣語中呈現非常類似的情況，以書面語語料來看，kiya 的關聯詞用法共出現 135 筆，全部都是以 kiya- 詞串的形式出現，而 ki 單獨使用表示關聯詞用法共出現 21 筆；以口語語料為例，指示詞延伸出關聯詞用法主要出現於 kiya/ki、kiya- 詞串和 hiya- 詞串，其出現頻率整理如下：

表 5- 10：關聯詞在口語語料中出現的頻率比較

	kiya/ki	kiya- 詞串	hiya- 詞串
口語敘事	4	23	1
遊戲設計對話	0	0	12
節目訪談對話	0	47	3
合計	4	60	16

根據上表的出現頻率可發現，指示詞在口語中單獨使用表示關聯詞用法的情況很少，更多情況都會和其他成分組合，如對等連接詞 ni、時間連接詞 do、主格標記 / 補語連詞 ka 等，可用來表示多種不同的語意關係（在第三章已有完整的討論），類似的情況也存在於書面語中；此外，在口語中，kiya- 詞串或 hiya- 詞串常常用來表示言談功能，如話題接續用法、強調用法等（下一節會有更詳細討論）。

接著，Diessel（1999: 113）也提到，關聯詞用法的演變常常是來自於指示詞的篇章指示用法，這樣的說法也能在太魯閣語中得到印證，在本書蒐集的所有口語語料中，指示詞發展成關聯詞用法最豐富的是指示詞 kiya/ki 以及 kiya- 詞串，同時，在所有用法中，篇章指示用法使用頻率最高的也是 kiya/ki，在總數 146 筆語料中，有 56 筆為篇章指示用法，約佔 38%。因此，太魯閣語指示詞延伸出關聯詞用法，也符合跨語言中常見的語法化路徑。

5.3.8 指示詞 > 言談標記用法

在本書第二章的部分 ，討論了言談標記的相關定義，就 Schiffrin（1987）和 Fraser（1999, 2006）的分類與區分來看，兩位學者都認同言談標記主要功能是連接談話單位或語段，具有連貫篇章的功能，且言談標記常常出現在談話單位邊界的位置，就目前語料呈現，太魯閣語指示詞發展出的言談功能基本上都符合這樣的區分定義。

關於言談標記本身是否具有意義，兩位學者則有不同的看法，Schiffrin（1987）認為言談標記在言談中具有核心意義，會限制其言談功能也會影響整個語篇的意義，而 Fraser（1999, 2006）則認為言談標記很少可以清楚表示出說話者想要表達的關係，主要是靠著語境下的組合而產生。本書認為太魯閣語指示詞在言談中呈現的言談標記功能，與 Schiffrin（1987）的看法更為相符。例如，太魯閣語的指示詞 kiya「那」，延伸出「正確；對」的用法，主要用於肯定的回應，其實就是源自指示詞原本核心的意義，因此我們可理解成「就是那（些）；就是那（樣）」，此外，在言談交際者互動的過程中，kiya 也進一步發展出應答用法，主要是聽話者會發出簡短的訊息或信號，用來告訴說話者「我有在聽，請繼續說」，類似的現象也發生在跨語言中，如日語的 aizuchi 和 hai（Maynard, 1990）、漢語的 dui（Clancy et al., 1996）、賽夏語的 ma’ ’isa:a’（Yeh, 2015）等。

就目前來看，除了指示詞 gaga「那」和處所近指 hini「這裡」外，其他指示詞在言談中都發展出言談標記的用法，且每組指示詞有各自的發展偏好，舉例來說，應答用法僅出現在指示詞 kiya，話題結束用法僅出現於指示詞 nii 和 kiya/ki，強調用法僅出現在指示詞 kiya- 詞串，確認用法僅出現在 kiya 和 hiya 等，其分佈與出現頻率整理如下表：

表 5- 11：指示詞在口語語料中的言談標記用法

言談語用功能＼指示詞			nii	gaga	ga	kiya/ki	hini	hiya/hi	kiya-詞串	hiya-詞串
言談標記	主題標記				102					
	強調用法								38	
	確認用法	要求確認				16		35		
		自我確認						10		
	應答用法					5				
	話題接續								62	3
	話題結束		5			1				
	話題轉換								5	
	話題再開								2	

	填補詞					8			10	4
	語尾助詞				100					
合計			5	0	202	30	0	45	119	7

從上表中可發現，指示詞 gaga 和 hini 出現的頻率是 0，基本上不具有言談功能，主要還是呈現在指示詞 ga、kiya/ki 和 hiya/hi 以及 kiya- 詞串，就言談功能來看，這些指示詞也呈現各自的使用頻率和偏好。如同 Schiffrin（1987）所說，言談標記出現的位置有其重要性，可能因位置不同產生不一樣的用法；Traugott and Dasher（2004: 156）也指出，言談標記在語言分佈和功能上具有很高的語言特殊性，主要發生在子句邊緣的位置，可能出現在子句的左緣或右緣，也可能出現在子句的第二個位置。以太魯閣語的 kiya/ki 為例，「要求確認用法」總是出現在言談語段的最後，為了得到聽話者的回應，也因此需要結束當下話輪；而「話題結束」也出現在言談語段的最後，但不同的是，此種用法表示整個談話的話題或對話內容結束；「應答用法」總是出現在談話語段的開頭，因為該用法主要是用簡短的訊息來回應說話者；在「填補詞」用法中，它的特色是其後常常帶有停頓，可分成佔位符號用法和感嘆猶豫用法，前者常出現在談話語段的開頭，表示說話者的猶豫、思考、找詞等，後者則沒有特定的位置，可出現在句中任何地方。

本書發現，上述這些言談標記用法，也會隨著不同的言談模式而有差異，例如在「口語敘事」中，因為只有一個人在進行敘事，所以不曾出現互動性高的應答用法和要求確認用法，而「遊戲設計對話」中，也因為參與者為了盡快完成遊戲，其談話內容都偏短，因此也不曾出現話題接續、話題轉換等話題組織功能。

5.3.9 關聯詞用法 > 言談標記用法

從關聯詞用法演變成言談標記用法的路徑，是從篇章功能朝向表達情感功能的階段，隨著語用強化的因素，在語言中會加入更多的個人態度，逐漸朝向說話者的主觀化，指示詞本身的意義也越來越薄弱，最後不僅是關注說話者自己，也關注聽話者的立場和態度，朝向交互主觀化的演變歷程。

Diessel（2011）提到跨語言中，言談標記的來源有時是來自從屬連接詞（基本上等同於本書的關聯詞）；Tabor and Traugott（1998: 253）提到常見的一個句法演變發展，如從子句內部的副詞功能轉變為句子副詞，有時甚至最終會變成一個言談標記，如英語的 anyway，並進一步提出一種副詞性成分的演變順序，如下：

(184)

VAdv	> SAdv	(> DM)
動詞類副詞	> 句子類副詞	(> 言談標記)

關於 (184) 的演變，Tabor and Traugott（1998: 254）也補充，典型的 verb adverbs（VAdv）是出現在動詞之後，常常是子句內部的範圍；而 sentence adverbs（SAdv）可能出現在子句首或子句尾，常常超過子句的範圍；而 discourse marker（DM）則涉及到更複雜的結構，但是不一定會發生到這個階段。

Traugott and Dasher（2004）針對帶有言談功能副詞的發展做了很詳細的討論，也討論很多例子。他們發現當一個詞彙用來連結階級上相似的言談內容，功能上屬於局部性層級（local level），這類功能可稱為關聯詞（connectives）；如果可用來連接更大的結構，如敘事中的段落（如 then）、言談中的話輪（如 so）等，這是屬於全面性層級（global level）（Traugott and Dasher, 2004: 156），根據書中討論的例子可知道，標示這種範圍和結構更大的可稱為言談標記。因此可以得知，上述兩位學者們對於關聯詞和言談標記的功能和區別，基本上觀點是一致的。

此外，Traugott and Dasher（2004: 187）也針對上述的看法進行跨語言的分析，並提出了言談標記發展過程中的相關路徑，如下圖呈現：

ADV_{manner}	>	$ADV_{adversative}$	>	$ADV_{elaboration}$	>	ADV_{hedge}
content	>	content/procedural			>	procedural
s-w-proposition	>	s-o-proposition	>	s-o-discourse		
nonsubjective	>	subjective			>	intersubjective

圖 5- 4：言談標記發展的相關路徑圖（Traugott and Dasher, 2004: 187）[100]

關於上圖中的解釋，首先，在圖中第 2 行可以看到從實質性意義（content）逐漸轉向程序性意義（procedural）的過程，中間存有過渡階段，所謂實質性意義包括名詞、動詞、形容詞、副詞等，

[100] 在圖中的 s-w 表示在範圍內（scope within），s-o 表示超過範圍（scope over）。

而程序性意義主要標示言談中說話者 / 寫作者以及參與者的態度、標示命題間的關係等，包括言談標記、關聯詞等都屬於程序性的（Traugott and Dasher, 2004: 10）。第二，在第 3 行中可以看到一開始是在命題範圍內，逐漸轉向超過了命題範圍，再進一步轉向超過言談內容的範圍，例如方式類狀語性 > 句子狀語性 > 狀語性的言談標記功能。接著，在第 4 行的地方，從一開始非主觀性的，逐漸轉變成關注說話者的主觀性，進一步再轉向關注聽話者 / 讀者的交互主觀性。

上述討論的言談標記相關的語法化歷程，這是一條普遍的語法化演變路徑，對於解釋太魯閣語的指示詞現象是有幫助的，雖然，在太魯閣語的指示詞並不是副詞，但指示詞的語意演變也有相類似的歷程，尤其是表示遠指的 kiya/ki，在一開始都是具有實質性意義以及非主觀性，逐漸轉向程序性的意義，並和其他成分組合成關聯詞用法，也從命題內的範圍擴及到兩個命題之間，甚至在言談中，進一步變成程序性意義，用來標示更長的言談內容、引進新的談話內容等用法，功能作為一種全面性的言談層級（global discourse level），到後來，有些用法加入了說話者自身的個人情感、態度或立場，開始說話者的主觀性越來越明顯，其指示詞的基本用法也跟著慢慢消失。關於指示詞 kiya/ki 的演變過程，可透過類似的方式呈現如下圖：

kiya/ki$_{DEM}$	>	kiya/ki$_{CONNE}$	>	kiya/ki$_{DM}$
content	>	content/procedural	>	procedural
s-w-proposition	>	s-o-proposition	>	s-o-discourse
nonsubjective	>	subjective	>	(inter)subjective

圖 5- 5：指示詞 kiya/ki 發展的相關路徑圖
（DEM 表示 demonstrative、CONNE 表示 connective、DM 表示 discourse marker）

5.3.10 小結

在本小節的討論中，筆者將發生於指示詞語意演變的相關語法化路徑一一進行討論，並加入跨語言類型的語法化研究中的現象討論。太魯閣語指示詞相關演變的歷程多存在於跨語言類型學中，就目前的調查，台灣南島語中有一個演變路徑並未出現於 Diessel（1999, 2011）和 Traugott and Dasher（2004），即「指示詞 > 方位動詞」，噶瑪蘭語和太魯閣語都已證實存在這樣的現象，然而經確認後，的確也發現這兩位學者的研究並未包括這兩個語言，因此，這樣的實證材料經驗，將能提供指示詞在跨語言類型學上語法化的相關佐證資料。

此外，本節最後討論了指示詞從實質性意義逐漸轉向程序性意義，說話者的態度從非主觀性的也慢慢轉向主觀性。在前文的討論中，筆者提到遠指處所詞 hiya 可以和其他成分組合，表示命題間的關聯詞用法，同時也發現到，hiya 可出現於言談語段或子句的最後，表示「要求確認」用法，本書認為該用法是從指示詞在直述句的用法，透過語調的轉換變成是非問句的用法，再經重新分析後變成附加問句用法。關於 hiya 的「要求確認」用法，呈現了很主觀的立場和態度，因為當說話者使用 hiya 要求確認時，他不僅是希望對方給與回答，而且心中也預設自己先前言談內容的高正確性，希望聽話者是給與最正面與正確的回覆，這樣的言談交際過程，說話者除了表達自我的態度外，還關注到聽話者的態度、情感、立場等行為，似乎也進一步到了交互主觀化的階段。[101]

5.4 本章小結

本章討論了太魯閣語每一組指示詞語意演變的情況，並從語法化的角度進行分析，主要根據 Diessel（1999）提出的八項指示詞語法化準則，以及 Hopper（1991）出的五項語法化原則，結果發現，指示詞 kiya/ki「那」的語法化程度最深，而指示詞 hini「這裡」的語法化程度最低。接著也討論每一個語意演變中來源域和目標域之間的關聯性，觀察結果發現，太魯閣語指示詞語法化的歷程，基本上都符合 Traugott（1989: 31）和 Hopper and Traugot（1993）提到語法化早期階段，其語意和語用的改變是單向性的（unidirectionality），演變的路徑常常是由具體變為抽象，而抽象的可能會變得更抽象，說話者的態度也逐漸由客觀變為主觀，因此，最後是朝向主觀化（subjectification）的方向進行的，所謂

[101] 從言談標記進一步發展成立場標記用法是可能的，尤其是當說話者的態度完全轉向到聽話者身上時，如英語 well 在口語言談中的情況，詳細討論分析請參見 Sakita（2013）。

的主觀化涉及到編碼說話者對命題態度的增加（Traugott, 1989: 49），也就是說，說話者呈現的態度、立場等越明顯，主觀化程度就會越高；而 Traugott（1995）擴大了主觀化的概念，並認為主觀化的結果可能再進一步發展成交互主觀化，也就是關注聽者的情感、立場或態度。因此，Traugott（1989）就提出了這樣的演變模式，從一開始的命題內容，演變到語法相關的篇章功能，再進一步變成說話者在言談中表現出自己的態度和立場，如下呈現：

(185)

propositional	> ((textual)	> (expressive))
命題的	> ((篇章的)	> (表達的))

關於 (185) 的語意演變過程，這是一個很重要的假設。Traugott（1989: 34-35）也針對這個假設提出三個語意演變趨勢（tendencies）：趨勢一，是基於外部所描述場景的意義 > 基於內部（評價 / 感知 / 認知）所描述場景的意義，Traugott and Dasher（2004: 95）提到這個傾向就是假設很多語言改變都是「具體 > 抽象」的過程；趨勢二，是基於外部或內部所描述場景的意義 > 基於篇章或元語言所描述場景的意義，此趨勢的發展不僅包括篇章連結的意義，也包括元語言或元篇章，這裡指的篇章包含實質性意義和程序性意義的連結（Traugott and Dasher, 2004: 95）；趨勢三，意義會基於說話者對於命題的主觀信念或態度而增加，也就是主觀化的體現，用來標示說話者的認知過程（Traugott and Dasher, 2004: 96）。

就目前的研究結果顯示，在太魯閣語的五組指示詞中，僅有處所近指 hini「這裡」仍停留在命題的階段，其他四組指示詞都已發展到篇章的或是表達說話者情感和態度的階段，尤其是 kiya/ki「那」的發展，明顯從關聯詞用法延伸到言談標記、應答用法等，在口語語料中更容易觀察到。再如處所遠指 hiya/hi「那裡」，出現在語調單位的最後可當作確認用法，通常在書面語中是很難見到的（至少在本書蒐集的書面語料中並未出現），但是在互動性高的口語語料中卻常常出現，且該用法也明顯的帶有說話者的態度和立場，或進一步關注於聽話者的態度和立場，呈現更高的互動主觀性。最後，這也符合 Diessel（2006）所提出的看法，指示詞在溝通中建立起共同聚焦的注意力，不僅是連結言談交際者之間的溝通互動，對於言談內部組織功能也扮演著重要的角色。因此，本書認為，太魯閣語的指示詞基本上也符合這樣的語意演變發展過程。

第六章 結論

指示詞是一個很重要的研究議題，其用法普遍存在我們生活中的語言現象，事實上，我們每天都不斷地在使用它們進行交際、溝通與互動。指示詞最核心的功能就是文外照應（情境用法）（Diessel, 1999; Huang, 1999 等），在兒童學習語言的過程中，第一步就是透過手勢（pointing gesture）而非任何詞彙來聚焦聽話者的注意（Clark, 1978），Özçalışkan et al.（2014）也提到，出生幾個月的小孩在尚未學習到語言之前，就能透過手勢指涉某個具體的人、物或處所。當我們要讓聽話者清楚辨識所指對象時，常常會需要指示詞的使用，有時候還需藉著雙方共享的知識或背景（即識別用法）；在敘事的過程中，有時候一時忘記要描述的確切詞彙名稱時，可能會遲疑或猶豫，而使用指示詞去作暫時的替代，如中文的 nage「那個」、太魯閣語的 manu kiya「什麼 + 那」（即佔位符號用法）；在言談過程中，聽話者常常會給予說話者發出簡短的訊息或信號，以表示我有在聽請繼續說的回饋，有時也會使用指示詞表示，如賽夏語的 ma' 'isa:a'「也 + 那」、太魯閣語的 kiya「那」（即應答用法）等。

簡言之，本書研究的目的是希望盡可能呈現指示詞完整的面貌，因此同時從書面語和口語的材料進行分析，結果也發現，在不同文本類行中，指示詞會呈現不同的用法及偏好。以下將分成四個部分呈現本書的結果，6.1 研究結果，6.2 研究貢獻，6.3 研究限制以及 6.4 未來研究的發展與建議。

6.1 研究結果

本研究探討太魯閣語指示詞的現象，聚焦在五組指示詞的研究，包括 nii「這」、gaga/ga「那」、kiya/ki「那」、hini「這裡」、hiya/hi「那裡」，其中 gaga、kiya 以及 hiya 都有語音縮減的形式。本書主要分成三個部分，第一部分是在第三章，主要從書面語的材料進行分析，呈現太魯閣語指示詞的句法分佈與功能，將指示詞的功能分成兩大類，指示詞的基本用法及延伸用法，基本用法包括代名詞性指示詞用法、定語性指示詞用法及處所用法，延伸用法包括方位動詞用法、動貌助動詞、時間用法、第三人稱代名詞、語尾助詞、主題標記、肯定用法 / 應答用法、關聯詞等，不同指示詞呈現出各自的特性。這些用法 呈現如表 6-1。

此外，在第三章中後半段，本書也討論了這五組指示詞的構詞現象，包括加綴及融合形式，關於指示詞的加綴情況，並不是非常的能產，本書主要以前綴 d-「表複數」、前綴 n-「（曾）屬於」、以及前綴 s-「表過去時間」為例進行討論；關於融合的情況，以指示詞 kiya「那」可發生融合的類型最多，至少可以和 ni「對等連接詞」、do「時間連接詞」、da「助詞」、以及 ka「主格標

表 6- 1：太魯閣語指示詞在書面語中的用法

用法及功能 \ 指示詞		nii 這	gaga 那	ga 那	kiya 那	ki 那	hini 這裡	hiya/hi 那裡；他
指示詞的基本用法	代名詞性指示詞	√	√	√	√	(√)	√	√
	定語性指示詞	√	√	√	√	√	√	√
	處所用法						√	√
延伸用法	動貌助動詞	√	√	√				
	方位動詞	√	√	√				
	時間用法				√		√	√
	人稱代名詞用法							√
	語尾助詞			√				
	主題標記			√				
	肯定用法 / 應答用法				√			
	關聯詞				√	√		

記 / 補語連詞」組合。接著，筆者透過古南島語構擬的形式來推測指示詞可能的來源，結果呈現，太魯閣語指示詞對古音的反映，除了指示詞 gaga/ga 無法找到外，其他皆有可能的構擬形式。

第二部分是在第四章，主要以口語語料進行分析，語料又可細分成「口語敘事」、「遊戲設計對話」以及「節目訪談對話」等三種言談模式。根據指示詞的言談語用功能分成六大類，包括文外照應（情境用法）、篇章指示、文內照應（回指和後指）、識別用法、關聯詞用法以及言談標記用法。結果發現，這三類言談模型各自呈現了一些特殊性及偏好，舉例來說，「口語敘事」中，由於主要是一個人在描述故事，人際互動性就會降低許多，所以屬於言談互動性高的要求確認用法，就沒有在口語敘事中出現；相對的，在「遊戲設計對話」中，因為遊戲設計的過程需要說話者和聽話者不斷地確認物品的描述以及相關的位置方向，所以要求確認用法的數量就大量的出現，此外，筆者也發現說話者和聽話者的目的都是希望能順利完成遊戲任務，對話內容主要都聚焦在遊戲內，因此並沒有使用過多的訊息去描述事件或提起新話題，所以在這類口語會話中並沒有出現話題接續、話題轉換、話題再開等標記言談邊界的用法。在「節目訪談對話」中，有較長的時間是節目來賓進行敘事表達，少數時間則是主持人進行開場、回應或是話語權的掌控，所以跟關聯詞用法及話題組織相關的用法也增加不少，此外，來賓回應問題時通常都會根據自身的經驗，顯現出自己的立場與態度，也就是說，在闡述或解釋說明時明顯呈現出說話者的主觀態度或立場，這樣的情況在其他兩類語境中則不太明顯。

另外，第四章後半段也針對指示詞的用法進行對比，第一個是討論指示詞單用和指示詞詞串的用法比較，結果呈現，指示詞單用和其詞串的用法常常是互補分工的，如 kiya/ki 和 kiya- 詞串、hiya/hi 和 hiya- 詞串的比較。第二個是討論同一種言談功能中不同詞彙形式的用法比較，本書發現，原有的功能跟指示詞延伸後的功能，還是有某種程度的差異，而且延伸後的功能常常會保留原有詞彙項的用法，例如主題標記 o 和 ga 的在相同情境下的對比，ga 具有更強調與限定的作用，保留了原本指示詞 gaga 的特性，這是語法化過程中的保持原則。

第三部分為第五章，從語法化的角度分析指示詞的言談功能。首先談到語法化常發生的機制及相關概念，包括隱喻、轉喻、重新分析、類推、語意淡化、頻率等，可見語法化涉及許多的層面，包括語音、音韻、語意、以及語用等，在詞彙語法化的過程中，這些機制常常是伴隨發生的。接著透過 Hopper（1991）提出的五個語法化準則，包括共存、分歧、限定、保持以及去範疇化等，以及 Diessel（1999）提出的指示詞語法化準則，共有八個判斷準則（四小類），包括功能的改變、句法的改變、構詞的改變、以及音韻的改變。透過這些語法化準則，本書針對這五組指示詞一一檢視，結果發現，太魯閣語的五組指示詞，各有不同程度的語法化現象，其中近指處所用法 hini「這裡」是語法化程度最淺的，而 kiya「那」是語法化程度最深的指示詞。

最後，該章討論指示詞語意演變之間的關係，及其來源與語法化歷程，主要參照 Diessel（1999, 2011）提出的分類，他根據超過 300 種的語言提出了指示詞語法化的路徑，並將指示詞演變途徑分成五大類，包括定冠詞、第三人稱代名詞、關係代名詞、補語連詞、以及從屬連接詞，其中定冠詞可進一步發展成名詞類別標記，第三人稱代名詞可發展成呼應詞綴，關係代名詞可發展成補語連詞，補語連詞可再發展成目的標記，從屬連接詞可進一步發展成言談標記等，除了上述這些外，還有其他常見的語法化目標項，包括繫詞、連繫冠詞、焦點標記、主題標記、對等連結詞、時間副詞、方位性的動詞前綴、名詞和動詞數標記、限定詞、以及特定的不定冠詞等，總計有 19 類。

筆者將指示詞語意演變的來源域和目標域之間的關係逐一進行討論，並加入跨語言類型的語法化研究中的現象討論。結果發現，太魯閣語指示詞相關演變的歷程大多存在於跨語言類型學中，如「指示詞 > 第三人稱代名詞」、「指示詞 > 關聯詞」等。就目前的調查，台灣南島語中存在「指示詞 > 方位動詞」的演變路徑，且並未出現於 Diessel（1999, 2011）和 Traugott and Dasher（2004）的研究中，噶瑪蘭語和太魯閣語都已證實存在這樣的現象，因此，這樣的實證材料經驗，將能提供指示詞在跨語言類型學上語法化的相關佐證資料。

太魯閣語的指示詞主要經歷了以下的目標項：方位動詞、動貌助動詞、定冠詞、第三人稱單數代名詞、肯定用法 / 應答用法、時間用法、言談標記等。就目前的研究結果顯示，在太魯閣語的五組指示詞中，僅有處所近指 hini「這裡」仍停留在命題的階段，其他四組指示詞都已發展到篇章的或是表達說話者情感和態度的階段，尤其是處所遠指 hiya/hi「那裡」，出現在語調單位的最後可當作確認用法，該用法不只關注於說話者自身，也進一步關注於聽話者的態度和立場，呈現更高的互動主觀性。最後，本書認為太魯閣語指示詞在溝通中會建立起言談交際者共同聚焦的注意力（joint attention），不僅是連結言談交際者之間的溝通互動，對於言談內部組織功能也扮演著重要的角色，符合 Diessel（2006, 2013）提出的觀點。

關於書面語和口語的對比，本書也發現了一些重要的現象，類似 Chafe（1982）以及李世文、陳秋梅（1993）對書面語和口語的觀察：

（1）首先，因為書面語僅以書寫符號呈現，缺少了很多言談中會出現的信息，包括語調、重音、停頓等，因此，指示詞的某些用法，可能很難出現於書面語中（如本書提到的確認用法），由於我們無法對語料進行言談功能上的細部分析，根據分析觀點的不同，很可能因此遺漏某些指示詞的延伸用法。

（2）第二，口語是即時性的，書面語是文字呈現且可以經多次修改的，而且太魯閣語有部分的書面語材料其實都是透過翻譯後產生的，例如族語繪本、族語教材等，在這些材料中也發現到，有些語法現象很能受到中文翻譯的影響，反而形成特殊的結構或成為特例的情況，此外，關於說話者猶豫、遲疑等信號，在書面語中幾乎是不可能出現，但我們在口語中發現，這些信息其實提供了很多重要的資訊，包括說話者的立場與態度。

（3）第三，書面語和口語因為類型的特性關係，會呈現各自的特殊性，指示詞在不同類型文本中出現的情況也會有不同的偏好，例如 hiya 的確認用法以及 kiya 的佔位符號用法等，幾乎都只在口語語料中發現到。此外，不同的口語語料類型，也呈現了這樣的情況，例如在遊戲設計對話和節目訪談對話中，由於兩類口語語料類型差異甚大，筆者發現口語中常常出現的應答用法，如 kiya，在遊戲設計對話中幾乎不出現，僅出現在節目訪談對話中，而且該用法又僅出現在主持人身上。

6.2 研究貢獻

本書的完成，大概有三點主要的貢獻：

第一，實證經驗材料的提供，如第一章所提，在過去台灣南島語的研究中，關於指示詞的專文或專書研究是很少的，大多為期刊或研討會文章，或是在論文中的一小部分討論，在太魯閣語的研究亦是如此，因此，本書針對太魯閣語指示詞現象進行系統性的研究，期盼對台灣南島語指示詞研究領域有所貢獻。

第二，類型學上的貢獻，本書在討論指示詞的基本用法和延伸用法中發現，太魯閣語指示詞可演變成方位動詞以及確認用法等，但這些似乎沒有被記錄在跨語言指示詞或語法化相關研究中（如 Diessel, 1999, 2011; Heine and Kuteva, 2002），也許台灣南島語相關研究及本書的研究結果能提供類型學上的參考。

第三，突顯自然語料的重要，本書同時使用書面語料及口語語料進行分析，結果發現如果僅針對書面語資料進行研究，將會遺漏掉指示詞部分的用法，也可能因此無法呈現整個研究的全貌，然而，透過口語語料的研究，不僅對於語言事實的掌握度會更高，也可能發現一些異想不到的現象；此外，口語語料的蒐集與紀錄，對於族群語言的傳承與復振將有更重要的意義與效應。

6.3 研究限制

語料的不足以及調查對象不足是本書最大的研究限制，在書面語資料中，最大的來源為太魯閣語線上辭典，也因為是辭典的關係，裡面的語料多為單一例句，非常缺乏短篇文章、長篇文章以及對話內容，如果要解決短篇文章及長篇文章的問題，或許未來可以把教育部及原住民族委員會出版的閱讀書寫篇及文化篇，或是太魯閣族語聖經列為研究範圍，至少就筆者看來，裡面有很多長篇的文章，在連貫與銜接可呈現出更多豐富的相關用法。在口語語料中，太魯閣語目前並沒有一個小型的口語語料庫或資料庫，因此筆者使用的口語語料多數為自己親自採集，包括口語敘事以及遊戲設計對話的部分，但由於時間和能力受限，所收錄的文本數量和時間都偏少，可能會發生例子不夠典型的情況，亦或是可能會遺漏某些重要的用法或訊息。要處理目前口語資料不足的問題，或許可以跟原住民族電視台、各縣市廣播電台等合作，目前有一些全族語的節目，包括主持、訪談、對話等，在此也期盼未來能進行資源的整合，盡早建置屬於太魯閣族的口語語料庫。

調查對象不足可能也是研究限制之一，本書的調查對象並沒有擴及整個太魯閣族的部落，就目前的發現，有一些指示詞用法並非每個都會使用，例如 kiya- 詞串的關聯詞用法，有些發音人鮮少使用，而是偏好使用 hiya- 詞串或是以 siida do「時候 + 連接詞」/siida o「時候 + 主題標記」來銜接子句；另外，有些用法也發現語音上的些微差異，例如 kiya ni，在口語訪談節目的主持人有兩種發音，一種是 kiya ni，一種是 kiya nii ni/kiya nini，這是個人差異還是屬於區域性的差異，本書暫時無法處理這個問題，但筆者認為這可能也是重要的，倘若發現有語音上的差異，也許會影響到語法化演變的分析結果，例如，Burenholt（2008）提到對等連接詞可能來自於指示詞的演變，這樣的跨語言現象，筆者也會覺得好奇，指示詞 nii 跟對等連接詞 ni 之間會不會也存在某種演變關係，但這些問題因為證據不夠也無法在本書中處理。

6.4 未來研究的發展與建議

本研究的結果也產生了一些問題，可能需要在未來進一步的研究。例如，第三章中的指示詞句法上的分析，主要參考 Diessel（1999）和 Dixon（2003）的分類，顯然地，表狀語性用法的 hini 和 hiya 似乎不適合直接歸類在副詞的詞類上，因為太魯閣語這兩個詞彙在詞類上是更接近名詞，也許未來可以提供更明確的區分標準。此外，Dixon（2003）提到的動詞性指示詞並沒有包含在本書的討論中，太魯閣語應該也有類似的用法，如 shaya「就這樣；像那樣」。再者，在第四章中討論填補詞的時候發現，hnu 這個詞彙似乎也具有明確的指涉作用，但因為語料不足的關係，它的語法屬性和地位到底是什麼仍尚未明確。

關於未來的研究建議，筆者提出以下幾點：

（1）跨語言或跨方言的對比：關於指示詞用法的發展，本書主要是以單一語言為研究對象，若有多種語言或方言進行對比，應該找藉此發現更多有趣的現象，同時也能找出類型學上的異同之處。例如，就現有語料的整理，關於指示詞發展成關聯詞的用法，賽考利克泰雅語的 nanu' yasa「什麼＋那」（吳新生，2013）、賽夏語的 ma' 'isa:a'「也＋那」（Yeh, 2015），以及太魯閣語的 kiya- 詞串和 hiya- 詞串，都是由遠指指示詞搭配其他成分組合後，延伸出關聯詞的用法，這可能是跨語言類型上的傾向，類似的台灣語言也包括華語的 na（ge）「那（個）」或那詞串的發展（Huang, 1999; 畢永峨，2007）、台灣閩南語的 he「那」等都是遠指指示詞發展出關聯詞用法。

（2）言談功能的整合與深究：本書發現，指示詞在言談中產生了很多言談用法，這些用法都值得再繼續深入的研究，尤其是關於猶豫和遲疑產生的填補詞用法或是立場標記的用法，這可能都涉及到言談交際者在態度、立場和情感上的不同。

（3）口語語料來源多元化：如果要更徹底了解指示詞的全貌，建議可以往不同的語料文本類型進行蒐集（可參考 Biber, 1988, 1995 的分類），例如一般日常對話（未設定主題的談話）、新聞報導、廣播節目、電話對話、禱告詞或牧師講道內容等。

（4）教材編輯與教學應用：太魯閣語指示詞呈現的形式也許沒有其他語言複雜，但是呈現的用法是很多元的，尤其遠指的「那」又有區分可見的 gaga 和不需可見的 kiya，如何將這些研究成果結合教材及教學，這也是未來可繼續發展的課題。

參考文獻

書籍與期刊：

Anderson, S., and Keenan, E. 1985. “Deixis,” in T. Shopen, ed. *Language Typology and Syntactic Fieldwork,* vol. III., pp. 259-308. Cambridge: Cambridge University Press.

Anderson, Stephen R. 1992. *A-Morphous Morphology.* Cambridge: Cambridge University Press.

Asai, Erin. 1953. *The Sedik Language of Formosa.* Kanazawa: Cercle Linguistique de Kanazawa, Kanazawa University.

Biber, Douglas. 1988. *Variation across Speech and Writing.* Cambridge University Press.

Biber, Douglas. 1995. *Dimensions of Register Variation: A Cross-Linguistic Comparison.* Cambridge University Press.

Biq, Yung-O (畢 永 峨). 1990. “Conversation, continuation, and connectives.” *Text,* Vol. 10, No. 3, pp. 187-208.

Blust, R., and Trussel S. 2013. “The Austronesian Comparative Dictionary: A Work in Progress.” *Oceanic Linguistics,* Vol. 52, No. 2, pp. 493-523.

Brown, P., Levinson, S. C., and John J. Gumperz. 1987. *Politeness: Some Universals in Language Usage.* Cambridge: Cambridge University Press.

Burenholt, Niclas. 2008. “Spatial Coordinate Systems in Demonstrative Meaning.” *Linguistic Typology,* Vol. 12, No. 1, pp. 99-142.

Bybee, Joan. 2003. "Mechanisms of Change in Grammaticization: The Role of Frequency." in Richard Janda & Brian Joseph, eds. *Handbook of Historical Linguistics,* pp. 602-623. Oxford: Blackwell.

Bybee, Joan, and Joanne Scheibman. 1999. "The Effect of Usage on Degree of Constituency: The Reduction of Don't in American English." *Linguistics,* Vol. 37, No. 4, pp. 575-596.

Bybee, Joan, Pagliuca, William, & Perkins, Revere. 1994. *The Evolution of Grammar: Tense, Aspect and Modality in the Languages of the World.* Chicago: University of Chicago Press.

Campbell, Lyle. 2013. *Historical Linguistics: an Introduction,* 3rd ed. Edinburgh: Edinburgh University Press.

Chafe, Wallace. 1982. "Integration and Involvement in Speaking, Writing, and Oral Literature," in Tannen, D., ed. *Spoken and Written Language: Exploring Orality and Literacy,* pp. 35-53. Norwood: Ablex.

Chang, Anna Hsiou-chuan (張秀絹). 2006. "A Reference Grammar of Paiwan," Ph.D. dissertation, Australian National University.

Chang, Miao-Hsia, and Hsu, Huai-Tung (張妙霞、徐懷彤). 2019. "Focal Point in Conversation: Discourse-Pragmatic Functions of Distal Demonstrative HE in Taiwanese Southern Min." *Taiwan Journal of Linguistics,* Vol. 17, No. 1, pp. 79-129.

Clancy, P. M., Thompson, S. A., Suzuki, R., & Tao, H. 1996. "The conversational use of reactive tokens in English, Japanese, and

Mandarin." *Journal of Pragmatics,* Vol. 26, No. 3, pp. 355-387.

Clark, E.V. 1978. "From Gesture to Word: On the Natural History of Deixis in Language Acquisition," in J. S. Bruner, and A. Garton, eds. *Human Growth and Development,* 85-120. Oxford: Oxford University Press.

Crystal, David.（沈家煊譯）。2000（1941）。《現代語言學詞典》（*A Dictionary of Linguistics and Phonetics*）。北京：商務印書館。

Diessel, Holger. 1999. *Demonstratives: Form, Function, and Grammaticalization.* Typological Studies in Language 42. Amsterdam: John Benjamins.

Diessel, Holger. 2006. "Demonstratives, Joint Attention, and the Emergence of Grammar." *Cognitive Linguistics,* Vol. 17, No. 4, pp. 463-489.

Diessel, Holger. 2011. Where do grammatical morphemes come from? On the development of grammatical markers from lexical expressions, demonstratives, and question words. MS, University of Jena. (https://pdfs.semanticscholar.org/9787/2ac1e4f711078bfc1d64e6cbfb6be6331251.pdf)

Diessel, Holger. 2013. "Pronominal and Adnominal Demonstratives," in Dryer, Matthew S., Haspelmath, Martin, eds. *The World Atlas of Language Structures Online.* Leipzig: Max Planck Institute for Evolutionary Anthropology. URL (Accessed on 2018-05-07.)

Dirven, R & Verspoor, M. 2004. *Cognitive Explorations of Language and Linguistics.* Amsterdam: John Benjamins.

Dixon, Robert. 2003. "Demonstratives: a cross-linguistic typology." *Studies in Language,* Vol. 27, No. 1, pp. 61-112.

Du Bois, John, W., Schuetze-Coburn, Stephan, Cumming, Susanna, and Paolino, Danae. 1993. "*Outline of Discourse Transcription,*" in Jane A. Edwards, and Martin D. Lampert, eds. *Talking Data: Transcription and Coding in Discourse Research,* pp. 45-89. Hillsdale, NJ: Lawrence Erlbaum.

Fraser, Bruce. 1999. "What are Discourse Markers?" *Journal of Pragmatic,* Vol. 31, No. 7, pp. 931-952.

Fraser, Bruce. 2006. "Towards a theory of discourse markers," in K. Fischer, ed. *Approaches to Discourse Particles,* pp. 189-204. Amsterdam: Elsevier.

French, Koleen Matsuda. 1988. "The Focus System in Philippine Languages: An Historical Overview." *Philippine Journal of Linguistics,* Vol. 19, No. 1, pp. 1-17.

Givón, T. 1984. Syntax. *A Functional-Typological Introduction,* vol. 1. Amsterdam: John Benjamins.

Gundel, J. K., Hedberg, N., and Zacharski, R. 1993. "Cognitive Status and the Form of Referring Expressions in Discourse." *Language,* Vol. 69, No. 2, pp. 274-307.

Halliday, M. A. K., and R. Hasan. 1976. *Cohesion in English.* London: Longman.

Harris, Alice & Lyle Campbell. 1995. *Historical Syntax in Cross-Linguistic Perspective.* Cambridge University Press.

Hayashi, Makoto & Yoon, Kyung-eun. 2006. "A Cross-Linguistic Exploration of Demonstratives in Interaction: With particular reference to the context of word-formulation trouble." *Studies in Language,* Vol. 30, No. 3, pp. 485-540.

Hayashi, Makoto & Yoon, Kyung-eun. 2010. A cross-linguistic exploration of demonstratives in interaction: With particular reference to the context of word-formulation trouble, in N. Amiridze, B. Davis, and M. Maclagan, eds. *Fillers, Pauses and Placeholders,* pp. 33-66. Amsterdam: John Benjamins.

Heine, B., Claudi, U., and Hünnemeyer, F. 1991. *Grammaticalization: A Conceptual Framework.* Chicago: University of Chicago Press.

Heine, Bernd, and Kuteva, Tania. 2002. *World Lexicon of Grammaticalization.* Cambridge: Cambridge University Press.

Hengeveld, Kees. 1992. *Non-Verbal Prediction: Theory, Typology, Diachrony.* Berlin & New York: Mouton de Gruyter.

Himmelmann, Nikolaus. 1996. "Demonstratives in Narrative Discourse: A Taxonomy of Universal Uses," in Barbara Fox, ed. *Studies in Anaphora,* pp. 205-254. Amsterdam: John Benjamins.

Himmelmann, Nikolaus. 2004. "Lexicalization and grammaticalization: opposite or orthogonal?" in Walter Bisang, Nikolaus P. Himmelmann, & Björn Wiemer, eds. *What Makes Grammaticalization? A look from its Fringes and its Components.* (= Trends in Linguistics, Studies and Monographs 158). pp. 21-42. Berlin: Mouton de Gruyter.

Hopper, Paul J. 1991. On Some Principles of Grammaticalization. In: Traugott, E.C. and Heine, B., eds. *Approaches to Grammaticalization,* Vol. 1, pp. 17-35. Amsterdam: John Benjamins.

Hopper, Paul J. 1991. "On Some Principles of Grammaticalization," in Traugott, E.C., and Heine, B., eds. *Approaches to Grammaticalization,* Vol. 1, pp. 17-35. Amsterdam: John Benjamins.

Hopper, P. J. and Traugott, E. C. 1993/2003. *Grammaticalization.* Cambridge: Cambridge University Press.

Hsu, Huai-Tung (徐 懷 彤). 2014. "The Discourse Functions of the Distal Demonstrative *he* in Taiwanese Southern Min," MA. thesis. Taipei: National Taiwan Normal University.

Huang, Lillian M. (黃美金). 1995. *A Study of Mayrinax Syntax.* The Crane Publishing, Taipei.

Huang, Lillian M. 2001. "Focus System of Mayrinax Atayal: A Syntactic, Semantic and Pragmatic Perspective." *Journal of Taiwan Normal University: Humanities and Social Science,* Vol. 46, pp. 51-69.

Huang, Lillian M. 2002a. "A Study of Deixis in Mayrinax Atayal," paper presented at The 9th International Conference on Austronesian Linguistics (9ICAL), Canberra: National Australian University, January 8-11.

Huang, Lillian M. 2002b. "Nominalization in Mayrinax Atayal."

Language and Linguistics, Vol. 3, No. 2, pp. 197-225.

Huang, Lillian M. 2008. "Grammaticalization in Squliq Atayal." *Concentric: Studies in Linguistics,* Vol. 34, No. 2, pp. 1-45.

Huang, Shuanfan (黃宣範). 1999. "The Emergence of a Grammatical Category Definite Article in Spoken Chinese." *Journal of Pragmatics,* Vol. 31, No. 1, pp. 77-94.

Huang, Shuanfan. 2013. "Referring Expressions." *Chinese Grammar at Work.* Amsterdam: John Benjamins.

Huang, Shuanfan, Lily I-wen Su, and Li-May Sung. 2003. *Language, Space, and Emotion.* NSC Project. Taipei: National Taiwan University.

Ingham, Bruce. 2001. *English-Lakota Dictionary.* Richmond, England: Curzon.

Jiang, Hao-wen (江 豪 文). 2006. "Spatial Conceptualizations in Kavalan," MA. thesis. Taipei: National Taiwan University.

Jiang, Hao-wen. 2009. "Spatial Deixis as Motion Predicates and Aspect Markers: The Case in Kavalan," paper presented at the 11th International Conference on Austronesian Linguistics (ICAL-11), Aussois, France, Jun 22-26.

Juang, Yu-Ning (莊 郁 寧). 2012. "Negation in Truku Seediq," MA. thesis. Kaohsiung: National Kaohsiung Normal University.

Keevalik, Leelo. 2010. "The Interactional Profile of a Placeholder: The Estonian Demonstrative See," in Nino Amiridze, Boyd H. Davis, and Margaret Maclagan, eds. *Fillers, Pauses and Placeholders,* pp.

139-172. Typological Studies in Language 93. Amsterdam: John Benjamins.

Langacker, Ronald W. 1977. "Syntactic reanalysis," in Charles N. Li, ed. *Mechanisms of Syntactic Change,* pp. 57-139. University of Texas Press.

Lee, Amy Pei-jung (李佩容). 2009. "Dorsal Consonant Harmony in Truku Seediq." *Language and Linguistics,* Vol. 10, No. 3, pp. 569-591.

Lee, Amy Pei-jung. 2010. "Phonology in Truku Seediq." *Taiwan Journal of Indigenous Studies,* Vol. 3, No. 3, pp. 123-168.

Lee, Amy Pei-jung. 2011a. "Comitative and Coordinate Constructions in Truku Seediq." *Language and Linguistics,* Vol. 12, No. 1, pp. 49-75.

Lee, Amy Pei-jung. 2011b. "Metaphorical Euphemisms of RELATIONSHIP and DEATH in Kavalan, Paiwan, and Seediq." *Oceanic Linguistics,* Vol. 50, No. 2, pp. 351-379.

Lee, Amy Pei-jung. 2015. "Body Part Nomenclature and Categorisation in Seediq," in Elizabeth Zeitoun, Stacy F. Teng, and Joy J. Wu, eds. *New Advances in Formosan Linguistics,* pp. 451-483. Canberra: Asia-Pacific Linguistics.

Levinson, Stephen C. 1983. *Pragmatics.* Cambridge: Cambridge University Press.

Li, Ing Cherry (李櫻). 1999. *Utterance-Final Particles in Taiwanese: A Discourse-Pragmatic Analysis.* Taipei: The Crane Publishing Co.

Li, Paul Jen-kuei (李壬癸). 1980. “The Phonological Rules of Atayal Dialects.” *Bulletin of the Institute of History and Philology,* Vol. 51, No. 2, pp. 349-405.

Li, Paul Jen-kuei. 1981. “Reconstruction of Proto-Atayalic Phonology.” *Bulletin of the Institute of History and Philology,* Vol. 52, No. 2, pp. 235-301.

Lichtenberk, Frank. 1996. “Patterns of Anaphora in To’aba’ita Narrative Discourse,” in B. A. Fox, ed. *Studies in Anaphora,* pp. 379-411. Amsterdam: John Benjamins.

Lima, José Pinto de. 2002. “Grammaticalization, Subjectification and the Origin of Phatic Markers,” in Ilse Wischer & Gabriele Diewald, eds. *New Reflections on Grammaticalization (Typological Studies in Language 49),* pp. 363-378. Amsterdam: John Benjamins.

Lin, Hsiu-hsu (林 修 旭). 2005. “The Grammaticalization of Tense/ Aspect Auxiliaries in Seediq.” *Concentric: Studies in Linguistics,* Vol. 31, No. 2, pp. 111-132.

Lyons. John. 1977. *Semantics.* Vols 1 & 2. Cambridge: Cambridge University Press.

Matisoff, J. A. 1973. *The Grammar of Lahu.* Berkeley: University of California Press.

Matthew S. Dryer. 2013. “Definite Articles,” in Dryer, Matthew S. & Haspelmath, Martin, eds. *The World Atlas of Language Structures Online.* Leipzig: Max Planck Institute for Evolutionary Anthropology. (Available online at http://wals.info/chapter/37,

Accessed on 2019-06-10.)

Maynard, S. K. 1990. "Conversation Management in Contrast: Listener Response in Japanese and American English." *Journal of Pragmatics,* Vol. 14, No. 3, pp. 397-412.

McConvell, Patrick. 2006. "Grammaticalization of Demonstratives as Subordinate Complementizers in Ngumpin-Yapa." *Australian Journal of Linguistics,* Vol. 26, pp. 107-137.

Özçalışkan, Şeyda, Gentner, D., and Goldin-Meadow, S. 2014. "Do Iconic Gestures Pave the Way for Children's Early Verbs?" *Applied Psycholinguistics,* Vol. 35, No. 6, pp. 1143-1162.

Pan, Chia-jung (潘 家 榮). 2012. "A Grammar of Lha'alua, an Austronesian Language of Taiwan," Ph.D. dissertation, James Cook University.

Pecoraro, Ferdinando, MEP. 1977. *Essai de Dictionnaire Taroko-Français.* Cahiersd'Archipel 7. Paris: Soci* pru l'Etude et la Connaissance du Monde Insulindien.

Podlesskaya, Vera I. 2010. "Parameters for Typological Variation of Placeholders," in Nino Amiridze, Boyd H. Davis, and Margaret Maclagan, eds. *Fillers, pauses and placeholders,* pp. 11-32. Typological Studies in Language 93. Amsterdam: John Benjamins.

Pustet, R. 2003. Copulas: *Universals in the Categorization of the Lexicon.* Oxford: Oxford University Press.

Rau, D. Victoria (何德華). 1992. *A Grammar of Atayal.* Taipei: Crane.

Richards, J. C., Platt, J. & Platt, H.（沈家煊譯）。2002（1992）。

《朗文語言教學及應用語言學辭典》（*Longman Dictionary of Language Teaching and Applied Linguistics*）。北京：外語教學與研究出版社。

Ross, Malcolm. 2004. "Demonstratives, Local Nouns and Directionals in Oceanic Languages: A Diachronic Perspective," in Gunter Senft, ed. *Deixis and Demonstratives in Oceanic Languages,* pp. 175-204. Pacific Linguistics, Canberra.

Schiffrin, Deborah. 1987. *Discourse Markers.* Cambridge: Cambridge University Press.

Shen, Yi-chun (沈 怡 君). 2009. "The Use of Ranhou in Spoken Chinese," MA. thesis. Taichung: Providence University.

Squartini, Mario. 2013. "From TAM to Discourse: The Role of Information Status in North-Western Italian già 'already'," in L. Degand, B. Cornillie, P. Pietrandrea, eds. *Discourse Markers and Modal Particles: Categorization and Description, Amsterdam,* pp. 163-190. Amsterdam: John Benjamins.

Su, Lily I-wen (蘇以文). 1998. "Conversational Coherence: The Use of Ranhou 'then' in Chinese Spoken Discourse," in Huang, Shuanfan, ed. *Selected Papers form the Second International Symposium on Languages in Taiwan,* pp. 167-181. Taipei: Crane.

Suh, K.-H. 2000. "Distal Demonstratives as Fillers." *Language Research,* Vol. 36, No. 4, pp. 887-903.

Tabor, Whitney, and Elizabeth Closs Traugott. 1998. "Structural Scope Expansion and Grammaticalization," in Anna Giacalone Ramat, and Paul J. Hopper, eds. *The Limits of Grammaticalization,* pp. 229-272. Amsterdam: John Benjamins.

Tao, Hongyin (陶 紅 印). 1999. "The Grammar of Demonstratives in Mandarin Conversational Discourse: A Case Study." *Journal of Chinese Linguistics,* Vol. 27, No. 1, pp. 69-103.

Teng, Stacy F. (鄧芳青). 2007. "A Reference Grammar of Puyuma," Ph.D. dissertation, Australian National University.

Traugott, Elizabeth Closs. 1989. "On the Rise of Epistemic Meanings in English: An Example of Subjectification in Semantic Change." *Language,* Vol. 65, No. 1, pp. 31-55.

Traugott, Elizabeth Closs. 1995. "Subjectification in Grammaticalization," in Dieter Stein & Susan Wright, eds. *Subjectivity and Subjectivisation: Linguistic Perspectives,* pp. 31-54. Cambridge & New York: Cambridge University Press.

Tsai, Hsiu-chun (蔡秀淳). 2001. "The Discourse Function of the Dui Receipt in Mandarin Conversation," MA. thesis. Taipei: National Taiwan Normal University.

Tsou, Chia-jung (鄒 佳 蓉). 2011. "Aspects of the Syntax of Truku Seediq," MA. thesis. Taipei: National Taiwan University.

Tsukida, Naomi (月 田 尚 美). 2005. "Seediq," in Alexander Adelaar, and Nikolaus Himmelmann, eds. *The Austronesian Languages of Asia and Madagascar,* pp. 291-325. New York: Routledge.

Tsukida, Naomi. 2006. "The Adverbial function and Seediq conveyance voice future form," in Chang, Yung-li, Lillian M. Huang and

Dahan Ho, eds. *Streams Converging into an Ocean: Festschrift in Honor of Prof. Paul Jenkuei Li on His 70th Birthday,* pp. 185-204. Language and Linguistics Monograph Series W-5. Taipei: Academia Sinica.

Tsukida, Naomi. 2009. "A Grammar of Truku (Seediq)," Ph.D dissertation. Tokyo: The University of Tokyo. (in Japanese)

Verschueren, Jef .1999. *Understanding Pragmatics.* London: Edward Arnold.

Victoria Fromkin, Robert Rodman, and Nina Hyams.（黃宣範譯）。2002（1998）。《語言學新引》（*An Introduction to Language*）。臺北市：文鶴出版有限公司。

Vries, L. de. 1995. "Demonstratives, Referent Identification and Topicality in Wambon and Some Other Papuan Languages." *Journal of Pragmatics,* Vol. 24, No. 5, pp. 513-533.

Wang, Chueh-chen, and Huang, Lillian M. (王玨珵、黃美金). 2006. "Grammaticalization of Connectives in Mandarin Chinese: A Corpus-Based Study." *Language and Linguistics,* Vol. 7, No. 4, pp. 991-1016.

Wegener, Heide. 2002. "The Evolution of the German Modal Particle 'denn'," in I. Wischer & G. Diewald, eds. *New Reflections on Grammaticalization,* pp. 379-393. Amsterdam: John Benjamins.

Woodworth, N. L. 1991. "Sound Symbolism in Proximal and Distal Forms." *Linguistics,* Vol. 29, No. 2, pp. 273-299.

Wouk, Fay. 2005. "The Syntax of Repair in Indonesian." *Discourse*

Studies, Vol. 7, No. 2, pp. 237-258.

Wu, Hsiao-Ching (吳曉菁). 2004. "Spatial conceptualizations in Tsou and Saisiyat," MA. thesis. Taipei: National Taiwan University.

Xu, Liejiong (徐 烈 炯). 2005. "Topicalization in Asian Languages," in Everaert, Martin, and Henk van Riemsdijk, eds. *The Blackwell companion to Syntax.* Blackwell Publishing. Blackwell Reference Online. 23 November 2007. (https://onlinelibrary.wiley.com/subscriber/uid=532/tocnode?id=g9781405114851)

Yang, Mei-Hui (楊 美 慧). 1992. "NA in Chinese spoken discourse," MA. thesis. Taipei: National Taiwan Normal Unversity.

Yeh, Marie M. (葉 美 利). 2010. "Grammaticalization of the demonstrative 'isa:a' in Saisiyat," Workshop on Pragmatic Markers in Asian Languages: A pre-conference workshop of The 4th Conference on Language, Discourse and Cognition, 2010.04.30. Taipei: National Taiwan University.

Yeh, Marie M. 2015. "Functions of ma' 'isa:a' in Saisiyat: A discourse analysis," in Elizabeth Zeitoun, Stacy F. Teng, and Joy J. Wu, eds. *New Advances in Formosan Linguistics,* pp. 363-384. Studies on Austronesian Languages, Asia-Pacific Linguistics series A-PL 017 / SAL 003.

Zeitoun, Elizabeth, L. Huang, M. Yeh, and A. Chang. 1999. "Existential, Possessive and Locative Constructions in the Formosan Languages." *Oceanic Linguistics,* Vol. 38, No. 1, pp. 1-42.

方梅。2002。〈指示詞「這」和「那」在北京話中的語法化〉《中國語文》4 期，頁 343-356。
王錦慧。2015。〈時間副詞「在」與「正在」的形成探究〉《語言暨語言學》16 卷，2 期，頁 187-212。
何德華、董瑪女。2016。《達悟語語法概論》。新北市：原住民族委員會。
吳新生。2013。〈從言談分析的觀點探討泰雅語 yasa「那」的語言現象〉，發表於「第十四屆全國語言學論文研討會」。花蓮：國立東華大學。5 月 24-25 日
吳靜蘭。2016。《阿美語語法概論》。新北市：原住民族委員會。
宋麗梅。2016。《賽德克語語法概論》。新北市：原住民族委員會。
李小軍。2013。《先秦至唐五代語氣詞的衍生與演變》。北京：北京師範大學出版社。
李壬癸。1999。《臺灣原住民史 ‧ 語言篇》。南投：臺灣省文獻委員會。
李壬癸。2007。〈台灣南島語言的詞典編纂技術檢討〉。收於台東大學華語文學系（編）《原住民族語言發展論叢：理論與實務》頁 12-27。臺北市：原住民族委員會。
李世文、陳秋梅。1993。〈中文口語與書寫語的比較研究〉《教學與研究》15 期，頁 63-96。臺北：國立臺灣師範大學。
李佩容、許韋晟。2018。《太魯閣語語法概論》。新北市：原住民族委員會。
李佩容。2013。〈從音韻學觀點探討太魯閣語書寫符號系統〉《臺灣原住民族研究季刊》6 卷，3 期，頁 55-76。
李櫻。 2000。〈漢語研究中的語用面向〉《漢學研究特刊》18 期，

頁 323-356。臺北：漢學研究中心。

沈家煊。1994。〈語法化研究綜觀〉《外語教學與研究》4 期，頁 17-25。

胡萃苹。2011。《現代漢語指示詞「這」與「那」之探析與教學應用》，碩士論文。臺北市：臺灣師範大學華語文教學研究所。

胡震偉。2003。《賽德克語太魯閣方言多媒體超文本雛議》，碩士論文。新莊：輔仁大學語言學研究所。

徐烈炯、劉丹青。2007。《話題的結構與功能》（增訂本）。上海：上海教育出版社。

張永利。2000。《賽德克語參考語法》。臺北市：遠流出版社。

張秀絹。2016。《排灣語語法概論》。新北市：原住民族委員會。

張庭瑋。2017。《漢語「對」和「真的」之會話結構與功能分析及教學啟示》，碩士論文。臺北市：國立臺灣師範大學。

張智傑。2016。〈郡群布農語的指示詞研究〉，發表於「2016 年台灣原住民族語言國際研討會」。臺北市：國立臺灣大學。7 月 22 日。

曹逢甫。2000。〈華語虛詞的研究與教學－以呢字為例〉，《第六屆國際華語文教學研討會論文集：語文分析組》頁 I-1-25。臺北市：世界華文教育協進會。

曹逢甫。2005。《漢語的句子與子句結構》，王靜譯。北京：北京語言大學出版社。

梁銀峰。2018。《漢語指示詞的功能和語法化》，上海：上海教育出版社。

梁曉云。2004。《現代漢語語尾助詞「呢」的教學語法初探》，碩士論文。臺北市：國立臺灣師範大學華語文教學研究所。

畢永峨。2007。〈遠指詞“那”詞串在台灣口語中的詞匯化與習語化〉《當代語言學》9 卷，2 期，頁 128-138。

許韋晟。2008。《太魯閣語構詞法研究》，碩士論文。新竹市：國立新竹教育大學。[現已更名為國立清華大學南大校區]

許韋晟。2014。〈太魯閣語方位詞的空間概念研究——以意象圖式和原型範疇理論為分析觀點〉《清華學報》新 44 卷，2 期，頁 317-350。新竹市：國立清華大學。

許韋晟。2015。〈詞彙、認知介面與文化層面的連結性——以太魯閣語為例〉《台灣原住民族研究季刊》8 卷，4 期，頁 43-79。壽豐：國立東華大學。

許韋晟。2016。〈太魯閣語指示詞現象探究——從語法化的觀點分析〉，發表於「第十一屆臺灣語言及其教學國際學術研討會」。臺北市：中央研究院。7 月 12-13 日。

許韋晟。2018。〈太魯閣語指示詞 kiya 在篇章中的關聯詞用法〉，發表於「第十二屆臺灣語言及其教學國際學術研討會」。高雄市：國立中山大學。10 月 26-27 日。

連皓琦。2012。《賽德克語太魯閣方言禁忌語與委婉語研究》，碩士論文。壽豐：東華大學民族發展與社會工作學系研究所。[現已更名為民族事務與發展學系研究所]

陳丕榮。2010。《外籍學習者漢語句末語氣助詞習得研究與教學應用》，碩士論文。臺北市：國立臺灣師範大學。

陳麗雪。2009。〈《荔鏡記》指示詞的語法、語意特點〉《台灣文學研究集刊》5 期，頁 191-202。

黃建銘。2014。《漢語兒童「然後」的使用》，碩士論文。臺北市：國立政治大學語言學研究所。

黃美金、吳新生。2016。《泰雅語語法概論》。新北市：原住民族委員會。

黃漢君、連金發。2007。〈萬曆本荔枝記指示詞研究〉《清華學報》新 37 卷，2 期，頁 561-577。

楊盛涂。2000。《泰雅族賽德克語言（太魯閣語）》行政院原住民族委員會委託研究計劃。

楊盛涂、田信德。2007。《台灣原住民德路固語》。花蓮市：大統出版社。

葉美利。 2014。〈賽夏語指示詞的句法、構詞與語意初探〉《台灣語文研究》9 卷，1 期，頁 55-77。

葉美利。2016。《賽夏語語法概論》。新北市：原住民族委員會。

齊滬揚。2002。〈「呢」的意義分析和歷史演變〉《上海師範大學學報：哲學社會科學版》31 卷，1 期，頁 34-45。

蔡豐念（總編輯）。2013。《太魯閣族語辭典》。秀林：花蓮縣秀林鄉公所。

羅沛文。2015。〈賽德克語指示詞 nii「這」的多重功能研究〉，發表於「第十六屆全國語言學論文研討會」。臺北市：國立政治大學。5 月 2-3 日。

蘇以文。2010。〈語用學的發展與展望〉《人文與社會科學簡訊》12 卷，1 期，頁 128-135。

其他資料：

花蓮縣秀林鄉公所（編）。2012。《太魯閣族語兒童繪本》。秀林：秀林鄉公所。

花蓮縣秀林鄉公所（編）。2014a。《太魯閣族語中階讀本》。秀林：秀林鄉公所。

花蓮縣秀林鄉公所（編）。2014b。《太魯閣族語高階讀本》。秀林：秀林鄉公所。

線上資源：

原住民族語言線上辭典。https://e-dictionary.ilrdf.org.tw/。

原住民族線上繪本及動畫。http://web.klokah.tw/animation/。

Blust, R., and Trussel S. 2010-. The Austronesian comparative dictionary, web edition (work-in-progress). Online: http://www.trussel2.com/acd/.

附錄 A：
本文所使用太魯閣語線上繪本及動畫之篇名（所有電子檔可從族語 E 樂園網站下載）

序號	篇名	類型
1	被咬傷的豬	動畫
2	披掛肩帶	動畫
3	紋面	動畫
4	傳說	動畫
5	祖靈祭	動畫
6	雷女	動畫
7	變成貓頭鷹	動畫
8	藍鵲與火	動畫
9	懶惰的人	動畫
10	兄弟與熊	動畫
11	太陽與月亮	動畫
12	葫蘆花	動畫
13	猴子與螃蟹	動畫
14	吹笛子的男孩	動畫
15	白冠鷺	動畫
16	小米與山麻雀	動畫
17	太魯閣族的傳統生活	動畫
18	十個太陽	動畫
19	幻化成鷹	動畫
20	啃骨頭狗兒	動畫

序號	篇名	類型
21	追逐白鹿	動畫
22	遺忘了什麼呢	動畫
23	野菜湯	動畫
24	百步蛇傳說	動畫
25	巴里的眼睛	動畫
26	巨人傳說	動畫
27	冬瓜美人	動畫
28	鞣皮術的由來	動畫
29	風箏救弟	動畫
30	大章魚傳說	動畫
31	德固湖灣事件	動畫
32	老鷹與烏鴉	動畫
33	大巨人	動畫
34	害喜	動畫
35	小孩兔與烏龜	動畫
36	小狗鹿雞	動畫
37	天神造人	動畫
38	傻瓜獵人	動畫
39	烏龜與孩子	動畫
40	鞦韆	動畫
41	自小蘭嶼游向大蘭嶼的山羊	動畫
42	小鳥與螃蟹	動畫
43	貪心的狗	動畫
44	青蛙的故事	動畫

序號	篇名	類型
45	愚人的一課	動畫
46	六趾人	動畫
47	北斗七星	動畫
48	金龜蟲的由來	動畫
49	明天去野餐	繪本
50	邋鞦韆的小布	繪本
51	星星出來了	繪本
52	青蛙的惡夢	繪本
53	酒醉的山豬	繪本
54	迷路的山羊	繪本
55	跟著武茂去打獵	繪本
56	大魚的嘴巴	繪本
57	小王子	繪本
58	巨人馬威	繪本

附錄 B：口語敘事語料

1. 本文採集之音檔編號及發音人

主題	編號	發音人
Pear Story	Pear Story 001	Aki
Pear Story	Pear Story 002	Sidung
Pear Story	Pear Story 003	Nowbucyang
Pear Story	Pear Story 004	Iyang
Pear Story	Pear Story 005	Pusi
Pear Story	Pear Story 006	Iyuq
Frog Story	Frog Story001	Aki
Frog Story	Frog Story002	Sidung
Frog Story	Frog Story003	Nowbucyang
Frog Story	Frog Story004	Mihing

2. Pear Story 001

Niqan kingal ka lungaw, tmabug qpatur hiya. Mqiri ka huling. Tluung kiyiw ka hiya. Ni, mtaqi siida ka hiya do, miyah mlatat ka hnu qpatur. Wada qduriq da qpatur ga, wada qduriq. Ah, wada inu ka qpatur ksa. Ckeluwi ka laqi nii da. Ma wada ungat ??? qpatur ta da, wada inu da, wada qduriq da. Mkla ??? wada qduriq da. Gimun na kana, ungat da ska kucu, gimun na ungat duri, miing ska lungaw, ini iyah ka tunux hulung da. ??? ka lungaw da. ??? na ka lungaw da, huya ta, rwahan na ka bling da, huya ta ksun da hug? Wa, yaa msa ka laqi nii. Ida mniq ska lungaw ka tunux huling. Ni, pnayah bling mtucing ka huling da, tucing do ga mrung ka lungaw. Mrung lungaw do asi na qrapi ka huling ka laqi nii da, qrapan na ka huling na. Ni, wada da wada msa uda hmut tqiling miing qpatur. Niqan bling ka qhuni uri, niqan bling ka dxgal duri, bling qowlit, tai, mita ??? na ka qowlit. Huling nii o mita qjiyung, laqi nii ???, mita qjiyung ni gisu na qowlit da, pnaah ska bling sriyu ka qowlit, ida mruul ??? mtucing ka qjiyung do sriyu qowlit, gow gow mita, gisu na mtucing ka qjiyung. Laqi wada mkaraw, mita bling qhuni. Sriyu puurung da skluwi ka laqi do, mtucing toma, wada ka qjiyung, wada mhraw huling nii. Ni, ida musa da, ga baraw na ka puurung do miisug ciqapih laqi nini. Musa mkaraw babaw tasil, yaa musa sida qhuni ka urung rqnux nii. Wada musa rubang saw mha mkaraw urung ??? , musa da musa, paapa tunux rqnux da laqi nii, yaa musa qhuni han. Wada wada, ni mtucing pnayah han, baraw ni wada msa mtucing qsiya huling na uri, mtutuy duri ini ??? na ka huling na. Miyah mtutuy duri. Ni, musa mkaraw kingal mtakur qhuni, iya squwaq sun na ka huling na. Kla su haya musa mkaraw qhuni mntakur, kla mita qpatur. Mita qpatur, iya squwaq sun na ka huling na. Ni, qtaan na o, dha ka qpatur ni qtaan hini. Wada pkaraw qhuni, ida mkaraw qhuni, tayal hmbragan ka qpatur o qpatur nii. Musa lmnglung da ni 'Ah, ma yaa niqan tama ni bubu na. ' ??? ngalun na ka kingal wawa na, kiya qrapun na ni dsun na sapah ka kingal qpatur da. kiya da wada dsun sapah ??? duri…

3. Frog Story 004

Qpatur, ga su inu hug?

Kiya ni, niqan kingal ka laqi snaw. Laqi nii o jiru ka ngahan na. Kiya ni, hiya nii o smkuxul balay qpatur. Aji uri o smkuxul bi huling uri. Niqan dha ka kuxul na balay. Manu kiya ni hiya ni do o ey...qpatur o enduwa na bi tmquri ska lungaw. Ni, hiya ni do o maka ska lungaw msa ka hiya nii ni, taqi ta cih hug wa, msa ka hiya, mtaqi da. Mtaqi siida ka hiya do o...kiya ni mtutuy da. Mtutuy siida do qtaan na lungaw, ungat da, ungat hi ka qpatur na do o wada inu da msa ka hiya nini. Qpatur wada inu da, ma ungat hini da, prwahug na balay. Manu kiya do o, ey...gimun na kana ka amagucu na. Ida ungat.

Kana hhlung na dmayaw miying. Miying kana ka huling na uri o ma...miying siida ka huling nii, yaasa ga ska lungaw ka huling na o mrmux lungaw ka tunux huling. Miying qpatur ga, ida ungat duri. Manu kiya do o ey...hiya ni do o ey...mrmux lungaw siida ka tunux huling do ini iyah da tunux huling ga, manu kiya do o ga miying na ka lungaw hani. Mrman na ka lungaw do kika...hennu da latat ka hennu da huling nini. kiya ni hiya ni do, dha huling na ni musa, musa kndadax ey...ey...kndadax kita ka ey...qmpahan nii...ey...musa miying...ey...qpatur, wada inu da msa nii, saan na miying kana. saan na miying kana o blbling. Taan na ka bling musa mqiri, saan na musa mqiri o kla sa kla sa manu ga mniq ska bling hiya. Qowlit, sriyu hi ka qowlit da. Tayal ngungu na, tayal isu wah, ma qowlit ka sriyu msa, skluwi balay.

Kana huling na uri, musa miying dmayaw miying uri o qmita kana kkradaw ka huling na o phraga kradaw ka huling na ga, qduriq ka huling na, bisug. Manu kiya do o ey...ey...Jiru nii do musa ??? gimun bi. Gimun na duri ni mita qhuni da. baraw qhuni do kiya ni niqan kingal bling duri baraw qhuni ga. Saan na mqiri mqiri. Aji gaga mtaqi hug msa ka hiya nii. Taan na...asi lu sriyu hiya ka manu ki, puurung, puurung da, asi lu sriyu "bah", msa sriyu ka puurung o tayal skluwi ka Jiru nii. Asi tucing ka kata ka jiru nii. Tayal...manu kiya do o wada...taka puurung wada wada skiya baraw ka puurung nii da. Manu ni hiya ni do o musa mkaraw kingal kragan, kragan nii uri o malu bi kragan duri saw qbubu gani. ??? taqi hi ka hennu nii, taka kingal ey...manu ki...rqnux nini, mtaqi. Hiyi ni do mdka ??? ngalan na tasil hiya da. Musa mkaraw baraw bukuy rqnux ni saan na tmlung ka sida na, sida na nii urung kiga. Hay sida urung ga mensida o mdka qhuni ga. Hiya ni ida na ini kla ka jiru nii, saan na sduuy sida urung qita ka rqnux nii, musa rmawa hi ka hiya nii. Ni, ida ungat. manu kiya ni iya msa ka rqnux da, manu ka nii, mksa baraw, tayal msa ka rqnux do tutuy ka rqnux da. Mskluwi ka rqnux. Tayal tutuy ka rqnux da.

Manu hiya ni do wada seapa rqnux ka hiya uri da. Tayka hennu ni jiru nini. Seapa rqnux ??? nii. Hiya do saan na ptucing kingal dowras da. Kiya ni, dowras nii o truma na kla ka qsiya hennu mniq truma hi ga. Qsiya ga mniq truma, saan na ptucing ka jiru ni huling nii. Kiya ni iyux ?? qpatur ga. Kiya ni musa da ni...dhuq kingal qhuni, niqan kingal qhuni saw mksaraw ey...siyaw qsiya hi ga. kiya ni, tayka jiru nii do musa hi ka hiya. Iya bi squwaq o sun na ka huling na. kla aji na hini ...aji niqan qpatur msa lnglungan na, iya squwaq sun na ka huling. Ni, musa ni musa mkaraw baraw ka jiru nii da. Ni, dha huling na, taan na, mnsa mkaraw baraw qhuni siida do taan na ka qpatur ni miyah ka dha. Ey, ma qpatur ka nii msa ka hiya ni tayal qaras mqaras bi ka duma, asi knpriyux qaras ka hennu do mqaras bi mita qpatur. Yaasa kuxul na bi ka qpatur ga. Taan na qpatur hbaraw bi do qpatur kana, wawa, tama, bubu, nii mniq pshriq hi kana. Kiya ni taan na bi do qduyun na bi ni nasi qmita nii mniq hiya ka dhiya uri da. Tayka tayka qpatur na ga. Nii mniq hi ngalun na ni ma nii da nii da. Saan na mangal dha ka qpatur gani. Kla su ha, hbaraw balay ka qpatur uri. Ni, kndsan ??? kska qpatur ga hbaraw balay mniq ka tama ni bubu msa ka hiya. mqaras balay mangal qpatur ka hiya ni mowsa sapah do, kiya ni mowsa sapah siida do kiya na smkaway ka qpatur hbaraw balay. Swayay ta da ha msa ka Jiru nii, "qa qa qa qaq" msa kana ka qpatur. Jiru nii do mqaras balay wada mqaras balay lmijil qpatur gani, wada sapah ka dha huling na da.

附錄 C：遊戲設計對話語料

日期：12/07/2014

編號：1（A1：34 年次；B1：39 年次）

A1: angal kingal ka henuk ey, qarit dega(??), powsa brah bi hini.

B1: hini?

A1: qarits, ni angal ka wihi.

B1: wihi ga?

A1: wihi ga. powha brah su balay.

B1: ah, qarit ?? nini.

A1: ah, qarit do powsa quri hini bi ga.

B1: iril hug? narat hug?

A1: iq. mhdu su da?

B1: ini na, brah hug quri ??

A1: brah su bi wah.

B1: brah hug kiyig babuy hini?

A1: ey, babuy, uxay, wihi kiya, powsa kegig babuy hiya. wihi, wihi.

B1: kiyig babuy?

A1: iq, kegig babuy kiya.

B1: iq, qarit da.

A1: qarit da powsa…ida brah bi rawa ga.

B1: rawa, manu da?

A1: angal ka kingal pratu. pratu ga, embanah pratu.

B1: iq, psaun inu?

A1: angal ni powsa iril baga su hiya.

B1: iril?

A1: iq.

B1: narat 右邊 . iril o quri hini, kiya. manu?

A1: ey, mhdu su da?

B1: m…

A1: niqan ka qsurux su hi. qsurux.

B1: ga inu ka qsurux? nini?

A1: meqeliaq ga. niqan?

B1: kiya, niqan, niqan.

A1: powsa 右邊 su, 右邊 , brah bi kegig keta?? ka blaq(??) paru gani.

B1: o, o.

A1: qsurux ha.

B1: m…

A1: iq. mhdu su da?

B1: m…

A1: angal kingal ka treya.

B1: jipu (日語 ?) nini?

A1: jipu ga.

B1: embanah?

A1: iq, embanah ga angal ni powsa ey…右手邊 bi brah su balay ga.

B1: brah balay.

A1: iq, 右邊 , brah su balay hiya.

B1: kiyig ciyux nini?

A1: m, m. angal ka kalu, kalu tunux ga.

B1: iq.

A1: angal ni powsa 左邊 .

B1: iril sa wa.

A1: iril ha, iril. iril, kiya.

B1: iq.

A1: angal ka babuy.

B1: babuy, psaun inu da?

A1: powsa ruwan rawa.

B1: mha quri inu nini?

A1: iya legi(??) ka rawa. powsa hi ka babuy su.

B1: ??????

A1: ay(??) niqan ka gasil ga. angal ka gasil ni powsa ruwan pratu.

B1: m…

A1: mhdu su da?

B1: m.

A1: ay(??) niqan ka puurung ga.

B1: m. paru ga? bilaq?

A1: ey, cibilaq.

B1: iq, psaun inu?

A1: angal ni powsa brah su bi 左邊 , truma ga.

B1: em.

A1: 好 , mhdu su da?

B1: em.

A1: angal ka hana su, hana su ga.

B1: psaun inu?

A1: powsa babaw babuy. asi psai, ay(??) niqan ka bling na hiya.

B1: aji ????

A1: mhdu su da?

B1: m.

A1: ay(??) niqan kinal ka tereya bilaq ga/hega(??) (5:19)

B1: bhgay?

A1: bhgay, hiya. kiya, angal ni powsa ey⋯niqan kalu su hi ga.

B1: m⋯kiya da.

A1: mhdu su da? angal ka paru bi puurung su.

B1: puurung. iq.

A1: the.yu.gi (??) brah su bi hi ga. thehiyug (??)

B1: m⋯the.yu.gun (??) do ungat ????

A1: uxay.

B1: thalu(??) babuy nini?

A1: iq⋯ay(??) niqan kingal wawa roro ga?

B1: iq.

A1: niqan nisu wa. wawa roro?

B1: iq.

A1: powsa ruwan pratu uri.

B1: pratu uri. uqun(??)

A1: mhdu su da? kiya ki do. mhdu ku da yaku a.

日期：15/07/2014

編號：13（B8：43 年次；A5：37 年次）

B8: babuy psai pila ga, psai brah su, brah baraw ga.

A5: iq. 好的 .

B8: saji, saji psai kiyig babuy, babuy psai pila ki ga.

A5: iq, 好 .

B8: pratu o psai qita…ey…manu da 左邊 na? manu da 左邊 , mi?

A5: iril.

B8: iril, iril.

A5: pratu embanah?

B8: pratu qalux.

A5: 好 , iril.

B8: ciyux.

A5: ciyux.

B8: psai baraw pratu qalux.

A5: 好

B8: manu da 右邊 , mi?

A5: narat.

B8: narat, narat, psai baraw baraw baraw, psai baraw.

A5: psaun inu?

B8: narat, psai baraw.

A5: hana?

B8: iq.

A5: baraw?

B8: iq, psai baraw. ida slagu babuy ga.

A5: 好的 .

B8: psai baraw.

A5: 好的

B8: ?????? (01:24)

A5: iq. narat hiya.

B8: iq. narat. ey… haya, haya mbanah ga, psai brah su, ska ga, toma babuy ga.

A5: iq, 好

B8: rawa hi…rawa,

A5: brushing hi.

B8: bluhing, bluhing.

A5: psaun inu?

B8: narat (nagats??), toma hana.

A5: toma hana, 好 .

B8: qsurux, qsurux o psai qita toma qalux qita pratu ga.

A5: 好 .

B8: qsurux, qsurux paru, qsurux nini.

A5: 好 , 好的 .

B8: pratu mbanah, pratu mbanah hi.

A5: iq. psaun inu?

B8: haya su mbanah ga, psai toma na hiya.

A5: haya mbanah ga? psai troma.

B8: iq, ska, psai toma na.

A5: 好

B8: purung babuy ga, uxay, purung ga,

A5: mbanah?

B8: uxay, purung qita paru ga, rawa han, rawa su hi?

A5: iq. psai rawa?

B8: iq, psai baraw rawa.

A5: 好

B8: bhgay rawa

A5: psaun inu?

B8: rawa su, rawa su, kika psai troma na.

A5: powsa troma.

B8: iq, psai troma na.

A5: 好

B8: qita…roro. bilaq roro ga.

A5: iq.

B8: ?? powsa su sayang haya, haya qita bhgay ki ga. (3:00)

A5: haya bhgay ga?

B8: iq. psai toma na duri. toma na.

A5: 好

B8: qarits.

A5: qarits.

B8: qsurux su paru ga, qsurux su powsa ga, psai toma na hini, psai toma na qarits ga.

A5: 好的 .

B8: gasil bhgay. gasil bhgay, kla su hi?

A5: iq.

B8: psai qita⋯mbanah qita⋯pratu su ga, psai ska hiya.

A5: 好的

B8: gado?? bilaq kingah bi qita⋯purung da.

A5: iq.

B8: kingah bi purung ga hi⋯

A5: iq.

B8: psai qita⋯mbanah pratu su troma.

A5: toma?

B8: iq.

A5: 好

B8: kiya da.

A5: kiya da ha.

《東華原住民族叢書》

國立東華大學原住民民族學院為加強原住民族研究，提升學術水準，特刊行原住民族學院研究叢書。原則上由編輯委員會推薦相關領域專家學者進行審查，出版內容包括本院專任教師及原住民學者之著作、本院傑出碩博士論文，以及相關原住民族研討會論文集等，已發行下列原住民研究系列叢書：

1. 施正鋒（2008）《原住民族人權》
2. 沈俊祥（2008）《空間與認同：太魯閣人認同建構歷程》
3. 郭明正（2008）《賽德克正名運動》
4. 施正鋒、謝若蘭（2008）《加拿大原住民族的土地權實踐》
5. 雅柏甦詠．博伊哲努（2008）《原住民族權之詮索》
6. 施正鋒、謝若蘭（2008）《Affirmative Action 與大學教師聘任》
7. 高德義（2009）《解構與重構：原住民族人權與自治》
8. 謝國斌（2009）《平埔認同的消失與再現》
9. 施正鋒（2010）《加拿大 Métis 原住民族》
10. 潘朝成、施正鋒（2010）《加禮宛戰役》
11. 巴奈．母路（2010）《阿美族祭儀中的聲影》
12. 施正鋒（2010）《原住民族研究》
13. 施正鋒（2010）《加拿大原住民權利保障》
14. 楊美花（2011）《回家：從部落觀點出發》
15. 白皇湧（2011）《秀姑巒出海口風雲：歷史事件的書寫、敘說與展演》

16. 邱寶琳（2012）《原住民族土地權之探討：以花蓮太魯閣族為例（上）》
17. 趙素貞（2011）《台灣原住民族語教育政策之分析》
18. 林靖修（2011）《唱我們的歌太魯閣族（TRUKU）可樂社區卡拉 OK 文化研究》
19. 邱寶琳（2012）《原住民族土地權之探討：以花蓮太魯閣族為例（下）》
20. 悠蘭．多又（2012）《傳承、變奏與斷裂：當代太魯閣族女性的認同變遷與織布實踐》
21. 蕭文乾（2012）《原漢雙族裔原住民族族群概念教育歷程之研究：以花蓮縣伊卡多散小學為例》
22. 巴奈．母路（2012）《靈語：阿美族里漏「Mirecuk」（巫師祭）的 luku（說；唱）》
23. 楊政賢（2012）《島、國之間的「族群」：台灣蘭嶼 Tao 與菲律賓巴丹島 Ivatan 關係史的當代想像》
24. 藍姆路．卡造（2013）《吉拉米代部落獵人的身體經驗與地方知識》
25. 吳天泰（編）（2013）《向部落學習》
26. 巴奈．母路（2013）《繫靈：阿美族里漏社四種儀式之關係》
27. 連皓綺（2013）《賽德克語太魯閣方言禁忌語與委婉語研究》
28. 安梓濱（2013）《原住民族樂舞之舞臺化探討：以國立東華大學原住民民族學院舞團為例》
29. 莊志強（2014）《泰雅族獵人養成之文化底蘊及其教育價值》

30. 洪仲志（2014）《夾縫中的美麗與哀愁：原住民婦女的生命歷程與回響》
31. 陳文華（2014）《社會工作專業與泰雅族文化之衝擊與統整》
32. 許俊才（2014）《憂鬱的山林：部落工作田野紀實》
33. 高德義（編）（2014）《臺灣原住民族的文化發展及遷移適應》
34. 蔡佩蓉（2015）《導師工作類社工化：一位偏鄉國小教師的在地經驗》
35. 馬慧君（2015）《布農語巒社方言新詞語研究：以花蓮卓溪 Valau 中興部落為例》
36. Scott Simon（2015）《*International education and indigenous peoples: Canadian students in Taiwan I* 國際教育與原住民族：加拿大的學生在台灣》
37. Scott Simon（2015）《*International education and indigenous peoples: Canadian students in Taiwan II* 國際教育與原住民族：加拿大的學生在台灣》
38. 素伊・多夕（2015）《泰雅語 INLUNGAN 的隱喻研究》
39. 吳天泰（編）（2016）《原住民族文化的教學研究》
40. 施宇凌（2016）《「混」哪裏的妳：一個張惠妹歌迷實踐跨文化認同的故事》
41. Ifuk・Saliyud（依夫克・撒利尤）（2016）《港口阿美族 kadafu 口述生命史》
42. 艾美英（2016）《台灣基督長老教會原住民牧者的社會運動參與》

43. 章忠信（2016）《過去的未來：（2016）年原住民族傳統智慧創作保護學術研討會論文選集》
44. 童信智（Pukiringan · Paljivuljung）（2017）《Paiwan（排灣）祖源及遷徙口傳敘事文學之研究》
45. 張至善（2017）《樹皮布文化與太平洋構樹親緣地理研究》
46. 冉秀惠（2018）《看見生命韌力：一位太魯閣族助人工作者的生命敘事》
47. 陳祈宏（2018）《我的原住民身分：Madad · Faol 的認同與行動敘說》
48. 菈露打赫斯改擺刨（lalo'a tahesh kaybaybaw）（2018）《賽夏語中客語借詞之音韻探討》
49. 盧玉珍（2019）《部落外一村：樂舞中的觀光、觀光中的樂舞（1965-2018）》
50. 葉芫妤（2020）《誰來唱我們的歌—流行歌曲中台灣原住民族的現聲》
51. 王應棠（2020）《詮釋學、跨文化理解與翻譯（上冊）六堂課：關於《真理與方法》和多元文化的對話》
52. 王應棠（2020）《詮釋學、跨文化理解與翻譯（下冊）方法論與經驗研究：對原住民文化傳統之當代遭遇的探討》
53. 高德義（2020）《族群治理、發展與人權：解／重構台灣原漢關係》
54. Kui Kasirisir（許俊才）、莊曉霞（編）（2021）《第五屆「國際原住民族社會工作研討會」叢書系列 I －以文化為中心的原住民族社會工作》

55. Kui Kasirisir（許俊才）、莊曉霞（編）（2021）《第五屆「國際原住民族社會工作研討會」叢書系列 II－部落、家庭與原住民族社會工作的反思與實踐》
56. Bavaragh Dagalomai（謝若蘭 Jolan HSIEH）（編）（2021）《*"Kakalangen ka Manini" Indigenous Knowledge and Transdisciplinary Research* 原住民族知識與研究的跨域》
57. Apay Ai-yu Tang（湯愛玉）（2021）《*From Diagnosis to Remedial Plan: A Psycholinguistic Assessment of Language Shift, Intergenerational Linguistic Proficiency, and Language Planning in Truku* 從語言診斷到語言搶救計畫：心理語言學評估之太魯閣語語言轉移、跨代語言能力和語言規劃》
58. Lowking Nowbucyang 許韋晟（2022）《太魯閣語指示詞的語法化研究 *Grammaticalization of Demonstratives in Truku*》